O Grande Livro das

RUNAS

EDRED THORSSON

O Grande Livro das RUNAS

História, Tradição, Teoria, Prática e Magia Rúnica

Tradução
Denise de Carvalho Rocha

Editora Pensamento
SÃO PAULO

Título do original: *The Big Book of Rune Magic*.

1ª edição 2022./1ª reimpressão 2023.

Obs.: Esta edição é uma coletânea de trechos reescritos e atualizados das obras *Futhark* (1984), *Runelore* (1987) e *Runecaster's Handbook* (1999).

Editor: Adilson Silva Ramachandra
Gerente editorial: Roseli de S. Ferraz
Gerente de produção editorial: Indiara Faria Kayo
Editoração eletrônica: Join Bureau
Revisão: Adriane Gozzo

Dados Internacionais de Catalogação na Publicação (CIP)
(Câmara Brasileira do Livro, SP, Brasil)

Thorsson, Edred
Grande livro das runas: história, tradição, teoria, prática e magia rúnica / Edred Thorsson; tradução Denise de Carvalho Rocha. – 1. ed. – São Paulo: Editora Pensamento, 2022.

Título original: The big book of runes and rune magic: how to interpret runes, rune lore, and the art of runecasting

Bibliografia.
ISBN 978-85-315-2171-3

1. Adivinhação 2. Magia germânica 3. Oráculos 4. Previsão do futuro 5. Runas I. Título.

21-86810 CDD-133.33

Índices para catálogo sistemático:
1. Runas: Oráculos: Artes divinatórias 133.33
Cibele Maria Dias – Bibliotecária – CRB-8/9427

Direitos de tradução para o Brasil adquiridos com exclusividade pela
EDITORA PENSAMENTO-CULTRIX LTDA., que se reserva a
propriedade literária desta tradução.
Rua Dr. Mário Vicente, 368 – 04270-000 – São Paulo – SP – Fone: (11) 2066-9000
http://www.editorapensamento.com.br
E-mail: atendimento@editorapensamento.com.br
Foi feito o depósito legal.

SUMÁRIO

PARTE DOIS: CONHECIMENTO RÚNICO OCULTO

PARTE TRÊS: A INTERPRETAÇÃO DAS RUNAS

PARTE QUATRO: MAGIA RÚNICA

ABREVIATURAS

Todas as traduções do norueguês antigo, do inglês antigo e de outras línguas antigas apresentadas neste livro são do autor, que tentou encontrar um equilíbrio entre a tradução poética e a literal, dando, muitas vezes, preferência à literal, para facilitar o entendimento. Nesses casos, notas podem ter sido incluídas.

AEC	Antes da Era Comum (= a.C.)
EC	Era Comum (= d.C.)
GMC	Germânico
GO	Gótico
MS(S)	Manuscrito(s)
IE	Inglês Antigo
AAA	Alto-Alemão Antigo
NA	Nórdico Antigo
pl.	plural
sing.	singular

AGRADECIMENTOS

Os agradecimentos vão para Paul Newell, Mitchell Edwin Wade, David Bragwin James, Robert Zoller, James Chisholm, Alice Rhoades, Anthony Looker, Ian Read, Ingrid Fischer, Adolf e Sigrun Schleipfer, Michael Moynihan, Ralph Tegtmeier e Michael A. Aquino.

PREFÁCIO

Este livro representa alguns dos melhores e mais populares trabalhos que realizei nos meus primeiros tempos como pesquisador e mago rúnico operativo. Ele contém uma destilação do conhecimento mais essencial que se pode ter sobre a tradição das runas. Se os seus interesses são amplos e variam desde informações históricas até aplicações práticas e efetivas do conhecimento rúnico, por meio da magia desses símbolos, então este livro será para você um recurso confiável.

Nas runas ou, na verdade, em qualquer forma abrangente e culturalmente autêntica de magia, existem basicamente quatro níveis de informação e atividade que os aprendizes devem conhecer e estudar. São eles: (1) conhecimento histórico básico; (2) conhecimento secreto ou esotérico; (3) conhecimento de como interpretar os símbolos; e (4) modo de usar as informações de forma prática e dinâmica. É preciso saber, compreender, ler e escrever o sistema em questão. O conhecimento histórico é internalizado e refletido para desenvolver quadros teóricos; depois, o mundo é interpretado ou entendido de acordo com essas ideias, para posteriormente se passar para o estágio de criatividade ativa nesse sistema. Este livro leva o aprendiz ao longo de todas essas fases, da maneira mais básica e fundamental. Por essa razão, seu conteúdo é dividido em quatro partes: conhecimento histórico, conhecimento oculto, interpretação das runas e magia rúnica.

Em muitos aspectos, este livro consiste numa republicação de obras anteriores, mas aproveitei a oportunidade para atualizar e expandir as ideias originais e deixá-las mais condizentes com meu entendimento atual. Não fiz muitas mudanças, mas acrescentei algumas ideias e recursos novos que convém aprender.

O maior desafio deste novo livro foi manter o tom e o espírito dos textos originais. As obras originais, escritas no final dos anos 1970 e no início da década 1980, tinham certa energia que refletia meu estágio de desenvolvimento na época. Essa energia tem sido apreciada pelos meus alunos mais leais, ao longo dos anos, por isso tentei mantê-la ao definir o conteúdo deste livro. Uma das coisas mais interessantes sobre ter uma carreira de escritor que se estende por mais de quarenta anos é a capacidade de ver os diferentes tons e energias presentes em trabalhos anteriores e que ainda precisam ser aperfeiçoados e destilados, à medida que são utilizados em trabalhos posteriores, mas essa energia é uma espécie de patrimônio, o que seria uma pena perder.

Edred Thorsson
Woodharrow
20 de março de 2018

INTRODUÇÃO

Por muito tempo, temos observado, pelo lado de fora dos portões, nossos deuses interiores. Não nos foi negado o conhecimento desses deuses por causa de alguma transgressão irreversível; nós é que simplesmente viramos as costas para a verdade que eles expressam. Podemos nos voltar novamente para o seu poder radiante, mas apenas se conhecermos o mapa que nos conduz pelos caminhos dessa jornada. Esses caminhos são as runas – os mistérios da nossa caminhada – e as chaves para suas próprias dimensões ocultas.

Este livro é composto de quatro partes: o conhecimento histórico e o conhecimento oculto das runas, o conhecimento de como interpretá-las e o conhecimento de como "gravá-las" nas tramas deste mundo. Visto como um todo, este livro é um curso completo para a aquisição de um conhecimento ativo sobre as runas e seus usos. Esse processo começa com a aprendizagem da tradição histórica e objetiva das runas, desde a Antiguidade. A primeira parte desta obra consiste numa espécie de breve introdução à runologia. Depois que o conhecimento básico foi adquirido, o estudante de runas, ou aprendiz, passa para uma contemplação esotérica mais profunda do mundo simbólico, cosmológico e psicológico dos ancestrais. Isso o leva a um novo nível de consciência sobre o mundo simbólico que nos rodeia, sua origem e seu propósito. O próximo nível envolve o que foi chamado de interpretação das runas: ele inclui métodos do que é chamado de adivinhação, mas também requer que o aprendiz interaja, de forma ativa, com os símbolos das runas e com os acontecimentos de sua própria vida. Antes que a criança fale, ela entende. Antes que escreva, precisa aprender a ler. As habilidades passivas são relativamente mais fáceis de usar que as ativas. Essas habilidades passivas também provocam, com menos frequência, possíveis repercussões negativas ou "consequências indesejadas". Sabe-se que a magia funciona muito bem e muito rápido – antes até que o mago tenha tempo para desenvolver, na vida, as habilidades necessárias para lidar com esse sucesso. Portanto, aprender a interpretar as runas corretamente é um passo importante para o desenvolvimento equilibrado. Assim que dominar os exercícios de interpretação, o aprendiz passará para a escrita ativa, ou para a fase de "entalhe", quando provoca uma mudança na própria estrutura do universo. Com as bases construídas, o sucesso é mais garantido.

Quando já estamos numa idade mais avançada, percebemos que cometemos um erro. Rejeitamos – lenta e não completamente com certeza, mas, mesmo assim, como povo, rejeitamos – a sabedoria dos nossos próprios deuses. Nenhuma "cura" extraordinária vai reverter essa rejeição da noite para o dia; nenhuma "graça" virá de Odin! Somente o nosso próprio esforço trará cada um de nós de volta a essa tradição há muito perdida. A essa árdua, porém nobre, tarefa, todos os esforços deste livro são dedicados.

Ainda que tenhamos perdido muito com nossos erros nos tempos antigos, perdemos ainda mais nos últimos anos, em razão de alguns esforços equivocados e míopes na "revitalização" dos velhos costumes do Norte. Repetidas vezes, revitalistas aspirantes rejeitaram a visão atemporal eterna e positiva do Mestre do Êxtase, em favor dos esquemas históricos limitados de ideologias negativas. Não é quem ou o que enfrentamos que nos define, mas quem e o que representamos. Um dos nossos trabalhos mais importantes é ajudar a moldar uma base filosófica para o crescimento dessa visão positiva de relevância atemporal, para que possamos convencer pelo exemplo e conquistar o mundo a partir de dentro. A transformação pessoal deve vir antes da transformação mundial.

Nos séculos XX e XXI, as runas foram usadas, muitas vezes, para o que pareciam fins políticos. Isso abrange desde os nazistas até o uso do "sinal da paz", na década de 1960, até a utilização mais recente, por grupos de direita. As runas são, antes, símbolos sagrados de uma cultura arcaica, com valores e significados eternos. É esse significado eterno que os runólogos operativos de hoje procuram ativar na vida. Como tal, nos opomos a manter esses símbolos antigos como reféns das atuais disputas sem princípios, envolvendo política e sinalizando virtudes. As runas são poderosas e devem ser usadas com os propósitos para os quais vieram a este mundo.

As runas e a ideologia que abrangem servem a uma ampla variedade de fins, tanto por meios "diretos", ou mágicos, quanto por caminhos mais intelectuais. Nos reinos mágicos, o trabalho com as runas é usado para a transformação pessoal, a expansão da consciência, o desenvolvimento psíquico, a cura, a investigação do Wyrd e a moldagem do ambiente de acordo com a vontade interior.

Enquanto no reino intelectual, tópico dos primeiros capítulos deste livro, a tradição e a sabedoria rúnica podem servir como estrutura mental para o desenvolvimento de uma nova filosofia baseada num padrão atemporal e expressa por meio de potente metalinguagem, muitas "tradições" tentaram construir essa tão bem-sucedida metalinguagem (e falharam), com uma gramática precisa e significativamente bela – por exemplo, o cristianismo e o islamismo e suas variantes culturais. Mas elas podem ser consideradas falhas por causa da fraqueza inerente em seus sistemas inorgânicos. Se você trabalhar com o sistema rúnico e torná-lo parte da sua vida, terá dado a si mesmo um presente que ninguém mais poderia lhe ter concedido: o conhecimento do *próprio eu* – único, porém parte de um todo. As runas servirão como linguagem com a qual você pode "conversar" com aspectos de si mesmo e, ao mesmo tempo, *comunicar* esse conhecimento aos outros, o que é um teste difícil, ainda que necessário, a qualquer compreensão verdadeira. Esse entendimento pode, então, ser levado a um novo nível e ativado, de acordo com sua vontade, para efetuar mudanças no mundo.

Precisamos não só entender as runas como os antigos as entendiam – isso é apenas o começo –, mas chegar a um *novo conhecimento* delas. Assim como elas nos transformam, nossa compreensão delas também deve se transformar. As runas estavam, estão e sempre estarão mudando e exigindo mudanças. Portanto, aqueles que desejam apenas reforçar seus preconceitos pessoais e têm pouco interesse nos poderes de transmutação inerentes às runas (ou até mesmo os temem) devem ser alertados agora. As runas descrevem uma estrada de metamorfoses, não uma torre de justificativas.

Como todas as coisas que valem a pena conhecer, esses mistérios são segredos renitentes (e ardilosos também). Muitas vezes, estão encobertos por um enigma, mas sempre dirão mais por meio desse enigma que se tivessem se expressado numa linguagem clara. Há pouca graça em seus personagens, e seu Mestre tem menos graça ainda. Mas é assim que *deve* ser. Qualquer um que diga o contrário deve, na realidade, ser um sacerdote de araque, pois ele diria a você que todo ganho pode ser obtido de bandeja, enquanto nós, odianos, sabemos muito bem que a verdadeira sabedoria precisa ser conquistada pela vontade humana. Essa vontade e a consciência humana que a acompanha são o único dom verdadeiro – é a espada lançada diante da humanidade infantil, ainda no berço. É só com essa espada que nossos caminhos no mundo serão conquistados.

Este livro foi idealizado para facilitar o uso eficaz do intelecto, que molda e imagina, em conjunto com a mais recente e melhor erudição nas áreas dos estudos rúnicos e da história da antiga religião germânica. Ele contém um detalhado relato histórico do desenvolvimento das antigas tradições rúnicas e as maneiras pelas quais as runas foram usadas em outras eras. Esses dados históricos são combinados com investigações esotéricas sobre a natureza das próprias runas – a maneira como elas se relacionam umas com as outras – e nas esferas dos ensinamentos esotéricos da cosmogonia, da cosmologia, da numerologia, da psicologia (conhecimento da alma) e da teologia. Esse conhecimento é posteriormente ativado tanto na forma de habilidade para interpretar os mistérios que nos cercam quanto na de habilidade para imprimir nossa vontade no mundo em que vivemos. Espero que o conhecimento mais profundo das runas contido nas páginas deste livro abra caminho para uma compreensão mais ampla das runas e o ajude a despertar aquele grande deus adormecido dentro de você. Agora a voz desse deus pode ser apenas um sussurro, mas com conhecimento e força de vontade podemos despertá-lo, de modo que sua voz se torne um rugido. A partir daí, nosso domínio das runas será mais verdadeiro que nunca.

Parte Um

CONHECIMENTO RÚNICO HISTÓRICO

Capítulo 1

RUNAS ANTIGAS

(ATÉ 800 EC)

Este capítulo tem como objetivo fornecer ao leitor informações básicas sobre a história e o desenvolvimento das runas, desde os tempos mais antigos até cerca de 800 EC (ou começo da Era Viking), e inclui uma seção sobre as tradições frísias e anglo-saxãs que permaneceram depois desse período. Qualquer pessoa que inicie o estudo esotérico das runas precisa ter uma noção básica do contexto histórico dessa tradição. O conteúdo desta obra proporcionará a base desse entedimento; outras leituras e estudos certamente contribuirão para ampliá-lo. A maior parte das informações contidas na primeira parte deste livro foi extraída de trabalhos acadêmicos sobre runologia (veja a bibliografia). Os fatos e as interpretações exotéricas contidos nestas páginas servirão como introdução ao maravilhoso mundo da sabedoria rúnica, exposto em mais detalhes nas partes posteriores deste livro.

A palavra "runa"

A definição mais comum da palavra runa é: "uma das letras de um alfabeto usado pelos antigos povos germânicos". Essa definição é o resultado de longo desenvolvimento histórico, cuja totalidade precisamos conhecer para poder avaliar quanto essa definição é incompleta. Quem estudar as runas com afinco e por tempo considerável vai descobrir que essas "letras" são, na realidade, muito mais que sinais usados para representar os sons de um idioma. Elas são, de fato, autênticos *mistérios*, os verdadeiros "segredos do universo".

A palavra "runa", só encontrada nas línguas germânicas e celtas, tem etimologia um tanto quanto incerta. Existem, porém, duas etimologias possíveis: ela poderia derivar (1) do radical protoindo-europeu *reu-* (rugir e sussurrar), o que a conectaria com a parte vocal dos encantamentos mágicos, e (2) do radical protoindo-europeu *gwor-w-on-,* o que a conectaria com os deuses gregos e hindus antigos *Ouranos* e *Varuna*, respectivamente, conferindo-lhe o significado de "vínculo mágico". Esse é também um atributo de Odin. A palavra "runa", portanto, pode ter tido, desde os primórdios, o significado essencial de "mistério".

Seja qual for o caso, pode-se constatar a presença da raiz germânica e celta *runo-*, a partir da qual a palavra se desenvolveu nos vários dialetos germânicos. Que a palavra "runa" é muito arcaica no sentido técnico, isso está claro em razão da sua atribuição universal com rico significado. A raiz é encontrada em todos os principais dialetos germânicos (veja a Tabela 1.1). O que fica claro a partir das evidências demonstradas nessa tabela é que "runa" é um antigo termo nativo, cujo significado mais ancestral pertencia à esfera do conceito abstrato (mistério), e *não* se referia a um signo concreto (letra). A definição "letra" é estritamente secundária, e o significado principal deve ser "mistério".

Tabela 1.1. Significados da palavra "runa".

Dialeto	Palavra	Significado
Nórdico antigo	*rūn*	segredo, tradição secreta, sabedoria; sinais mágicos; caracteres escritos.
Gótico	*rūna*	segredo, mistério.
Inglês antigo	*rūn*	mistério, conselho secreto.
Saxão antigo	*rūna*	mistério, segredo.
Alto-alemão antigo	*rūna*	mistério, segredo.

Essa raiz também é encontrada nas línguas celtas, nas quais encontramos as palavras *rūn* (mistério ou segredo), do irlandês antigo; e *rhin* (mistério), do galês médio.

Há quem afirme que essa raiz foi transmitida do celta para o germânico; no entanto, também há quem diga o contrário (e essas vozes são em maior número), porque os usos germânicos dessa raiz são mais vigorosos, difundidos e ricos em significado. Outra possibilidade é que se trate de uma raiz compartilhada pelos dois dialetos indo-europeus, e que não existe, nesse caso, uma questão real de empréstimo no sentido mais estrito. Talvez o termo também tenha sido emprestado do germânico para o finlandês na forma *runo* (uma canção, um canto da epopeia *Kalevala*), mas a palavra finlandesa pode, na realidade, partir de outro termo germânico, que significa "sequência" ou "série".

Embora o termo "runa" seja claramente de origem germânica, a palavra hoje presente no inglês moderno não deriva diretamente do inglês antigo *rūn*, mas foi emprestada do latim acadêmico tardio (século XVII) – *runa* (adjetivo, *runicus*) –, que, por sua vez, foi emprestada das línguas escandinavas.

A definição odiana de runa é complexa e baseia-se no significado mais antigo da palavra – mistério, sabedoria secreta arquetípica. Esses são os padrões impessoais que fundamentam a substância/não substância do multiverso e que constituem seu ser/não ser. Cada uma dessas runas também pode ser analisada em pelo menos três níveis:

- Forma (ideograma e valor fonético).
- Ideia (conteúdo simbólico).
- Número (sua natureza dinâmica, revelando sua relação com as outras runas).

Assim como acontece com seu Mestre, Odin, com as runas todas as coisas podem ser equiparadas ou negadas. Portanto, qualquer definição que faça uso de linguagem "profana" sempre será inadequada e incompleta.

Ao longo deste livro, quando a palavra "runa" for usada, deve ser considerada à luz dessa complexa discussão.

História rúnica antiga

O uso sistemático de varetas de madeira ou de pedras arredondadas gravadas com símbolos rúnicos data de pelo menos 50 EC (data aproximada do broche de Meldorf) e perdura até o presente. Porém, a estrutura tradicional e ocultista sobre o qual o sistema foi construído não pode ser considerada apenas em termos históricos – ela é a-histórica.

A história do sistema rúnico abrange, basicamente, quatro épocas: (1) o período mais antigo, do século I EC até cerca de 800 EC; (2) o período mais recente, que nos leva a cerca de 1100 EC (esses dois períodos são expressões de tradições rúnicas unificadas, vinculadas a uma simbologia coerente); (3) o período intermediário, longo e díspar, que testemunhou a decadência da tradição externa e sua submersão no inconsciente; e, por fim, (4) os períodos de renascimento. Embora o uso das runas continuasse numa tradição ininterrupta (mas muito corrompida) em áreas remotas da Escandinávia, a maior parte do nível profundo do trabalho rúnico aconteceu em escolas revitalistas, depois de 1600, aproximadamente.

Pode-se argumentar que o estudo histórico é, na verdade, desnecessário ou até prejudicial para aqueles que querem sondar as profundezas da realidade atemporal, a-histórica e arquetípica das próprias runas. Mas tal argumento teria suas desvantagens. Um conhecimento histórico preciso é necessário, porque instrumentos conscientes são fundamentais para que as runas renasçam dos reinos inconscientes; o estudioso moderno das runas precisa conhecer as origens das várias estruturas que entram em contato com a mente consciente. Somente nesse contexto o renascimento pode ocorrer num campo fértil. Para que isso aconteça, o aprendiz deve ter um bom domínio da história da tradição rúnica, pois sem as raízes os ramos murcham e morrem. Além disso, a observação analítica e a interpretação racional de dados objetivos (nesse caso, a tradição rúnica histórica) são fundamentais para o desenvolvimento de todo mestre rúnico e *vitki*. Se um sistema não está arraigado numa tradição objetiva, muitos elementos equivocados podem acessar facilmente nosso processo de pensamento. Clareza e precisão são ferramentas valiosas para o desenvolvimento interior.

Origens rúnicas

Como as runas (mistérios) não têm um único ponto de origem histórica, pode-se dizer que são atemporais. Quando falamos de origens rúnicas, estamos mais preocupados com as origens das tradições do sistema rúnico do Futhark. As questões relacionadas às origens rúnicas arquetípicas serão retomadas posteriormente. Pode-se dizer que as runas, na verdade, atravessaram muitas portas no caminho para a nossa percepção e passaram por muitos "pontos de origem" nos mundos.

Existem várias teorias sobre as origens históricas do sistema Futhark e seus usos nos dialetos germânicos como modo de escrita. Há basicamente quatro teorias: a latina, a grega, a norte-itálica (ou etrusca) e a “nativa”. Vários estudiosos ao longo dos anos defenderam uma dessas teorias; mais recentemente, uma síntese razoável foi apresentada, mas essa ainda é uma área de controvérsia acadêmica.

A teoria latina ou romana foi apresentada pela primeira vez por L. F. A. Wimmer, em 1874. Aqueles que aderem a essa hipótese normalmente acreditam que, como os povos germânicos tiveram contato mais próximo com a cultura romana (começando já no século II AEC, com a invasão dos cimbros e dos teutões vindos da Jutlândia), ao longo do Danúbio (em Carnuto) e do Reno (em Colônia, Trier etc.), fizeram uma adaptação do alfabeto latino para poder usá-lo. As rotas comerciais teriam sido as vias pelas quais o sistema se difundiu rapidamente, da região sul para a Escandinávia e dali para o leste. Essa última etapa é necessária porque a evidência mais antiga do Futhark não é encontrada perto das fronteiras romanas e de suas esferas de influência, mas nos rincões mais distantes da Germânia, ao norte e ao leste. O papel das rotas comerciais na expansão do Futhark não apresenta nenhum problema real para essa teoria, porque essas rotas foram estabelecidas desde tempos ainda mais remotos. Os túmulos micênicos da Grécia atual (c. 1400-1150 AEC) contêm âmbar do Báltico e da Jutlândia, por exemplo. Mais recentemente, Erik Moltke apresentou a teoria de que o Futhark se originou na região da Dinamarca e teve como base o alfabeto latino.

Essa teoria ainda tem muitos seguidores, e alguns aspectos dela, que explicitaremos posteriormente, mostram sinais de importância futura. De qualquer modo, a influência dos elementos culturais trazidos pelos romanos para as fronteiras dos povos germânicos não pode ser descartada, sobretudo quando é discutida durante o período entre aproximadamente 200 AEC e 400 EC.

Deve-se ter em mente, ao avaliar essas teorias, que estamos restritos a questões relacionadas à origem da ideia de escrever com um sistema fonético (alfabeto), entre os povos germânicos, em conexão com a tradição rúnica, e não com a gênese do próprio sistema ou da tradição subjacente.

A teoria grega, apresentada pela primeira vez por Sophus Bugge em 1899, estende-se mais para o leste, ao tentar estabelecer as origens desse sistema de escrita. Segundo essa hipótese, durante um período de contato com a cultura helênica, os godos adaptaram uma versão da escrita cursiva grega e a disseminaram do Mar Negro até, novamente, a pátria escandinava dos godos. Há, no entanto, um grande problema com essa teoria, porque o período de contato do grego gótico em questão não poderia ter começado antes de cerca de 200 EC, e as inscrições rúnicas mais antigas datam de muito antes dessa época. Por essa razão, há muito tempo a maioria dos estudiosos invalidou essa hipótese.

A única maneira de resgatá-la é se a usarmos para provar uma conexão muito anterior, ainda não documentada, entre as duas culturas em questão. Essa é uma área que requer mais pesquisas. Além disso, é provável que as ideias helenísticas, mesmo sem ter desempenhado nenhum papel nas origens rúnicas, podem ter tido papel significativo na formação de alguns elementos do sistema tradicional.

A teoria norte-itálica ou etrusca foi proposta pela primeira vez por C. J. S. Marstrander, em 1928, e posteriormente modificada e aperfeiçoada por Wolfgang Krause, entre outros, em 1937. Historicamente, essa hipótese pressupõe que os povos germânicos dos Alpes tenham adotado a escrita itálica do norte numa data relativamente antiga – talvez por volta de 300 AEC –, quando o cimbros entraram em contato com ela e a transmitiram aos poderosos suevi (ou suebi), de onde ela rapidamente se espalhou pelo Reno e ao longo da costa do Mar do Norte, para a Jutlândia e além. Não pode haver objeções históricas à plausibilidade desse cenário, exceto pelo fato de que o contato inicial ocorreu trezentos ou quatrocentos anos antes de termos qualquer registro de inscrições rúnicas efetivas.

Na verdade, há um exemplo de língua germânica escrita no alfabeto norte-itálico – o famoso elmo de Negau (de c. 300 AEC). A inscrição pode ser lida da direita para a esquerda na Figura 1.1.

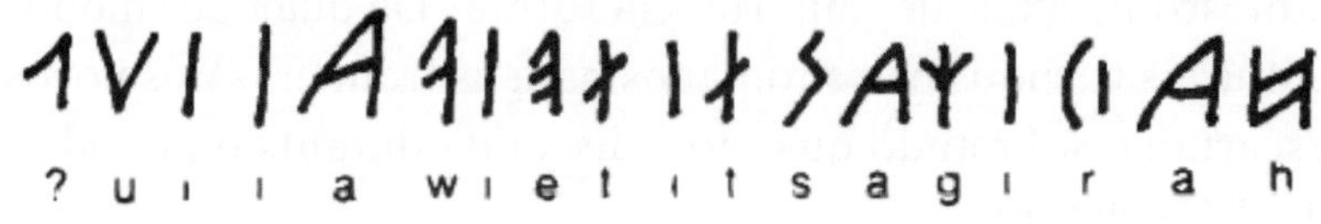

Figura 1.1. Inscrição do elmo de Negau.

A inscrição pode ser lida como *Harigasti teiwai...* e traduzida como "para o deus Harigast (Odin)", ou "Harigastiz [e] Teiwaz!". De qualquer modo, os significados da raiz das duas primeiras palavras da inscrição são claros. Hari-gastiz (o convidado do exército) e Teiwaz (o deus Tyr). Em tempos posteriores, seria normal esperar que Odin fosse identificado por um apelido desse tipo, e podemos muito bem ter um exemplo antigo dessa prática aqui. Além disso, essa seria uma prova inicial da antiga equivalência entre as duas divindades soberanas germânicas (veja o Capítulo 13).

Como se pode ver na inscrição de Negau, as inscrições em questão trazem muitas correspondências formais com as runas; no entanto, alguns valores fonéticos teriam de ser transferidos. Nenhum alfabeto etrusco constitui modelo claro para todo o Futhark. Uma infeliz nota de rodapé na história rúnica foi recém-adicionada por um certo escritor ocultista que, em dois livros, representou uma versão da escrita etrusca como "o alfabeto rúnico". Isso talvez tenha causado alguma confusão entre aqueles que tentam desvendar os mistérios das runas.

A ideia de que as runas são uma escrita nativa, puramente germânica, originou-se no final do século XIX e ganhou grande popularidade na Alemanha Nacional Socialista. Segundo essa teoria, as runas são uma invenção germânica primordial e também a base dos alfabetos fenício e grego. Essa hipótese não pode ser comprovada porque as inscrições rúnicas mais antigas datam do século I EC, e as inscrições fenícias mais antigas datam dos séculos XIII e XII AEC. Quando essa teoria foi apresentada pela primeira vez por R. M. Meyer, em 1896, as runas eram consideradas um sistema de escrita originalmente ideográfico (o nome impróprio usado foi "hieróglifo"), que depois se desenvolveu até se tornar um sistema alfabético acrofonético (ou seja, com base no primeiro som dos nomes anexados ao ideograma). Um aspecto disso provavelmente está correto: os povos germânicos parecem, de fato, ter tido um sistema ideográfico, mas, aparentemente, ele não era usado como sistema de escrita, e é aqui que a teoria original se perde. É possível que o sistema ideográfico tenha influenciado a escolha das formas e os valores sonoros das runas.

Com base em evidências físicas disponíveis, é mais razoável concluir que o sistema rúnico é o resultado de um complexo desenvolvimento em que os ideogramas e os sistemas de símbolos originais e os sistemas de escrita alfabética do Mediterrâneo desempenharam papéis significativos. Os ideogramas foram, possivelmente, os precursores das runas (daí seus nomes únicos), e o protótipo do *sistema rúnico* (ordem, número etc.) provavelmente também pode ser encontrado em alguma simbologia mágica nativa.

Uma possível prova da existência de um sistema de símbolos pré-rúnico é o relato de Tácito, no Capítulo 10 de seu *Germania* (c. 98 EC), no qual ele menciona certas *notae* (signos) esculpidas em ripas de madeira, nos ritos divinatórios germânicos. Embora a descoberta mais recente do broche de Meldorf tenha afastado um pouco a data da inscrição rúnica mais antiga para uma época anterior à que Tácito escreveu *Germania*, ainda poderia se tratar de algum sistema de símbolos diferente do Futhark propriamente dito. De todo modo, é certo que a ideia de usar tais coisas como sistema de escrita e a influência que rege a escolha de certos sinais para representar sons específicos foram uma influência das culturas do sul.

No final, é mais provável que as runas tenham se originado da escrita latina. O intercâmbio econômico e cultural entre Roma e Germânia foi muito mais intenso do que geralmente se presume. O mais interessante sobre todo o processo é que os germânicos não aceitaram apenas a escrita latina como forma prática de escrever (como outros povos fizeram); em vez disso, eles a reformularam totalmente de várias maneiras para torná-la parte da sua visão de mundo única e particular. É esse fato incontestável que obviamente leva pessoas sensatas a concluir que existe algo *misterioso* nas runas. Elas codificam segredos culturais esotéricos.

Isso resume a história no que diz respeito às ciências *exotéricas*. Mas o que mais se pode dizer sobre os aspectos esotéricos das origens rúnicas? As próprias runas, como se costuma dizer, não têm começo nem fim; são padrões eternos na substância do multiverso e onipresentes em todos os mundos. Contudo, podemos falar da origem das runas na consciência humana (e, de fato, esse é o único ponto em que podemos começar a falar sobre as "origens" de alguma coisa).

Para tanto, voltemo-nos para a *Edda Antiga* e ou *Poética* e para o poema rúnico sagrado "Hávamál", estrofes 138 a 165, as chamadas "Rúnatals tháttr Ódhins" (veja também o Capítulo 8). Nesse poema, Odin conta que passou nove noites pendurado na Árvore do Mundo, Yggdrasill, numa forma de autossacrifício. Essa é a iniciação rúnica do deus Odin: ele se aproxima do reino da morte, mergulha nele e recebe os segredos, os mistérios do multiverso – as próprias runas –, num lampejo de inspiração. Ele consegue, depois, retornar desse reino e passa a ser dele a tarefa de ensinar as runas a alguns dos seus seguidores, com a finalidade de trazer mais consciência, sabedoria, magia, poesia e inspiração para o mundo de Midgard – e para todos os mundos. Esse é o principal trabalho de Odin, o Mestre da Inspiração.

A etimologia do nome "Odin" nos dá a chave para esse significado "espiritual". "Odin" deriva do protogermânico *Wōdh-an-az. Wōdh-* significa entusiasmo ou uma atividade numinosa inspirada: o infixo *-an-* indica aquele que é mestre ou regente de algo. O *-az* é simplesmente uma terminação gramatical. O nome também é algo interpretado como divinização pura do princípio espiritual de *wōdh*. Veja o Capítulo 13 para mais detalhes sobre a teologia odínica.

A figura de Odin, como a das runas, fica na porta interior da fronteira entre o consciente e o inconsciente. Odin é o comunicador, para o consciente, dos conteúdos do inconsciente e do supraconsciente, e preenche o "espaço" de todas essas faculdades. Nós, como seres humanos, somos seres conscientes, mas temos profunda necessidade de comunicar e iluminar os lados ocultos dos mundos e de nós mesmos. Odin é o arquétipo desse aspecto mais profundo da humanidade, aquele que une os mundos numa teia de mistérios – as runas.

Num sentido esotérico, portanto, as runas se originam na consciência humana por meio do arquétipo do deus omniabrangente (inteiro), escondido profundamente em todo o seu povo. Para nós, as runas nascem simultaneamente com a consciência. Mas é preciso lembrar que as próprias runas estão além do seu (e, portanto, do nosso) total comando. Odin pode ser destruído, mas, por causa da sua suposição consciente do padrão básico dos mistérios rúnicos (na iniciação Yggdrasill), a "destruição" torna-se o caminho para a transformação e o renascimento.

A era do Futhark Antigo

Como mencionamos antes, a inscrição rúnica mais antiga já encontrada é a do broche de Meldorf (da costa oeste da Jutlândia), que data de meados do século I EC. Desse ponto em diante, as runas formam uma tradição contínua, que se perpetua por mais de mil anos, com grande transformação formal chegando aproximadamente ao ponto médio na história da grande tradição. Esse é o desenvolvimento do Futhark Novo a partir do Antigo, começando já no século VII. Mas o sistema antigo manteve-se em alguns enclaves conservadores, e seus ecos continuaram a ser ouvidos até cerca de 800 EC e em tradições ocultas além dessa época.

O sistema mais antigo consiste em 24 runas dispostas numa ordem muito específica (veja Tabela Rúnica 1, no Apêndice I). As únicas variações importantes nessa ordem aparentemente também faziam parte do próprio sistema. A décima terceira e a décima quarta runas : ᛇ : e : ᛈ : às vezes alternavam a posição; assim como a vigésima terceira e a vigésima quarta runas : ᛞ : e : ᛟ :. É preciso notar que ambas as alternâncias ocorrem exatamente no *meio* e no *final* da sequência.

Por volta de 250 EC, as inscrições já eram encontradas em todos os territórios europeus ocupados pelos povos germânicos. Isso indica que a propagação foi sistemática em centenas de grupos sociopolíticos (clãs, familiares, tribos etc.) e que provavelmente ocorreu ao longo de redes preexistentes de tradições culturais. Apenas cerca de trezentas inscrições sobreviveram no Futhark Antigo. (A esse número também se podem adicionar cerca de 250 bracteatas com gravações rúnicas.) Isso certamente representa apenas uma pequena fração do número total de inscrições executadas durante esse período antigo. A grande maioria feita em materiais perecíveis, como madeira e osso (os materiais mais usados pelo mestre das runas), há muito se desintegraram. A maioria das inscrições mais antigas é de metal, e algumas são bastante elaboradas e desenvolvidas. Aquelas em objetos de ouro foram, em geral, derretidas nos séculos seguintes.

Nos primeiros tempos, as runas eram geralmente gravadas em objetos móveis. Por essa razão, a distribuição dos locais onde as inscrições eram encontradas nos diz pouco sobre o lugar onde eram, de fato, gravadas. Uma boa ilustração desse problema são os achados arqueológicos realizados em pântanos (principalmente de cerca de 200 EC) da costa leste da Jutlândia e do arquipélago dinamarquês. Os objetos nos quais as runas eram gravadas foram destruídos pela população local, depois de ter derrotado os invasores do leste. Eram os invasores que gravavam essas runas em algum lugar da Suécia atual, não os habitantes da terra onde os objetos eram encontrados. Até onde sei, parece que antes de 200 EC, aproximadamente, as runas eram conhecidas apenas nas regiões das áreas modernas da Dinamarca, em Schleswig-Holstein, no sul da Suécia (talvez também nas ilhas de Öland e Gotlândia) e no sudeste da Noruega. Como os povos germânicos do norte e do leste europeu se espalharam para o leste e para o sul, levaram as runas consigo, por isso inscrições foram encontradas na atual Polônia, na Rússia, na Romênia, na Hungria e na Iugoslávia. A tradição rúnica permaneceu na Escandinávia até o fim da Idade Média. Uma das tradições escandinavas mais notáveis era a das bracteatas, medalhões geralmente de ouro, gravados com símbolos pictográficos e usados como ornamento ou amuleto, entre 450 e 550 EC, na Europa Setentrional (veja a Figura 1.6). Duas outras tradições distintas, mas organicamente relacionadas, são representadas pelas runas anglo-frísias (usadas na Inglaterra e na Frísia a cerca de 450 a 1100 EC) e pelas runas germânicas do sul (praticamente idênticas ao Futhark germânico do norte), usadas na Alemanha central e meridional (alguns achados na Suíça e na Áustria modernas) de aproximadamente 550 a 750 EC.

Inscrições rúnicas em Futhark

Temos sete exemplos de inscrições que representam a sequência do Futhark do período mais antigo, completo ou em fragmentos. Eles são apresentados em ordem cronológica na Figura 1.2.

A pedra de Kylver (que fazia parte do *interior* de uma câmara mortuária), combinada com evidências posteriores de runas manuscritas, mostra que a ordem original das duas últimas runas era D-O, e que as bracteatas de Grumpan e de Vadstena eram, em

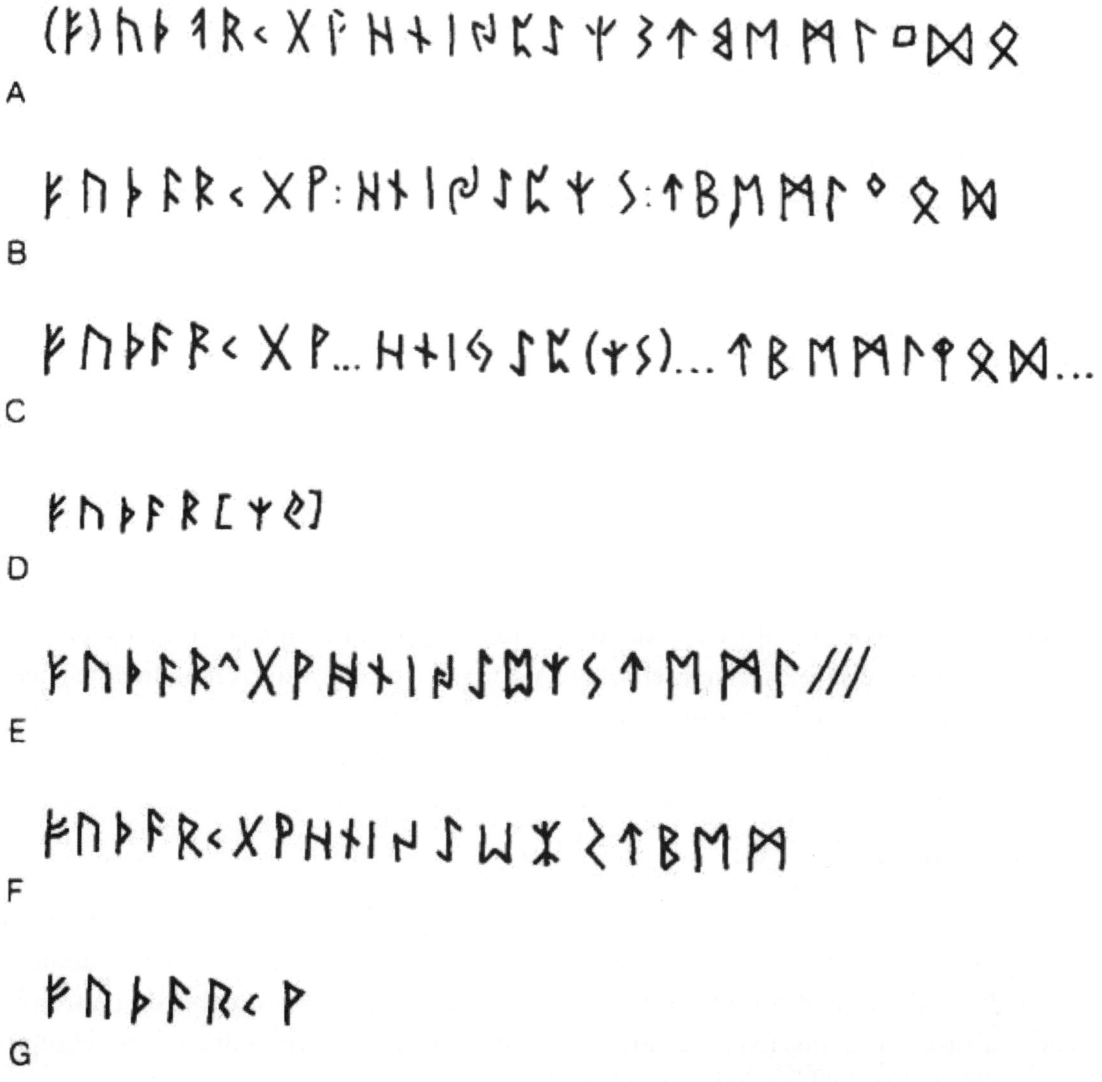

Figura 1.2. Inscrições no Futhark Antigo: a) Pedra de Kylver, c. 400; b) Bracteatas de Vadstena/Motala, c. 450–550; c) Bracteata de Grumpan, c. 450–550; d) Fíbula de Beuchte, c. 450–550; e) Coluna de mármore de Breza, c. 550; f) Fíbula de Charnay, c. 550–600; g) Fíbula de Aquincum, c. 550.

geral, gravadas com runas. A pedra de Kylver, no entanto, invertia a décima terceira e a décima quarta runas, o que resultou em P-EI em vez da ordem usual EI-P. O broche de Beuchte contém apenas as cinco primeiras runas riscadas do lado de trás, na ordem do Futhark, seguidas de duas runas ideográficas – : ᛉ : *elhaz* e: ᛃ : *jera* –, para dar proteção e sorte. Na coluna de Breza (parte de uma igreja bizantina em ruínas e provavelmente gravada por um godo), encontramos um fragmento de Futhark quebrado, após a runa L, e com a runa B faltando. O broche de Charnay também apresenta apenas um fragmento, mas isso parece intencional, para fins mágicos. O broche de Aquincum ostenta o primeiro *aett*, ou família de runas, em vez do Futhark completo. (Para conhecer os vários aspectos do sistema *aett*, veja os capítulos 7 e 9.)

Inscrições escandinavas e continentais antigas

A maneira mais conveniente de abordar a história rúnica exotérica fundamenta-se no estudo dos vários tipos de materiais ou objetos nos quais as runas são gravadas, com base em uma perspectiva cronológica. Em geral, encontramos dois tipos de objetos: (1) objetos soltos e portáteis (joias, armas etc.), que podem ter sido gravados num lugar e encontrados a centenas ou milhares de quilômetros de distância; e (2) objetos fixos e imóveis (pedras), que não podem ser deslocados, ou, pelo menos, não para locais muito distantes.

Objetos móveis

Já se encontrou grande variedade de objetos com gravações rúnicas: armas (espadas, pontas de lança e setas, escudos), broches (também chamados de "fíbulas"), amuletos (feitos de madeira, pedra e osso), ferramentas, pentes, anéis, estatuetas de chifre para beber, caixas, bracteatas, fivelas e vários acessórios de metal, originalmente em couro ou madeira. A maioria desses objetos tinham funções mágicas.

As pontas de lança rúnicas pertencem a uma das mais antigas tradições mágico-religiosas dos indo-europeus e estão entre as inscrições mais antigas conhecidas. A lâmina de Øvre-Stabu (Noruega) era, até o achado recente de Meldorf, o artefato rúnico mais antigo já encontrado (c. 150 EC). Na ilha sueca de Gotlândia, foi encontrada a ponta de lança de Moos, que data de 200 a 250. Mais ao sul e ao leste, foram encontradas as lâminas de Kovel, Rozvadov e Dahmsdorf (todas a partir de c. 250). Há também a lâmina de Wurmlingen, que é muito posterior (c. 600).

Todas, exceto Kovel (encontrada graças ao arado de um fazendeiro) e Wurmlingen, foram encontradas em covas para cremação. A lâmina Wurmlingen foi encontrada numa sepultura. No entanto, sua função principal não era funerária; provavelmente eram tesouros clânicos de importância mágica queimados e/ou enterrados com o chefe da tribo. O uso mágico da lança no culto ao guerreiro é bem conhecido na tradição germânica. Arremessar uma lança no inimigo ou sobre ele antes de uma batalha era uma forma de "oferecê-lo" a Odin, isto é, sacrificá-lo ao deus. Dizia-se que o próprio Odin fez isso na batalha primal descrita no "Völuspá" (est. 24):

Odin havia disparado sua lança
sobre o anfitrião.

Essa prática também é conhecida graças às sagas.

Como exemplo desses poderosos objetos talismânicos, examinaremos a lâmina de Dahmsdorf (encontrada durante escavações nas fundações de uma estação de trem alemã, em 1865). Atualmente, seu paradeiro é desconhecido. A lâmina é feita de ferro, com incrustações em prata, e provavelmente pertencia aos burgúndios. É especialmente interessante porque contém muitos outros símbolos além das runas, como mostra a Figura 1.3. No lado em que estão as inscrições rúnicas, vemos uma lua crescente, um *tamga* (sinal mágico, provavelmente de origem sármata); o lado não rúnico mostra um tríscele (trifos), uma roda solar (suástica) e outra lua crescente. A inscrição rúnica deve ser lida da direita para a esquerda: *Ranja*. Esse é o nome mágico da própria lança (na forma de um substantivo). É derivado do verbo *rinnan* (correr); portanto, "o corredor". Sua função era, num sentido mágico, "transpassar o inimigo" e destruí-lo.

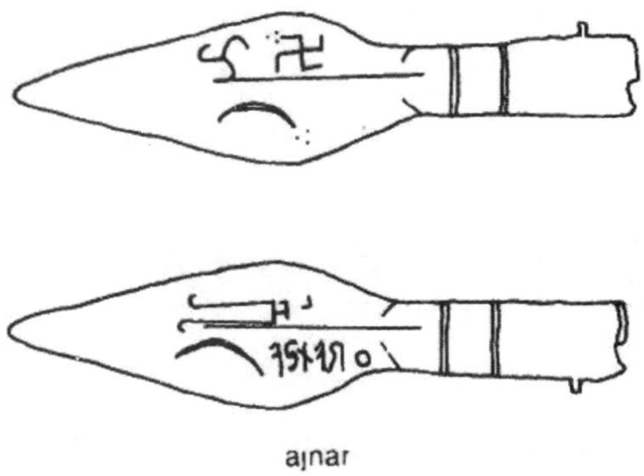

Figura 1.3. Ponta de lança de Dahmsdorf.

Os broches, que serviam para fechar as capas ou as vestimentas externas de homens e mulheres, são usados desde tempos muito antigos (veja *Germania*, Capítulo 17). Como tal, eram itens muito pessoais e ideais para serem transformados em talismãs pelas mãos de um mestre rúnico. De fato, parece que a maioria das doze principais inscrições dessa classe de objetos (que datam do final do século II até o VI) tem função expressamente mágica. Em seis casos, isso inclui a "fórmula do mestre rúnico", em que se usa um nome mágico especial para denominá-lo. A função mágica é trazer sorte (ativo) ou servir como amuleto passivo para proteção.

Como exemplo desse tipo de inscrição, podemos considerar o broche de Værløse, encontrado na sepultura de uma mulher em 1944. Essa fíbula de roseta folheada a ouro data de cerca de 200 EC. A simbologia do objeto também inclui uma roda solar, que fazia parte do projeto original, enquanto as runas provavelmente foram gravadas numa época posterior; pelo menos podemos dizer que foram gravadas com uma técnica diferente. A inscrição é apresentada na Figura 1.4.

Não é fácil interpretar as runas de Værløse do ponto de vista linguístico. Talvez se trate de uma fórmula mágica desconhecida, composta da popular fórmula mágica *alu* (poder mágico, inspiração divina, que pode ser considerada uma medida de proteção), mais *god* (da palavra *good*, do inglês, que significa "bom"). O significado poderia ser, portanto, "bem-estar por meio do poder mágico". Também poderia se tratar de uma fórmula de duas palavras; por exemplo, "*alu* [desejado por] Deus (agaz)", com a última palavra sendo um nome próprio em que se usa um ideograma para completá-lo. No entanto, como vemos na Figura 1.5, o dinamismo mágico contido no valor numérico da fórmula está claro.

Figura 1.4. Inscrição de Værløse.

Figura 1.5. Análise numérica da fórmula de Værløse.

A numerologia da fórmula de Værløse é um ótimo exemplo de como os números de poder podem atuar nas inscrições rúnicas. Aqui vemos um poder multiversal do número nove multiplicado nove vezes e atuando no reino do seis. Veja o Capítulo 11 para saber mais detalhes sobre a numerologia rúnica.

As bracteatas certamente tinham funções talismânicas. Bem mais de 800 delas são conhecidas e, destas, aproximadamente 250 têm inscrições rúnicas. Elas não eram *esculpidas*, mas *estampadas* em discos de ouro finos, com os demais detalhes do desenho, mais comumente uma adaptação de uma moeda romana. A iconografia dessas moedas romanas, que costumam mostrar o imperador a cavalo, foi totalmente reinterpretada no território germânico, onde passou a simbolizar Odin ou Baldr, seu filho. É bem possível que as bracteatas representem ícones religiosos do culto odínico. Eram produzidas e distribuídas em locais conhecidos de culto odínico e nos arredores desses lugares, onde hoje fica a Dinamarca.

Figura 1.6. Bracteata rúnica de Sievern.

A bracteata representada na Figura 1.6 foi encontrada num sítio arqueológico perto de Sievern, na Alemanha (com um total de onze bracteatas). A iconografia da bracteata de Sievern também é interessante. De acordo com o historiador medieval Karl Hauck, a curiosa formação que sai da boca da cabeça é uma representação do "sopro mágico" e do poder da palavra do deus Odin. Isso também pode ser visto em representações do deus Mitras. A inscrição estava muito danificada, mas provavelmente pode ser interpretada, como mostra a Figura 1.7. Ela pode ser entendida como *r(unoz) writu*, "eu esculpo as runas", típica fórmula mágica composta de um mestre rúnico.

Figura 1.7. Inscrição da bracteata de Sievern.

Como exemplo de um objeto de madeira preservado por esse processo, podemos considerar a caixa de teixo de Garbølle (Zealand, Dinamarca), encontrada vazia, em 1947. Ela parece um estojo de lápis, com tampa deslizante, e data de cerca de 400 EC. A inscrição dessa caixa está na Figura 1.8. As runas são geralmente interpretadas como: *Hagiradaz i tawide*: "Hagirad ['alguém hábil no conselho'] trabalhou [as runas] na [caixa]". Os cinco pontos verticais após as runas indicam que o leitor deve contar cinco runas para trás se quiser descobrir o poder por trás das runas (: ᚨ :).

Há também uma grande variedade de objetos bem especiais, difíceis de classificar. Muitos deles são ferramentas e outros objetos do cotidiano transformados em talismãs, mas alguns, como os famosos chifres de Gallehus e o colar de Pietroassa, são obras de arte interessantes.

Figura 1.8. Fórmula de Garbølle.

O colar de Pietroassa (c. 350-400) é um bom exemplo desses objetos únicos. Trata-se (ou tratava-se) de um colar de ouro, com diâmetro de cerca de quinze centímetros. O colar abria e fechava por meio de um mecanismo semelhante a um gancho. Esse ornamento, com outros 22 objetos de ouro (alguns contendo joias), foi encontrado em 1837, por dois lavradores romenos, sob um grande bloco de calcário. Infelizmente, quase todos os artefatos desapareceram ou foram extremamente danificados. Do colar, resta apenas a parte onde está a inscrição composta de duas peças. Esses objetos parecem ter sido instrumentos rituais sagrados pertencentes a um líder-sacerdote godo pagão (quem sabe o próprio Atanarico*?). O colar era uma insígnia de poderes sobrenaturais no mundo germânico pré-cristão. A Figura 1.9 apresenta as formas rúnicas desse colar assim como podem ser lidas agora e que devem ser interpretadas como *Gutani:* ᛟ: *wih-hailag*. Um sinal pouco claro entre as runas sete e oito é provavelmente um tríscele, e a oitava runa deve ser lida, ela própria, possivelmente, como um ideograma (= *othala*, propriedade hereditária). A tradução de toda a fórmula, portanto, seria algo como "A propriedade hereditária dos godos, sacrossanta". Para mais informações sobre esse tesouro e as pontas de lança góticas, consulte *Mysteries of the Goths* (Rûna-Raven, 2007).

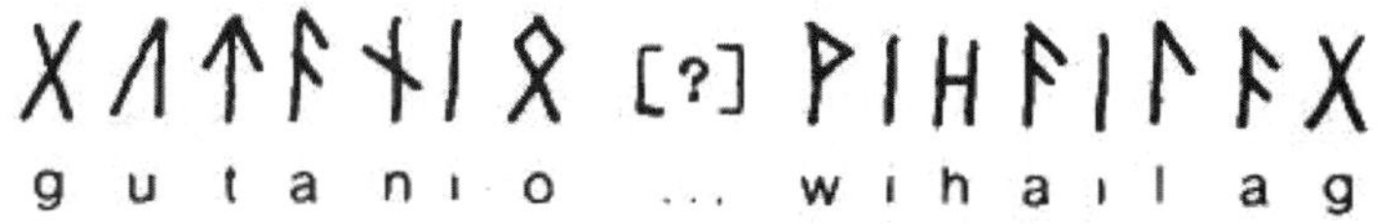

Figura 1.9. Fórmula de Pietroassa.

* Chefe tervíngio do século IV, filho de Aorico, que durante onze anos (365-376/381) desempenhou a função de chefe desse ramo dos godos. [N.T.]

Objetos fixos

Existem, basicamente, três tipos de objetos fixos na tradição mais antiga, todos eles em pedra, mas com diferentes tipos e funções. Há, primeiro, as gravuras rupestres (petróglifos), cortadas diretamente de rochas, penhascos e objetos semelhantes. Em seguida, há as chamadas pedras bauta*, especialmente escolhidas e desbastadas, e depois deslocadas para uma posição predeterminada. O grupo final é formado por essas pedras, que também possuem pictogramas gravados.

Quatro gravações rupestres datam do período entre 400 e 550, e todas estão na região da península escandinava. Todas elas parecem ter significado mágico-cúltico e, muitas vezes, se referem ao mestre rúnico, dando até mesmo detalhes sobre a estrutura do culto eruliano.

Todas as inscrições servem como uma espécie de declaração iniciática de poder, em que o mestre rúnico grava uma ou mais das suas alcunhas ou títulos mágicos. Esse tipo de fórmula pode ser usado para consagrar uma região, protegê-la ou até causar certas mudanças específicas no ambiente imediato.

Figura 1.10. Fórmula de Veblungsnes.

O exemplo mais simples é a parede rochosa de Veblungsnes, no centro da Noruega (veja Figura 1.10), que data de cerca de 550. Em palavras, a fórmula de Veblungsnes consiste em: *ek irilaz Wiwila*: "Eu [sou] o *Wiwila* eruliano". (Observe que : ᛖᚲ : é uma runa combinada formada por : ᛖ : e : ᚲ :.) A fórmula consiste no pronome da primeira pessoa "eu", o título iniciático *irilaz* (variação dialética de *erilaz*), o eruliano (amplamente interpretado como "mestre rúnico") e o nome próprio. Esse nome, no entanto, não é um nome comum, dado ao mestre rúnico, mas um nome sagrado ou iniciático. Significa "o pequenino santificado" ou "o pequenino que santifica". É interessante ressaltar que o nome *Wiwilaz* é diminutivo de *Wiwaz*, também encontrado na pedra de Tune, e está

* *Bauta Stone*, tradução para o inglês de *bautasten*, menir, pedra vertical, em dinamarquês. (N.T.)

relacionado ao nome do deus *Wihaz* (NA Vé, "sagrado"). Nessa fórmula, o mestre rúnico, ou eruliano, consagra uma região com sua presença mágica. Faz isso primeiro "assumindo" uma *persona* divina e, depois, agindo com base nela, ao gravar as runas.

As pedras *bauta* são as precursoras das grandes pedras rúnicas da Era Viking e datam de meados do século IV até o final do século VII, mas continuam a se desenvolver além dessa época.

Inscrições desse tipo quase sempre estão relacionadas com o culto aos mortos e aos ritos e/ou costumes funerários. Como se sabe, essa é uma parte importante do culto geral de Odin e aquele com o qual as runas sempre estiveram profundamente ligadas. Às vezes, as runas eram usadas para proteger os mortos de possíveis ladrões de túmulos ou feiticeiros; às vezes, eram empregadas para manter os mortos em seus túmulos (para evitar o temido *aptrgöngumenn* ["morto-vivo"]; e, outras vezes, eram usadas para possibilitar a comunicação com os mortos para fins mágicos ou religiosos.

A pedra de Kalleby, cuja fórmula se pode ver na Figura 1.11, é um exemplo da arte do mestre rúnico para evitar que os mortos saíssem do túmulo, ou pelo menos para que voltassem para a sepultura depois de terem vagado por um tempo. Esses conceitos são comuns em muitas culturas antigas. No mundo germânico, os "mortos-vivos", muitas vezes, voltavam a ganhar vida pela vontade de um feiticeiro e eram enviados para cumprir suas ordens.

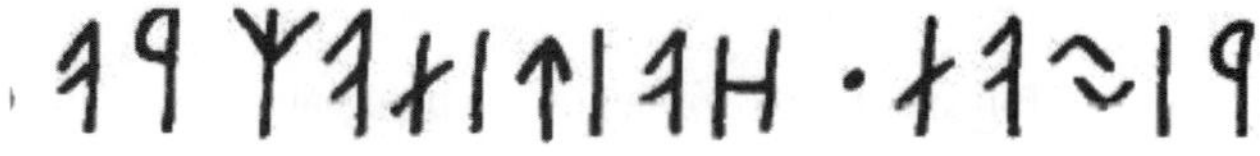

Figura 1.11. Fórmula de Kalleby.

A fórmula de Kalleby, que deve ser lida da direita para a esquerda, *thrawijian haitinaz*, era: "ele [o homem morto] foi condenado a definhar [na sepultura]." O uso do pretérito é muito comum em inscrições mágicas, por uma razão técnica dupla: (1) a máxima básica da magia: "Faça como se sua vontade já tivesse sido satisfeita"; e (2) o fato de o ritual que assegurava a vontade do mestre rúnico já ter sido realizada *antes* que o efeito efetivo fosse evocado. Essas concepções são fundamentais para a visão de mundo germânica sobre a *realidade* suprema do "passado" e seu poder de controlar o que está além disso. O eruliano *usa* isso para que sua vontade se cumpra.

As pedras pictográficas combinam a simbologia rúnica com a magia pictográfica. Isso fica muito claro especialmente em duas pedras, Eggjum e Roes, ambas com representações esquemáticas de cavalos (veja a runa E). Parece que a tradição de combinar runas e pictogramas é muito antiga, uma vez que a mais remota das quatro inscrições data de cerca de 450, e a última (Roes), de cerca de 750. A técnica acabaria por chegar ao apogeu na grande tradição das pedras rúnicas pictográficas da Era Viking escandinava.

Talvez o melhor exemplo da combinação das runas com a imagem de cavalos seja a pedra de Roes, da ilha de Gotlândia (veja a Figura 1.12). Esse talismã robusto (uma placa de arenito medindo c. 56 cm × 77 cm × 8 cm) foi encontrado sob as raízes de uma aveleira no século XIX. A fórmula rúnica pode ser lida na Figura 1.13. Sua interpretação é controvertida, mas a melhor solução parece ser aquela que interpreta a complexa figura como uma runa combinada de U + D + Z, de modo que a inscrição como um todo possa ser lida como *ju thin Uddz rak*: "Udd montou ou enviou este cavalo". Mas o que isso quer dizer?

Figura 1.12. Pedra de Roes.

A literatura nórdica antiga nos fornece uma boa pista sobre o significado desse complexo símbolo. Na *Egil's Saga** (Capítulo 57), lemos que Egil confeccionou um *nídhs-töng*, ou mastro da maldição, feito de aveleira e com a cabeça de um cavalo esculpida, fixada na extremidade superior. Esse mastro mágico tinha como objetivo expulsar da Noruega o rei Érico, o "Machado Sangrento", e sua rainha, Gunnhild – e funcionou.

Antes de finalizar essas explicações sobre as inscrições do Futhark Antigo, acho apropriado dizer algo sobre a linguagem empregada. Foi mais ou menos na época em que as runas começaram a ser usadas na escrita que as línguas germânicas começaram, de fato, a se dividir em vários dialetos distintos. A linguagem do período anterior à separação é chamada de protogermânica (ou germânica). Também parece ter ocorrido uma diferenciação inicial no norte, que pode ser chamada de protonórdico ou nórdico primitivo. Os godos que começaram a migrar para o leste da Escandinávia (nas atuais Polônia e Rússia), por volta do início da Era Comum, desenvolveram o dialeto germânico oriental (que desempenhou importante papel na história das primeiras inscrições rúnicas). No continente ao sul, um grupo linguístico germânico distinto desenvolveu o que acabou por dar origem ao alemão, ao inglês e aos dialetos frísios; enquanto, no norte, o proto-nórdico evoluiu para o norueguês do oeste (na Noruega) e o norueguês do leste (na Dinamarca e na Suécia). Nos primeiros séculos do período antigo, todos esses dialetos eram mutuamente inteligíveis; além disso, os mestres rúnicos tinham tendência a usar formas arcaicas em inscrições posteriores, porque se tratava, muitas vezes, de fórmulas mágicas antigas usadas havia muito tempo. Supõe-se que existisse até mesmo um dialeto "sagrado" pangermânico, usado e preservado por mestres rúnicos.

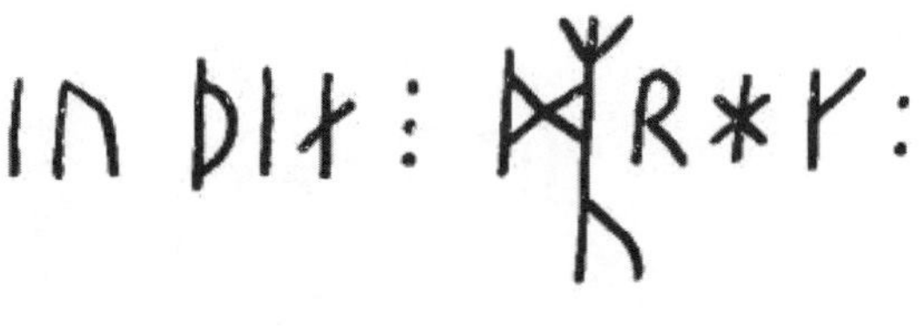

Figura 1.13. Fórmula de Roes.

* A saga islandesa medieval *Egil's Saga Skalla-Grímssonar* é a história da vida de Egil Skallagrimsson e de sua família. Foi escrita na Islândia durante o século XIII, possivelmente por Snorri Sturluson. Egil Skallagrimsson foi um guerreiro *berserker* da Era Viking e um dos grandes anti-heróis das sagas islandesas. (N.T.)

Runas anglo-frísias

Existem muitas razões para diferenciar as tradições rúnicas inglesas das frísias, assim como existem muitas razões para considerá-las em conjunto. A tradição frísia é pouco conhecida, mas está repleta de práticas mágicas; o inglês é mais bem representado, mas menos abertamente do ponto de vista mágico. Existem, no entanto, semelhanças impressionantes nas formas das runas individuais, e esse fato, com os estreitos laços culturais entre ingleses e frísios ao longo da história antiga, nos leva à conclusão de que havia ligação entre suas tradições rúnicas. Infelizmente, não conhecemos o futhork frísio completo.

Primeiro, vamos examinar a rica tradição inglesa. A inscrição mais antiga encontrada nas Ilhas Britânicas é aquela do astrágalo (osso da pata) de uma corça, encontrado em Caistor-by-Norwich. Provavelmente ela data da primeira onda real de migração germânica durante a última parte do século V. Mas talvez seja, na verdade, uma inscrição germânica do norte importada ou gravada por um mestre rúnico "escandinavo". Essa possibilidade deve ser considerada porque a forma setentrional da runa H (: ᚺ :) é usada, e não a do inglês : ᚻ :. Os padrões de datação e de distribuição dos monumentos rúnicos ingleses são complexos porque as evidências são muito esparsas, e os objetos, na maioria móveis. Ao todo, existem apenas cerca de sessenta artefatos rúnicos ingleses, encontrados principalmente nas partes leste e sudeste do país, antes de 650 EC, e, depois dessa época, sobretudo em North Country. A tradição epigráfica (ou seja, a prática de gravar inscrições rúnicas), que deve ter começado de modo mais sistemático já em 450 EC., foi extinta no século XI. As runas encontraram outro modo de expressão na tradição dos manuscritos. Estes são valiosos para nosso estudo, mas raramente de natureza mágica.

A história da tradição rúnica inglesa pode ser dividida nos dois períodos mencionados anteriormente: (1) pré-650 (em que boa parte dos meios pagãos sobrevivem) e (2) 650 até 1100 (que tende a ser mais cristianizado, com menos práticas mágicas ou esotéricas em evidência).

O Futhorc inglês

A única inscrição em Futhorc que nos resta está, um tanto desgastada, no *scramsax** do Tâmisa, que data de cerca de 700 EC. Na realidade, trata-se de uma amostra do sofisticado trabalho em metais dos anglo-saxões, na qual o artesão incrustou prata, cobre e bronze em matrizes cortadas em formato de lâminas de ferro. A ordem e a forma das runas podem ser vistas na Tabela Rúnica 2, no Apêndice I. Esse futhorc é seguido de um padrão "decorativo", e o nome próprio Beagnoth é provavelmente do ferreiro, não do mestre rúnico. Como se pode ver, há uma série do que parecem ser erros formais e de ordenação. Tudo isso se deve, sem dúvida, à cópia malfeita que Beagnoth fez de um modelo. É sorte que tenhamos mais evidências que mostram que, de fato, a tradição rúnica inglesa era bem desenvolvida e muito próxima da tradição continental. Essa evidência vem da tradição do manuscrito. O documento mais informativo é, obviamente, o "Poema Rúnico em Inglês Antigo" (veja o Capítulo 8).

O "Poema Rúnico em Inglês Antigo" contém um Futhorc de 28 runas; o códice Salisbury 140 e o St. John's College MS 17 também registram futhorcs em inglês antigo de 28 e 33 runas, respectivamente. Outro manuscrito, o Cottonian Domitian A 9 até registra um Futhorc dividido em *ættir*, ou famílias. Aqui, é significativo que as divisões em *ætt* sejam feitas nos mesmos lugares que as do Futhark Antigo. Isso demonstra a natureza duradoura das tradições subjacentes da sequência germânica.

Parece que a tradição rúnica mais antiga da Inglaterra é a sequência germânica comum de 24 runas, logo expandida para 26 runas, com uma modificação da quarta e da vigésima quarta runas: (4) : ᚨ : [a] tornou-se: ᚩ: [o]; (24) : ᛟ : tinha o valor fonético [œ] e depois [ē]. Além disso, a forma rúnica : ᚨ : foi realocada para a posição 25 e denominada *aesc* (freixo). Essas mudanças ocorreram já no século VI. Conforme a língua inglesa foi evoluindo e se modificando, o mesmo aconteceu com o Futhorc do inglês antigo. Essa é a maneira normal de desenvolvimento de um alfabeto. À medida que o sistema sonoro de uma língua se torna mais complexo, o mesmo acontece com seu sistema de escrita.

O uso de runas inglesas pode ser dividido em três classes principais:

Objetos soltos
Objetos fixos (por exemplo, pedras)
Manuscritos

* Tipo de faca ou espada usada pelos anglo-saxões para caça ou combate. (N.T.)

Os objetos soltos representam a categoria mais ampla. São geralmente os primeiros tipos de inscrição, mas também persistem até uma data posterior. Infelizmente, muitos deles são apenas fragmentos ou estão danificados a tal ponto que leituras exatas são quase impossíveis. A maioria dos objetos móveis tem runas gravadas em metal, osso ou madeira; no entanto, alguns representam as runas por meio de técnicas mais intrincadas de trabalho em metal (veja o *scramsax* do Tâmisa) ou de entalhe em madeira/osso (por exemplo, a famosa Urna de Franks, de osso de baleia). As runas em inglês antigo datam principalmente do período cristão e parecem representar uma adaptação pseudocristã da tradição, mas ainda podem ter importância mágica e certamente religiosa. A maioria delas são, na verdade, pedras memoriais ou cruzes de pedra, e foram esculpidas por profissionais habilidosos.

Não há nenhum manuscrito em inglês antigo totalmente escrito em runas, mas elas são amplamente representadas na literatura, onde servem tanto para fins crípticos quanto pragmáticos. Duas runas foram adaptadas pelos ingleses para a escrita com pena e pergaminho no alfabeto romano; elas eram o þ < : ᚦ : [th] (*thorn* [espinho]) e o Ƿ < : ᚹ: [w] (*wynn* [alegria]). Dali, essa prática ortográfica foi levada para a Alemanha e para a Escandinávia.

A inscrição de Caistor-by-Norwich já mencionada é um bom exemplo do tipo de objeto solto de um período anterior. Suas runas aparecem na Figura 1.14. Esse osso foi encontrado com 29 outros semelhantes (sem runas), com 33 pequenas peças cilíndricas, numa urna de cremação. É possível que os objetos fossem usados como varetas em ritos divinatórios. A inscrição em si é difícil de interpretar, mas pode significar algo como "aquele que pinta" ou "aquele que raspa" e ser um nome sagrado do mestre rúnico.

Figura 1.14. Inscrição de Caistor-by-Norwich.

Não é fácil encontrar, em materiais ingleses, um exemplo explícito da magia usada pelos mestres rúnicos odínicos, mas a bainha da espada de Chessel Down (veja a Figura 1.15) provavelmente é um deles. A inscrição foi riscada na parte de trás da peça e, portanto, não ficava visível quando a bainha era usada. Pode ser traduzida como "A Terrível fere [o inimigo]!". Se essa tradução estiver correta, então æco (A Terrível) seria o nome da espada, e *sœri* (ferir [!]), sua função.

Figura 1.15. Fórmula de Chessel Down.

Um exemplo interessante de pedra rúnica mágica do período pagão é a pedra de Sandwich, do século VII. Ela provavelmente representa o nome do mestre rúnico Ræhæbul e originalmente fazia parte do interior de um túmulo. O texto, pelo que foi possível decifrar, foi reproduzido na Figura 1.16.

Figura 1.16. Inscrição de Sandwich.

Entre os usos manuscritos das runas, o que mais se aproxima da prática mágica é a ocultação de significados secretos em textos, por meio do uso das runas. Um texto como esse é encontrado no Enigma 19 do *Exeter Book*[1], cuja tradução do inglês antigo seria:

> Eu vi um ᛋᚱᚩᚻ (cavalo) com mente audaz e cabeça brilhante atravessando um campo fértil num galope rápido. Ele levava nas costas um ᚾᚩᛗ (homem)

poderoso na batalha, mas que não montava com armadura cravejada. Ele era ligeiro ao avançar pelos ᚩᚷᛖᚹ (caminhos) e carregava um poderoso ᚳᚩᚠᚩᚪᚻ (falcão). A jornada era a mais radiante para o progresso dessa expedição. Diga como sou chamado...

Aqui, as runas compõem palavras, mas estão escritas ao contrário no texto. As palavras rúnicas, portanto, podem ser lidas da seguinte maneira: *hors* (cavalo), *mon* (homem), *wega* (caminhos) e *haofoc* (falcão). Contudo, e isso é algo notável e misterioso, os *nomes rúnicos* individuais têm que ser lidos na ordem em que foram escritos para que o poema tenha a devida aliteração.

Runas frísias

Não existe um Futhork frísio, mas temos um pequeno grupo de inscrições interessantes. Foram encontrados, até hoje, cerca de dezesseis monumentos genuinamente frísios (embora também existam algumas falsificações). Essas inscrições, que datam de um período entre os séculos VI e IX, são geralmente encontradas em objetos de madeira ou osso, preservados no solo úmido dos *terpens* frísios (montes de terra artificiais encontrados nos pântanos numa das primeiras tentativas para criar um terreno mais seguro).

Os monumentos rúnicos frísios parecem ter caráter claramente mágico, mas muitos são difíceis de interpretar. Podemos ter certeza de que ocorrem num sólido contexto pagão, porque essa região conservadora (da Frísia), muitas vezes liderada por reis heroicos como Radbod, resistiu à invasão religiosa dos cristãos – assim como à subversão política do império carolíngio – até o final do século VII. Podemos até presumir, com certa segurança, que houve um período de relutante obediência religiosa até muito depois disso.

Um dos exemplos mais interessantes, ainda que difícil e complexo, dessas peças frísias é a "varinha mágica" ou talismã de Britsum (Figura 1.17). A varinha, feita de teixo, com cerca de 13 centímetros, foi encontrada em 1906 e pertence a um período entre 550 e 650 EC. No lado A da inscrição, lê-se da esquerda para a direita: *thin* ī a *ber*! *et dudh*; o lado B pode ser lido da direita para a esquerda: *biridh mī*. Na parte danificada da peça não é possível ler nada. A fórmula inteira se traduz assim: "Carregue sempre este teixo [estaca]! Ele tem poder [*dudh*]! Estou carregado...”. Pode-se destacar que o sinal divisor composto de sete pontos, no lado B, indica a sétima runa após o marcador; isto é, : ᛁ : (nesta inscrição) = : ᛇ : teixo – o poder contido na fórmula.

Figura 1.17. Varinha de Britsum.

Capítulo 2

RUNAS DA ERA VIKING

(800-1100 EC)

Assim como ocorre com todas as épocas históricas, a Era Viking não foi um desenvolvimento repentino, mas, sim, o resultado de um processo longo e contínuo, que começou nos últimos séculos AEC, com os primeiros movimentos dos cimbros e teutões, a partir da Escandinávia – o "Útero das Nações", como a chamava o historiador Jordanes, do século VI.

Nos anos 800, aproximadamente, a Escandinávia passou por uma série de mudanças internas e tomou novos rumos. A Suécia (especialmente Gotlândia) já havia começado a desenvolver rotas comerciais para o leste, graças aos eslavos, rotas que acabariam por chegar a Bizâncio, a Bagdá e à Pérsia. Na Dinamarca, reis poderosos (Godfrid e Horik) estavam começando a moldar a "nação" dinamarquesa, reunindo vastos exércitos e poderosos séquitos. A Noruega, no entanto, isolada e geograficamente fragmentada, conservou mais instituições locais e formas conservadoras. Embora parte da Suécia (Uppland e Gotlândia) e certas áreas do arquipélago dinamarquês já fossem muito abastadas, nessa época o restante da Escandinávia estava apenas começando a acumular riquezas e a crescer de novas maneiras. Anunciando a Era Viking, o primeiro ataque foi realizado por noruegueses em 793, no mosteiro de Lindisfarne (Nortúmbria), seguido por ataques a Monkwearmoth (794) e Iona (795).

Assim como a histórica Era Viking foi resultado de longo processo, o mesmo se pode dizer da evolução do Futhark Antigo até o Novo. Um exame das inscrições do

Futhark Antigo e de antigas formas rúnicas alternativas mostrarão que as formas rúnicas que deveriam se tornar padrão no Futhark Novo já estavam em uso desde cerca de 600 EC. A evolução da tradição mais antiga até a nova ocorreu num ritmo bastante acelerado durante o século VIII, de modo que, em 800, o Futhark Novo, formado sistematicamente e reduzido de 24 para 16 runas, foi concluído, institucionalizado e disseminado por todas as terras escandinavas.

Embora muitas inscrições sejam encontradas fora da Escandinávia, sobretudo nas Ilhas Britânicas e no Leste Europeu, o Futhark Novo é um fenômeno cultural puramente escandinavo. Todas essas inscrições foram esculpidas por mestres rúnicos nórdicos.

Não há dúvida de que todo esse desenvolvimento ocorreu dentro de uma estrutura cúltica tradicional – caso contrário, as alterações mais antigas e a consequente reformulação da sequência não teriam ocorrido de forma tão uniforme ou se espalhado com tanta velocidade e precisão, por uma extensão de terras tão ampla. De muitas maneiras, a história da reformulação mais recente corre paralelamente à formação original da tradição mais antiga. Um dos principais contrastes, no entanto, é a forma como as runas do Futhark Novo foram rapidamente alteradas (em alguns casos, de modo drástico) em certas regiões. Isso pode apontar uma fragmentação crescente na tradição, embora o fato de ela manter o sistema interno de ordenação (números), os valores fonéticos e as divisões *aett*, bem como os modos tradicionais de uso (ou seja, *entalhar*, não escrever), testemunhe a força da tradição num nível profundo.

Podemos supor que a sequência rúnica original do "nórdico comum" surgiu reformulada na forma que vemos na Figura 2.1. No entanto, a versão final e mais padrão do Futhark apareceu na forma ligeiramente diferente que vemos na Figura 2.2.

Figura 2.1. Futhark nórdico comum.

O desenvolvimento desse Futhark foi consequência de uma combinação de fatores linguísticos e mágicos. Mas, quando se fala do papel da mudança linguística na evolução da sequência mais recente, é preciso ressaltar que as evidências mostram que esse papel é estritamente secundário. A sequência mais antiga poderia ter sido adaptada com facilidade (como, de fato, foi anteriormente), de acordo com quaisquer alterações sonoras que pudessem ter ocorrido no idioma. Mas isso não aconteceu. O que ocorreu foi que, à medida que a língua desenvolvia um sistema sonoro mais complexo, seu sistema de escrita se simplificou – um acontecimento inédito na história da ortografia. Isso é explicado pelo fato de que a reforma ocorreu por razões extralinguísticas, mágico-religiosas.

Antes de tratarmos da evolução tradicional, é importante recapitular algumas das principais mudanças linguísticas e o modo como elas se refletiram nas runas, para que a "gramática" das inscrições fique mais clara. Para começar, o valor fonético de : ᛇ: sempre foi incerto, e raramente essa runa aparecia, exceto em inscrições de fórmulas mágicas. Além disso, : ᛃ : alternando com : ᛡ : mudou seu valor fonético numa data anterior (c. 600 EC) no norte, porque o *j* inicial original se perdeu nos dialetos nórdicos dessa época. Um bom exemplo dessa regra é o próprio nome da runa, no qual o *jēra* germânico tornou-se o nórdico primitivo *jār*, que se desenvolveu para o nórdico antigo *ár* : ᛅ :. Consequentemente, o valor fonético da runa passou de [j] para [a]. Além disso, : ᛅ : passou de [a] para a forma anasalada [a]. Também é importante notar a nova ambiguidade de todo o sistema de escrita, no qual muitas runas agora têm que representar dois ou mais sons (veja a Tabela Rúnica 3, no Apêndice I.)

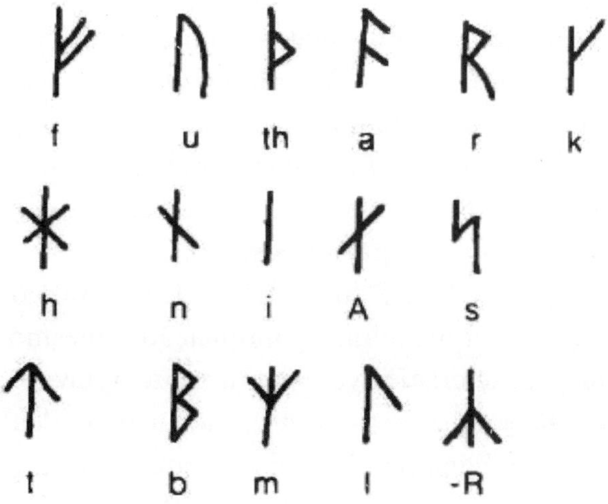

Figura 2.2. Futhark nórdico padrão.

Os elementos tradicionais indicam a continuidade dos dois sistemas, tanto o antigo quanto o novo. Esses elementos mostram claramente que a transição de um sistema para outro foi realizada dentro de uma estrutura de culto, e que os desenvolvedores da nova sequência tinham conhecimento da sequência antiga e de suas tradições. Essa conclusão é reforçada pelo fato de que tudo isso aconteceu numa sociedade basicamente sem língua escrita. Pois, embora as runas fossem uma forma de escrita, ainda não eram usadas nas tarefas simples de comunicação interpessoal profana. Para que um ser humano passasse a conhecer um sistema complexo de qualquer tipo (por exemplo, o conhecimento rúnico), tinha que ser instruído sobre ele por outro ser humano. Naqueles dias, o candidato a runomante não poderia ir a uma biblioteca e pegar um livro empoeirado sobre uma tradição morta havia muito tempo e revitalizá-la.

O primeiro elemento desse sistema é a continuidade na ordem linear das runas, especialmente das seis primeiras: F-U-TH-A-R-K; por outro lado, nenhuma das runas do Futhark Novo é deslocada de sua posição relativa na sequência antiga. Certas runas antigas deixam de ser usadas e surge uma nova ordem. A única exceção a essa regra é : ᛦ: [-R], deslocada para o final da sequência. Isso talvez se deva ao fato de ela aparecer apenas no final das palavras, mas também pode ter sido uma tentativa de preservar certos elementos do antigo sistema *aett*. Como vimos em relação ao período mais antigo, o sistema *aett* era parte integrante da tradição antiga. (Veja o Capítulo 9 para aspectos mais esotéricos.) A continuidade dessa característica incomum é mais uma evidência das manipulações conscientes de uma instituição cultual. O primeiro *aett* da sequência nova é composto das primeiras seis runas da antiga, numa ordem inalterada. Também é importante que o segundo e o terceiro *aettir* comecem com as mesmas duas runas que o período mais antigo, ou seja, H–N e T–B, respectivamente. Isso, combinado com a necessidade de uma divisão simétrica que seguisse as seis primeiras *aett* obrigatórias, exigiu o deslocamento de :ᛦ: [-R] para o fim; caso contrário, teria feito com que o terceiro *aett* começasse com : ᛋ :. De qualquer maneira, a continuação, e mesmo o fortalecimento, do agrupamento triplo é uma característica verdadeiramente notável.

Correspondências mais simples, no entanto, são surpreendentes. O nível de continuidade das formas rúnicas é digna de nota: onze formas permaneceram inalteradas, e três runas alteradas, na verdade, representam formas alternativas mais antigas (ou seja, :ᚲ:/:ᚴ:, :ᛃ:/:ᚼ:), praticamente intercambiáveis :ᛦ:/:ᛉ:, que originalmente se desenvolveram a partir de uma forma :ᛯ:. Isso faz com que restem apenas duas que apresentam algum problema; : ᛗ : tornou-se : ᛘ :, e :ᚺ: tornou-se: ᚼ :. Os motivos dessas alterações são formais. A sequência nova geralmente transformou todas as runas duplas numa única runa, de modo que, movendo juntas as runas que vêm na frente, surgem as novas formas: ᛘ : e :ᚽ:. A runa: ᚽ : já era uma forma antiga inalterada, então se preferiu a modificação : ᚼ :. Essa última forma também é explicável por motivos esotéricos (veja o Capítulo 10).

Outro elemento notável é o da continuidade dos nomes das runas e, portanto, de seus valores fonéticos originais. Embora não tenhamos nenhuma fonte que revele os nomes antigos das runas, uma combinação do estudo comparativo das línguas em que os nomes aparecem (ou seja, IE, GO e NA) e o estudo do uso *ideográfico* das runas antigas (ver, por exemplo, o colar de Pietroassa, na página 34) indicam que os nomes usados posteriormente são, na realidade, continuação de um sistema antigo. A tradição nórdica antiga preserva os nomes em poemas rúnicos (veja o Capítulo 8). A única aparente divergência ocorre entre o [-R] : ᛦ : *ýr*, "teixo" (arco), e o [-R] : ᛉ : *elhaz*, "alce". No entanto, a forma alternativa mais antiga : ᛯ : tem sido interpretada como um nome originalmente relacionado com o simbolismo das árvores (veja os quatro cervos [= alces?] cósmicos nos galhos de Yggdrasill). Além disso, a segunda runa, : ᚢ :, recebeu significado secundário, "chuva de granizo", explicado no campo da mitologia cosmogônica (veja o Capítulo 10).

Parece necessário atribuir uma pátria original ao Futhark Novo, porque seria difícil imaginar dois sistemas idênticos em desenvolvimento simultâneo na Noruega/Suécia e na Dinamarca. Com base nas evidências, os locais mais prováveis para esse fenômeno são o extremo sul da Noruega e a região sueca adjacente, onde a atividade rúnica permaneceu intensa até o final do período anterior. A época dessa formação teriam sido as últimas décadas do século VIII. Desse local, ele rapidamente se disseminou para a Dinamarca. Ali, caiu em solo fértil, e iniciou-se a revitalização da tradição rúnica no arquipélago dinamarquês. Na Dinamarca, foi ligeiramente modificado e se tornou o modelo mais influente para o desenvolvimento rúnico futuro. Essa situação foi causada pelo crescimento geral da influência cultural e política dinamarquesa na região, nesse período.

Tudo isso nos leva a uma discussão sobre as formas mais comuns do Futhark realmente codificado na Escandinávia da Era Viking. Apesar das variações nas formas das runas individuais, elas mantiveram organização e estrutura internas coerentes.

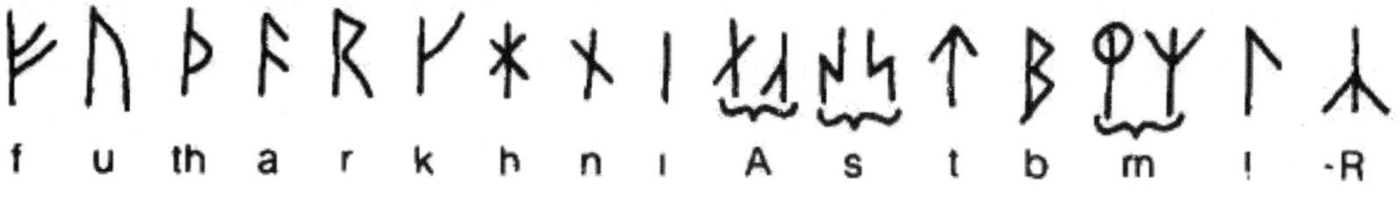

Figura 2.3. Futhark dinamarquês.

A partir da codificação original no sul da Noruega e da Suécia, e arredores, o Futhark Novo espalhou-se para a Dinamarca, onde as formas codificadas geralmente eram aquelas apresentadas na Figura 2.3. Essa sequência dinamarquesa se tornaria a mais comum de todos os Futharks. Ela se estendeu do século IX ao século XI e foi o modelo até para desenvolvimentos posteriores.

O Futhark dinamarquês foi, no entanto, rapidamente reformulado em algumas áreas da península escandinava. Em 850, no sul da Noruega e em Östergötland, na Suécia, uma sequência simplificada foi desenvolvida, como mostra a Figura 2.4.

Figura 2.4. Futhark de Rök.

Essa é geralmente conhecida como sequência Rök, numa referência à inscrição mais famosa desse Futhark, a pedra de Rök. Essas formas particulares de runas duraram apenas até a última metade do século X, quando foram novamente substituídas pelo tipo dinamarquês mais padrão.

Além desses dois estilos principais de Futhark em uso durante a Era Viking na Escandinávia, na Suécia havia o uso esporádico de um sistema rúnico radicalmente simplificado, depois chamado de runas de Hälsinga (nome da província em que são encontradas). Geralmente, essas runas são formadas removendo-se sua haste superior ou vertical. Um Futhark com essas runas é mostrado na Figura 2.5.

Essa sequência é rara em inscrições, e especula-se que seja, na verdade, uma taquigrafia rúnica usada em comunicações mais profanas e para assuntos jurídicos. Pode ter sido usada desde o século X, mas as inscrições mais famosas datam de meados do século XI. Embora as runas de Hälsinga nunca tenham passado de convenção local, é bom lembrar que continuam sendo parte da tradição antiga.

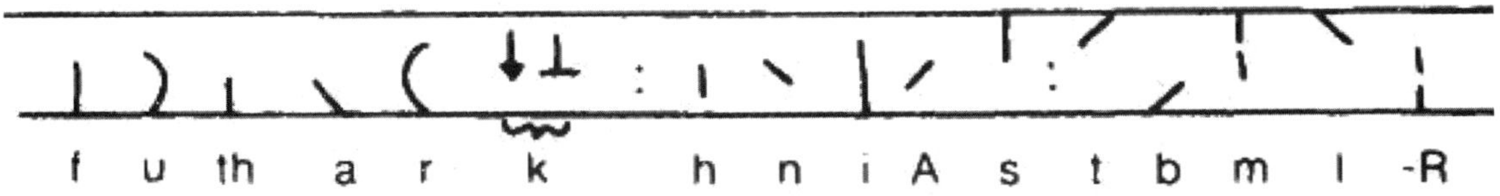

Figura 2.5. Futhark de Hälsinga.

Inscrições da Era Viking

De modo geral, podemos encontrar, no período mais recente, todos os tipos de inscrição encontrados no período mais antigo, mas o tipo que passa a predominar nas evidências que temos é o da pedra memorial. Isso se deve, em parte, ao caráter duradouro dessas inscrições. Contudo, talismãs de vários tipos continuam sendo parte importante desse registro. Até hoje, já foram encontrados cerca de cinco mil monumentos rúnicos mais recentes e dos tipos mais variados, mas esse número continua crescendo à medida que mais assentamentos da Era Viking são escavados.

Pedras memoriais rúnicas

a tradição de entalhar lápides (muitas vezes encontradas *dentro* das sepulturas, com função claramente mágica) e, posteriormente, pedras memoriais, com aparente importância mágica, remonta ao período antigo. As pedras *bauta* estavam, é claro, diretamente ligadas aos túmulos. A tradição nova aderiu a essa ideia e fez dela o esteio do seu trabalho. No período mais recente, essas pedras não estavam necessariamente associadas às sepulturas propriamente ditas, e, portanto, é mais correto descrevê-las como memoriais. Essas pedras eram normalmente colocadas em áreas pelas quais passavam viajantes e podiam ser vistas por pessoas capazes de ler suas inscrições. Essa tradição começou na Dinamarca, por volta de 800. É preciso frisar que esse surgimento renovado da prática rúnica revitalizada coincidiu com a recepção do Futhark reformulado e historicamente ligado à ameaça ideológica do cristianismo no sul.

Figura 2.6. Pedra de Snoldelev.

Um exemplo bem conhecido de forma antiga de lápide, que verdadeiramente representa a transição entre a pedra *bauta* e a pedra memorial, é a pedra de Snoldelev (veja a Figura 2.6). Essa pedra, que data de um período entre 800 e 825, provavelmente foi colocada, a princípio, dentro do monte sepulcral, mas sua fórmula tem algumas semelhanças com os memoriais posteriores. Também é interessante notar que essa pedra era usada para cultos já na Idade do Bronze (c. 1500-500 AEC.). Sabemos disso porque o desenho de uma roda solar ainda é ligeiramente visível (sob iluminação adequada) em sua face (veja as linhas pontilhadas na Figura 2.6). Sua inscrição precisa ser transliterada:

kun uAltstAin sunaR
ruhalts thulaR asalhauku (m) [?]

Essa inscrição pode ser traduzida da seguinte maneira: "Pedra de Gunvald, filho de Rohald, o *thulr* [= sacerdote no culto de Odin] em Salhaugen".

Snoldelev é especialmente interessante por seu testemunho sobre um título oficial dentro do culto odínico (em NA, *thulr* e, em IA, *thyle*), relacionado com o papel do mago/sacerdote como a pessoa que, durante o culto, recita a lei, o encantamento, a canção mítica, e assim por diante, e os poderosos sinais sagrados, os três chifres de beber interligados (símbolo do culto de Odin) e a roda solar/suástica. (Observe a relação entre a roda solar posterior e o antigo símbolo da roda do sol.)

Um exemplo mais clássico da tradição das pedras memoriais é a grande pedra de Strö, dos arredores da aldeia de Strö, no sul da Suécia (Skåne). Essa pedra data de cerca do ano 1000 e originalmente fazia parte de um complexo de túmulos com sete pedras (duas com inscrições rúnicas). Embora o monte funerário tenha desmoronado, esse foi um dos primeiros monumentos rúnicos a serem descritos por Ole Worm, em 1628.

As runas apresentadas na Figura 2.7 foram gravadas numa sinuosa faixa serpentiforme.

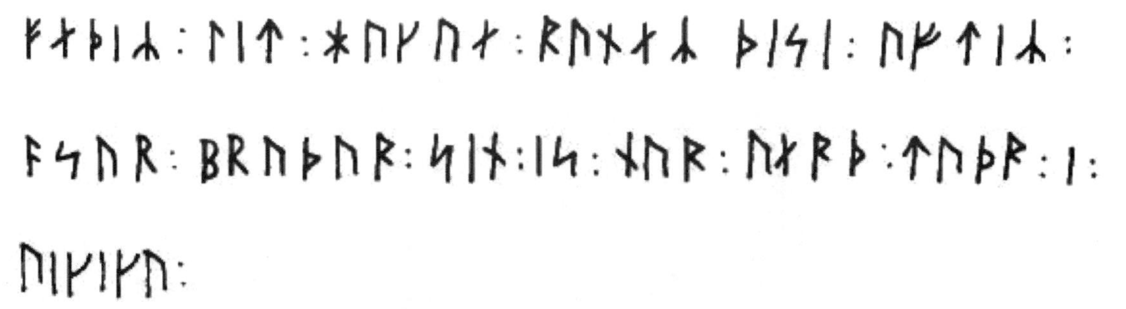

Figura 2.7. Inscrição de Strö.

Essa inscrição poderia ser traduzida para o dinamarquês antigo da seguinte maneira: *Fadhir lét hoggva rúnaR thessi øftiR Azzur bródhur sínn, es norr vardh dødhr í vikingu*, ou seja: "Papai mandou gravar essas runas por [= em memória de] seu irmão Asser, que morreu no norte enquanto era um viking".

A pedra de Strö mostra claramente as características típicas de um memorial desses monumentos. Algumas observações técnicas são necessárias também. Observe que, muitas vezes, as letras duplas não são indicadas pelas runas (ᚼᚢᚴᚢᛅ = *hoggva*); :ᚴ: pode significar *-ng-*, bem como outras ambiguidades na ortografia da inscrição.

Essa pedra nos mostra que esses monumentos foram esculpidos em memória de invasores vikings mortos em terras estrangeiras, o que aparentemente era bastante comum. Ela também dá um testemunho de que mestres rúnicos (profissionais?) foram contratados para a gravar as runas.

Um possível exemplo mitomágico das pedras memoriais é fornecido de maneira esplêndida pela pedra de Gripsholm, a qual celebra um tal "irmão de Ingvarr", que morreu com o herói mítico (Ingvarr) enquanto estava no leste. A imagem do contorno da pedra de Gripsholm, que data do meio do século XI e mede 1,80 m × 1,20 m × 15 cm, é apresentada na Figura 2.8. Sua inscrição, que começa na cabeça da serpente, pode ser transliterada da seguinte forma:

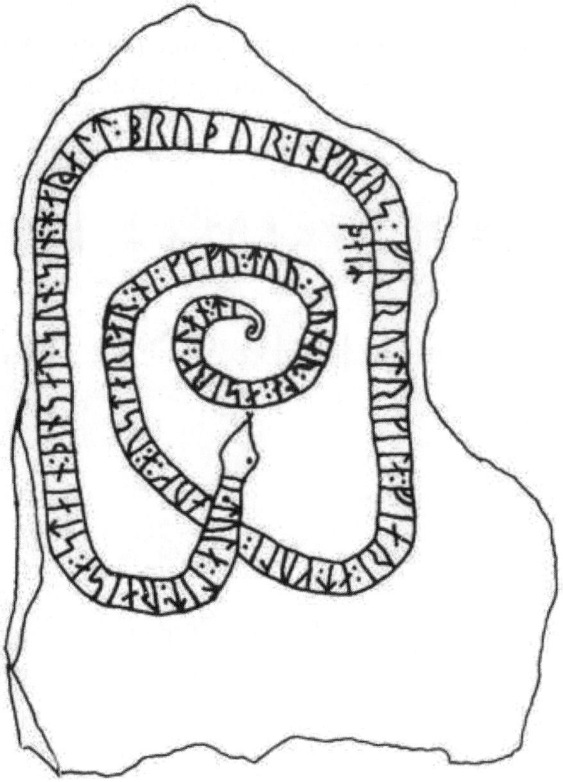

Figura 2.8. Pedra de Gripsholm.

tula: lit: raisa: stain: thinsat: sun: sin: haralt: bruthur: inkvars: (thaiR) furu: trikila: fiari: em: kuli: auk: a: ustarlar: ni: kafu: tuu: sunar: la: asirk: lan: ti.

A última parte da fórmula está na forma de versos, e ela inteira pode ser traduzida assim:

> Tola mandou erguer esta pedra para seu filho Harald. Irmão de Yngvarr.
> [Eles] partiram com ousadia
> Para muito longe, atrás do ouro
> e no leste
> deram [comida] para a águia;
> eles morreram no sul
> em Serkland.

(Observe que os sinais divisórios de dois-pontos, que geralmente indicam divisões entre as palavras, às vezes são usados no meio das palavras. Pode haver alguma codificação mágica em jogo aqui.)

Mais de trinta pedras dessa região (em torno do lago Mälar) e desse período referem-se a homens que morreram no leste com Yngvarr. Aqui, provavelmente se trata de alguma referência a uma mitificação ritualística da morte de homens que tombaram na Rússia e além, durante a Era Viking tardia. O Yngvarr a que essas pedras se referem é uma figura histórica que liderou uma grande expedição contra o mundo islâmico no leste – Serkland –, por volta de 1040. ("Serkland", que significa "terra da túnica" ou "terra da seda", às vezes é identificada com a Pérsia.) Essa expedição terminou com o desaparecimento dos homens na Ásia Central, os quais viajavam para o interior, depois de partir da costa leste do mar Cáspio. Tudo isso, aliado ao fato de que esse líder, Yngvarr (às vezes Ivar), tinha o mesmo apelido curioso (*vídhfadhmi* [viajante de terras longínquas ou explorador indômato]) e morreu no mesmo local (Serkland) que um Yngvarr semimítico (que teria vivido no século VI ou VII), tende a nos fazer deduzir que, até certo ponto, todos os que morriam no leste eram ritualmente considerados "tombados com Yngvarr", figura heroica do passado mitificado. O mítico Yngvarr é mencionado no *Heimskringla**, e toda uma saga medieval islandesa é dedicada a ele.

Os versos poéticos da inscrição são interessantes porque testemunham uma fórmula sagrada antiga – *erni gefa* (para dar [em sacrifício] à águia) – como forma de expressar a natureza sagrada da batalha em conexão com o culto odínico.

---

* Coleção de sagas sobre os reis noruegueses, desde os tempos mais antigos até 1177. [N.T.]

Objetos talismânicos

Uma grande variedade de objetos continuou a ser transformada em talismãs na Era Viking e depois dessa época. Muitos eram talismãs puros (veja a Figura 2.11, na página 58), enquanto outros eram objetos utilitários, transformados em talismãs por meio do poder das runas.

O famoso barco funerário de Oseberg (Noruega do final do século IX), talvez o túmulo da rainha Asa, incluía duas inscrições rúnicas – uma num balde e outra numa haste cilíndrica (de madeira de faia, com cerca de 2,5 metros de comprimento) de função incerta. Provavelmente eram parte de um mecanismo para manobrar o barco. As inscrições, executadas em runas norueguesas/suecas (Rök), podem ser lidas na Figura 2.9.

l i t i l u i s m -and- l i t i l u i s m
9 8 4 5 6 7 2 3 1 6 5 4 8 9 7 2 3 1

Figura 2.9. Fórmula de Oseberg.

A leitura dessa fórmula requer bom conhecimento rúnico. No entanto, um significado literal pode ser extraído da inscrição:

Litil(l)-víss m(adhr)

A última runa é usada ideograficamente para representar seu próprio nome, e todo o texto pode ser traduzido da seguinte maneira: "[o] homem é pouco sábio", ou "[um] homem [que] sabe pouco"; o significado disso é afastar os não iniciados do significado mais profundo da inscrição.

Esse significado mais profundo é ocultado pela técnica comum de mesclar as runas. Nesse caso, ela oculta a famosa fórmula mágica *mistil*, que tem significado semelhante ao da palavra *mistletoe* [visco] (NA *mistilteinn*), o "ramo da leve névoa". Observe que a última parte da fórmula *mistil* aparece duas vezes, assim como a outra parte da fórmula, *vil* (= NA *vél* [astúcia, habilidade]).

Desse modo, pode-se ler a inscrição secreta:

mistil-til-vil-il ou simplesmente *mistil-vil*

No nórdico antigo padrão, isso seria *mistil-vél*, a habilidade ou, numa tradução mais livre, o toque mágico da leve névoa – os poderes mágicos sobre a vida e a morte. Referências a esse mito mágico podem ser encontradas na história da morte de Baldr.

Outra inscrição talismânica num objeto utilitário é encontrada na peça da tecelagem de Lund (Suécia), de cerca de 1000 EC. Esse interessante texto rúnico nos confere uma amostra da curiosa mistura de magia para o amor e a maldição e a combinação comum das duas em fontes nórdicas. Para outros exemplos extraídos da literatura, consulte o poema "Skírnísmál" (est. 25-36), na *Edda Poética,* e a confusão entre as duas formas encontradas, na *Egil's Saga*, Capítulo 72. O texto rúnico da peça de tecelagem pode ser lido na Figura 2.10.

Figura 2.10. Fórmula da peça de tecelagem de Lund.

De forma mais padronizada, *Sigvarar Ingimar afa man min grat*, que pode certamente ser traduzido como "Ingimarr de Sigvör terá minha tristeza", é seguido de uma fórmula mágica de oito runas: *aallatti.* O efeito da inscrição é reforçado pelo padrão numérico oculto de 24 runas, na fórmula principal, e oito no *galdr*[*] rúnico auxiliar. O propósito da inscrição é clara: fazer com que o marido (ou noivo?) de Sigvör (chamado

[*] Personificação vibratória da runa. (N.T.)

de Ingimarr) sinta toda decepção do gravador das runas, isto é, ele vai perder Sigvör, de modo que o runomante possa tê-la.

O exemplo final de um objeto talismânico da Era Viking é a placa de cobre (cerca de 13 centímetros quadrados) de Kvinneby (Öland, Suécia), que data do final do século XI. Esse é um amuleto verdadeiramente notável, cujas complexidades não seria possível esgotarmos neste livro. Seu texto bastante longo (144 runas) está inscrito em nove sequências de *boustrophedon* (do modo como se ara um campo, ou seja, da esquerda para a direita e depois da direita para a esquerda, e assim por diante). Essa era uma prática comum em inscrições rúnicas do período antigo. O texto é precedido por seis runas mágicas combinadas (a primeira das quais obliterada). Essas runas combinadas podem ser vistas na Figura 2.11. Esses sinais são seguidos pelo próprio texto rúnico, que pode ser traduzido da seguinte maneira:

Figura 2.11. Runas combinadas de Kvinneby.

Glória a ti eu entrego,
Bofi. Ajude-me! Quem
é mais sábio que tu? E que mantenha todo
mal longe de Bofi. Que Thor possa protegê-lo
com seu martelo que veio do mar,
Que (ele) fique longe do mal. Você não vai ter
nada de Bofi. Os deuses estão
abaixo e acima dele.

Esse texto é seguido do desenho esquemático de um peixe.

O que é importante notar no significado mais superficial desse amuleto é o uso de imagens míticas para moldar seus poderes mágicos. Nesse caso, é o poder protetor de Thor – do seu martelo, Mjöllnir –, que sempre retorna da fonte do "mal" depois que atingiu seu alvo. Além disso, a imagem dos deuses em torno do homem protegido, acima e abaixo, é significativo, porque mostra os deuses presentes tanto abaixo como acima. A palavra do nórdico antigo que geralmente é traduzida como "mal" é *illr*, que mantém os significados originais: "(coisas) ruins, opressivas, difíceis, cruéis", e assim por diante, e não o significado cristão posterior, que remete a uma força moral absoluta.

Tecnologia rúnica

Um aspecto frequentemente ignorado da runologia são os materiais e as técnicas utilizados na produção dos objetos rúnicos. Essa é uma área em que a "arqueologia experimental" pode ser de grande valor, pois pode levar a uma compreensão mais profunda dos reinos interiores das runas. Muito do que é dito aqui é válido tanto para o período antigo quanto para o período novo.

Temos certo conhecimento sobre a maneira como trabalhavam os mestres rúnicos graças às próprias inscrições rúnicas. Por exemplo, além das evidências físicas óbvias, sabemos pela terminologia rúnica que as runas eram *entalhadas* nas superfícies de vários materiais. O termo mais comum relacionado a isso é o germânico *wrītu* (eu entalho), que, por fim, se torna o nórdico primitivo *ristan* (entalhar). Esses termos estão relacionados a *write*, "escrever" em inglês. No entanto, o sentido original era o de entalhar, gravar ou cortar.

As ferramentas com as quais esses entalhes eram feitos são geralmente desconhecidas para nós, então podemos apenas supor sua natureza. A famosa pedra de Eggjum revela que ela não foi entalhada com uma faca de ferro (*ni sakse stAin skorin*). Portanto, sabemos que, para certos fins, provavelmente havia uma proibição de usar ferro para entalhar runas, mas também sabemos que muitos objetos devem ter sido entalhados com facas feitas desse metal. Aqui, certamente estamos no terreno da ciência elementar da magia rúnica. As grandes pedras rúnicas da Era Viking foram gravadas, com toda certeza, com martelo e cinzel, depois de terem sido desbastadas com uma picareta ou um machado. Algumas inscrições até podem ter sido feitas com uma picareta golpeando a superfície, de acordo com as sequências das runas. A pedra de Snoldelev parece ter sido feita dessa maneira. Outros tipos de ferramenta usados em inscrições mágicas eram facas (veja a *Egil's Saga*, Capítulo 44) e objetos semelhantes a agulhas (que deviam ser usados para entalhar inscrições em objetos como o amuleto de Kvinneby). Algumas dessas agulhas podem ter sido feitas de metais não ferrosos (bronze, cobre etc.) ou de substâncias não metálicas (por exemplo, osso ou pedra).

As evidências físicas também dão amplo testemunho dos materiais nas quais as runas eram entalhadas. Além disso, a terminologia epigráfica e literária do conhecimento rúnico nos dá pistas sobre a frequência relativa com que esses materiais eram empregados. A madeira era, sem dúvida, o material preferido dos mestres rúnicos. Os termos usados para denominar as próprias runas geralmente têm relação com a madeira, e não com qualquer outro material. Muitas vezes, a palavra *stave*, que significa literalmente "vareta" ou "vara" em inglês, é usada como sinônimo de "runa". A palavra do inglês *stave* vem do plural de *staff* [*vara*] (NA *stafr*). Isso indica que, originalmente, as figuras que representam os mistérios eram entalhadas em varetas (usadas em magia e adivinhação) e que ocorreu uma mudança no significado que fez com que o modo mais popular de representar a runa se tornasse sinônimo do próprio conceito. Embora essa conexão deva remontar à época das origens rúnicas, o exemplo mais antigo do termo *stave*, com o significado de "runa", está na pedra perdida de Gummarp (c. 600 EC), na qual se lê:

HAthuwolAfA
sAte
stAbAthria
ᚠ ᚠ ᚠ

Isso pode ser traduzido como "Hathuwulf definiu três runas: ᚠ ᚠ ᚠ".

A palavra *stave* não só passou a representar o sinal da runa como acabou por assumir todos os significados da própria palavra "runa", de modo que, no nórdico antigo, encontramos *stafr* (com mais frequência no plural, *stafir*), significando não apenas "vara, vareta, estaca", mas também "tradição, tradição secreta, sabedoria, sinal mágico".

A terminologia rúnica estava tão vinculada aos idiomas que, em muitos dialetos, o vocabulário de letras latinas foi remodelado por ela. Em nórdico antigo, as letras escritas eram chamadas de *stafjr*, e até mesmo os sinais mágicos complexos (NA *galdrastafir* [runas mágicas]) incluem esse termo, embora, às vezes, sejam desenhados com caneta e tinta. *Stæf* (letra, escrita), do inglês antigo, e *stab* (runa, letra), do alto-alemão antigo, também são exemplos desse fenômeno. Observe a palavra alemã moderna para "letra", *Buchstabe vs. Stab* (vara, bastão, varinha).

Outro aspecto muitas vezes negligenciado, mas essencial, da tecnologia rúnica, e importante para a magia rúnica moderna é a prática de colorir as runas e os objetos em que elas são entalhadas. As próprias inscrições mais antigas revelam que as runas eram, de fato, coloridas, pois é frequente o uso do verbo *fāhidō* (eu colori ou pintei). O vocabulário do nórdico antigo tardio continuou a usar o descendente dessa forma verbal germânica, *fá*, no mesmo contexto. Além disso, sabemos que a cor mais usada nas próprias runas era o vermelho (feito com zarcão, mínio ou, na maioria das vezes, ocre). Esse, geralmente, era um substituto mágico para o sangue (veja *Egil's Saga*, Capítulo 44). A linguística histórica comparada nos dá boas evidências da importância mágica da cor vermelha para os povos germânicos. A palavra do inglês antigo *teafor* é um termo arcaico que designava o ocre vermelho, mas a palavra também é encontrada no alto-alemão antigo como *zouber* (magia, adivinhação) e, no nórdico antigo, como *taufr* (magia talismânica, talismã). Parece que uma das maneiras antigas de "fazer magia" era "tornar vermelho" [com ocre] algum objeto simbólico, em conjunção com uma transferência de poder mágico. Essa técnica fica muito clara na passagem da *Egil's Saga* citada anteriormente.

Outras cores usadas, especialmente em runas mais recentes, eram o preto (feito com fuligem) e o branco (solução composta de água com cal), bem como o azul e o marrom. Traços de algumas dessas cores foram encontrados nas próprias pedras. As pedras rúnicas da Era Viking não eram originalmente os objetos cinzentos que vemos hoje, mas faróis brilhantes e coloridos nas paisagens de todos os mundos.

A coloração era usada de várias maneiras. Sua função original era, sem dúvida, mágica. No entanto, ela tinha vários níveis. As runas eram tingidas com uma cor diferente do fundo (frequentemente vermelho sobre branco ou preto), o que as fazia se destacar. Além disso, as cores eram usadas para fazer divisões entre as palavras, com cada palavra (ou parte do texto) pintada numa cor diferente. Também há evidências de que algumas runas não eram, na verdade, entalhadas na pedra, mas apenas *pintadas*! Isso levanta a hipótese de que um imenso número de documentos rúnicos tenha se perdido para sempre, pois eram apenas pintados nas superfícies das pedras ou em objetos de madeira – todos há muito desgastados ou destruídos.

O idioma das inscrições da Era Viking é geralmente conhecido como norueguês antigo, sueco antigo ou dinamarquês antigo, dependendo do dialeto da região em que eram produzidas. No entanto, aqueles com conhecimento das formas literárias do nórdico antigo, com rudimentos de runologia básica, não teriam dificuldade para decifrar textos rúnicos encontrados em pedras rúnicas da Era Viking. Isso ocorre porque o dialeto nórdico permaneceu bastante homogêneo até cerca de 100; depois disso, o nórdico oriental (sueco e dinamarquês) e o norueguês ocidental (norueguês e islandês) começaram a se desenvolver. Mas, mesmo assim, as mudanças permaneceram relativamente pequenas até o final da Era Viking.

Capítulo 3

RUNAS MEDIEVAIS

(1100-1600 EC)

Por volta de 1050, a Era Viking já estava terminando, e, em 1100, o período caracterizado pelo vigor dos ataques viking chegara ao fim. O cristianismo estava se tornando o culto oficial da nobreza e, por fim, da maioria das pessoas. Mas sabemos, graças a fontes históricas desse período complexo, que o cristianismo praticado, em muitos casos, não era realmente ortodoxo; na verdade, essa religião era uma espécie de credo que mesclava ásatrú com cristianismo.

A Dinamarca tornou-se oficialmente cristã no final do século X, e, embora os noruegueses tivessem travado longa batalha contra o credo e a estrutura política estrangeiras, no início do século XI a fé cristã já estava bem estabelecida na Noruega. Na Suécia, a história é mais complexa. Aparentemente, havia muitos cristãos (escravos irlandeses que não abandonaram seus costumes) desde o início da Era Viking, e várias expedições missionárias enviadas ao país durante o século XI contaminaram ideias pagãs com muitas fórmulas cristãs, que acabaram se sobrepondo à prática pagã. Mas a Suécia não se tornou oficialmente cristã até cerca de 1100.

Nesse período de inícios tênues e irregulares, muito da tradição organizada do culto rúnico foi destruído com sua estrutura religiosa mais ampla. No entanto, vários fatores, como a comparativa falta de doutrinação cristã do clero escandinavo, atitude historicamente tolerante, e o afastamento de toda a região composta dos distritos inacessíveis do interior, contribuíram para criar um terreno fértil à sobrevivência das tradições rúnicas entre a classe camponesa e a nobreza inferior.

Para um olhar aprofundado sobre a cultura do mundo germânico e sobre como antigas formas pagãs sobreviveram ao processo de cristianização, veja *The Northern Dawn* (Arcana Europa, 2018). É comum pensar que os costumes antigos foram totalmente destruídos pelo processo de cristianização, para nunca mais serem recuperados, ou, ao contrário, que os antigos costumes continuaram ininterruptos em algum enclave secreto. A verdade é mais complexa e mais fascinante que qualquer um desses extremos.

Durante o período católico, as runas foram colocadas a serviço da Igreja – ou, pelo menos, era o que parecia. No entanto, essa foi uma aliança profana, porque os mestres rúnicos medievais possuíam a sabedoria antiga, apesar de fragmentada. A magia ainda era sua função principal, embora também fosse cada vez mais usados na comunicação profana. Todavia, sem um culto organizado de apoio à tradição rúnica, o uso das runas sofreu declínio constante ao longo desse período. Os núcleos da tradição, no entanto, foram preservados por meio do aprendizado formal de nomes e formas, às vezes no contexto da escrita profana. Esse processo foi realizado inconscientemente em todas as partes da Germânia maior, e veremos evidências disso em todas as nossas discussões. Além dessa sobrevivência formal díspar – guiada pela rede de *wyrd* –, o padrão rúnico sobreviveu enquanto o "sangue" dos antigos erulianos ainda corria em nossas veias. Os mistérios estão praticamente codificados no padrão do que pode ser chamado de "inconsciente coletivo".

A Reforma que começou na Suécia em 1527 e oficialmente um pouco mais tarde na Noruega/Dinamarca, em 1536, trouxe bênçãos e, ao mesmo tempo, uma terrível maldição. As bênçãos vieram do crescimento do nacionalismo sueco em meados do século XVI, que promoveu todos os aspectos da cultura nativa. As doutrinas do *estorgoticismo* foram formuladas a partir de crenças generalizadas pelo último arcebispo católico de Uppsala, em cerca de 1554. A maldição veio por conta da onda de intolerância que se seguiu, depois que a onda protestante foi absorvida. Isso resultou na perseguição de todos os praticantes dos costumes antigos, especialmente dos camponeses.

A ambiguidade da sequência de dezesseis runas desenvolvida na Era Viking não representava grande problema para o mestre rúnico iniciado e servia muito bem para as práticas esotéricas, porque permanecia organicamente dentro da estrutura rúnica sistemática. No entanto, à medida que o nível de treinamento decaía, a ambiguidade da sequência de dezesseis runas foi sendo um pouco alterada pela introdução das "runas pontilhadas" (NA *stungnar rúnar*), começando já no final do século X, na Dinamarca. No início, tratou-se apenas do acréscimo ocasional de um ponto para esclarecer alguma ambiguidade na inscrição. Embora essa prática evidencie que interpretações "profanas" das runas estavam adquirindo cada vez mais importância, por pelo menos mais duzentos anos, a sequência de dezesseis runas, às vezes na forma "pontilhada", foi a regra.

Esses pontos eram colocados sobre a runa ou perto dela para diferenciá-la foneticamente do seu oposto numa classe natural, por exemplo, b:p, t:d, k:g (distinguindo uma da outra pela *vocalização*). As runas pontilhadas mais antigas, com seus valores fonéticos, são apresentadas na Figura 3.1.

Figura 3.1. Futhark pontilhado.

Esse desenvolvimento tornou-se mais "latinizado", até que foi finalmente codificado durante o reinado de Valdemar, o Conquistador (1202-1241), quando um verdadeiro "*alfabeto* rúnico" foi formulado. Ou seja, atribuiu-se uma runa para cada letra do alfabeto romano, assim como ele fora adaptado para possibilitar a escrita dos dialetos escandinavos contemporâneos.

Na Noruega, os séculos XIII e XIV viram o uso generalizado do alfabeto rúnico, como mostrado na Figura 3.2. Algo semelhante aconteceu em toda a Escandinávia, incluindo a Islândia, durante a Idade Média, onde, um pouco depois de 1100, Ari inn Fródhi e Thóroddur Rúnmeistari criaram um Futhorkh padronizado e expandido para competir com a escrita latina.

Figura 3.2. Alfabeto rúnico.

Inscrições medievais

Nessa época, começamos a ver muitos outros usos e representações diferentes das runas e da magia rúnica. Muitas das antigas tradições continuaram em algumas áreas conservadoras, enquanto novos usos das runas, muitas vezes substituindo as letras latinas, eram introduzidos. Além disso, histórias sobre as runas e a magia rúnica são profusas na Islândia dos séculos XIII e XIV, onde podemos ter certeza de que as runas foram realmente usadas nas artes arcanas.

As pedras rúnicas memoriais *bauta* continuaram a ser uma tradição viva em Gotlândia até depois de 1700! E, embora esse povo fosse superficialmente cristianizado, havia muito nessas pedras, tanto na simbologia quanto na estrutura mais profunda, que nos lembra os costumes antigos. É provável que aqueles com conhecimento da tradição rúnica esotérica também fossem muito precavidos nessa época em relação aos seus significados ocultos.

Os "sinais sagrados" (símbolos ideográficos) grafados nessas pedras pareciam, muitas vezes, ter significado misto. Conforme mostra a Figura 3.3, a cruz geralmente tinha braços do mesmo tamanho e, às vezes, aparecia com uma roda solar no centro.

Figura 3.3. Roda solar/cruz.

Esse motivo e as elaborações sobre ele permaneceram presentes até o final do período em questão. Especula-se que esse tipo de cruz tenha servido como substituto para o sigilo *ægishjálmr* (elmo do terror), que aparecia em contextos semelhantes no período pagão. Um típico exemplo de pedra *bauta* pós-cristã é a pedra de Morby, da província de Uppland, na Suécia (Figura 3.4). Ela segue uma tradição peculiar, que se desenvolveu nessa época (no início do período cristão, c. 1050-1150), de construir uma ponte para os parentes mortos e erigir uma pedra memorial que também fizesse referência à ponte – tudo em benefício da alma do morto (NA önd ou *sál*). As runas da pedra de Morby podem ser transliteradas da seguinte maneira:

khulu lit kira bra f(u)rant kilau[h]a tatur sin[a]
uk sum ati ulfr ubir risti

Essas runas são facilmente traduzidas por: "Gudhlaug mandou construir esta ponte para a alma [ant = *önd*] de Gillaug, sua filha, com quem Ulfr se casara. Øpir entalhou [as runas]". A pedra é "assinada" por Øpir, um dos mais famosos mestres rúnicos da história.

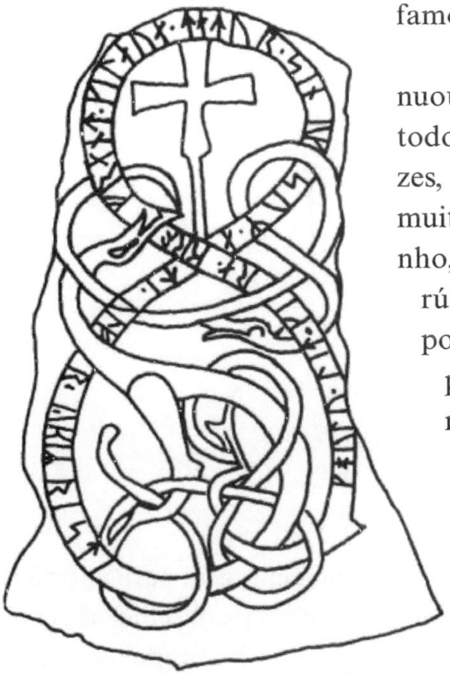

Figura 3.4. Pedra de Morby.

A prática de fazer talismãs rúnicos (*taufr*) continuou na era moderna, e eles foram populares durante todo o período medieval. Mas, como eram, muitas vezes, esculpidos em madeira (geralmente em pedaços muito pequenos) e cada vez mais escritos em pergaminho, restam muito poucos deles. Além disso, os mestres rúnicos às vezes destruíam os objetos talismânicos depois do trabalho concluído, e muitos foram destruídos por causa das perseguições pós-Reforma de mestres rúnicos versados em magia.

Um exemplo de objeto mágico talismânico do período medieval é uma costela (cerca de 80 centímetros de comprimento) encontrada na antiga igreja de Särkind, Östergötland, Suécia, que data do século XV.

Esse osso provavelmente servia como *göndr* (varinha mágica) e carrega a complexa inscrição mostrada na Figura 3.5, na página 68.

A primeira parte do lado A deve ser transliterada para *thaet tae refen* (essa é a costela). O segundo complexo é feito de uma runa de múltipla combinação e de significado incerto. Poderia esconder o nome do mago ou ser uma combinação de certas runas para efeito mágico. Esse lado da inscrição é concluído com uma runa *hagall* em negrito, que na escola esotérica desse período tinha significado cósmico bem desenvolvido como a imagem da Árvore do Mundo e da semente do multiverso. As três runas R no lado B destinam-se a formular e guiar o poder mágico gerado pelo *vitki*, como fica claro devido à tradição esotérica em torno da runa :ᚱ:.

Além desses usos arcaicos e sagrados das runas, elas também estavam sendo empregadas em formas de comunicação comuns, novas e profanas. Sabemos que esse era cada vez mais o caso ao longo dos séculos XIII e XIV, já que a literatura da última saga frequentemente menciona o envio de mensagens rúnicas em *rúnakefli* (varetas rúnicas). A saga *Hákons Hákonarson, o Jovem* menciona isso várias vezes. Mas a maior evidência de "correspondência rúnica" foi encontrada em escavações no distrito das docas de Bergen, Noruega, onde dezenas dessas mensagens foram encontradas. Algumas são um simples "bilhete" de uma esposa dizendo ao marido que deixasse a taberna local e voltasse para casa e outras são tão intrigantes quanto um exemplo que data do início do século XIII e, que pode ser traduzido da seguinte forma:

Figure 3.5. Varinha de Särkind.

> Quero pedir a você que deixe seu partido. Grave uma mensagem para a irmã de Olaf Hettusveinn (ela está no convento, em Bergen) e peça conselhos a ela e a seus parentes quando quiser chegar a um acordo. Você é certamente menos teimoso que o conde...

Isso é seguido de um conjunto de runas ainda não interpretadas de forma satisfatória, mas que podem ser transliteradas da seguinte maneira: atu:kena:nu:baetu. É possível que a mensagem contenha um código com significado secreto; no entanto, superficialmente, é evidente que se trata do apelo de um membro de um partido ou facção a um membro de outro partido, pedindo ao destinatário que vire a casaca e passe para o lado do remetente; porém, isso deve ser feito secretamente, por meio de terceiros (a mulher do convento).

As runas também estavam cada vez mais presentes nos textos escritos. No início, isso se deveu, em parte, ao esforço de alguns (como Ari e Thóroddur, mencionados anteriormente) para desenvolver as runas como alternativa ao alfabeto romano. Provavelmente, havia muitos manuscritos escritos em runas, mas apenas um longo permanece entre nós, o chamado *Codex Runicus*. As runas, ou sinais semelhantes a runas, também foram usadas ideograficamente em alguns manuscritos, representando o nome da runa ou alguma outra qualidade simbólica. No *Codex Regius* (o MS que contém o *Edda Poetic*), : ᛘ : é frequentemente usado como substituto para a palavra *madhr* (homem). Também havia muitos manuscritos que continham linhas escritas em runas e vários tratados sobre runas; por exemplo, aquele do erudito/monge alemão Hrabanus Maurus. Além disso, a importante evidência do *Galdrabók* não pode ser esquecida, pois representa runas e "varetas mágicas" semelhantes a runas, ou runas secretas, e outras parecidas, em um contexto mágico.

Os poemas rúnicos são excelentes exemplos do uso das runas em manuscritos, mas vamos examiná-los separadamente no Capítulo 8.

É apenas no manuscrito das Leis de Skaane (*Skaanske Lov*) – ou, como é mais conhecido, o *Codex Runicus* – que ainda se encontra uma tentativa de substituir as runas por letras latinas. O manuscrito provavelmente data do século XIV. Tentativas posteriores de "revitalizar" as runas como instrumento de escrita utilitário foram realizadas por antiquários, alguns dos quais bastante sérios e praticamente "neopagãos" nas crenças (veja Johannes Bureus, na página 72).

Além desses usos, as runas foram amplamente empregadas na elaboração de *primstaves* ou "calendários rúnicos", que funcionavam como calendários perpétuos e pareciam ter a função nominalmente cristã de indicar os dias dos festivais. Mas o fato de que as runas eram usadas quase exclusivamente na construção desses objetos pelo menos desde o século XIV até o século XVIII mostra a natureza eternamente viva da tradição rúnica nas terras escandinavas.

Capítulo 4

HISTÓRIA RÚNICA MODERNA

(1600-1945)

Do ponto de vista histórico, esta era está estreitamente ligada à Era da Reforma, pelo menos nos primórdios. Também havia, porém, uma diferença crescente e mais formal evoluindo entre o conhecimento do erudito, que conscientemente tentava reconstruir a estrutura da tradição antiga, e o conhecimento popular, que, de forma em constante mutação, preservava a tradição inconscientemente. A distinção entre a revitalização, por um lado, e a sobrevivência, por outro, estava crescendo. Cada uma tem suas vantagens e desvantagens.

Os revitalistas, mesmo nesses primeiros tempos, voltaram-se para o material da Era Antiga e da Era Viking e, portanto, *podem* ter entrado em contato com as formas mais "puras" e tradicionais; ao passo que a tradição popular estava sempre pronta e disposta a assimilar características estrangeiras (como mostra o *Galdrabók*) e, assim, perder de vista o sistema original (por exemplo, a latinização do "alfabeto" rúnico). Mas o folclore estava diretamente ligado, de modo tão inconsciente e imperfeito quanto poderia ser, às formas seminais da cosmovisão antiga, vantagem não apreciada pelos estudiosos revitalistas. Esses últimos eram instruídos na tradição "clássica", doutrinados por ideias judaico-cristãs e iniciados numa escola de magia amplamente hermética. Portanto, suas tentativas de reviver os costumes antigos eram inevitavelmente moldadas pelos antecedentes nas tradições recém-estabelecidas. Contudo, o potencial para ir além disso, diretamente para os níveis mais antigos, acabou sendo possível devido aos seus esforços e ao trabalho inovador.

A primeira grande pátria do renascimento rúnico, depois de ele ter sido relegado à maioria das regiões rurais remotas e ao nível mais profundo do tesouro cultural, é a Suécia. Por volta de 1600, a Suécia era uma potência mundial emergente, com grande orgulho do seu passado e grandes planos para o futuro. A combinação da liberdade intelectual concedida à *intelligentsia* sueca (mas certamente não ao povo) pela Reforma e o crescente nacionalismo levaram à canonização de uma ideologia conhecida como *estorgoticismo* (megleogoticismo). Essa ideologia provavelmente está enraizada em conceitos que remontam aos tempos antigos e mostrou-se, pela primeira vez, no final dos anos 1200, um século após a "cristianização" dos suecos. O estorgoticismo está encerrado nas proporções quase míticas alcançadas pelos godos. Isso continuou de várias maneiras, à medida que a palavra e o conceito de *godo* (ou *gótico*) assumiam muitos significados diferentes. A primeira referência documentada a essa "mitologia gótica" tardia na Idade Média ocorre nos registros de um Conselho de Igrejas realizado na Basileia em 1434, no qual os espanhóis reivindicavam precedência numa questão sobre os ingleses porque eles (os espanhóis) eram idênticos aos godos e, portanto, a nação mais antiga. A isso, os suecos responderam que, naquele caso, a Suécia tinha precedência porque eram o povo gótico original e o tronco principal daquela nação.

O estorgoticismo foi por fim codificado por Johannes Magnus, o último arcebispo católico de Uppsala, no livro *Historia de omnibus gothorum sveonumque regibus* (1554). Como Johannes Magnus formulou, o estorgoticismo tinha forte vínculo com a mitologia hebraica. Pensava-se que a Suécia tinha sido o primeiro país a se estabelecer após o Dilúvio, pelos descendentes de Jafé. Esse tipo de mitologia era comum na Grã-Bretanha na mesma época. Em poucas palavras, a história mítica de Magnus era uma fantasia pré-condicionada em que, para obter prestígio, ele ligava os suecos aos hebreus e afirmava que toda a sabedoria dos tempos antigos (como a possuída pelos gregos) tinha, na verdade, sido ensinada ao mundo pelos suecos. Além disso, afirmava que o "alfabeto" rúnico era a escrita mais antiga do mundo (com uma possível exceção: o hebraico).

Essa mitologia influenciou a geração seguinte de estorgoticistas, contemporânea à Reforma da Suécia e ao desenvolvimento dessa nação num poder mundial. O grande reformador do estorgoticismo foi Johannes Bureus ou Johan Bure (1568-1652), tutor e conselheiro do rei Gustavo Adolfo. O estorgoticismo tinha se tornado quase uma religião naquela época, e os aspectos históricos foram aperfeiçoados por Johannes Messenius em seu *Scandia Illustrata*. Todavia, nosso principal interesse é Bureus.

Bureus foi o primeiro grande revitalista rúnico. Sua erudição era considerável, e uma de suas tarefas mais importantes eram a coleta e o registro de inscrições rúnicas em toda a Suécia. No final da vida, ele transliterara cerca de um quarto das inscrições então conhecidas. Bureus foi eleito Antiquário Real em 1630, após ter ocupado a cadeira de História na Universidade de Uppsala. Em 1620, decretou-se que todos os futuros detentores dessa cadeira aprenderiam "rúnico" (ou seja, a antiga linguagem que as runas costumavam representar) e a interpretar os sinais. Entre 1599 e 1611, Bureus escreveu três livros sobre runas, incluindo uma pequena edição ilustrada de inscrições, seu *Runarafst,* e uma cartilha de runas. Embora o trabalho científico de Bureus fosse considerável, ele foi amplamente suplantado, ainda em vida, pelo dinamarquês Dane Ole Worm. Mas esse trabalho acadêmico representou apenas parte da importância que as runas tiveram para Bureus.

Logo depois de 1600, Bureus começou a desenvolver um sistema que denominou "adulrunas". Nele, começou a usar as runas para propósitos místico-mágicos. Embora digam que ele, a princípio, aprendeu sobre as runas com os camponeses da remota Dalarna, Bureus evidentemente não se contentou em desenvolver a tradição popular e começou a aplicar a magia rúnica aos ensinamentos mágicos com os quais já estava familiarizado – "o cabalismo cristão". O sistema adulruna foi desenvolvido simplesmente por analogia à tradição hebraica do *Sepher Yetzirah* (que sabemos que ele leu). Ainda não está claro até que ponto as tradições germânicas nativas (como o conhecimento rúnico) influenciaram a forma da magia medieval "convencional", mas, de qualquer maneira, nessa época havia uma estrutura teórica básica que podia ser descrita como cristã e era, em grande parte, diferente das tradições populares. As principais fontes de Bureus eram os escritos de Paracelso e os "pseudoparacelsos" (por exemplo, o *Liber Azoth* e o *Arbatel*), o rosacrucianismo inicial e as obras de Agrippa von Nettesheim. Sua principal técnica rúnica era uma variação de *temura* (procedimento cabalístico que envolvia permutações de letras numa palavra para propiciar um novo significado "revelado"). Bureus acreditava que todo conhecimento havia sido originalmente *um só,* e, tendo em vista que o conhecimento dos godos representado pelas runas era o mais antigo de todas as erudições, ele poderia obter acesso ao conhecimento interior adquirindo a capacidade de compreender as adulrunas. Bureus não se considerava, entretanto, neopagão. Ao contrário, ele se considerava um "verdadeiro" cristão e acreditava que o culto a Deus e o domínio do poder da oração eram essenciais para o sucesso do seu sistema.

Em 1613, Bureus ficou mais focado nos aspectos esotéricos dos seus estudos e especialmente fascinado pelas especulações apocalípticas. No início de 1620, autoridades da igreja local começaram a olhar com suspeita suas teorias heréticas, mas os contatos de Bureus o protegeram de qualquer processo por parte da Igreja. Ele acreditava na aproximação do Dia do Julgamento Final tão fervorosamente que distribuiu todas as suas propriedades aos pobres, em 1647 – ano do Apocalipse, de acordo com seus cálculos –, e viveu mais cinco anos patrocinado pela família real.

O trabalho de Bureus é importante por dois motivos: (1) foi o início da runologia científica; (2) ele novamente usou runas em sofisticados trabalhos mágicos e filosóficos. Mas as previsíveis e infelizes deficiências de seu esforço nesse último campo são evidentes.

Todo movimento do estorgoticismo teve ramificações políticas de longo alcance. Em sua maré de nacionalismo, Gustavo Adolfo rompeu com os católicos e iniciou seus programas nacionalistas, justificados pelas ideias do estorgoticismo. No campo da religião, parecia haver uma elite reunida em altos círculos, para quem a Reforma serviu para encobrir o desenvolvimento de uma "fé gótica". O escritório do Antiquário Real era o centro dessa nova religião nacional, liderada por Bureus e apoiada pelo rei.

As runas desempenharam papel importante no funcionamento interno desse sistema, mas também estavam sendo usadas por razões mais práticas. Bureus desenvolveu uma escrita rúnica cursiva com a qual esperava substituir o latim. Durante a Guerra dos Trinta Anos, um general sueco, Jacob de la Gardie, usava runas para se comunicar com seus comandantes de campo, como uma espécie de código.

À medida que o poder da Suécia diminuía e a Era do Iluminismo começava, as doutrinas do estorgoticismo e as teorias de homens como Bureus foram perdendo a preferência do *establishment* e passando novamente a dormitar em cantos mais escuros e remotos.

O próximo avanço da investigação rúnica começou no período romântico europeu, cerca de cem anos depois, no final do século XVIII e início do século XIX. Mais uma vez, seu representante mais forte, no que diz respeito ao genuíno revivalismo, foi a Suécia. Ali, em 1811, a *Gotiska Förbundet* [Associação Gótica] foi formada pelos poetas e reformadores sociais Erik Gustave Geijer e Per Henrik Ling. Esse movimento baseava-se na literatura, embora fosse uma impetuosa tentativa de reanimar o antigo espírito nórdico.

Do outro lado da moeda, havia a sobrevivência popular contínua do conhecimento rúnico em toda a Germânia e suas colônias. Isso foi especialmente vigoroso na Escandinávia, onde as runas e a escrita rúnica continuaram a ser usadas tanto em assuntos cotidianos quanto em encantamentos mágicos.

Na Escandinávia e nas ilhas do Atlântico Norte, o alfabeto rúnico sobreviveu como sistema de escrita até o século XX. Isso é especialmente verdadeiro em regiões remotas, como Dalarna, Suécia e Islândia. O alfabeto rúnico permaneceu puramente rúnico até o meio do século XVIII, quando as letras latinas começaram a substituir as runas e o alfabeto rúnico se tornou uma escrita mista. Além de ser um sistema de escrita, as runas também eram usadas na construção dos calendários rúnicos (chamados *Primstaves*, na Noruega, ou *Rimstocks*, na Dinamarca. Esses calendários perpétuos, introduzidos na Escandinávia na Idade Média e sempre esculpidos em madeira ou osso, eram uma forma comum de cálculo do tempo no Norte até o século XIX.

O conhecimento das runas continuou vigoroso graças às tradições folclóricas, e a tradição e a arte das runas foram preservadas com seus usos mais mundanos. Em partes mais remotas da península escandinava, havia cantores de runas capazes de fazer magia por meio de *galdr*, ou encantamentos mágicos, e, na Islândia, a prática de magia envolvendo runas e *galdrastafir* (sinais mágicos semelhantes, muitas vezes, a runas) continuou pelo menos até o século XVII. Nesse nível popular, bem como no nível acadêmico, como acabamos de ver, os elementos da "magia estabelecida" (ou seja, judaico-cristã) rapidamente se espalharam por todo o sistema e foram sincretizados. Mas aqueles que estudaram o *Galdrabók,* grimório islandês do século XVI (também usado e adicionado no século XVII), saberão que os métodos subjacentes permaneceram praticamente os mesmos da tradição nativa. O texto do *Galdrabók* e muitos outros exemplos da magia islandesa são apresentados em *The Galdrabók* (Rûna-Raven, 2005) e em *Icelandic Magic* (Inner Traditions, 2016).

Nas áreas germânicas do sul, há algumas evidências concretas de uma tradição semelhante de sobrevivência rúnica. Um dos exemplos mais interessantes disso é encontrado na região da Floresta Negra, na Alemanha, nas chamadas *Heidenhäuser* [casas pagãs!]. Essas são construções agrícolas muito antigas, em que a eira e outras partes da casa são decoradas com ideogramas mágicos, alguns dos quais de origem rúnica indubitável. Algumas dessas são runas simples, por exemplo, ᛜᛞᛟᛉᛡᚾᛦᚴᛏ, enquanto outras são combinadas ou sinais sagrados, por exemplo, ᛡ ᛘ ⊗ᛰ ᛰ ᛸᛦ ᛟ ᛝ ᛗ. As construções em que esses sinais aparecem datam principalmente do final do século XVI até o início do século XVIII. É provável que os sinais tenham sido gravados por certo grupo de "iniciados" que ainda conhecia os símbolos e como fazer magia. Sinais mágicos semelhantes têm sido encontrados na região de Harz, na Alemanha, e, se podemos acreditar em alguns pesquisadores, ampla gama do simbolismo medieval teve suas raízes em formas rúnicas. Mas não só as meras formas sobreviveram; também sobreviveu a tradição essencial que cerca as runas. No que diz respeito à Alemanha e à maior parte do restante do norte da Europa, as Grandes Guerras de 1914 a 1918 e de 1939 a 1945 destruíram boa parte do que restava, com a morte e a rendição do tecido social. A hora mais escura ocorre antes do amanhecer.

Não só encontramos sobreviventes desse tipo na Europa, como os Estados Unidos também têm sua herança rúnica. Aqui não estamos falando das polêmicas "runas americanas", mas, sim, das tradições mágicas vivas dos "holandeses" da Pensilvânia (alemães). No século XVIII, esses colonos levaram consigo para os Estados Unidos uma rica herança mágica, cujo principal instrumento eram os *hex sign* [sinais hexagonais]. Esse termo talvez derive de um antigo mal-entendido relacionado ao termo alemão *Sechszeichen* (símbolo sêxtuplo), assim chamado porque os primeiros sinais, e os mais comuns, eram desenhados em torno de uma estrela ou cruz de seis braços, como na forma mostrada na Figura 4.1.

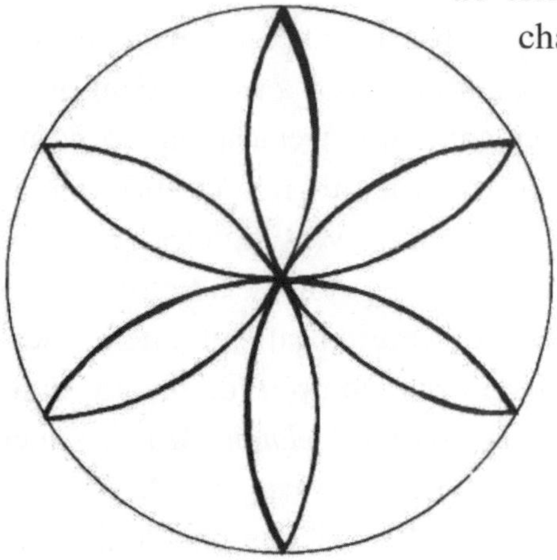

Figura 4.1. Padrão dos signos hexagonais.

A palavra *hex* [hexadecimal] pode ser tão antiga quanto, pois esse termo vem do velho vocabulário sagrado germânico e originalmente se referia ao "recinto sagrado" e às pessoas (especialmente mulheres) que praticavam suas artes ali.

Esses sinais hexadecimais são praticamente *yantras* germânicos, usados para todos os propósitos mágicos possíveis. O sinal é pintado em cores brilhantes num disco redondo (geralmente de madeira) e colocado em locais significativos para o trabalho – do lado de fora de um celeiro ou de uma residência, dentro de casa ou mesmo num amuleto carregado junto ao corpo. Mais uma vez, vemos um aspecto social importante nessa tradição. Sinais hexadecimais só podem ser eficazes se feitos por um *Hexenmeister* iniciado, e o trabalho deve ser acompanhado de uma fórmula mágica. Uma fórmula conhecida na Carolina do Sul chega a invocar Thor! Existem, de fato, muitos aspectos obscuros e pouco conhecidos nessa parte da história americana, que merecem mais pesquisa. Algumas dicas práticas sobre como usar e fazer esses sinais estão incluídos no livro *Northern Magic* (Llewellyn, 1992, 1998).

Os praticantes da tradição popular permanecem ignorantes dos detalhes históricos do seu passado e recriam continuamente o sistema de acordo com suas necessidades e condições. Esse processo é, na verdade, natural e saudável; mas, quando a tradição popular é "maculada" com uma ideologia hostil, esse processo torna-se menos eficaz, uma vez que a vida é drenada lentamente dele. Devido a essas circunstâncias, tornou-se necessário o desenvolvimento de novos instrumentos para desenterrar a vida perdida e a tradição da herança dos antigos. O espírito necessário para essa tarefa renasceu no início do século XIX, no norte da Europa, sob as bandeiras do Romantismo literário e da filologia acadêmica.

Quando se descobriu, no final do século XVIII, que as línguas da Índia e da Europa estavam, de alguma forma, organicamente relacionadas, uma grande escola de pensamento surgiu no norte da Europa, sobretudo na Alemanha, na tentativa de conferir embasamento científico ao estudo dessas línguas e culturas. Isso ocorreu na época do Romantismo – que, em muitos aspectos, é um nome inadequado, porque no "Romantismo" do norte da Europa as pessoas geralmente procuram mais modelos germânicos e se afastam daqueles da Antiguidade clássica. Talvez um termo melhor seja "germanticismo". Em todo caso, o interesse sério por coisas germânicas, suas origens e suas relações com o grande mundo indo-europeu cresceu rapidamente. A maior contribuição para essa área foi dada por Jacob Grimm, que, com o irmão Wilhelm, começou a estudar grande variedade de manuscritos e a coletar contos populares. Nesse processo, eles praticamente fundaram as disciplinas da linguística histórica, da religião comparada, da mitologia e do folclore. Por meio do que agora é chamado de "Lei de Grimm", mostrou-se até que ponto o "germânico" derivou do "indo-europeu" e sua relação com outros dialetos desse grupo (ou seja, sânscrito, grego, latim).

Com a linguística, as religiões expressadas nos textos estudados – os *Eddas*, os *Vedas*, Homero, as sagas irlandesas – e os nomes dos deuses estavam sendo comparados, enquanto escolas de pensamento sobre as maneiras de interpretar as mitologias estavam em desenvolvimento. Como era de esperar, muitas dessas teorias parecem um tanto ingênuas hoje, mas o caminho para a reconstrução é, pela própria natureza, repleto de armadilhas. Os detalhes desse processo histórico são muito complexos para que sejam incluídos neste livro, mas vale a pena mencionarmos duas teorias sustentadas pelos pesquisadores mais antigos. Uma era a tendência de fazer interpretações "naturalistas", ver a mitologia como puro reflexo dos fenômenos naturais, que agora sabemos ser apenas parte da função mitológica. A segunda tendência, ou controvérsia, era a oscilação entre considerar a mitologia como a criação de um sacerdócio antigo ou classe soberana e a ideia de que ela era essencialmente consequência dos contos da tradição popular mais simples. O reconhecimento dessa dicotomia foi relevante e mais tarde se tornou um conceito importante.

A importância desse trabalho pioneiro é o fato de ele ter colocado a investigação de tais assuntos numa base científica, cujo fundamento é o estudo cuidadoso de evidências de todos os tipos. Se esse trabalho for realizado de forma objetiva e abrangente, os véus do condicionamento psicológico negativo (cristão) serão eliminados e haverá a possibilidade de penetrar nos níveis mais arcaicos da ideologia.

A revitaliação da magia

Foi só nos primeiros anos do século XX que o renascimento da magia rúnica começou, mas essa revitalização teve raízes múltiplas e foi ele próprio multifacetado. O final do século XIX também viu o ressurgimento do espiritualismo e do ocultismo na cultura popular. O ramo mais influente desse fenômeno foi a Teosofia, conforme formulada por Helena Petrovna Blavatsky e promovida pela Sociedade Teosófica. Paralelamente a esse novo interesse pelo ocultismo, ressurgiu um forte interesse pelas crenças e pelos valores germânicos, o que também pode ser chamado de neo-romantismo. Isso estava acoplado ao crescimento do pangermanismo político, que sucedeu a unificação do Império Alemão, em 1871.

Todos esses fatores começaram a atuar em conjunto com as últimas teorias sobre a mitologia, a religião, a ciência (especialmente o darwinismo) e a filosofia. Dessa poderosa combinação, surgiu o heterogêneo *Deutsch-Bewegung* (Movimento Teutônico). Em todos os aspectos, os adeptos desse movimento tinham inclinação prática. Não era a intenção desse grupo filosofar em torres de marfim, mas transformar o mundo em que vivia. Eles queriam levar a sociedade de volta às raízes tradicionais (pré-cristãs) – pelo menos do modo como as viam. Mesmo aqueles que formalmente se consideravam "cristãos" rejeitaram a maior parte do que tradicionalmente era considerada a herança cristã e a substituiu pela mitologia e pelos contos populares germânicos. Esse ramo do movimento geralmente atuava sob a bandeira dos *Deutsch-Christen* (cristãos teutônicos). Mas outros membros, talvez mais sinceros, dessa revolução social rejeitavam a tradição cristã e novamente levantavam o estandarte do "Pai de Todos", ou seja, Odin.

Um dos maiores expoentes desse renascimento rúnico foi *der Meister* [o Mestre], Guido von List (1848-1919), nascido numa próspera família vienense de comerciantes. Embora tivesse profundo fascínio pelo mundo místico e natural desde tenra idade e quisesse ser artista e estudioso, Von List seguiu os passos do pai. Em parte por senso de dever, ao que parece, iniciou carreira nos negócios. Conta-se que, aos 14 anos, Von List estava diante de um altar em ruínas nas catacumbas da Catedral de Santo Estêvão, em Viena, quando declarou: "*Wenn ich einmal gross bin, werde ich einen Wuotans-Tempel bauen!* ("Quando crescer, vou construir um templo para Wotan!").

Naqueles primeiros anos, nas horas em que estava livre das obrigações profissionais, Von List explorava as regiões alpinas de onde morava, na Baixa Áustria, até a Suíça. Mas, em 1877, com a morte do pai, ele começou a se dedicar mais intensamente à vida artística, mística, de poeta e profeta. Os anos entre 1877 e 1889 foram difíceis e obscuros para Von List, mas, em 1888, ele publicou *Carnuntum,* em dois volumes, romance histórico que descreve a batalha entre as culturas germânica e romana ao longo das fronteiras do Danúbio – tema favorito em suas obras. O livro foi um sucesso de crítica e de público.

Durante a etapa seguinte de sua vida (1889-1891), Von List aparentemente se dedicou ao estudo e ao trabalho interior, pois no último ano desse período iniciou uma nova fase, que mostra evidências de uma experiência iniciática. Em 1891, publicou seu *Deutsch-Mythologische Landschaftsbilder* [Paisagens teutônico-mitológicas] em dois volumes, espécie de investigação geomântica dos monumentos megalíticos, dos túmulos, de terraplenagens, castelos e outros locais sagrados da Baixa Áustria; e uma espécie de catecismo de sua filosofia, chamado *Das Unbesiegbare*: *Ein Grundzug germanischer Weltanschauung* [Os Invencíveis: Um Esboço da Filosofia Germânica]. Ambas as obras trazem indícios da elegância e da engenhosidade que seu pensamento mais sistemático mostraria posteriormente.

Ao longo desses anos, nos países de língua alemã, a ideologia expressa pela Teosofia foi bastante influente, e, embora a própria relação de Von List com a Sociedade Teosófica seja um tanto vaga, ele parece ter sido influenciado pela sua filosofia e cosmologia. Parece justo dizer que *Der Meister* se equiparava à Madame Blavatsky no que se refere a esses assuntos. É fato que muitos dos teosofistas proeminentes da época também eram seguidores de Von List.

Entre 1891 e 1902, a carreira literária de Von List começou a declinar – ele tinha coisas maiores pela frente –, mas esse foi seu período de maior sucesso em termos literários. Ele produziu vários dramas e seu segundo grande romance, *Pipara*, em dois volumes.

O ano de 1902 foi, no entanto, a grande virada na evolução do pensamento de Von List. Ele foi submetido a uma cirurgia de catarata em ambos os olhos. Durante onze meses, ficou praticamente cego. Nesse período, Von List parece ter passado por uma experiência de iniciação, que abriu sua percepção interior para os segredos das runas, como foi expresso em "Rúnatals tháttr Ódhins", no poema "Hávamál" (veja o Capítulo 8). List começou a investigar o passado germânico e seus segredos com essa habilidade recém-conquistada (ou aperfeiçoada). O período entre 1902 e 1908, quando seu primeiro livro apareceu no que viria a ser uma série enciclopédica de trabalhos que delineavam seu elegante sistema, foi preenchido com muita atividade interior e exterior. Von List estava bem conectado com os líderes políticos e as ideologias pangermânicas (por exemplo, o dr. Karl Lueger, o *Bürgermeister* [prefeito] de Viena), bem como com muitos industriais ricos, os quais apoiavam suas investigações e atualizações dos antigos mistérios germânicos. Então, em 1905, a Guido von List Gesellschaft [Society] foi fundada para firmar o trabalho do "Mestre". Em conjunto com esse ramo exotérico, um grupo esotérico chamado Armanen Orden era planejado para trabalhos de iniciação e ensino de práticas mais ocultas.

Em 1908, surgiu o primeiro livro da sua série investigativa, de Von List intitulado *Das Geheimnis der Runen* [O Segredo das Runas], no qual ele postulava que o Futhork primordial era composto de uma sequência de dezoito runas. A sequência original compunha-se de uma série de runas às quais eram anexadas certas "palavras centrais". Essas palavras, e variações delas, poderiam ser usadas para decodificar qualquer outra palavra, antiga ou moderna, de modo a recuperar seu significado original na própria "linguagem primal" (*Ursprache* [língua original]).

Embora houvesse todo um sistema mágico ligado às revelações rúnicas de Von List, ele continuou em grande parte secreto até depois de sua morte – e muito desse sistema permanece secreto até hoje.

O livro de runas foi seguido no mesmo ano por uma obra geral composta de dois volumes – *Die Armanenschaft der Ario-Germanen* [O Armanismo do Povo Ariogermânico] –, que delineou a estrutura social e a religião antigas e apontou o caminho para o seu renascimento. Também naquele ano foi publicado *Die Rita der Ario-Germanic* [A Lei Sagrada do Povo Ariogermânico]. (A palavra *Rita* é emprestada do termo sânscrito *ṛta* ou *rita*, ordem ou lei cósmica.) Com esse trabalho, Von List tentou restabelecer uma base germânica para a lei e a estrutura política, fundamentando-as do ponto de vista religioso-cósmico.

O ano seguinte, 1909, viu a publicação de *Die Namen der Völkerstämme Germaniens und deren Deutung* [Os Nomes das Tribos do Povo da Germânia e sua Interpretação], em que Von List aplicou suas teorias sobre a investigação do significado oculto em nomes e palavras, por meio da análise das sílabas centrais.

Em 1910, ele publicou *Die Bilderschrift der Ario-Germanen*: *Ario-Germanische Hieroglyphik* [A Escrita Simbólica do Povo Ariogermânico: Hieróglifos Ariogermânicos], que se concentrava na investigação do significado esotérico de ampla gama de formas simbólicas, entre elas runas, glifos (sinais sagrados) e especialmente brasões. Esse trabalho foi comparado à *Doutrina Secreta*, de Blavatsky, pelo famoso teosofista (e membro do grupo de Von List) Franz Hartmann, no jornal *Neuen Lotusblüten*, com as seguintes palavras: "O autor levantou o véu espesso que cobria a história da Antiguidade germânica e nos deu uma visão profunda da Doutrina Secreta dos alemães antigos e o significado de sua simbologia"[1].

O livro mais complexo e abrangente da série foi *Die Ursprache der Ario-Germanen und ihre Mysteriensprache* [A Língua Primordial do Povo Ariogermânico e sua Linguagem de Mistério], não publicado na forma completa até 1915, embora seções dele já tivessem sido publicadas dez anos antes. O enorme volume contém o sistema de *kala*, da autoria de Von List, para decodificação de palavras com o intuito de revelar seus significados ocultos. Esse sistema é praticamente uma ciência da etimologia popular, muito poderosa na prática mágica, mas que ignora por completo todas as regras da linguística histórica. Essa obra viria acompanhada de *Armanismus und Kabbala* [Armanismo e a Cabala]. Nesse livro, Von List mostraria a relação entre os dois sistemas e afirmaria que a Cabala é, na verdade, a sabedoria *Armanen* absorvida pelo pensamento e pela filosofia esotérica judaico-cristã. No entanto, em 1919, antes da publicação, Von List morreu, e o manuscrito aparentemente foi roubado – ou mantido em segredo por membros da Armanen Orden.

A grandiosa ideologia e a filosofia religiosa expressas nas obras de Von List são muito complexas para que possamos expô-las em detalhes neste livro. Mas algumas das ideias principais que ele articulava e que acabaram contribuindo para o renascimento rúnico na Vinland moderna são (1) a "tríade trifídico-triuna", (2) a "díade bifídico-biuna" (*zweispältig-zweieinigen Zweiheit*) e (3) o conceito histórico de ocultação de tradições antigas e até mesmo de sistemas sagrados na literatura e na simbologia aparentemente cristãs ou seculares. Uma visão geral das ideias de Von List pode ser encontrada na introdução de *The Secret of the Runes* (Destiny, 1988).

A ideia da díade bifídico-biuna resultou no conceito de equilíbrio entre espírito e matéria e de que a matéria é, na realidade, espírito condensado.

No entanto, o uso formular do três, da autoria de Von List, é a característica mais proeminente do seu sistema. Em muitos aspectos, ela antecipa as teorias de G. Dumézil a respeito da estrutura sociorreligiosa tripartida indo-europeia (veja o Capítulo 13). O conceito central do pensamento triádico de Von List é o padrão arquetípico do surgir (nascimento), tornar-se/ser (vida) e partir rumo a um novo surgimento (morte/renascimento). Esse paradigma é aplicado a uma série de conceitos, formando uma elegante filosofia mágico-religiosa. Em primeiro lugar, ele é aplicado a princípios cosmológicos. Mas talvez uma das aplicações mais interessantes seja num sistema de interpretação, em três níveis, de mitos ou de qualquer conceito ou símbolo. Nesse sistema, um conceito é visto (1) num nível comum – forma popularmente compreendida, (2) no nível do simbolismo e (3) no nível esotérico. Isso coloca qualquer palavra ou conceito numa espiral de permutações semânticas que revelam verdades interiores e relacionamentos ocultos.

A Sociedade Guido von List continuou a florescer após a morte de *der Meister*, assim como as dezenas de outros grupos neogermânicos (nem todos eles relacionados ao conhecimento de runas). Nos anos anteriores a 1933, outros pesquisadores, como Friedrich Bernhard Marby e Siegfried Adolf Kummer, começaram a ensinar alguns aspectos práticos da magia rúnica (especialmente o uso de posturas rúnicas – a chamada "yoga rúnica" – e da magia talismânica).

Para entender a relação do Partido Nacional-Socialista com a tradição rúnica, é preciso primeiro conhecer o nível de popularidade que tais coisas alcançaram no final do século XIX e início do século XX. Runas e formas semelhantes a runas tornaram-se, mais uma vez, símbolos (mas frequentemente muito "comuns") da *Deutschtum* [algo como "Germanidade"]. A runologia não era apenas um tema estimado pelos acadêmicos; passou a ser um tema sobre o qual uma pessoa leiga poderia se debruçar.

A ideia de um renascimento religioso não judaico também era forte e abrangia toda a gama de "cristãos teutônicos" (que substituíram o Antigo Testamento pela tradição germânica e por um Jesus "arianizado") até organizações pagãs, como a Sociedade Guido von List.

As raízes do Nacional-Socialismo são múltiplas, e não podemos descrevê-las com muita profundidade aqui. No entanto, podemos apontar alguns dos usos e abusos que os nazistas fizeram das runas. Devemos também prefaciar essas observações com a declaração de que, quer se trate de runas ou da religião de que falamos, a doutrina nazista de *linha partidária* é geralmente um anátema da essência dos verdadeiros conceitos germânicos e, muitas vezes, a antítese do padrão central da filosofia e da prática odínica. Havia, no entanto, células secretas dentro dos altos níveis da Schutzstaffel (SS) reunidos em torno de Heinrich Himmler, especialmente no Castelo de Wewelsburg, na Westfália, onde a experimentação mais aberta foi praticada. Alguns dos ensinamentos internos desse mundo são estudados no livro *The Secret King* (Feral House, 2007).

Não há dúvida de que certos elementos dentro dessas células tinham genuíno interesse pelo estabelecimento de uma visão de mundo religiosa germânica; no entanto, a alta liderança do partido parece ter mostrado pouco interesse real nesse sentido.

Todos eles eram, porém, mestres das formas mágicas de manipulação em massa, que envolvem a estimulação e a ativação de imagens populares, projetando-as de forma a incutir a vontade do partido na população em massa. (Hoje chamamos isso de publicidade ou *branding*, entre outras coisas.) Um dos passos importantes que se deve dar ao usar esse processo é o estabelecimento do que pode ser chamado de mudança de significado (ou mudança semântica) no que diz respeito aos símbolos.

Tabela 4.1. Símbolos rúnicos usados pelo Nacional-Socialismo.

ᚼ	Programa Lebensborn (Primavera da Vida) para a eugenia racial.
ᛏ	A Hitler Jugend (Juventude Hitlerista) usava esta runa no seu crachá.
ᛋᛋ	Juntas, representavam o Schutzstaffel (SS), o "Esquadrão de Proteção".

Isso é mais eficaz quando se lança mão de um símbolo arquetipicamente poderoso (por exemplo, + ou 卐) e o incute com significado personalizado (Jesus e Hitler, respectivamente). Alguns dos símbolos rúnicos mais comuns no movimento Nacional-Socialista são mostrados na Tabela 4.1.

Logo depois de 1933, quando os nazistas chegaram ao poder, os vários grupos envolvidos no Renascimento Germânico, mas fora da estrutura do próprio Partido, foram banidos. Todo trabalho feito por dezenas de organizações e líderes individuais foi absorvido pela doutrina, liturgia e simbologia oficial do Partido ou suprimido. O próprio F. B. Marby passou 99 meses no campo de concentração de Dachau.

O que não foi destruído nos anos de consolidação do poder do Partido, entre 1933 e 1938, foi posteriormente arruinado pela própria guerra, que destruiu não só indivíduos de grande conhecimento, mas também o tecido social de toda a Europa. O deslocamento em massa causado pelas hostilidades e pelas revoluções socioeconômicas que se seguiram na Europa Ocidental foram, provavelmente, o golpe final para acabar com quaisquer vestígios da tradição popular em muitas áreas rurais.

Na verdade, sempre parece que a hora mais escura é antes do amanhecer, e essa é uma verdade no que diz respeito ao renascimento de nossas formas tradicionais. Após a destruição intencional das tradições pela Igreja e as frequentes distorções dos movimentos políticos, é preciso muito esforço para levar os segredos rúnicos de volta à nossa cultura – mas esse é um desafio heroico do nosso tempo.

Capítulo 5

REVITALIZAÇÃO RÚNICA CONTEMPORÂNEA

(1945 ATÉ O PRESENTE)

Após a Segunda Guerra Mundial, o interesse pela religião germânica e pelas runas passou a ser visto com desaprovação na Alemanha e, em certa medida, até mesmo nos círculos acadêmicos, que não tinham passado incólumes pela "runologia NS". Embora a runologia esotérica alemã, no contexto da religião germânica, tenha sido praticamente eliminada, encontrou novo refúgio nos ramos mais ecléticos do ocultismo ocidental e na loja de maior prestígio do ocultismo alemão: a Fraternitas Saturni [Irmandade de Saturno]. O trabalho rúnico com base nas teorias e práticas de Guido von List, Friedrich Bernhard Marby e Siegfried Adolf Kummer tornou-se parte do currículo mágico dos membros da Fratenitus Saturni, principalmente sob a orientação de Frater Eratus (Karl Spiesberger). Os esforços de Spiesberger, amplamente descritos em seus dois livros *Runenmagie* (1955) e *Runenexerzitienfür Jedermann* (1958), conduziram a runologia esotérica na direção do universalismo e para longe das interpretações *völkisch*. Também há forte mescla das ideias hermético-gnósticas, tendência já evidente, em menor grau, nos mágicos rúnicos de épocas anteriores.

F. B. Marby, após a libertação de Dachau, no final da guerra, tornou-se novamente ativo. Mas nunca mais conseguiu chegar ao mesmo nível de realizações que no início do século.

A runologia no contexto de revitalização germânica generalizada começou lentamente. Por volta de 1969, Adolf e Sigrun Schleipfer reativaram a Armanen Orden. Eles também assumiram a liderança da Sociedade Guido von List, inativa desde a guerra. Os novos grão-mestres começaram a fazer da Armanen Orden uma verdadeira ordem mágica operante, com base no misticismo germânico. Outros grupos neogermânicos ativos na Alemanha não mostraram interesse prático pela magia rúnica. Nas décadas de 1970 e 1980, desenvolveu-se na Alemanha uma espécie de runologia esotérica universalista ou semiuniversalista dicotomizada (representada por Karl Spiesberger, Werner Kosbab e outros) e uma runologia esotérica tribalista-nacionalista (representada pela Armanen). Todos esses grupos na Alemanha usam o Futhork de dezoito runas.

As runas sempre carregaram uma mística especial para aqueles interessados nos costumes germânicos. Quando um Renascimento Germânico geral novamente começou a se disseminar pela Europa e pela América do Norte (aparentemente quase de maneira espontânea, por volta de 1970), as runas, muitas vezes, passaram a figurar com proeminência nas imagens e no simbolismo de vários grupos, por exemplo, o ritual da Descoberta das Runas, usado pelo Rito Odínico, na Inglaterra, ou o nome da revista publicada pela Ásatrú Free Assembly, *The Runestone* [A Pedra Rúnica]. No entanto, nenhuma runologia esotérica aprofundada foi praticada, nos primeiros anos, por qualquer uma dessas organizações.

Em meados de 1974, encontrei o livro *Runenmagie,* de K. Spiesberger[1], na biblioteca da universidade. Isso ocorreu depois que tive um lampejo inspirador que consistiu numa palavra "audível", RUNA, apenas alguns dias antes. Daquele dia em diante, dediquei-me às runas. Meus estudos sobre magia, depois de terem começado muito bem, no esplendor daimônico, passaram por uma transformação filosoficamente pouco inspiradora no pântano do neocabalismo. As runas e o Caminho de Woden, mostrado através de sua força, acabaram por me colocar de volta no caminho para esse grande poder. Na época, eu desconhecia a revitalização germânica contemporânea e assim permaneci até 1978. Um ano depois da descoberta do livro de Spiesberger, após ter trabalhado intensamente com a filosofia e a prática do Futhork Armanen, escrevi um texto que era, em grande parte, uma compilação de materiais sobre conceitos contidos nos livros de autoridades como K. Spiesberger, Guido von List e R. J. Gorsleben. Estou me referindo ao *Runic Magic of the Armanen,* inédito, concluído em agosto de 1975. Essa atividade esotérica simultaneamente me levou a um profundo interesse acadêmico pela religião e magia germânicas. No ano seguinte, eu era estudante de graduação aprendendo nórdico antigo e investigando o Caminho de Woden também em nível intelectual.

Esse interesse pelos temas germânicos, no entanto, não havia começado por acaso, em 1974. No ano anterior, o livro *The Spear of Destiny*[2] mexera com minha imaginação.

Ele também despertou minha veia investigativa, e comecei a encontrar os textos originais nos quais seus alicerces estavam edificados. Posteriormente, descobri que muitos desses textos foram mal utilizados ou interpretados incorretamente. Um pouco antes, as palavras "Os corvos da noite seguiram seu voo... " também tinha provocado um toque de clarim na minha mente.

Continuei a percorrer meu caminho oculto na solidão, até o verão de 1978, quando entrei em contato com a Ásatrú Free Assembly e iniciei um período de estreita cooperação com grupos neogermânicos. Ao mesmo tempo, estava concluindo o trabalho de restauração do sistema esotérico do Futhark Antigo de 24 runas, que, em 1979, resultou no livro *Futhark: A Handbook of Rune Magic*[3*]. Os estudos acadêmicos me levaram à compreensão de que, para conhecer as runas como de fato são, era preciso trabalhar com o antigo sistema arquetípico como ele realmente era.

Durante esse mesmo período, mas sem o meu conhecimento, um companheiro de viagem, David Bragwin James, estava trabalhando em temas semelhantes, numa situação pessoal muito parecida, em New Haven, Connecticut (EUA).

Logo ficou claro que nenhum grupo no mundo anglófono conhecia a sabedoria das runas num nível profundo, e, portanto, o fardo recaiu sobre mim e me tornei responsável pela tarefa de acelerar o conhecimento de nossos mistérios nativos, de forma que fosse coerente e acessível – algo nada fácil. Esse trabalho acabou levando à formação independente da Rune-Gild para a prática e o ensino do trabalho rúnico e da magia rúnica. Essa instituição foi originalmente concebida para ser parte orgânica de certos grupos religiosos neogermânicos, mas isso se revelou totalmente impossível. Parece que os mestres rúnicos são, de certo modo, uma Guilda de Forasteiros e, como tal, permanecem, em grande parte, fora de outras estruturas naturais e orgânicas. É o propósito do Rune-Gild expandir o nível de conhecimento e interesse no genuíno Caminho Germânico e realizar o trabalho rúnico sistematicamente, fornecendo um fluxo confiável de habilidades rúnicas básicas e sabedoria rúnica para todos, oferecendo uma via de acesso ao Gild Hall para poucos. Depois desses avanços iniciais, a Rune-Gild amadureceu e passou a ser uma organização viável, com um manual sobre runas, conhecido como *The Nine Doors of Midgard* (The Rune-Gild, 2016, 5ª edição).

---

* *Futhark, o Oráculo Sagrado das Runas*. São Paulo: Pensamento, 2019. (N.T.)

Capítulo 6

MAGIA RÚNICA TRADICIONAL E ADIVINHAÇÃO

Seja por ignorância das tradições atemporais ou por impossibilidade de obter acesso aos mistérios tradicionais, muitas escolas modernas de magia rúnica foram obrigadas a ignorar ou a esquecer as verdadeiras fontes rúnicas a nós transmitidas pelos ancestrais em seu esplendor lapidar. Neste capítulo, vamos explorar o *corpus* rúnico propriamente dito para descobrir as evidências da magia rúnica da maneira como era praticada pelos antigos.

Os antigos documentos gravados em pedra e metal são apenas os fósseis visíveis de um processo vivo de magia rúnica. Os relatos literários nos ajudam a desvendar esse processo até certo ponto, mas, para entendê-lo, é preciso sondar as profundezas do conhecimento rúnico.

Inscrições

As inscrições rúnicas representam mensagens – emissões – de natureza misteriosa. São comunicações complexas e simbólicas, só às vezes "legíveis", no sentido da linguagem natural. Na maioria das vezes, suas mensagens são muito mais obscuras. Contudo, por meio de análise cuidadosa das evidências, podemos chegar a algumas conclusões significativas sobre algumas das maneiras pelas quais a magia rúnica era praticada nos tempos antigos.

No que diz respeito a atos mágicos operativos, podemos dividir os tipos de fórmulas rúnicas em sete categorias: (1) mensagens em linguagem natural; (2) fórmulas com palavras simbólicas; (3) fórmulas Futhark; (4) palavras que são fórmulas mágicas (por exemplo, *luwatuwa*); (5) ideogramas rúnicos (por exemplo, *galdrastafir*); (6) fórmulas numéricas; e (7) fórmulas de mestres rúnicos.

Emissões em linguagem natural

Como as runas permitiam que os mestres rúnicos se comunicassem diretamente com a outra realidade (objetiva), se quisessem provocar alguma alteração no ambiente, eles podiam simplesmente escrever mensagens rúnicas em linguagem natural. Essas mensagens eram, muitas vezes, fórmulas vocais mágico-poéticas, às quais os mestres conferiam simbolicamente uma realidade objetiva, por meio do ritual de gravação das runas. As mais famosas delas são as fórmulas de maldição (para evitar a profanação de um túmulo ou local sagrado) e as destinadas a manter os mortos nos túmulos. "Os mortos-vivos", ou *aptr göngumenn*, eram uma preocupação real dos antigos nórdicos. O que às vezes se esquece sobre esse fenômeno é que esses cadáveres geralmente eram, de fato, reanimados, por meio da vontade de um mago, e enviados para fazer mal à comunidade.

No período mais antigo, alguns dos exemplos mais notáveis desse tipo de magia são as fórmulas de maldição encontradas nas pedras de Stentoften e Björketorp, no sul da Suécia (ambas de cerca de 650 EC.). Os textos estão intimamente relacionados, por isso trataremos aqui apenas do exemplo mais claro, a pedra de Björketorp, na qual se lê: *ūtharba-spā! haidR-rūnō ronu falhk hedra, gina-rūnaR, ærgiu hearma-lausR, ūti ær weladaude sāR that brȳtR*. Essa fórmula pode ser traduzida como: "Profecia de destruição! Uma sequência de runas brilhantes escondi aqui, runas carregadas de poder mágico. Com perversidade, [e] sem descanso, do lado de fora, uma morte traiçoeira aguarda quem quebrar isso [o monumento de pedra]". Por meio da vontade do mestre rúnico, e pelo poder das runas de comunicar essa vontade à realidade objetiva, a fórmula da maldição legalista simplesmente diz que quem quebra ou perturba o local sagrado é amaldiçoado com a morte pelo poder falaz (*wela-*) do mestre rúnico. (Veja também a explicação sobre o talismã de Lund, na página 57.) Como nenhum juiz ou carrasco está presente – e o infrator em potencial certamente não era alfabetizado –, a sentença de morte é executada puramente por meios mágicos. (A pedra de Björketorp ainda está intacta, aliás.) Esse arranjo triangular de pedras era aparentemente um local onde se executavam leis e se realizavam rituais, tendo em vista que nenhuma sepultura foi encontrada na região.

Emissões formulares com palavras

Outra forma mais concisa de comunicação mágica era efetuada por uma única fórmula composta de palavras repletas de grandes poderes simbólicos, de vários níveis. No período mais antigo, algumas dessas palavras eram *alu* (cerveja, força psíquica extática)[1], *laukaz* (alho-poró)[2], *ehwaz* (cavalo), *lathu* (invocação), *auja* (boa sorte), *ota* (terror) e talvez até *rūno* (runa), o próprio conhecimento secreto.

Muitas vezes, essas palavras eram inscritas isoladamente em vários objetos, a fim de invocar o poder do conceito que incorporavam e impregná-lo no objeto ou, o mais comum, nas proximidades dele. Cada uma das palavras mencionadas anteriormente carrega consigo enorme força psicomágica para nossos ancestrais e significados muito próximos da superfície, mas agora talvez se escondam nas profundezas arquetípicas do nosso ser. *Alu* vem de um antigo conceito indo-europeu de poder extático e da magia realizada por meio desse poder. Sem dúvida, está relacionado ao termo hitita *alwanzahh*, "encantar". Esse significado básico foi transferido para a substância sagrada, contendo êxtase, da cerveja sacra usada nos ritos de sacrifício e mágicos do povo germânico. Em tempos antigos, *laukaz* era um termo genérico utilizado para designar muitas plantas pertencentes ao gênero *allium* (alho, cebola, alho-poró etc.). Essas plantas têm grandes poderes de cura e preservação. Além disso, o alho-poró é especialmente conhecido pelo caule reto, verde e de crescimento rápido – símbolo mágico de aumento e crescimento em força e vitalidade. O poder mágico da fórmula do "cavalo" é sinal de poder transformador, símbolo de Sleipnir; o corpo de oito pernas do conceito do cavalo na tradição germânica é complexa e muito conhecida (veja a runa E). Como fórmula rúnica composta de uma palavra, é sinal de poder transformador, símbolo de Sleipnir, o cavalo de oito patas de Odin, e da força vital do cavalo na relação cavalo/homem (:ᛖ:).

Cada uma das palavras simbólicas anteriores tem uma contraparte física no mundo natural. No entanto, há também uma série de conceitos mais abstratos. Pode ser melhor considerar as palavras *rūno* e *lathu* juntas. Ambas podem, em última análise, se referir a uma atividade vocal da parte do mago, isto é, a encantamentos executados vocalmente (*galdrar*), repetidos para invocar forças mágicas e modificar a realidade objetiva, certamente secretos por natureza e mantidos longe dos ouvidos dos não iniciados. A palavra *lathu* está relacionada ao verbo *to load* [carregar], em inglês, e pode ser entendida no sentido dinâmico de carregar um objeto com poder mágico ou de "convidar" (veja *Einladung*, do alemão) seres divinos a se aproximar. Como outro exemplo do fato de que *rūno* não era entendido como sinônimo de letras ou caracteres escritos, podemos apresentar a leitura da fórmula simples do mestre rúnico no broche de Freilaubersheim: *Bōso wrœt rūno* (Boso entalhou a runa [singular]). Existem outros exemplos que mostram que a palavra "runa" era usada coletivamente com o significado de "conhecimento secreto" ou "encantamento mágico" durante o período antigo. O termo *auja* se refere a um conceito muito semelhante ao de *hailagaz* (sagrado), tendo em vista que geralmente significa "ser preenchido pelo poder divino ou sagrado" e, portanto, o bem-estar e a felicidade derivados desse estado. O lado oposto do poder mágico é invocado pela fórmula um tanto obscura *ota*, que deriva da forma arcaica *ōhtan* (assombro, medo, pavor; relacionado à NA *ægi-* no nome do *ægishálmr* mágico [o elmo do temor]). Esses termos, formulados em runas e, portanto, sujeitos à manipulação ritual, são considerados o meio mágico pelo qual a ligação era feita entre a realidade complexa subjetiva do mestre rúnico e sua guilda e a realidade objetiva, criando, assim, condições favoráveis à vontade do "mestre dos mistérios".

Fórmulas Futhark

Um dos tipos mais notáveis de fórmula rúnica mágica é a composta pelo Futhark completo ou abreviado (veja os exemplos da tradição mais antiga no Capítulo 1). Tais inscrições também eram comuns na Era Viking e especialmente na Idade Média. Em alguns casos raros, o Futhark era gravado para fins educacionais ou apenas "para praticar". No entanto, isso certamente poderia ter sido realizado com mais facilidade de outras formas menos demoradas. Mas, na maior parte do tempo, o Futhark parece ter função mágica. O simbolismo da sequência rúnica é, no mínimo, dupla: (1) é a coleção de todas as *coisas essenciais* e (2) tem *ordem* especial e definida. É o símbolo da ordem das coisas essenciais. Trazer ordem (cósmica, natural ou psíquica) a determinado ambiente (subjetivo ou objetivo) é, por certo, um motivo comum para a realização da magia.

Fórmulas rúnicas e fórmulas mágicas verbais

Se a fórmula Futhark é símbolo de ordem, então as chamadas inscrições sem sentido são símbolos de desordem ou de algum tipo de ordem não natural. Chamamos de fórmulas rúnicas aquelas sequências de runas que parecem aleatórias e impronunciáveis ou repetitivas. Exemplos desse tipo de fórmula são especialmente abundantes em bracteatas. Há também aquelas sequências pronunciáveis, mas que não formam uma palavra conhecida no vocabulário germânico da linguagem natural. Essas "palavras" podem, na verdade, fazer parte da "linguagem dos deuses", uma linguagem não natural, recebida diretamente de outro mundo. Exemplos famosos dessas palavras são *luwatuwa, suhura-susi, anoana, salusalu, foslau* e, posteriormente, *suf-fus*. Algumas podem ser "decodificadas", outras não. Esses são apenas alguns vestígios de uma linguagem mágica não natural, compartilhada por Odin e seus erulianos terrenos – linguagem à qual é preciso conseguir acesso novamente. Essas palavras provavelmente foram recebidas e faladas primeiro por magos (*seidhmenn*) em estado de transe e, subsequentemente, transmitidas na tradição, como parte do vocabulário de magia. Seu uso em fórmulas rúnicas é novamente compreensível em termos de "princípio objetificante" das runas.

Runas ideográficas

Na teoria, o único tipo de caractere que pode ser qualificado como runa ideográfica é a runa do Futhark que representa seu nome (ou seja, um logograma) ou seu simbolismo e poder mágico. No entanto, também existem certos tipos de *galdrastafir* (sinais mágicos) originalmente compostos de runas combinadas (runas sobrepostas umas às outras) e, muitas vezes, altamente estilizadas. Já encontramos exemplos disso na bracteata de Sievern, no colar de Pietroassa, na pedra de Gummarp e no amuleto de Kvinneby. Essas runas ideográficas, na verdade, representam um tipo de codificação alternativa de significados secretos, para ocultá-los ainda mais. Mas o motivo dessa ocultação, desse *encobrimento*, não era tornar o texto mais difícil para outros seres humanos "lerem" – poucas inscrições, especialmente as mais antigas, eram feitas para serem "lidas". Ao contrário, a intenção era tornar o texto mais agradável e empático em relação aos reinos ocultos. Quanto mais se ocultava o significado de maneira concisa, mais poderosamente empática era a mensagem mágica do mestre rúnico para a outra realidade objetiva, mas oculta, dos oito mundos exteriores.

Fórmulas numéricas

O tópico da numerologia rúnica será abordado em detalhes no Capítulo 11. No momento, basta dizer que o padrão numérico é outra forma de ocultação, com o mesmo motivo que outras formas de "esconderijo mágico", na tradição germânica.

Fórmulas dos mestres rúnicos

Qualquer interpretação não mágica das muitas fórmulas dos mestres rúnicos vai parecer absurda. Está claro que, quando o mestre rúnico entalhou as runas da fórmula *ek erilaz fāhidō rūnō* (Eu, o eruliano [= mestre rúnico] colori a runa), não estava apenas executando alguma forma elaborada de grafite (embora certos processos psicológicos possam estar presentes em ambos os atos). As fórmulas dos mestres rúnicos representam documentos de atos mágicos transformadores, em que o mago rúnico assumiu seu aspecto divino para a realização de alguns trabalhos. É bem possível que, nas inscrições dos mestres rúnicos, haja resquícios de apenas uma fração de um processo ritual muito mais elaborado. Uma fórmula desse tipo pode dar força a um rito ao atuar com a fórmula ou representar a totalidade de um trabalho operante. No último caso, geralmente descobrimos que o mestre rúnico se autointitula com vários nomes mágicos (que, em geral, são muito semelhantes a alguns dos nomes sagrados de Odin). Um dos exemplos mais famosos disso é a pedra de Järsberg, no centro da Suécia. Ela diz: *ek erilaz rūnōz wrītu. Ūbaz haite, Hrabanaz haite*, "Eu, o entalhador eruliano de runas. Sou chamado o Malicioso (= Ubaz), sou chamado o Corvo". Essa pedra, que não era anexada a nenhum túmulo e provavelmente não fazia parte de um arranjo de pedras ritualístico, foi depois imantada com a força do mestre rúnico ao assumir esse aspecto ameaçador de "o malicioso" e "o corvo". Através da ligação desses aspectos agourentos com o local, ele é capaz de preenchê-lo com força mágica e protegê-lo de profanadores.

Literatura

Sem as fontes escritas, especialmente em nórdico antigo e latim, teríamos dificuldade de determinar cientificamente a natureza da magia rúnica histórica praticada por volta de 100 EC em diante. Esses relatos, e certas palavras usadas neles, nos dão uma chave da estrutura do ritual rúnico e fornecem contextos para certos tipos de atos mágicos com runas. Há, no entanto, limites para essa evidência. Primeiro, os textos em questão começam a ser comuns apenas na Idade Média, e, embora certamente representem um material muito mais antigo e reflitam práticas arcaicas, devemos estar cientes dessa discrepância de tempo. Segundo, os relatos da saga são, por fim, integrados em contos narrativos e podem ter algum grau de convenção literária embutida neles. Mas esses dois pontos são menores quando vistos no amplo escopo da tradição. Atos de magia rúnica aparentemente eram tão comuns na Era Viking e na Idade Média que formam partes naturais das sagas e são apresentados no que pode ser, para alguns, uma forma surpreendentemente prosaica.

Lançamento das runas

Na Parte Três deste livro, explicaremos com alguns detalhes práticos como o aprendiz de runas moderno pode praticar a adivinhação. É nosso propósito aqui descrever um pouco da história da sua arte e de seu ofício.

Quando os povos germânicos começaram a escrever da mesma maneira que os gregos e os romanos, chamavam de "runas" os caracteres com os quais realizavam essa tarefa. Cada runa representava um mistério, e certo princípio de tradição esotérica estava ligado a ela. (Isso não surpreende, pois as pessoas que desenvolveram e mantiveram esse sistema eram também as guardiãs de outro material intelectual e religioso na cultura.) Além disso, o próprio sistema poderia ser usado para representar a linguagem natural e, assim, foneticamente, preservar as próprias fórmulas mágicas. Essas runas – ou varetas rúnicas – tornaram-se "sussurradoras de segredos". Por meio delas – sem alarde e ao longo de grandes extensões de tempo e distância –, a comunicação podia ser efetuada. Do ponto de vista simbólico, isso também poderia ser dito da sua capacidade de efetuar a comunicação entre os próprios reinos da existência – de deuses para seres humanos, de seres humanos para deuses e até para os reinos naturais.

A importância disso deve ser óbvia para quem está interessado em qualquer magia ou adivinhação. As runas, embora não sejam uma linguagem no sentido usual da palavra, constituem uma metalinguagem, que é um sistema simbólico através do qual é possível transmitir significados acima e além da capacidade da linguagem natural. A poesia também faz isso. Na verdade, é bem provável que a poesia germânica clássica tenha se desenvolvido a partir de práticas divinatórias rúnicas.

Por meio dessa metalinguagem, o runomante pode travar um diálogo significativo com seu ambiente, interior e exterior. Esse aspecto está na raiz do verdadeiro significado da palavra "runa". Mas tudo isso faz muito mais sentido quando entendido dentro da antiga cosmologia germânica dos múltiplos mundos – e sua psicologia de almas múltiplas.

O jogo de runas na História e na Literatura

Sem fontes escritas, especialmente textos em nórdico antigo e latim, seria difícil determinar cientificamente a natureza histórica do jogo de runas. Esses relatos e certas palavras usadas neles nos dão muitas pistas sobre a estrutura do ritual divinatório rúnico e proporcionam o contexto para atos divinatórios em geral. Há, no entanto, limites para essas evidências. Primeiro, esses textos só se tornaram comuns na Idade Média, e, embora certamente representem materiais muito mais antigos e reflitam práticas arcaicas, precisamos levar em consideração essa discrepância temporal. Segundo, os relatos das sagas são integrados a contos ficcionais e podem conter certo grau de convenção literária. Esses dois pontos, no entanto, são pequenos quando comparados ao escopo mais amplo da tradição.

Não existem, nos registros da arqueologia, exemplos claros de runas entalhadas com propósitos divinatórios, mas provavelmente isso se deve ao fato de que elas eram gravadas em materiais perecíveis. Outra possibilidade é que fossem destruídas ritualisticamente, depois de usadas como parte de um procedimento rotineiro. Outro fato surpreendente é que não há na literatura nórdica antiga referências diretas, não mitológicas, ao ato de jogar runas. Apesar de tudo isso, podemos dizer com certeza, com base principalmente em evidências linguísticas e em relatos paralelos em textos históricos, que a prática era conhecida.

As ricas evidências linguísticas são de dois tipos: havia palavras para designar as ferramentas usadas na confecção das runas e expressões que, originalmente, deviam ser caracterizações do resultado dos lançamentos das runas.

As peças de madeira em que as runas individuais ou combinações de runas eram entalhadas (e geralmente coloridas com sangue ou tinta vermelha) eram conhecidas em nórdico antigo como *hlaut-teinar* (sing., *hlaut-teinn*; gravetos da sorte) (também interpretados por Snorri Struluson como "gravetos sangrentos") e *hlaut-vidhar* (peças de madeiras da sorte). O uso original do termo germânico *stabaz* (estaca, vareta) pode ter relação com o fato de que as runas eram entalhadas em pedaços de madeira provavelmente usados em práticas divinatórias. Os termos *rūno* e *stabaz* estavam tão interligados graças a essa prática que se tornaram sinônimos. Uma evidência corroboradora interessante é encontrada na palavra em inglês antigo *wyrd-stæf* (estaca de *wyrd* ou *weird*) – referência óbvia ao uso divinatório.

Os antigos dialetos germânicos estão repletos de palavras compostas que se referem a vários tipos de runas/varetas. Algumas são descrições técnicas (NA *málrúnar* [runas falantes], NA *blódhgar rúnar* [runas sangrentas], em alto-alemão antigo *leod-rūna* [runa cantante] etc.), enquanto outras dão indicações do motivo pelo qual deviam ser empregadas (NA *brim-rúnar* [runas do mar – para acalmá-lo], *bjarg-rúnar* [runas do parto – para facilitá-lo] etc.). No entanto, entre essas há algumas designações que parecem classificar os resultados de um jogo de runas. Algumas são auspiciosas (NA *líkn-stafir* [varetas da saúde], NA *gaman-rúnar* [runas da alegria], NA *audh-stafir* [bastões de riquezas], NA *sig-rúnar* [runas da vitória]), enquanto outras parecem de mau agouro (NA *myrkir stafir* [varetas sombrias]; NA *böl-stafir* [varetas malignas]; IA *beadu-rūn* [runa do conflito]; NA *flaerdh-stafir* [varetas enganosas]). Em muitos casos, as leituras passivas desses termos poderiam se tornar trabalhos ativos.

No que diz respeito à prática efetiva do jogo de runas, a melhor descrição quem fez foi Tácito, no Capítulo 10 da *Germania* (cerca de 98 EC.). Antes, pode ter ocorrido um debate para decidir se os *notae*, sinais, mencionados por ele realmente se referiam às runas, pois acreditava-se que a inscrição mais antiga dataria de cerca de 150 EC. A descoberta do broche de Meldorf (cerca de 50 EC.), no entanto, oferece evidências físicas de que as runas eram conhecidas antes da época em que o *Germania* foi escrito. O relato de Tácito pode ser traduzido da seguinte maneira:

> Quanto à tiragem de auspícios e ao lançamento da sorte, eles lhes dão crédito mais que qualquer um. O costume de fazer predições não varia. Cortam um galho de uma árvore nucífera* e o dividem em pequenas rodelas, que são designadas por certos sinais (do latim, *notae*), e os espalham aleatoriamente sobre uma toalha branca. Em seguida, o sacerdote da cidade é consultado, se for algo para o interesse público; ou o próprio pai de família, se for um caso particular, oferece uma oração aos deuses e, dirigindo o olhar para o céu, apanha três rodelas, uma de cada vez, e as interpreta segundo o sinal gravado nelas. Se a mensagem proibir alguma coisa, não se faz mais nenhuma pergunta sobre o

* Que produz algum tipo de noz. (N.T.)

assunto nesse dia; mas, se permite alguma coisa, é necessária que se faça a confirmação dos auspícios[3].

Em *A Conquista da Gália* (Livro I, 53), César, escrevendo por volta de 58 AEC, também menciona as runas: "consultar a sorte três vezes" (*ter sortibus consultum*; portanto, esse deve ter sido um aspecto importante da adivinhação germânica[4].

Três passagens das *Eddas* também atribuem significados mágicos importantes – e um tanto quanto enigmáticos – às práticas divinatórias rúnicas. Tudo acontece em contextos míticos. No poema "Völuspá", est. 20: "[As Nornes] entalhavam a madeira, estabeleciam leis, escolhiam as vidas, pronunciavam os 'destinos' (NA *ørlög*). No poema "Hávamál", est. 80, lemos que "é comprovado quando você pergunta às runas, porque foram criadas pelos deuses" (NA *regin*, conselheiros divinos). No "Hávamál", est. 111, encontra-se esta passagem instrutiva:

É hora de cantar
Na banqueta do mago
No poço de Urdr!
Sentei-me e pensei,
Eu vi e falei.
Ouvi os discursos dos homens.
Das runas ouvi falar
Assim ouvi dizer,
Sem pensar nas leituras
Os conselhos revelados
No salão de Har,
No salão de Har,
Assim ouvi dizer.

Esta passagem oferece não apenas um retrato objetivo dos procedimentos rituais – assim como faz Tácito, o estrangeiro –, mas também nos dá um vislumbre dos processos interiores subjetivos da mente do runomante. Isso é algo que só um conhecedor, só alguém que realmente era versado no jogo de runas, poderia ter feito.

Há outros relatos históricos de observadores cristãos que nos dizem pouca coisa além do fato de que o número três era muito importante.

Magia (Galdr)

As runas, evidentemente, também eram muito usadas com propósitos mágicos operativos. Um derivativo verbal do nórdico antigo, *rýna* (fazer magia com runas ou inquirir), mostra uma ligação estreita entre atos divinatórios e operativos. Além disso, termos que muitas vezes parecem indicar a ocorrência de certos acontecimentos (por exemplo, *sigrúnar* [resultado vitorioso]) também podem ser usados para provocar esse estado por meio da ação operativa. "Runas da vitória" são gravadas e/ou proferidas para imprimir seu poder na realidade objetiva.

A essa altura, talvez sejam necessárias algumas palavras sobre o significado verdadeiro e exato de termos como "runas da vitória", "runas da cerveja", "runas do parto", "runas do mar" e outros semelhantes, encontrados em abundância no nórdico antigo, no inglês antigo e no alto-alemão antigo. Muitos pesquisadores leigos (e alguns estudiosos) normalmente procuram identificar esses termos com runas específicas, por exemplo, runas da vitória: ᛏᛏ : e/ou: ᛋᛋ :, as primeiras baseadas na famosa passagem dos *Eddas,* no poema "Sigrdrífumál", est. 7 (onde dizem para Sigurdhr "chamar Tyr duas vezes para conseguir a vitória"), e as últimas no "elo escáldico" entre *sig*, do nórdico antigo (vitória; ou *sieg,* do alemão moderno), e a runa S. Ambas as suposições têm algum mérito, e seu apelo não deve ser negado. No entanto, elas não se aprofundam o suficiente no conhecimento complexo em torno da palavra *runa,* a ponto de serem capazes de explicar as maneiras como esses termos foram usados. Se sempre tivermos em mente que a antiga palavra germânica *rūno* significa principalmente mistério e deriva de um conceito vocal (sussurro, rugido etc.), a possível amplitude desses termos se tornará mais clara. *Sig-rúnar* não são apenas runas que significam ou trazem vitória, mas também *galdrar*, ou estrofes poéticas inteiras, que têm a mesma finalidade. Foi daí que o uso desses termos se desenvolveu, passando a indicar a fala normal que poderia ter o mesmo efeito; por exemplo, *gaman-rúnar* (runas da alegria), do nórdico antigo, tornou-se uma expressão para conversa alegre, e *flaerdh-stafir* (varetas enganosas), também do nórdico antigo, tornou-se referência a palavras sedutoras. Até os últimos tempos, a ideia de que *rún* (runa), *stæf* (vareta) e *galdr* (encantamento) às vezes eram praticamente sinônimos é mostrada pelos pares de termos compostos do nórdico antigo *líkn-stafir* (vareta de cura), *líkn-galdr* (feitiço de cura) e *val-rúnar* (runa da morte)/*val-galdr* (canto da morte).

Descrições de rituais de entalhe rúnico são frequentes em textos nórdicos antigos. Os relatos das sagas têm a vantagem de nos mostrar como as runas eram usadas pelos magos em situações cotidianas, e algumas passagens criptográficas das *Eddas* dão indicações claras do padrão mítico-mágico no qual esses ritos eram baseados.

O poema "Hávamál", est. 142, proporciona uma representação do processo ritualístico de uma gravação rúnica (entalhe), do modo como ele é arquetipicamente realizado pelo Grande Mestre Rúnico, Odin:

> Runas tu hás de encontrar
> e ler as runas,
> runas muito poderosas,
> runas muito fortes,
> que Fimbulthulr [= Odin] coloriu
> e deuses poderosos engendraram
> e que o Hroptr divino [= Odin] entalhou

O maior relato de um mestre rúnico que sobreviveu é o de Egil Skallagrímsson (*Egil's Saga*). Quando suspeitou de que havia veneno em seu chifre de beber (Capítulo 44):

> Egil sacou sua faca e fez um furo na palma da própria mão. Depois entalhou runas no chifre e esfregou seu sangue nelas. Ele disse:
>
> > Eu entalhei uma runa [sing.!] no chifre
> > Avermelhei o feitiço com sangue
> > essas palavras escolho para os seus ouvidos....
>
> O chifre se estilhaçou, e a bebida foi derramada.

Posteriormente, na mesma saga (Capítulo 72), Egil cura uma menina de uma doença causada por runas mal traçadas. *Laun-stafir* (bastões secretos, ou seja, runas codificadas) foram entalhados por um jovem camponês na tentativa de curá-la, mas isso só fez piorar a doença. O osso de baleia em que os caracteres foram entalhados foi encontrado na cama!

Egil as leu e então raspou as runas do chifre e as destruiu no fogo, queimando o osso de baleia e jogando todas as roupas de cama da menina ao vento. Então disse:

"Um homem não deve gravar runas
a menos que saiba ler muito bem:
isso acontece a muitos homens
desencaminhados por uma runa sombria;
Eu vi entalhado no osso de baleia
dez runas secretas gravadas.
Isso causou à frágil garota
uma dor esmagadora por tanto tempo".

> Egil gravou runas e as colocou debaixo do travesseiro da cama onde a menina descansava; a garota pareceu se restabelecer...

A possível natureza e identidade do *laun-stafir* são discutidas no Capítulo 7. Um dos usos mais notáveis das runas é a preparação do *nídhstöng* (mastro da maldição). Detalhes sobre sua preparação são apresentados em pelo menos duas sagas. Novamente a *Egil's Saga* (Capítulo 57) nos oferece um exemplo:

> ... Egil [foi] para a ilha. Pegou um ramo de aveleira [NA *stöng*] na mão e subiu num penhasco de onde se via a terra; depois pegou uma cabeça de cavalo e fixou-a no mastro. Em seguida, lançou um encantamento [NA *formáli*] e disse: "Aqui montei o mastro da maldição e dirijo esse insulto [NA *nidh*] contra o rei Eiríkr [Blood-Ax] e Gunnhild, a rainha" – então ele virou a cabeça do cavalo em direção à terra – "Dirijo esta maldição insultuosa para os espíritos da terra [NA *land-vættir*], que habitam esta terra, para que todos se percam; eles não descobrirão nem encontrarão sua morada até que expulsem o rei Eiríkr e Gunnhildr desta terra". Em seguida, cravou o mastro numa fenda na rocha e deixou-o lá; também virou a cabeça do cavalo em direção à terra e entalhou runas no mastro, descrevendo todo o encantamento [*formáli*].

Isso pode ser comparado à descrição do *nidhstöng* na *Vatnsdæla Saga* (Capítulo 34):

> Os irmãos esperaram até as três horas da tarde, e, quando chegou a hora, Jökull e Faxa-Brandr foram ao estábulo de ovelhas de Finnbogi, que ficava ali ao lado da cerca, e eles pegaram um mastro [NA *súl*] e o carregaram, passando-o por debaixo da cerca. Também havia cavalos que tinham vindo para se proteger da

> tempestade. Jökull entalhou a cabeça de um homem na ponta do mastro e gravou runas nele, com todos aqueles encantamentos [*formáli*] que tinham sido lançados antes. Então matou uma égua, e eles abriram o peito dela e o colocaram no mastro, cravado na frente da casa dos Borg...

Outro relato famoso de magia rúnica é encontrado na *Grettir's Saga* (Capítulo 79). Grettir feriu uma velha bruxa por causa do desejo dela de que toda sorte e felicidade se desviassem dele; por vingança, a mulher foi à praia em frente à ilha onde Grettir estava escondido e:

> Como se fosse guiada para um local onde havia um grande toco de árvore, tão grande quanto um homem poderia carregar sobre o ombro. Ela olhou para o toco e pediu que o virassem e o pusessem na frente dela. O outro lado do tronco parecia ter sido queimado e lixado. Havia uma pequena superfície plana entalhada no lado liso; então ela pegou sua faca e entalhou runas na raiz e avermelhou-as com seu sangue, e lançou feitiços sobre ele. Ela deu alguns passos para trás e circulou o toco no sentido anti-horário, proferindo expressões muito poderosas na direção dele. Então ela mandou que empurrassem o tronco para o mar e disse que ele deveria seguir para Drangey e causar mal a Grettir.

Um exemplo claro de magia rúnica realizada por um deus também está presente na *Edda Poética* ("Skírnismál," ou "För Skírnis", est. 36):

> Uma runa *thurs* para ti,
> e três delas eu raspo
> lascívia, ódio e luxúria;
> posso riscá-las,
> assim como as risquei,
> se delas não houver necessidade.

Nessa passagem, evidentemente, o mensageiro divino de Freyr, Skírnir (o Iluminado), ameaça Gerdhr, a mulher etin, com uma maldição se ela não concordar em ser a noiva do seu senhor. Todo esse poema contém muitos elementos odínicos; por exemplo, a visão dos mundos de Hlidhskjálfr; o trono de Odin, por Freyr; e a travessia dos mundos num cavalo, por Skírnir. Certas interações entre Freyr e Odin são abordadas no Capítulo 13.

Com base nos exemplos históricos apresentados até agora, podemos ver que as runas podem ser usadas tanto para curar como para prejudicar. Mas, além do ritual de iniciação misterioso e xamânico, há outras formas de sabedoria mágica ou de rituais para a autotransformação? A resposta é sim. Contudo, por causa da preocupação natural com *conflitos* nas sagas – elas são, no final das contas, histórias feitas tanto para entreter quanto para relatar acontecimentos "históricos" –, esses rituais raramente são mencionados. Ao analisar essa questão, é preciso lembrar que o principal propósito do jogo de runas divinatório era esse processo de transformação. O runomante é literalmente in-*formado* pela comunicação, e não um receptor meramente passivo e objetificado. É por isso que as runas não devem ser tratadas como um "jogo" profano ou usadas casualmente por não iniciados. O mais notável ritual rúnico para obter sabedoria é encontrado em "Sigrdrífumál", que, depois de recontar os 24 locais míticos para entalhar runas (est. 15-17), nos dá esta fórmula inestimável na estrofe 18:

> Todas [as runas] foram raspadas,
> Livres daquilo que foi riscado
> E, misturadas com o hidromel sagrado,
> foram enviadas por largos caminhos.

Esse verso revela a fórmula ritual efetiva para o *gole* de sabedoria, que pode ser realizado de forma imitativa ou simbólica.

Embora possamos desejar mais detalhes e exemplos de como se pode trabalhar com as runas nas antigas literaturas germânicas, precisamos nos inspirar no fato de que nos foram deixadas muitas informações exatas nos fragmentos que temos. Temos o suficiente para reconstruir com grande precisão histórica as circunstâncias físicas dos trabalhos rúnicos operativos e, até certo ponto, os iluminativos (divinatórios).

A fórmula operativa era um processo triplo composto de (1) *gravar* as runas; (2) colori-las (com sangue ou tintura); e (3) *pronunciar* o *formáli* vocal que acompanha as formas gráficas. Essa última etapa pode assumir muitas formas, por exemplo, a entoação do nome das runas, de palavras de poder relacionadas ao trabalho, de palavras efetivas representadas pelas runas inscritas ou formas poéticas semelhantes. O quarto aspecto do processo operativo é a *raspagem* das runas do seu substrato material, a fim de destruir ou transferir sua força. Essa é a forma mais simples de ritual que temos em representações explícitas. No entanto, essas formas rituais mais complexas às vezes faziam parte dos trabalhos rúnicos veementemente sugeridos pelo poema "Hávamál", est. 144:

> Sabes entalhar [*rísta*]?
> Sabes interpretar [*rádha*]?
> Sabes colorir [*fá*]?
> Sabes testar [*freista*]?
> Sabes perguntar [*bidhja*]?
> Sabes oferecer [*blóta*]?
> Sabes como enviar [*senda*]?
> Sabes como sacrificar [*sóa*]?

A terminologia dessa estrofe está claramente conectada a trabalhos rúnicos, mas apenas os três primeiros termos técnicos são estritamente rúnicos – entalhar, colorir e interpretar (ou seja, interpretar as runas em trabalhos divinatórios). Os outros cinco termos são designações mais usadas nos rituais de sacrifício. Em nórdico antigo, *freista* significa testar, colocar à prova ou executar. Esse teste pode ser a busca de sinais ou presságios que corroborem os resultados de trabalhos divinatórios comuns à prática de adivinhação germânica. *Bidhja* indica o modo de solicitar corretamente a ação ou o *feedback* divinos, e os últimos três termos referem-se mais diretamente aos modos de realmente enviar um sacrifício aos deuses. Tudo isso nos leva a acreditar que rituais de sacrifício, às vezes, eram realizados como parte integrante de um trabalho rúnico.

No que diz respeito à forma ritual do jogo de runas, os textos nórdicos antigos praticamente nada revelam. Os nórdicos, é claro, conheciam uma variedade de técnicas iluminativas, muitas das quais classificadas como *seidhr* (xamânicas, ou seja, rituais de indução de transe). O jogo de runas é mais analítico e orientado ao *galdr*. Como se sabe que as runas estavam em evidência na Germânia durante o século I EC, e que o relato feito por Tácito no capítulo 10 da *Germania* é muito detalhado e contém elementos confirmados por descrições posteriores mais fragmentadas, estamos praticamente certos de que nessa passagem nos é oferecida uma fórmula autêntica de jogo de runas. A estrutura básica do trabalho seria:

1. Cortar e entalhar as peças.
2. Invocar as Nornes (ou outros deuses).
3. Lançar as runas (sobre uma toalha branca).

4. Invocar os deuses.
5. Escolher as (três) runas.
6. Sentar-se na banqueta do mago.
7. Ler as runas.
8. Confirmar os presságios etc.

Seidhr

Nos anais da antiga magia germânica, há uma forma alternativa de magia conhecida como *seidhr*. Mais tarde, ela adquiriu reputação sinistra, porém é provável que isso se deva, sobretudo, ao fato de que era praticada com mais frequência (mas não exclusivamente) por mulheres. Na mitologia, conta-se (*Ynglinga Saga*, Capítulo 7) que Odin aprendeu essa habilidade com a deusa vânica Freyja. Quase tudo o que sabemos de objetivo sobre a prática de *seidhr* está resumido em *A Source-Book of Seidhr* (Lodestar, 2015). Não é nosso propósito neste livro descrever a prática de *seidhr*, já que nosso foco é a prática rúnica. Mas vale a pena tratarmos da ideia básica de *seidhr* por causa de sua importância geral.

A etimologia da palavra *seidhr* é incerta. Com certeza, ela não tem nada a ver com a ideia de fervura (*seething*, em inglês). Provavelmente se refere a algum tipo de vocalização. Uma revisão de todas as referências literárias relacionadas a essa prática mostra que a vocalização – seja cantando certas canções para atrair espíritos ou canções mágicas (*seidhaeti*) destinadas a causar efeitos diretos – é parte importante da tradição.

Talvez originalmente esses tipos de magia, que mais tarde foram classificados como *seidhr,* fossem tradições praticadas na chamada "terceira função" da cultura e da religião indo-europeias. Essa magia era praticada por lavradores e pastores, artesãos e ferreiros, músicos e até por outros artistas de entretenimento. Sua magia era poderosa e única, e as evidências mostram que era dominada por mulheres. Quando os indo-europeus foram para a Europa, vários milênios atrás, esse tipo de magia foi assimilado pelas formas de magia regionais, pertencentes ao que é chamado de civilização da Europa Antiga.

Esse campo da tradição esotérica germânica não está muito bem documentado. Essa é a razão pela qual quem tenta revitalizar sua prática deve tomar cuidado especial ao fazer uso do que se conhece sobre ele. É muito tentadora a prática de preencher as lacunas do desconhecido com soluções prontas de outras culturas. Esse método pode fazer com que muitos tesouros se percam.

Uma análise do material que temos mostra que o transe era induzido por canções entoadas por assistentes, e a apresentação geralmente ocorria sobre uma plataforma alta ou um espaço mais elevado. A percussão talvez fosse feita batendo-se numa caixa de madeira que continha talismãs e objetos sagrados do praticante. O praticante entrava em estado de transe e ficava em silêncio, o que exigia a perda da consciência de vigília normal. Ao retornar à consciência, o *seidhkona* ou o *seidhmadhr* (mulher ou homem vidente) relatava as informações obtidas com as entidades enquanto estava em transe. Isso geralmente descreve o processo de fazer profecias por meios da prática *seidhr*.

Capítulo 7

CÓDIGOS RÚNICOS

Um dos aspectos mais notáveis do complexo "sistema rúnico" (veja o Capítulo 9) é a possibilidade de criar vários códigos rúnicos. O próprio sistema *aett* torna essa complexidade possível. Esse sistema consiste basicamente em dividir todo o Futhark em três partes ou sequências. Como visto na Figura 7.1., no período antigo, havia três sequências de oito.

Graças a evidências encontradas em cinco manuscritos, também se sabe que o Futhorc Antigo anglo-saxônico podia ser dividido nesses mesmos grupos, além de um quarto grupo de quatro runas, conforme mostrado na Figura 7.2. O sistema inglês antigo mostra claramente que as primeiras 24 runas das sequências eram consideradas um todo organizado, do qual as quatro extras (cinco ou mais, em termos posteriores) foram "retiradas".

Há também o sistema nórdico posterior de divisões *aett*. Nesse ponto, as coisas ficam bem curiosas. A redução da sequência rúnica de 24 para 16 impossibilitou uma divisão exata em três grupos. Portanto, duas sequências tinham cinco runas, e a outra, seis. A sequência era inicialmente dividida da maneira indicada na Figura 7.3. Porém, para a construção de códigos rúnicos na Era Viking, essa

Figura 7.1. Divisões *aett* do Futhark Antigo.

Figura 7.2. Divisões *aett* do Futhorc do inglês antigo.

Figura 7.3. Divisões *aett* do Futhark Novo.

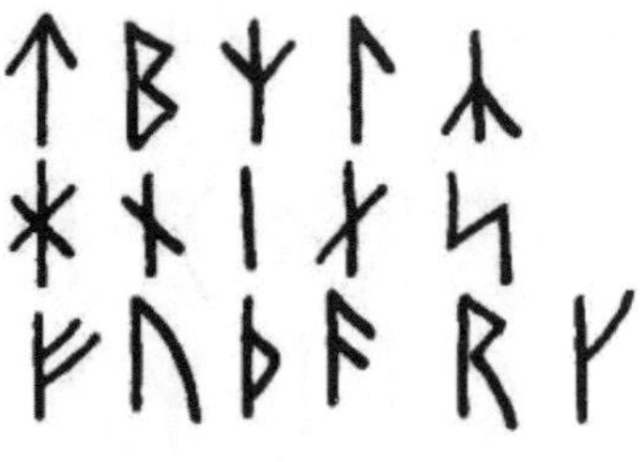

Figura 7.4. Reordenação críptica da divisão *aett* do Futhark Novo.

ordem era geralmente alterada para a mostrada na Figura 7.4. Esse reordenamento, por razões crípticas, também pode ter sido uma prática arcaica, herdada de tempos antigos.

A ideia básica por trás da maioria dos códigos rúnicos baseados no sistema *aett* é um conjunto de números binários; um que representa o número do *aett* (no caso do sistema antigo, um número entre um e três) e outro que representa o número da runa contada a partir da esquerda (para o período antigo, um número entre um e oito). Um exemplo simples seria 2:8 = :ᛊ: (segundo *aett*, oitava runa). Há muitos métodos para representar esse código binário; em tempos mais antigos, os únicos limites pareciam ser os da imaginação do mestre rúnico. Embora a arte da criptologia rúnica pareça ter atingido o ápice na Idade Média e na Era Viking, o sistema certamente era conhecido desde o início da tradição. As bracteatas de Vadstena/Motala são as representações mais antigas do Futhark Antigo dividido em *aettir*, mas há talvez até seis inscrições antigas que também parecem ter algum tipo de código rúnico.

O anel de Körlin ostenta o símbolo :ᛅ:, com a inscrição:ᚢᛚᛚ:. A última é claramente uma fórmula *alu* invertida, enquanto a primeira poderia ser um código rúnico para 2:1 (ou seja, a segunda runa do primeiro *aett* = :ᚢ:). A runa como está, no entanto, também é uma runa combinada de A + L. Isso, combinado com a forma codificada, rende outra fórmula de *alu*. Esse anel de ouro data de 600 EC.

Portanto, qualquer método que represente graficamente dois números pode ser usado para escrever mensagens rúnicas crípticas. Mas é claro que o "leitor" precisa estar familiarizado com o sistema *aett* e com todas as suas complexidades para conseguir interpretar a mensagem. Outros possíveis códigos rúnicos desse tipo, usados no período mais antigo, são vistos na pedra de Krogsta (c. 550 EC.), parte do qual é : ᛉᚨᚾᛁᚨ↓ᛊ :, para ser lido da direita para a esquerda como SIAINAZ. Isso não faz nenhum sentido. Mas, se lermos a runa : ↓ : como uma runa codificada para 1:1 = : ᛏ : (com os *aettir* reordenados, então faz sentido como *stainaz* (pedra). Isso identifica o objeto ou pode ser o nome do mestre rúnico.

Nas inscrições, as runas codificadas também são raras na tradição inglesa. Sabemos das divisões *aett* especiais e de uma inscrição, a pedra de Hackness (gravada em algum momento entre 700 e 900 EC.). Depois de decifrada, a fórmula resultante, no entanto, não faz sentido, do ponto de vista linguístico.

As *isruna*, runas *is**, estão entre as mais amplamente praticadas das dezenas de formas conhecidas de runas crípticas. São conhecidas graças a um manuscrito alemão da época medieval, escrito em latim e chamado o "Trato de Isruna". Um exemplo desse sistema de códigos rúnico (Figura 7.5), que soletra o nome Eiríkr, é encontrado na pedra sueca de Rotbrunna, em Uppland, na Suécia.

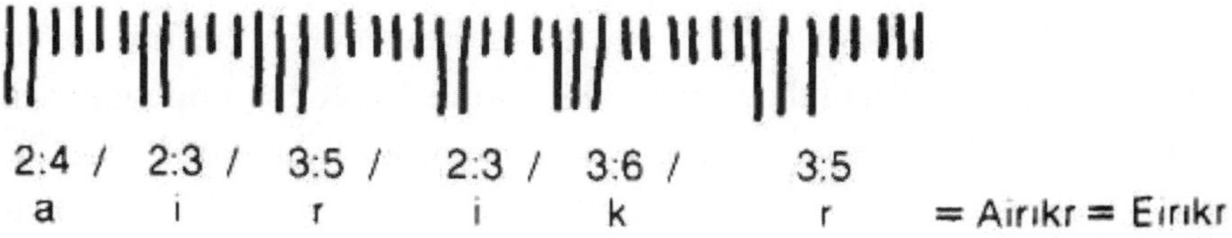

Figura 7.5. Runas is de Rotbrunna.

Esse último sistema pode ser a chave para a passagem sobre magia rúnica citada na *Egil's Saga* (Capítulo 72) e reproduzida na página 100 deste livro. Nela, Egil fala sobre

* As runas *is* são um grupo de mensagens cifradas, embasadas na forma da runa isa e caracterizadas por traços longos, que lembram a forma dessa runa. (N.T.)

as "dez runas secretas entalhadas" que deveriam ser raspadas na tentativa de fazer um trabalho de cura. Uma boa fórmula ideográfica para esse trabalho seria: ᚠᚢ:, *fé* e *úrr*, para energia e força vital. Uma maneira de colocar essas runas na forma críptica das runas *is* e, portanto, numa forma mais potente do ponto de vista mágico, é mostrada na Figura 7.6a. Mas o jovem camponês, sem conhecimento suficiente, entalhou runas demais, e a fórmula resultante (Figura 7.6b) foi prejudicial. A Figura 7.6b confere fé (energia, calor) para *thurs* (força gigantesca e destrutiva) – fórmula inadequada para um ritual de cura, para dizer o mínimo. Observe também o efeito tradicional da runa TH nas mulheres aludidas no "Poema Rúnico em Norueguês Antigo" e no "Poema Rúnico em Islandês Antigo"! Ao entalhar muitas runas nessa fórmula críptica, o entalhador não iniciado causou o oposto do efeito desejado: *Skal-at madhr rúnar rísta, nema rádha vel kunni...*

Figura 7.6. Esquerda (a): Fórmula de cura reconstruída em runas *is* (total de nove runas); direita (b): fórmula rúnica do jovem camponês (total de dez runas).

Além dos criptogramas dos *aett*, há várias maneiras de camuflar a mensagem em linguagem natural de uma fórmula rúnica. Os valores fonéticos podem ser movidos ao longo da ordem do Futhark; pode-se trocar, por exemplo, Uruz por Fehu, Thurisaz por Uruz, Ansuz por Thurisaz, e assim por diante (troca feita quando o valor fonético de uma runa corresponde ao de outra). Runas isoladas podem ser usadas, de modo logográfico, em lugar de seus nomes; por exemplo, na *Edda Poética,* a runa : ᛘ : às vezes substitui a palavra do NA *madhr* (homem). Palavras-chave simples também podem ser abreviadas de várias maneiras. Quando uma única runa representa uma palavra diferente de seu nome, obtemos um vislumbre da tradição oculta do sistema esotérico de nomes rúnicos alternativos, tema de pesquisa em andamento na Rune-Gild.

Outras maneiras comuns de obscurecer ou alterar a mensagem da linguagem natural são (1) deixar de fora certas runas (por exemplo, todas as vogais), (2) embaralhar as palavras, (3) inscrever todo o texto, ou apenas partes dele, da direita para a esquerda (embora, às vezes, isso seja tão comum que pode ter sido uma opção regular), (4) substituir os sinais especiais não rúnicos por certas runas e (5) usar runas mais antigas em inscrições mais novas.

O efeito mágico (operativo) desses códigos rúnicos é claro. Eles não foram feitos (originalmente, pelo menos) para confundir as pessoas que "liam" as runas. Tinham como objetivo ocultar as runas, e o que é ocultado surte efeito sobre os reinos ocultos e subjetivos. Assim, faz-se uma ligação mágica entre as realidades subjetiva e objetiva, dentro da estrutura divina da tradição rúnica.

Capítulo 8

POEMAS RÚNICOS

Além da sabedoria principal dos nomes, das formas, da ordem e das divisões gerais, a tradição sistemática mais antiga ligada às runas também foi incorporada aos poemas rúnicos. Originalmente, talvez houvesse vários desses poemas na tradição, mas é quase certo que todos eles pertenciam ao mesmo corpo sagrado de sabedoria. Neste capítulo, vamos apresentar os três principais poemas rúnicos, com uma peça pouco estudada de estilo aparentemente *doggerel**, que pode nos ensinar alguma lição. Todos os poemas são traduzidos com um mínimo de comentários ou interpretações. Além dos poemas rúnicos propriamente ditos – que são basicamente séries de estrofes poéticas explicativas, cada uma começando com o nome da runa de uma sequência –, há uma série de estrofes da *Edda Poética* relevantes para o conhecimento rúnico; apresentaremos ainda alguns comentários esotéricos sobre o significado dessas seções da *Edda*. O objetivo original dessas obras pode ter sido ajudar os mestres rúnicos a ter em mente certos conceitos-chave durante o lançamento das runas, ou elas podem ter sido apenas formulações tradicionais da tradição geral das runas. De qualquer maneira, vamos usar esse material poético posteriormente, ao interpretar os lançamentos rúnicos, na Parte Três deste livro.

* Tipo de poesia de ritmo e rimas irregulares, muitas vezes usado para causar efeito burlesco ou cômico. (N.T.)

Os textos dos poemas rúnicos nos idiomas originais e um glossário completo das palavras usadas podem ser encontrados em *The Rune Poems* (Lodestar, 2018).

O "Poema Rúnico em Inglês Antigo"

O "Poema Rúnico em Inglês Antigo" registra estrofes para as 29 runas do Futhorc do inglês antigo. É especialmente valioso porque é uma fonte para a tradição das runas do Futhark Antigo não presentes na sequência nova. A desvantagem é que algumas de suas estrofes parecem ter sido alteradas para um público cristão. Mas é bom lembrar que o "cristianismo" da sociedade da corte inglesa do início da Idade Média não era ortodoxo e certamente preservou muito da antiga cultura pagã.

Para o texto desse poema, dependemos de uma transcrição para o inglês feita por Humfrey Wanley, posteriormente publicada no *Thesaurus* de George Hickes, em 1705. O manuscrito do poema foi destruído no incêndio que devastou a biblioteca Cotton em 1731. Embora o manuscrito do qual a transcrição foi extraída datasse do final do século X, aproximadamente, é provável que a versão original do poema seja do final do século VIII ou do início do século IX:

ᚠ [O dinheiro] é um conforto
para todos os homens;
no entanto, cada um deve
distribuí-lo à vontade,
caso queira agradar
ao Senhor.

ᚢ [O auroque] é destemido
e dotado de grandes chifres.
É uma besta muito feroz,
– ele luta com os chifres –
e anda através dos pântanos.
Ele é uma criatura corajosa.

ᚦ [Os espinhos] são muito afiados
para todo aquele
que os tocar; são terríveis
e especialmente cruéis
para o homem
que entre eles descansar.

ᚩ [Deus/a boca] é a fonte
de toda palavra falada,
a viga mestra da sabedoria
e o conforto dos sábios;
para cada nobre guerreiro,
é esperança e felicidade.

ᚱ [Cavalgar] é fácil para qualquer guerreiro
que estiver em casa,
mas muito difícil
para quem monta
um corcel poderoso,
por quilômetros de estrada.

ᚳ [A tocha] é de toda pessoa viva
conhecida pela sua chama,
clara e brilhante;
ela sempre arde
enquanto os príncipes
descansam no salão.

ᚷ [Uma doação] é para todo homem
um ornamento e uma glória,

ajuda e mérito;
e para todo aventureiro sem lar
é um auxílio e sustento
para aqueles que nada mais têm.

ᚹ [A alegria] é sentida
por aquele que não conhece problemas,
dores e tristezas,
e por aquele que tem
poder e bem-aventurança,
e uma boa casa.

ᚻ [O granizo] é o grão mais branco.
É lançado do alto do céu pelas
rajadas de vento
e transforma-se em água.

ᚾ [A necessidade] aperta o peito;
contudo, ela costuma ser
para os filhos dos homens
auxílio e salvação,
caso seja atendida a tempo.

ᛁ [O gelo] é muito frio e escorregadio;
cintila, claro como vidro,
como pedras preciosas;
um solo coberto de gelo
é bonito de ver.

ᛄ [O ano/a colheita] é a alegria dos homens,
quando Deus, o Rei sagrado do céu,
permite que a terra conceda
seus frutos reluzentes
aos nobres e aos necessitados.

ᛇ [O teixo] tem uma casca dura
e áspera, firme na terra;
guardiã do fogo,
sustentado pelas raízes,
é uma alegria numa propriedade.

ᛈ [O copo da sorte] é sempre
entretenimento e diversão
entre os homens ousados, quando
os guerreiros se sentam
no salão da cerveja,
juntos e felizes.

ᛉ [O junco] é encontrado
com mais frequência no brejo,
floresce na água
e provoca ferimentos graves,
[“queimando”] como vergões de sangue
todo guerreiro
que, de alguma forma,
tenta arrancá-lo.

ᛋ [O sol] é sempre esperado
pelos marinheiros,

quando viajam
sobre o banho dos peixes,
até que o corcel do oceano
os leve novamente para a terra.

ᛏ [Tir] é uma estrela-guia
que mantém a fé dos príncipes;
sempre indica a direção
entre as brumas da noite
e nunca deixa de aparecer.

ᛒ [O vidoeiro] não dá frutos,
mas, mesmo sem sementes, produz
galhos lindos,
e sua copa é
ricamente adornada,
e carregada de folhas
que tocam o céu.

ᛖ [O cavalo] é a alegria dos nobres
frente aos príncipes,
valoroso em seus cascos;
quando sobre ele os heróis –
ricos cavaleiros –
disputam,
e é sempre um conforto
para os homens fatigados.

ᛗ [O homem] alegre
é estimado pelos seus familiares;
contudo, deles precisa se separar,

quando o Senhor deseja enviar, por decreto,
sua frágil carne
para a terra.

ᛚ [O oceano], para as pessoas,
parece não ter fim
quando precisam se aventurar
num navio instável
e as ondas do mar
as assustam,
e o corcel do oceano
não dá atenção às suas rédeas.

ᛝ [Ing] foi o primeiro
visto pelos homens
entre os dinamarqueses do leste,
até que partiu novamente para o Oriente [ou "para trás"]
sobre as ondas;
a carruagem seguiu em frente;
é por isso que os guerreiros
o chamaram de herói.

ᛞ [O dia] é o mensageiro do Senhor,
querido pelos homens,
a gloriosa luz do Regente;
fonte de alegria e esperança
para ricos e pobres,
a serviço de todos.

ᛟ [Uma propriedade] é muito valiosa
para qualquer homem,

se ele puder desfrutar do que é correto
e de acordo com os costumes
em sua morada,
com mais frequência na prosperidade.

ᚪ

[O carvalho] está na terra
para, os filhos dos homens,
nutrir a carne;
Muitas vezes atravessa
o banho dos mergulhões [= mar]:
O oceano é que descobre
se o carvalho mantém
sua nobre promessa de confiança.

ᚫ

[O freixo] é muito alto,
[e] precioso aos homens,
firme na base;
ele se mantém no lugar, à perfeição,
embora seja atacado
por muitos homens.

ᚣ

[O arco de teixo] é para príncipes
e guerreiros
alegria e honra;
é excelente sobre um cavalo,
inabalável numa jornada –
[é] um equipamento de guerra.

ᛡ

[A serpente] é um peixe de rio,
embora sempre saboreie
sua comida na terra;

ela tem uma bela morada
cercada de água,
onde vive cheia de alegria.

ᛠ [A sepultura] é repugnante
para todo guerreiro
quando, inexoravelmente,
a carne – o cadáver –
começa a esfriar,
a escolher a terra
palidamente como companheira;
os frutos caem
as alegrias se vão,
as promessas se rompem.

"Poema Rúnico em Norueguês Antigo"

O "Poema Rúnico em Norueguês Antigo" foi escrito entre o final do século XII e o início do século XIII. É evidente que pertence à mesma tradição do "Poema Rúnico em Islandês Antigo", embora tenha sido contaminado por alguns elementos cristãos. A estrutura de cada estrofe é compacta e, na verdade, dupla: uma meia linha com duas runas aliterando, seguidas por uma meia linha contendo uma única runa aliterativa. No original, as duas meias linhas rimam. O conteúdo ideológico das duas meias linhas não *parece* relacionado; no entanto, o segundo é, na realidade, um comentário esotérico sobre um aspecto do primeiro, enfatizado no todo. Essas estrofes, num sentido iluminativo, funcionam muito como *koans* zen:

ᚠ [O dinheiro] causa discórdias entre os familiares;
o lobo cresce na floresta.

ᚢ [A escória] vem do ferro ruim;
as renas, às vezes, correm na neve dura.

ᚦ [O gigante] causa a doença das mulheres;
poucos se alegram com o infortúnio.

ᚬ [O estuário] é o caminho da maioria das jornadas;
mas [para] as espadas é a bainha.

ᚱ [Cavalgar], dizem, é pior para os cavalos;
Reginn forjou a melhor espada.

ᚴ [O ferimento] é o tormento das crianças;
a dor empalidece o homem.

ᚼ [O granizo] é o mais gelado dos grãos;
Cristo[1] moldou o mundo em tempos antigos.

ᛁ [O gelo], chamamos de ponte larga;
os cegos precisam ser conduzidos.

ᛅ [A boa colheita] é o lucro dos homens;
digo que Fródhi foi generoso.

ᛋ [O sol] é a luz das terras;
Curvo-me à sua santidade.

ᛏ [Tyr] é o maneta entre os Aesir;
o ferreiro precisa soprar muito.

ᛓ [O galho de vidoeiro] é o que tem mais folhagem;
Loki tinha sorte ao enganar.

ᛘ [O homem] é pó;
poderosa é a garra do falcão.

ᛚ [A água] é, quando cai da montanha, uma cachoeira;
mas [objetos] de ouro são coisas preciosas.

ᛦ [O teixo] é a madeira mais verdejante no inverno;
geralmente, quando queima, ela chamusca [ou seja, produz um fogo abrasador].

"Poema Rúnico em Islandês Antigo"

O "Poema Rúnico em Islandês Antigo" data apenas do século XV, mas preserva a tradição de uma época muito mais antiga, assim como todos os poemas rúnicos. No original, a rima oferece um conjunto complexo de informações sobre cada meia linha aliterante, seguida de uma meia linha única com aliteração interna independente, seguida de duas palavras: 1) uma "tradução" latina do nome da runa, que geralmente é um comentário esotérico, e 2) uma palavra aliterativa em nórdico antigo para "chefe", que também serve como mais uma chave para um significado mais profundo. Na minha tradução para o inglês moderno, a palavra em nórdico antigo foi traduzida com base na etimologia.

ᚠ [O dinheiro] é a [causa de] discórdia entre companheiros,
e o fogo da maré cheia
e o caminho da serpente.
ouro *"líder de guerreiros"*

ᚢ [A garoa] é o pranto das nuvens
que derrete o gelo
e [é objeto de] ódio do pastor.
Shadow [sombra] (deveríamos ler *imber,* chuva leve?) *"líder"*

ᚦ [O gigante] é o tormento das mulheres,
e dos habitantes das montanhas,
e do marido de Vardh-rúna [uma giganta?]
Saturno *"regente da coisa"*

ᚨ [Ase = Odin] é o pai ancestral,
e o senhor de Asgard,
e o líder de Valhöll.
Júpiter *"líder que segue na frente"*

ᚱ [Cavalgar] é um passeio abençoado,
e uma jornada rápida,
e a labuta do cavalo.
jornada *"homem digno"*

ᚴ [O ferimento] é o fardo das crianças,
e um ataque na batalha,
e a morada da carne em decomposição.
chicote *"rei" = descendente de boa família*

ᚼ [Granizo] é um grão frio,
e uma forte nevasca,
e a doença [destruidora] das cobras.
granizo *"líder da batalha"*

ᚾ A [necessidade] é a luta do escravo,
e uma situação opressora,
e um trabalho exaustivo.
problema
NA níflunger, *"descendente dos mortos?"*

ᛁ [O gelo] é a casca do rio
e o teto das ondas,
e um perigo para os infelizes.
gelo
"aquele que usa o elmo de javali"

ᛅ [A boa colheita] é o lucro de todos os homens,
e um bom verão,
um campo maduro.
ano
"regente supremo"

ᛋ [O sol] é o escudo das nuvens
e uma glória reluzente,
e a velha tristeza [= destruidor] do gelo.
roda
"descendente do vitorioso"

ᛏ [Tyr] é o deus de uma só mão,
e as sobras do lobo,
e o governante do templo.
Marte
"diretor"

ᛒ [O galho de vidoeiro] é cheio de folhas,
é uma arvorezinha,
é uma madeira jovial.
abeto prateado
"protetor"

ᛘ [O homem] é a alegria do povo,
aumenta a poeira
e adorna os navios.
humano *"generoso"*

ᛚ [O líquido] é água ondulante,
e uma chaleira grande
e a terra dos peixes.
lago *"digno de elogio"*

ᛦ [O teixo] é um arco recurvado,
e um ferro quebradiço,
e Farbauti [= um gigante] da flecha.
arco, arco-íris *"descendente de Yngvi"*

O *Abecedarium Nordmanicum*

Pelo fato de o *Abecedarium Nordmanicum* ser uma peça curiosa e geralmente não ser abordado em textos sobre poemas rúnicos, daremos atenção especial a ele neste livro. Esse poema encontra-se num manuscrito de St. Gall (Suíça), o mais antigo de todos os poemas rúnicos, que data do início dos anos 800 EC. No entanto, seu conteúdo não parece pertencer a uma antiga tradição pagã. Ele foi escrito numa combinação de alto e baixo-alemão, com algumas características nórdicas, e elaborado, provavelmente, por Walafrid Strabo, que estudou com Hrabanus Maurus, em Fulda, de 827 a 829. Hrabanus, por sua vez aluno do saxão Alcuin, foi o maior colecionador de runas da Idade Média. Embora os três homens fossem clérigos cristãos, e sua justificativa para coletar esse material poderia ser a necessidade de acumular conhecimento para o trabalho missionário entre os nórdicos ásatrú, eles acabaram reunindo grande quantidade de material sobre a verdadeira tradição da fé germânica.

ᚠ propriedade [se escreve] primeiro.

ᚢ auroque depois.

ᚦ thurs a terceira runa.

ᚬ o Ase está acima dele.

ᚱ roda é escrita por último.

ᚴ então purifica o câncer:

ᚼ granizo tem ᚾ necessidade

ᛁ gelo. ᛅ ano. ᛋ e sol.

ᛏ Tiu. ᛒ vidoeiro ᛘ e homem no meio

ᛚ água o brilhante.

ᛦ o teixo contém o todo.

Esse "poema" representa as runas nórdicas mais recentes, embora tenha sido criado no contexto social daqueles que tinham conhecimento do Futhorc do inglês antigo e de suas tradições. Os comentários em inglês antigo feitos no manuscrito (não mostrados) deixam isso claro. Em grande parte, e à primeira vista, parece que as palavras desse poema servem apenas para "alinhavar" o nome das runas na ordem apropriada (como um mnemônico). Contudo, em pelo menos quatro casos, as frases são significativas do ponto de vista esotérico: (1) "o Ase está acima dele" (= o thurs) – aparentemente um comentário teológico; (2) "e o homem [está] no meio" – claramente não é uma descrição espacial, mas cosmopsicológica – o homem está em Midgard; (3) "a água [é] o brilhante"– essa é a água brilhante da vida (veja a referência ao ouro no "Poema Rúnico em Norueguês Antigo"); e (4) "o teixo contém o todo" – o teixo do mundo contém a essência do multiverso.

Comentários sobre as estrofes rúnicas da *Edda Poética*

Além dos poemas rúnicos traduzidos, há três configurações da *Edda Poética* que se referem diretamente à tradição rúnica. No entanto, eles são diferentes dos poemas do Futhark. Os poemas édicos podem delinear, na ordem, uma série de *galdrar* claramente ligada às runas, mas a fórmula rúnica exata pode permanecer oculta. Cada estrofe não está necessariamente vinculada a uma única runa, embora seja geralmente esclarecedora para classificar os significados na ordem do Futhark. Algumas dessas estrofes servem claramente como instrumentos didáticos. As três configurações da *Edda Poética* em questão são o "Rúnatals tháttr Ódins" (= "Hávamál" est. 138-165), o "Sigrdrífumál" e o "Grógaldr" (= primeira metade do "Svipdagsmál").

O "Rúnatals Tháttr Ódins"

O "Rúnatals tháttr" é um documento importantíssimo na tradição odínica. Deveria ser lido e estudado em detalhes por todos que estudam as runas. A configuração é composta basicamente de três partes: (1) a iniciação na qual Odin ganhou as runas (138-141), (2) o ensino do conhecimento técnico (142-145) e (3) uma lista de dezoito canções de magia rúnica (146-164). Na primeira parte, Odin é iniciado (ou se inicia) na sabedoria das runas pendurando-se nos galhos da Árvore do Mundo, Yggdrasill ("o corcel de Yggr" [= Odin], ou "a coluna de teixo"), com seus nove mundos, onde é "ferido pela lança".

Esse é um típico tema iniciatório xamânico, em que o iniciado é submetido a algum tipo de tortura ou execução simulada (num contexto significativo, do ponto de vista cosmológico), a fim de que possa ficar frente a frente com a morte: pendurar a vítima numa árvore e perfurá-la com lanças à moda tradicional dos sacrifícios humanos a Odin, tortura conhecida desde os primeiros relatos romanos até as sagas da Era Viking. Aqui Odin dá (em sacrifício) ele mesmo – "oferecido a Odin, eu mesmo a mim mesmo". Essas palavras contêm a grande runa odínica de *gebo*, a verdadeira natureza do autossacrifício odínico. O odiano não oferece seu Eu a Odin; em vez disso, ele aprende o caminho odínico e entrega seu Eu a si mesmo.

Nesse processo, Odin desce ao reino de Hel (Morte), e, nesse crepúsculo entre a vida e a morte, no vórtice de opostos intensificados (:ᛞ:), recebe um vislumbre da iniciação rúnica, em que as runas são mostradas a ele e ele, é preenchido com a essência dos mistérios universais. Desse reino, ele retorna ao mundo da consciência – os mundos dos deuses e dos homens –, a fim de comunicar esses mistérios às essências desses reinos e a certos seres dentro deles. O fato de a substância dessas runas também estar contida no hidromel da poesia é enfatizado na estrofe 140.

Esse mito iniciático, na realidade, descreve não um "acontecimento" histórico, mas um processo atemporal em que a "consciência inspirada" (*wōdh-an-az*) se funde com os "mistérios universais" – não para ser controlada por eles, mas para ganhar domínio sobre seu uso. Seus aspectos técnicos proporcionam um padrão ritual (um entre muitos) para os mecanismos humanos.

Na estrofe 141, Odin declara o efeito disso na consciência; essa fusão o faz "*se tornar*" – evoluir, crescer e prosperar. As duas últimas linhas mostram a natureza linguística complexa e transformadora do trabalho de Odin dentro de si mesmo e entre os deuses e homens. No "momento" da iniciação rúnica, ele "pega as runas com um brado" – isto é, o relato dos mistérios universais é acompanhado de uma emanação vibratória, o *som* vocalizado. Consequentemente, o elo primordial entre "mistério" e "som". Nesse vórtice, a linguagem natural é incapaz de expressar a totalidade essencial da experiência, mas é dele que nasce a arte rúnica mágica.

A segunda parte do "Rúnatals tháttr" contém o conhecimento rúnico técnico básico, embora expresso de forma enigmática. A estrofe 142 nos instrui primeiro a "encontrar" e "interpretar" os mistérios, ou seja, dominar o conhecimento passivo deles. Aprenda a entender e a interpretar as grandes e poderosas runas. Então, devemos usá-las na prática: para colorir, modelar e entalhar; fazer trabalhos com elas. A estrofe seguinte, já explicada em detalhes (página 98), é uma lista de termos técnicos, cada um deles uma habilidade a ser dominada pelo candidato a runomante. Essa seção é concluída com o comando para não "sacrificar em excesso" – os melhores resultados derivam da proporção correta. As duas últimas linhas enquadram o todo:

> Assim Thundr [= Odin] entalhou
> antes da história dos homens;
> onde ele ascendeu,
> quando retornou.

Isso torna clara a natureza primordial e não histórica do texto e revela que sua "queda" da Árvore do Mundo foi, na verdade, uma *ascensão*. O simbolismo dessa fórmula alude ao caminho de transformação odínica, que é uma oscilação entre extremos, e à ideia de que o Árvore do Mundo não tem apenas galhos, mas raízes através das quais Odin segue seu caminho.

Runas individuais podem ser atribuídas a cada uma das estrofes. Isso esclarece a essência de cada runa. A sequência rúnica em questão seria o Futhark Novo de dezesseis runas, ao qual seria adicionado (por razões esotéricas) as antigas runas E e G. O propósito mágico de cada verso, em geral, é autoevidente: (1) ajudar a eliminar a angústia e o conflito de todos os tipos (por meio da "riqueza" :ᚠ:; (2) eliminar doenças, cura (por meio da "força vital" :ᚢ:); embotar as armas dos inimigos (por meio da "força destrutiva" :ᚦ:); (4) eliminar amarras e grilhões (por meio da "força mágica extática" :ᚬ:); (5) desviar as armas inimigas por meio do olhar direto mágico (pelo direcionamento mágico :ᚱ:); (6) rebater uma maldição mágica para sua fonte (por redirecionamento de energia :ᚴ:); (7) controlar a combustão selvagem (fogo) (por meio da força de ordenação fria :ᚼ:); (8) eliminar o conflito (por meio da reversão voluntária do efeito dos fatores de estresse :ᚾ:); (9) acalmar mares bravios (por meio da força constritora :ᛁ:); (10) confundir agentes destrutivos (por meio da sobrecarga do fluxo mágico na direção desejada :ᛅ:); (11) proteger guerreiros (por meio do carregamento com o escudo da "boa velocidade [= sorte]" :ᛋ:); (12) aprender os segredos dos mortos (por meio do entalhe da *helrúnar* – ressuscitar os mortos ao longo do *axis mundi* :ᛏ:); (13) proteger um guerreiro no nascimento (dotando-o de invulnerabilidade por meio do cerco mágico :ᛒ:); (14) praticar magia de sabedoria ilustrativa para conhecimento de deuses e outros mundos (por meio da evocação da herança divina e cósmica do homem :ᛘ:); (15) enviar energia para os outros mundos (por meio do aumento da energia vital :ᛚ:); (16) magia de atração para o amor erótico (preenchendo com poderes de luxúria em combinação com o oposto :ᛦ:);

(17) praticar a magia do amor erótico de amarração (por meio da força da combinação de pares opostos :ᛗ:); (18) praticar magia erótica de troca dinamicamente (por meio da iniciação mágica sexual :ᚷ:).

Pode-se observar que as dezoito canções mágicas parecem estar divididas em dois grupos de nove, com os primeiros nove sendo canções para promover a atração da energia por meio da magia e as últimas nove para aumentar a energia por meio da magia. Assim, a energia está sempre no fluxo e refluxo mágico da visão de mundo odínica bipolar.

"Sigrdrífumál"

O "Sigrdrífumál" é o mais complexo documento rúnico da literatura nórdica antiga. É composto de muitas seções, cada uma delas um todo por si só, mas talvez artificialmente ligadas entre si. Há três seções na configuração em que Sigrdrífa/Brynhildr, a *valkyrja* e "Eu Superior" de Sigurdhr, concede a linguagem rúnica sistemática ao herói. A primeira está nas estrofes de 6 a 14. Nesses versos, ela cataloga vários gêneros rúnicos: est. 7 – *sigrúnar*, runas da vitória, por meio das quais se obtém a vitória; est. 8 e 9 – *ölrúnar*, runas *ale*, pelas quais se ganha proteção por meio de consciência e de poder superiores; est. 10 – *bjargrúnar*, runas para ajudar no parto, pelas quais alguém traz coisas à existência; est. 11 – *brimrúnar*, runas do mar, com as quais se acalmam as perturbações naturais; est. 12 – *limrúnar*, runas dos membros, pelas quais se curam doenças; est. 13 – *malrúnar*, runas da fala, pelas quais se ganha eloquência; e est. 14 – *hugrúnar*, runas mentais, pelas quais se obtém inteligência.

Na segunda seção da linguagem rúnica (est. 17-19), Sigrdrífa indica 24 coisas nas quais Odin "entalha runas". A natureza mitológica desses objetos (e o número deles!) mostra que esse é um trabalho de modelagem cósmica por meio dos mistérios da ideia-forma-vibração em parte da consciência do mundo primordial – *Wōdh-an-az*. As três estrofes são, na verdade, atribuídas ao aspecto Mímir, que comunica a sabedoria primordial (veja o Capítulo 13.) A primeira lição a ser aprendida com essas três estrofes é que 24 é o "número-chave" cosmológico da totalidade, e que todo esse sistema é conscientemente "vivificado" pela vontade de Odin, expressa através das runas.

A terceira seção (est. 24-39) consiste numa lista semelhante à que encontramos no poema "Hávamál" e que encontraremos novamente no "Grógaldr". Mas essa seção é mais didática, no estilo das primeiras estrofes do "Hávamál" e menos "mágica". O número de conceitos sistematicamente categorizados é *onze* (o número do *sól* na sequência nova – força ética).

Em conjunto, as três seções rúnicas do "Sigrdrífumál" têm a função de transmitir ao herói sabedoria mágica, cosmológica e ética operativa. São descritas como tendo origem no eu "superior" *fylgja-valkyrja*.

"Grógaldr"

O "Feitiço de Gróa" é um poema de natureza semelhante ao "Völuspá", em que uma vidente já morta é convocada do seu sono em Hel para transmitir a sabedoria necessária. A vidente Gróa (do galês *groach* [bruxa]) canta nove canções mágicas para seu filho, Svipdagr, que a invocou para lhe dar auxílio mágico em sua busca pela esposa divina Menglodh. A intenção mágica das nove canções são: (1) firmar a vontade verdadeira de alguém (:ᚠ:); (2) proteger a pessoa de feitiços hostis (:ᚢ:); (3) proporcionar passagem segura através de águas perigosas e manter a consciência nos reinos sombrios (:ᚦ:); (4) conferir controle sobre as ações dos inimigos (:ᚨ:); (5) libertar-se de amarras (:ᚨ:); (6) acalmar mares tempestuosos (:ᛁ:); (7) fornecer o calor vital do fogo (:ᚲ:); (8) proteger contra mortos-vivos malignos (:ᛇ:); (9) fazer uma ligação consciente com o reino criativo da eloquência (:ᚨ:).

Duas coisas devem ser observadas quando se leem as estrofes catalogadas dos "Rúnatals tháttr", "Sigrdrífumál" e "Grógaldr": (1) elas não seguem, necessariamente, a ordem do Futhark, e (2) parece que as próprias canções mágicas, muitas vezes, não são gravadas abertamente (o que encontramos são descrições de seus propósitos e efeitos). As chaves para essas formas codificadas são oferecidas nos trabalhos da Rune-Gild.

Parte Dois

CONHECIMENTO RÚNICO OCULTO

Capítulo 9

TRADIÇÃO RÚNICA INTERIOR

Na Parte Um deste livro, esperávamos estabelecer uma base *tradicional* sólida dos aspectos exotéricos da tradição rúnica, com vislumbres sobre conhecimentos ocultos e atemporais. Na Parte Dois, continuaremos a nos basear tanto quanto possível na sólida estrutura tradicional. A ênfase na tradição verificável (ou seja, sistemas rúnicos históricos, antigas literaturas germânicas, histórias antigas) é importante se não quisermos ser forçados a aceitar a "revelação" de um homem (ou de um grupo).

Mas é claro que iremos muito além do necessário e adequadamente limitado aspecto acadêmico/científico para aprofundar a aplicação prática. Aceleramos as formas canhestras das descobertas acadêmicas com a inspiração de Odin, mas permanecemos abertos a novas descobertas e conclusões, alcançadas por meios puramente intelectuais. O ideal é que a coleta sistemática de dados e a análise lógica destes que levem a conclusões racionais, à compreensão intuitiva dos mistérios multiversais e ao uso inspirado desses mistérios para transformar ou moldar a realidade funcionem em conjunto, um alimentando o outro. Portas ocultas são abertas em ambas as direções. Esse é o trabalho da Rune-Gild em todos os níveis.

A "runa" é, ela própria, uma fórmula mágica. Paradoxalmente, como palavra, quanto mais aperfeiçoarmos a definição de runa, mais amplo se tornará seu significado. É por isso que a "tradução" ambígua como "segredo" ou "mistério" é adequada. (Talvez valha a pena repetir que o termo "runa" se refere apenas, de forma secudária, às formas das letras [*staves*] comumente chamadas de runas.)

Por ser mágica, a palavra "runa" deve ser entendida sob pontos de vista autocriados, e, sendo assim, seu verdadeiro "significado" não pode ser comunicado por meio de fala natural e profana. Como palavra mágica, é "sussurrada em nosso ouvido" pelo nosso Odin interior.

Os pontos de partida nessa estrada são as percepções de que, num nível cosmológico, as runas são pontos focais de energia/substância, numa estrutura cósmica implícita complexa e, num nível "psicológico", são "pontos de referência" nos quais a inteligência cósmica interage com a inteligência humana. O conhecimento desse nível em relação ao caráter das runas deve acompanhar você em todas as investigações rúnicas; só armado desse conhecimento o eruliano pode encontrar seu caminho nos complexos reinos da tradição rúnica.

Tabelas da tradição rúnica do Futhark Antigo

A maneira mais segura para o runomante expandir seus próprios campos de significado em relação às runas é meditar sobre suas formas, seus sons e seus nomes, mas, acima de tudo, sobre as estrofes do poema rúnico correspondentes (se houver). É preciso ter sempre em mente que o conhecimento de cada runa é apenas parte do mistério; o restante está nas formas ocultas nas quais as runas são entretecidas, numa rede multidimensional de existência. Portanto, a tradição das 24 tabelas a seguir deve ser estudada no contexto das seções do sistema e dos mundos rúnicos (Capítulo 10). É de extrema importância para um autêntico entendimento das runas que o *vitki* saiba não apenas o que torna a runa *fehu* o que ela é, mas também como essa runa está ligada a outras do sistema e como linhas ocultas de conexão podem ser descobertas. Cada runa encerra sugestões para uma visão mais ampla, e cada uma delas aponta para fora do centro, na direção das interconexões com a essência de outras runas. A principal tarefa do aspirante a runomante em relação a essas tabelas é captar uma "sensação" básica e instintiva relacionada ao significado de cada runa como categoria, mas uma categoria delimitada por uma espécie de "membrana" semipermeável, que permite o intercâmbio com energias e essências simpáticas, mas atua como isolamento contra conceitos antipodais.

Aqui nos concentraremos especialmente no que pode ser chamado, na nossa linguagem moderna, de aspectos mitológicos, cosmológicos e psicológicos de cada mistério. Cada uma das seções também contém comentários esotéricos sobre as estrofes relevantes do poema rúnico em questão.

Do ponto de vista mitológico, a runa F está ligada às três grandes divindades cujos nomes começam com seu som: Frigg, Freyja e Freyr. Essas divindades extraem parte do seu poder do mistério da runa *fehu*. Do fogo numinoso de *fehu*, Frigg e Freyja recebem o dom da vidência. Essa também é a fonte da habilidade dos runomantes de "interpretar as runas corretamente" no trabalho divinatório.

Fehu é o mistério do *ouro*. Ou seja, é o poder numinoso daquilo a que nos referimos como dinheiro ou riqueza em nossa sociedade (agora dominada por esses "mistérios pecuniários"). Essa runa existe num grande sistema ecológico de poder ou energia. Deve ser "entregue" a campos receptivos –:◇:– para ser ampliada. Aumenta em poder por meio da circulação e é transformada, mudando de uma forma para outra. Isso não deve, no entanto, ser feito a esmo, mas com previsão e sabedoria.

O poder de *fehu* pertence naturalmente aos verdadeiros *athelings* (erulianos), e é responsabilidade destes conferir se ela é usada corretamente. Aqueles que não o fazem enfrentam o processo natural de definhamento regido pelo "senhor", como representante dos deuses. A revogação dessas responsabilidades leva a discórdias.

Na cosmologia, essa é a verdadeira força exterior do fogo cósmico primordial – a força expansiva que reage à contração e à solidificação no gelo (:I:). Esse é um fogo gerado fora da água e nas profundezas sombrias do multiverso – e nos recônditos escuros do eu.

É dentro de si que o poder do *fehu* é mais importante para o runomante. A runa F é uma força oculta na maioria das almas, como um lobo na floresta, mas pode surgir ao longo do caminho da serpente. Da morte virá a vida; da escuridão, a luz.

Na mitologia, *uruz* deve ser identificado com o bovino cósmico original, a vaca Audhumla (veja o Capítulo 6). Essa é a força "selvagem" não domesticada da formação, o "desejo de formar" concentrado. Como tal, uruz é a mãe da manifestação. É o processo de dar substância (Ymir) que leva à formação do mundo na forma multidimensional.

Uruz é a mais vital das energias. É um fogo misturado com as águas de vida; um fogo vital que pode eliminar todas as fraquezas e impurezas (como a língua de Audhumla!) e transformar o fraco em forte. Se, no entanto, essa energia vital for mal direcionada, não for conduzida com sabedoria, poderá se tornar destrutiva para o indivíduo ou para a sociedade.

O "desejo de formar/criar" é um poderoso instinto arraigado no ser humano, assim como o de transformar, com o qual ele deve trabalhar em conjunto. Parte do desejo de formar/criar é o desejo de defender a forma quase a qualquer custo – para defender a segurança da "pátria" (:ᛟ:) da alma.

Os chifres da "besta" mencionados no "Poema Rúnico em Inglês Antigo" são de extrema importância. Ambos apontam para cima naturalmente, mas para baixo na runa. Essa duplicidade indica a manifestação no universo objetivo e a capacidade de penetrar em outras dimensões pela força de vontade.

O :ᚦ: é o sinal da pura ação, da potência e da "vontade" instintiva, desprovida de autoconsciência. É a personificação da força cósmica dirigida, no multiverso, como uma combinação de energias polares projetadas em linha reta.

Essa forma de força bruta é mantida, por um lado, pelos *thurses* (gigantes) e dirigida contra a consciência incorporada nos Aesir. No entanto, os Aesir são capazes de combater esse poder e combinar poder com poder, por meio do seu defensor, o guardião de Asgard – Thor.

A runa TH é, portanto, não só a runa dos *thurses*, mas também a do trovão e a do seu deus, Thor. Isso se deve às suas origens comuns, em resultado do choque de forças polarizadas (veja o Capítulo 10), além de mostrar seus métodos comuns e suas motivações.

Cada método é uma força reativa. Os *thurses* respondem à expansão da consciência nos Aesir, e Thor responde com Mjöllnir à resistência dos *thurses*. Obtém-se, assim, um equilíbrio, mas precário.

Thurisaz (3) é uma assimilação da energia potencial contida em quaisquer dois extremos polarizados e a expressão cinética desses extremos. Por meio desse mistério, a runa TH é também o poder de regeneração e fertilidade. Enquanto o trovão anuncia as chuvas que propiciam a colheita, *thurisaz* rompe a oposição e libera energia para que novos começos possam acontecer. Aqui, essa runa está intimamente relacionada a uma de suas correspondências formais :ᛒ:, mas :ᛒ: é o "liberador" e :ᛜ:, o "recipiente".

Essa tensão é percebida pela maioria dos indivíduos como fonte de estresse, mas para alguns (*athelings* ou erulianos) é fonte de força.

O "espinho" não é apenas um símbolo do falo, mas também de todo impulso psicossexual usado pelos *athelings* para transformar a si mesmos.

É bastante claro que, num nível, a runa TH é uma expressão da combinação das runas F e U: energia ígnea organizada e dirigida; força e formação combinadas e dirigidas.

A runa A incorpora os poderes da consciência odiana sintética à estrutura multiversal e ao complexo psicológico da humanidade. Essa é a runa da consciência, especialmente aquela que integra com sucesso os hemisférios direito e esquerdo do cérebro. Essa runa é o poder mágico-ancestral inato, transmitido de geração em geração, desde o início da humanidade. *Ansuz* é o nome de um soberano ancestral divino. No singular, geralmente se refere a Odin como o deus. Essa ligação entre a consciência dos deuses e a mente do homem permanece intacta. Os *thurses* e seus "deuses" procuram rompê-la.

Os poderes contidos em : ᚨ : foram concedidos (e essas são suas únicas dádivas) pela tríade Odin, Vili e Vé (ou, em outra versão, Odin, Hoenir e Lódhurr) na formação da humanidade (veja os Capítulos 12 e 13). Esses poderes são recebidos pela humanidade como os agentes pelos quais ela pode se transformar através da busca pelo conhecimento e pela expressão deste em palavras e obras, sob a orientação do modelo odínico.

Em nível cosmológico, *ansuz* descreve uma ecologia da energia. É o meio pelo qual o poder é recebido; o receptáculo desse poder e o próprio poder, quando expresso por meio do estado mental inspirado. Essa é a runa da palavra e do sopro mágicos, da síntese do pensamento linguístico com o poder não linguístico, formador de imagens, na poesia dos erulianos e *skalds*.

Raidho é o símbolo da lei cósmica da ordenação correta no multiverso, na humanidade e na alma. É um mistério cuja face exterior vivenciamos a cada dia ao nascer e ao pôr do sol, assim como nos ciclos de atividade e sono. Toda ação rítmica é atribuída a *raidho* – dança, música e formas poéticas.

É pelo poder dessa runa que instituições de todos os tipos são organizadas: estados, entidades religiosas, guildas, e assim por diante. Quando essas leis naturais são violadas, o poder de *raidho* as reequilibra – às vezes, violentamente.

A runa R é o veículo ("vagão") para a jornada do "vir a ser" nos mundos rúnicos e o caminho (toda a "cavalgada") para esses mundos. Esse caminho, às vezes, é difícil e árduo – geralmente em ambientes sociais ou naturais hostis –, e um veículo forte (= poderes mentais) e um cavalo (= substância espiritual; veja *ehwaz*) são necessários para ter sucesso.

Esse é o caminho da ação corretamente ordenada – trabalho ritualístico. É a rede de estradas entre os mundos e parte importante do equipamento necessário para atravessar esses caminhos.

Raidho rege a proporção matemática (geométrica), o intervalo e o cálculo lógico de todos os tipos. É a runa da cognição. Esse é o poder pelo qual o conhecimento numérico atua – harmonização ativa de forças apropriadas para um fim determinado.

Um dos grandes mistérios da runa R é sua relação com a ideia de "rodas" dentro do complexo psicofísico do homem (veja o enganoso *iter* [tradução literal da palavra "roda", em latim] no "Poema Rúnico em Islandês Antigo"). É sobre essas "rodas" que a jornada mágica da iniciação acontece.

O padrão fluido da força em *raidho* é sempre direcionado, mas tem efeito espiralado também, que, na verdade, *concentra* a força para determinado objetivo. Sua utilidade como ferramenta de trabalho não deve ser esquecida.

Essa é a runa da criatividade – ou, mais precisamente, em termos germânicos, da *capacidade de moldar*. Isso é simbolizado pelo fogo controlado – a tocha –, mas também pelos fogos da lareira, do altar, da forja e da pira. Cada um serve à vontade humana para moldar e remodelar a si mesma ou ao seu ambiente. Numa pessoa, essa é a luz brilhante que todos reconhecem como "carisma". Apesar de essa luz estar sempre presente dentro do runomante, está mais desperto nos "estados funcionais", isto é, quando a inspiração está alta, e a atividade física é intensa.

Kenaz é a raiz de todo conhecimento tecnológico, a runa do artesão e do astuto – Wayland (NA Völundr) e Loki. É também o mistério da profunda conexão entre sexualidade e criatividade, tão característica do caminho odínico.

O conceito de raiz oculta por trás de *kenaz* é a dissolução, seja por meios orgânicos (veja o nome rúnico nórdico *kaun* [úlcera, ferimento]), seja pelo fogo (tocha). Essa dissolução é necessária para que a remodelação possa ocorrer, de acordo com um plano determinado pela vontade. Em certo sentido, essa é a parte da *solução* da fórmula alquímica *solve et coagula* (dissolver e coagular). Aqui :ᛖ: seria a porção *coagula* – a recombinação de forças numa essência transformada e autoconsciente:ᛗ.

De muitas maneiras, a runa K é o apogeu do processo iniciado na runa A e trabalhado por meio da runa R: inspiração elaborada racionalmente.

ᚷ

GEBO

Essa é a runa que representa a Dádiva de Odin em suas formas triádicas (veja o Capítulo 13) – os dons da consciência, do sopro de vida e da forma.[1] Aqui, a ênfase está na troca de poder – fluxo de força de um sistema a outro para ser transformado e devolvido à fonte.

Na sociedade humana, isso é mais evidente no campo econômico – processo de dar e receber, o objeto do qual é *fehu* e/ou *othala*. Essa troca cria laços fortes dentro da sociedade, e o mesmo processo é realizado entre deuses e homens para construir fortes pontes entre os mundos. *Gebo* é a runa do sacro-ofício (ou do "fazer sagrado") – de dar aos deuses e ao homem suas dádivas de retorno obrigatório. Esse é o mistério da interdependência de deuses e homens. O poder desse mistério é exaltado e internalizado dentro do runomante na runa E.

O :ᚷ: é o sinal do "matrimônio mágico (ou alquímico)". Isso novamente encontra expressão em ᛗ (*mannaz*), onde o processo é trazido à plena manifestação, e em ᛞ (*dagaz*), onde o processo é absolutamente interno e eterno. O exemplo mais poderoso dessa união mágica é encontrado na *Völsunga Saga*, em que Sigurdhr, montado em seu corcel do outro mundo, Grani (ver :ᛖ:), perfura o anel de fogo e sobe a montanha Hindarfjell (Rocha do Camponês) para despertar a *valkyrja* adormecida, Sigrdrífa (ou Brynhildr). Essa talvez seja a versão mais arcaica do conto da "Bela Adormecida". No topo da montanha, ele troca votos com ela ritualisticamente e recebe da *valkyrja* a sabedoria rúnica. Esse processo descreve a obtenção da comunhão com o "eu superior" ou "eu divino" do runomante.

O êxtase de :ᚷ: é de tipo sereno – o equilíbrio tranquilo da concentração interior perfeitamente harmonizada do fluxo de forças vitais.

ᚹ

WUNJO

A runa W é a harmonização de elementos ou de seres de origem comum (nações, tribos, clãs, famílias) e o poder mágico de reconhecer afinidades ocultas entre entidades concordantes. O *wunjo* descreve o sentimento interior, subjetivo, que alguém tem quando se encontra em estado de harmonia interior/exterior – consigo mesmo e com o meio. Essa é uma harmonia ativa, determinada pela vontade, em relação a objetivos evolutivos específicos. O *wunjo* comanda forças e/ou seres diversos, mas simpáticos, a um propósito comum. É por isso que é o mistério que rege o processo de criação de runas combinadas.

O "Poema Rúnico em Inglês Antigo" fornece orientações específicas para alcançar o *wunjo*. Com ele, aprendemos que o runomante precisa separar o eu dos infortúnios de todos os tipos (mas manter um pouco) e depois obter três coisas: (1) IA *blaed* ("prosperidade": entrada e saída de energia); (2) *blyss* ("bem-aventurança": ser preenchido por uma sensação de alegria e de que a vida tem sentido); e (3) *byrg geniht* ("recinto suficientemente bom": boa casa da alma). É preciso respiração vital, senso psicológico de significado e corpo saudável – depois de eliminar as influências negativas nocivas para o trabalho concentrado.

Wunjo também surge quando o runomante é capaz de fazer esse trabalho de mescla no mundo objetivo, para ligar e ordenar forças, de modo que façam a sua vontade.

ᚺ

HAGALAZ

Esse é o sinal da reunião primordial do fogo cósmico com o gelo – os polos do multiverso – na forma seminal energizada e fermentante: o granizo cósmico ou "ovo de gelo" que dá origem a Ymir (veja o Capítulo 10).

Hagalaz é a estrutura do mundo, o padrão sobre o qual o multiverso é provido pela raiz triádica da consciência – Odin-Vili--Vé. A runa H contém o modelo completo de energia potencial absoluta, uma vez que mantém todo o dinamismo do fogo e do gelo em sua forma. Desse equilíbrio harmonioso de todo potencial, uma evolução interior pode ocorrer.

O simbolismo numérico é muito importante para *hagalaz*. No sistema germânico, nove é o número de conclusão, da fruição e da integridade dinâmica. Tudo isso vem junto em :ᚺ: (9). Nove é o número de mundos nos ramos e nas raízes da Árvore do Mundo, Yggdrasill, padrão inato presente tanto na semente quanto na árvore.

A runa H é o padrão de conclusão implícito na semente de cada coisa que cresce ou evolui. Assim como todo teixo está contido num código genético oculto na baga, também está o cosmos, completo e transformado, na semente do mundo. *Hagalaz* é o código – o padrão de vir a ser e a conclusão. Essa é a forma oculta da perfeição para a qual toda modelagem (criação) consciente está se dirigindo.

O "granizo" é a mãe rúnica; todas as runas são mantidas e podem ser interpretadas em sua forma quando contidas num sólido (veja a Figura 9.1). Em última análise, esse é um modelo multidimensional, também presente no padrão Yggdrasill discutido no Capítulo 10.

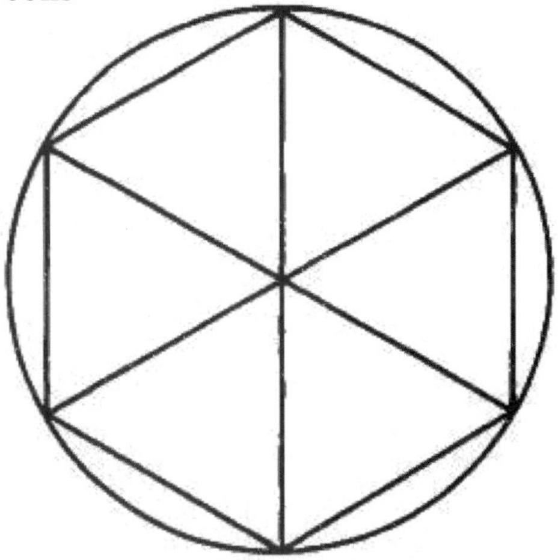
Figura 9. 1. A runa mãe do granizo.

Hagalaz é a unificação de todos os opostos no todo-potencial. No seu mistério está contido o poder de transformação, da evolução de uma forma para outra, ao longo de certo padrão consciente ou miticamente determinado.

O granizo também tem seus aspectos destrutivos que podem se tornar uma vantagem para o runomante se forem direcionados para fora, como forma de proteção.

Como mostram os poemas rúnicos, a runa N pode ser vivenciada de maneiras desagradáveis por aqueles que não têm compreensão de como utilizar seu poder. *Nauthiz* é a força de resistência cósmica à vontade e suas ações. É a fonte do acúmulo de camadas de substâncias psíquicas, que são a essência do que os nórdicos chamam de *ørlög* (veja a runa P). Mas essa "necessidade" imposta de fora da consciência pode ser a salvação do runomante que sabe como e quando usá-la (veja o "Poema Rúnico em Inglês Antigo").

A runa N é a resistência às ações, uma fricção cósmica entre substâncias. Esse estresse interno pode ser transformado em força por meio do mistério do *need-fire* ("fogo do socorro" ou "fogo da necessidade", produzido ao friccionar dois materiais inertes). Depois que a chama é acesa, o frio da necessidade é aliviado. Mas sem a "necessidade" o fogo jamais teria sido descoberto. Nessa runa pode ser vista a raiz do provérbio “A necessidade é a mãe da invenção”.

À medida que olhamos mais profundamente o mistério do fogo do socorro, vemos que ele é uma chama autocriada. No reino da consciência, isso deve ser entendido como certa tensão ou atrito entre aspectos da psique. Isso faz com que seja acesa a chama de uma consciência superior, que só pode ser atingida por esses meios.

Por causa da necessidade absoluta de resistência no cosmos, antes de a manifestação acontecer, a runa N é o mistério de causa e efeito e das Nornir (Nornes). As três Nornes (veja a runa P) surgiram de Jötunheimr e assim estabeleceram a lei de causa e efeito e sua resistência à vontade dos Aesir. Isso trouxe as leis da entropia, e desse modo as sementes da destruição cósmica foram plantadas. Sempre que algo é gerado, as leis das Nornes e aquelas da runa N são ativadas. Essa lei particular deve ser mantida em mente em todas as formas operantes do trabalho rúnico. Essa é a runa do “vir a ser”.

O “gelo” na runa I não deve ser identificado com o de Niflheimr, mas com a corrente de gelo que flui desse mundo frio em direção ao fogo de Muspellsheimr [Muspelheim]. É a extensão de uma força concentrada de contração absoluta ou de imobilidade absoluta ou falta de vibração. O poder de *isa* atrai o fogo para o “centro” e torna possível o que chamamos de “matéria” e a formação do granizo (:ᚼ:). A runa I é um tipo de *prima materia* (ou força de densidade que torna essa substância possível). É o poder absoluto da força centrípeta, tão destrutiva quanto o fogo (expresso em :ᚠ:), mas um equilibrando o outro é o estado procurado pelas forças conscientes do multiverso. Quando forças inconscientes ganham supremacia, o padrão perde o equilíbrio, e os aspectos destrutivos do fogo e do gelo são desencadeados. É preciso lembrar, no entanto, que esses fluxo e refluxo são previsíveis num universo em evolução. A liberação periódica das forças destrutivas é necessária para uma mudança real.

No indivíduo, *isa* torna possível o *omniego* polipsíquico múltiplo (o todo-eu), isto é, a consciência egoica de todos os aspectos de todo o complexo psicofísico (veja o Capítulo 12). Ela mantém esses aspectos coesos, num padrão harmonioso e predefinido, e é mais evidente quando a mente está totalmente silenciosa e concentrada. A runa I atua como uma espécie de “cola” psíquica, que pode manter o eu coeso durante o estressante processo de iniciação. Desequilibrado pelos mistérios dinâmicos, essa “cola” leva ao embotamento e à estupidez.

A runa :ᛁ: é o mistério do ponto concentrado e da sua primeira extensão – a linha. Essas duas imagens são usadas como instrumento de ligação para obter acesso consciente a outras dimensões, fora de Midgard. *Isa* é o solo sólido no qual a consciência pode fazer transições, mas às vezes este é tão estreito quanto um fio de cabelo e não possibilita uma viagem fácil.

A runa J é o signo do ano solar de doze meses; seu mistério refere-se à metade "verão" do ano, quando as safras são semeadas, cultivadas e colhidas. (O antigo calendário germânico só tinha *duas* estações, verão e inverno. A "primavera" e o "outono" eram apenas intervalos curtos no limiar dessas duas estações.)

O poder central dessa runa está em sua natureza *cíclica*. Ela é a runa do "eterno retorno". *Jera* incorpora a ideia de surgir, tornar-se e passar para um novo começo, presente em toda a sequência rúnica; sua posição como *runa central* (com :ᛇ:) mostra sua importância fundamental.

Ela é a díade dinâmica e a circunferência onipresente.

Jera, na verdade, significa "o ano frutífero" ou "a colheita". Essa é a recompensa colhida após um ciclo de trabalho árduo dentro das leis naturais (e numinosas). O simbolismo do processo agrícola deixa claro o significado de *jera*. As sementes não perguntam quem as plantou ou por quê; apenas como foram plantadas. Se o plantio foi *bem-feito*, a colheita *deve* ser boa (Veja :ᚺ:). *Jera* é a recompensa pelo trabalho correto.

O mistério da runa J está essencialmente ligado à primeira e à última runas, como símbolos de paz, prosperidade e liberdade.

A runa J é a pedra de moinho cósmica, cujo eixo cósmico é a runa EI.

A runa EI é o eixo central onipresente do cosmos – o *omphallos* do mundo – e a segunda na díade central da sequência rúnica.

Esse é o eixo vertical da Árvore do Mundo, Yggdrasill, o canal ao longo do qual o esquilo cósmico, Ratatöskr, como um arco elétrico, semeia discórdia entre a águia, no topo da árvore, e a grande serpente, Nidhhöggr, nas raízes.

A runa EI sintetiza opostos extremos – vida/morte, dia/noite, verão/inverno – de forma dinâmica (veja as runas TH e D e observe as correspondências numéricas: 3-13-23). Essa runa penetra através dos três reinos: os céus, a terra média e o mundo subterrâneo – Asgard/ Midgard/Hel. É o caminho de transformação das essências, em qualquer um desses reinos, em essências de qualquer um dos outros. Objetos "materiais" podem se tornar "espirituais" por meio desse mistério.

A runa EI é o fogo interior latente, autocontido e transformador (ativado pela runa N e manifesto na runa K). Esse é o fogo oculto e imortal da vontade que pode permanecer vivo na morte (inverno) – o espírito tenaz da perseverança.

É ao longo da "coluna do teixo", dentro do indivíduo, que o transformador fogo mágico deve ser gerado, subindo *e* descendo pelas "rodas" do corpo (veja a runa S). É a esse grande mistério que os poemas rúnicos se referem.

PERTHRO

Essa é a mais protegida das runas. É o símbolo oculto do segredo de *ørlög* – o mistério do *wyrd.* Esse é o poder das Nornir que complementa a força da consciência presente nos Aesir. O runomante deve aprender a investigar o caminho do *wyrd* para entendê-lo e, quando necessário, superá-lo. (Essa é a grande conquista odínica em Ragnarök.)

A runa P é sinal do caminho da investigação de *ørlög* por meio dos métodos do lançamento das runas. *Perthro* é a taça ou estrutura a partir da qual, ou na qual, as runas são lançadas em trabalhos divinatórios. Esse é um símbolo do Poço de Wyrd – o Urdharbrunnr (ou Poço de Urdr, a primeira e a mais velha das Nornes).

Em *perthro*, encontramos uma síntese das leis de causa e efeito (*x* causa *y*, que define *z* em movimento) e das leis da sincronicidade (*x, y* e *z* ocorrem [significativamente] juntos). A causalidade é uma lei do plano horizontal (mecânico); a sincronicidade, do eixo vertical da consciência. O elemento sintético é a dimensão psíquica do tempo. Essa força, em conjunto com as da runa N e da runa B, é o principal agente de mudança, ou do vir a ser, no multiverso.

A ideia de *wyrd* (e de *ørlög*) também participa dessa síntese da realidade horizontal e vertical. *Wyrd,* na verdade, significa "aquilo que 'se tornou' ou 'se transformou'". Assim como *ørlög*, que significa "camadas primais (de ação)", ela tem o mistério do tempo passado vinculado a ela. Esse "passado" é de grande importância para o modo de pensar germânico. Apenas o "passado" e o "presente" têm alguma realidade objetiva. O "futuro" é uma massa do todo – potencial indiferenciado, ainda por se tornar alguma coisa.

Ele deve ser moldado por uma combinação de forças – leis cíclicas, fluxos orgânicos de força vital e tradição, padrão de consciência existente nos deuses e em outras entidades e a vontade do homem (especialmente a dos runomantes). Em nenhum outro lugar isso é mais aparente que nos nomes das três grandes Nornes – Urdr (aquilo que se tornou), Verdandi (o que está se tornando) e Skuld (o que *deve* se tornar). Do ponto de vista linguístico, as palavras *urdhr* (NA) e *wyrd,* em inglês ("estranho"), são idênticas (a perda do *w* inicial é resultado da mesma regra regular que transforma *Wōdhanaz* em Odin).

Elhaz é o elo divino entre o homem e sua busca (veja o Capítulo 12). A runa Z descreve o poder de atração entre a mente do homem e sua contraparte psíquica, o "eu divino". Essa força de atração trabalha com o mistério de *sowilo* para gerar a vontade mágica. É símbolo da *valkyrja*, o aspecto protetor da esposa-*fetch*, geralmente vinculado, por meio da magia, a uma espada ou outra arma simbólica. (Esse é o significado oculto do "Poema Rúnico em Inglês Antigo", est. 15: alce-junco = espada.) Essa ligação simbólica entre chifre e espada é, em nenhum outro lugar, tão evidente quanto no mito de Freyr. Depois de entregar sua espada em troca da esposa-*etin* Gerdhr, dizem que ele ficou com apenas um chifre com o qual lutar.

A :ᛉ: também descreve a Ponte Arco-íris, Bifröst, novamente símbolo da ligação entre Midgard e os reinos acima e abaixo.

Na runa Z, vemos a força de proteção que pode vir apenas de uma ligação com a "divindade pessoal". Essa é a entidade que os gregos conheciam como *daimon* e os romanos chamavam de *gênio*. Na tradição rúnica, *fetch* ou *valkyrja* é a fonte dessa inspiração, como o elo mais direto entre o indivíduo e a fonte final de inspiração, Odin.

A imagem da runa :ᛉ: é uma das mais poderosas da simbologia germânica. Indica a mão espalmada (= proteção, humanidade); o chifre do cervo solar que se estende em direção aos céus, em orgulho e potência; o cisne em pleno voo (referência à *valkyrja*); e a postura germânica de braço para oração e invocação. Algumas dessas coisas deixam claro por que essa forma acabou sendo usada para simbolizar a runa para o "homem mais jovem".

A imantação com força mágica, numinosa ou espiritual, efetuada por meio dessa runa, requer um indivíduo ou lugar com tanta força que ele se torna sagrado, separado e protegido pelo poder divino.

Além disso, há uma conexão natural subjacente entre essa runa e :ᛇ: – a runa do teixo. Isso é expresso de várias maneiras; mais evidente, no entanto, é o relacionamento formal. A provável forma original da runa era :ᛯ:, e com o tempo :ᛦ: tornou-se a runa mais jovem de *eihwaz* (também forma alternativa da *elhaz* mais antiga).

O sol é o farol que guia as estradas do devir. É a luz da consciência – e seu padrão, que se encontra no universo objetivo a todos aqueles que buscam se transformar para ver. O arquetípico sol e sua contraparte, o "sol noturno" (= as Plêiades), guiam o "navegante" de uma zona de consciência para outra, de uma "terra" para outra. Essa é a meta que motiva a vontade. No folclore celeste, essa é "a estrela" da elíptica (as Plêiades) que, à noite, percorre o mesmo caminho em que o sol transita durante o dia.

No antigo simbolismo nórdico, o sol é visto como roda ou escudo. Ou seja, tem aspectos transformadores, protetores e nutritivos. Como roda, *sowilo* é sinal das rodas ao longo do caminho da coluna de teixo, Yggdrasill, pela qual o corredor evolui conscientemente. *Sowilo* é o escudo da consciência, que lhe confere maior significado pelo qual lutar. Aquele que desenvolveu a vontade por meio da luz da runa S (em *todos* os aspectos) é abençoado com honra e sucesso.

O sol descreve um contrapeso para a potência de :ᛁ:. Na sequência, no entanto, ambas são necessárias para um desenvolvimento integral estável do mundo e do runomante. A runa S também está ligada aos mistérios serpentinos do norte, que envolvem os centros nos quais fluxos de forças celestiais e ctônicas convergem para um ponto da superfície terrestre. O poder de :ᛊ: rompe a inércia psicológica ou cósmica e a transforma em força vital e dinâmica.

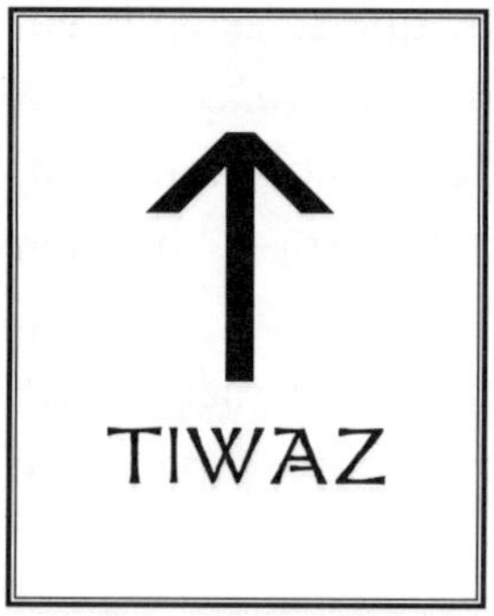

A runa *tiwaz* também é um farol de orientação; mas, ao contrário do caminho circular dinâmico da runa S, a runa T é um farol de força muito mais distante, profunda e serena – aquela da Estrela-Guia, Estrela Polar ou Estrela do Norte (Polaris). Também é chamada de "estrela" pelos antigos marinheiros germânicos – a estrela axial, que mantém sua posição em torno da qual giram todas as outras estrelas. (Veja também "A Estrela" na circunferência da elíptica em :ᛊ:.) A Estrela do Norte é um símbolo visível da força divina de *tiwaz* como o cume da coluna do mundo – o *Irminsūl*.

A força cosmogônica de Tyr é expressa no processo inicial necessário para a formação do multiverso: a separação ou polarização de substâncias cósmicas que permitem as glórias vitais da manifestação entre os polos de fogo e gelo. A runa T descreve o aspecto da coluna cósmica que os mantém separados, mantendo a ordem cósmica.

Essa é a essência do deus Tyr (Tiw, em inglês). (Aspectos significativos da runa T são discutido no Capítulo 13.) É o poder da sabedoria transcendente desapegada, no centro das coisas. Isso contrasta com a ampla essência multiforme da runa A.

No reino humano, com essa runa, o deus Tyr governa a *thing* (assembleia geral) dos povos germânicos. Ela mensura a justiça de acordo com a lei (veja também *ørlög*, "*or-law*", a esse respeito). A runa T é sinal de "lei e ordem" no cosmos e no mundo dos homens.

Não faz sentido tentar identificar nessa runa a árvore natural à qual o "Poema Rúnico em Inglês Antigo" se refere. A runa B é uma realidade numinosa, não uma entidade botânica.

Berkano é a grande e multifacetada "Deusa do Vidoeiro" que governa o processo de transformações humanas e terrestres; por exemplo, os importantes ritos de passagem humanos – nascimento, adolescência, casamento e morte – e o ciclo sazonal do ano agrícola. A runa B rege o processo cíclico de surgir (nascimento), tornar-se (vida), partir (morte), para possibilitar um novo surgimento (renascimento).

Como o "Poema Rúnico em Inglês Antigo" indica, de forma clara ou simbólica, o poder de *berkano* é independente. Ele pode se desenvolver independentemente de forças externas, mas nenhum desenvolvimento pode ocorrer no mundo natural sem a ajuda do processo autogerado da runa B. *Berkano* pega a substância seminal, oculta-a, quebra o invólucro e carrega a substância transformada. É estruturalmente ligada à runa NG, embora independa dela.

O símbolo da runa B é a vara de vidoeiro, instrumento mágico através do qual seus poderes (de fertilidade, transformações, erotismo) são evocados na terra e na humanidade.

Do ponto de vista cosmológico, :ᛒ: é uma "unidade do devir". É aquele *momento de ser* (um único "microciclo" de surgir/tornar-se/partir) no qual todo *devir* se baseia – o eterno agora. A runa B também descreve o princípio da aleatoriedade fenomenológica do multiverso – o acaso no processo evolutivo.

Berkano é força protetora e de conservação que rege todos os locais de proteção ou ocultação (especialmente aqueles usados em ritos de transformação).

A runa B também oculta o grande mistério da "alquimia da palavra", o poder pelo qual as palavras se entrelaçam em significados que vão além das definições concretas. Nesse aspecto, *berkano* está intimamente ligada à *ansuz*. Isso é compreensível porque, de todas as deusas, Freyja é a senhora de *todos* os aspectos da runa B.

Esta é a runa da relação simbiótica entre quaisquer duplas de seres sistematicamente distintos, mas que trabalham em harmonia. Em tempos antigos, isso era percebido de forma mais direta na relação entre o homem e seu cavalo, em especial entre os indo-europeus, que foram os primeiros a treinar essas criaturas poderosas. *Ehwaz* é o mistério de forças simpáticas e de estrutura dual: homem/cavalo, cavalo/carruagem, e assim por diante.

A runa E é o veículo *vivo* das jornadas do runomante em autotransformação: a runa do próprio *fylgja* (não apenas a força da sua atração :ᛉ:) como entidade controlada ou cooperativa. O fato de esse simbolismo estar profundamente enraizado é demonstrado pela fórmula do nórdico antigo *marr er manns fylgja* (o "cavalo é o 'espírito guardião'* do homem"). A "simbiose cavalo/homem", como metáfora da verdadeira existência humana (ou do *atheling,* ou eruliano), é mostrada pela runa combinada :ᛗ: (*e* + *m* (+ *k*), Eu sou). Talvez o mais importante para o mistério de *ehwaz* seja o corcel de Odin, Sleipnir (descendente de Loki). O nível de identidade entre Odin/Sleipnir é indicado pelo enigma (nº 72) gravado na *Saga of Heidrek the Wise*:

Quem são esses dois
que têm dez pés,
três olhos
e uma cauda?

(Resposta: Odin montando Sleipnir, seu cavalo de oito pernas.)

* No original, *fetch.* (N.T.)

Ehwaz é a força com a qual o runomante "desliza" de um mundo para outro. É sinal de grande lealdade, especialmente entre homens e mulheres, e símbolo do casamento em que existe lealdade.

A força arquetípica dessa runa ainda é vibrante ao nosso redor, mesmo na cultura popular, em especial quando se percebe que, inconscientemente, o "cavalo" se tornou *motorizado*. O "triângulo" homem/cavalo/mulher é quase um clichê.

Esta é a estrutura da consciência (divina) na humanidade, transmitida por meio de uma ligação genética com o deus unificado da consciência. É possuída em vários graus pelos seres humanos, conforme descrito no poema "Rígsthula", da *Edda Poética*. Essa ligação existe porque, em última análise, os seres humanos são *descendentes* dos deuses; ou seja, o relacionamento é genético, não *contratual*. Portanto, é realmente inquebrantável.

Um deus chamado *Mannus* era adorado na época de Tácito (século I EC), e aí temos o paralelo mais antigo com a versão Rígr/Heimdallr da origem da sociedade humana registrada no "Rígsthula". (Veja *Germania*, Capítulo 2.)

Mannaz é um deus feito de carne, não como um evento histórico único, como os cristãos querem nos fazer acreditar, mas como grande processo biológico, sociológico, psicológico da consciência tornando-se manifesta. Esse é o mistério subjacente às estrofes do poema rúnico relacionadas a essa runa.

A runa M é a combinação harmoniosa da "mente" e da "memória". Na runa M, Huginn e Muninn falam livremente um com o outro e informam todo o eu total sobre o deus Odin (veja o Capítulo 12). Esse é o homem completo, o iniciado do culto odínico (eruliano). Em termos junguianos, é o eu individualizado.

Mannaz é a runa da lua e de sua natureza tripartida: escuridão ● – tornando-se ◐ – luz ○. Na tradição germânica, a lua é masculina (o *homem* na lua) e essência transformadora. É a síntese das inteligências intuitiva e racional (medir, analisar) no homem. Seu próprio nome significa "o medidor" (de tempo). Tal como acontece com Odin, seu rosto está sempre mudando, mas permanece o mesmo.

Laguz é a água cósmica primordial que jorra de Niflheimr – contendo todo potencial de vida –, que é transformado em gelo cósmico e energizado pelos fogos de Muspelheim. É o meio supremo para forças que contêm vida. (Veja "Cosmogonia", no Capítulo 10.)

A força *Laguz* "cai" no reino da manifestação de reinos extradimensionais (Útgardhr ou Utgard). Esse fluxo descendente de energia complementa o fluxo ascendente descrito no nome alternativo da runa L, *laukaz* (alho-poró). Por esse motivo, a cachoeira é um poderoso símbolo do mistério dinâmico dessa runa. É preciso ressaltar que o local original do tesouro dourado dos Nibelungos era sob uma cachoeira; é a esse mito de mistérios a que a segunda meia linha do "Poema Rúnico em Norueguês Antigo" se refere.

A runa L descreve as camadas das leis da vida, aquelas com as quais *ørlög* trabalha para formar o *wyrd* do cosmos e dos elementos individuais dentro dele.

Laguz é a runa da vida orgânica e a passagem para esse estado e desse estado. Essa "água" é o elemento principal na mistura (NA *aurr*) que as Nornes tiram do Poço de Urdr (Wyrd) para preservar a vida organizada da Árvore do Mundo. Ao nascer, a criança germânica é reintegrada à vida orgânica do seu clã por meio do rito de *vatni ausa* ("borrifar com água"). Aqui, o substantivo *aurr* e o verbo *ausa* são derivados da mesma raiz. Além disso, os antigos ritos fúnebres germânicos são frequentemente relacionados ao simbolismo da água (enterro num navio, cremação num navio, enterro ou cremação em pedras no formato de navio etc.). As entradas para Hel são concebidas como rios, com Odin, muitas vezes, no papel de barqueiro das almas.

Como runa de vida e de poder vital, *laguz* está intimamente relacionada ao mistério de *uruz* (pelas leis do *skaldcraft* (o poder da poesia), *uruz* passou a ser associada ao conceito *aurr*).

A runa L manifesta as profundezas obscuras e desconhecidas do estado aquoso primordial e da morte. Se o runomante (homem do mar) estiver equipado com um veículo (navio) inadequado, temerá os fluxos e refluxos dessa força. O "corcel do oceano" precisa ser controlado para se sair bem.

A força *ingwaz* é aquela liberada para propiciar um ano abundante (:ᛃ:). Isso é demonstrado nas relações entre as formas da sua runa. A força que a libera é a do *berkano* (:ᛒ:). A runa NG é o alimento, a energia seminal necessária durante o período de gestação. O alimento cósmico é contido e consumido por *berkano* e gerado por meio de seu poder de repor a energia perdida no processo cíclico.

É preciso observar que a runa NG era originalmente desenhada em tamanho menor que outras runas da sequência e separada da linha inferior, às vezes imaginária, das outras runas. Ela é retirada para um reino oculto e independente, para a troca secreta de energias que leva à transformação. Na runa NG está contido o mistério do processo de transformação de recolhimento-transformação-retorno. Esse processo é útil em ritos iniciáticos, mas, na verdade, é uma ajuda poderosa em qualquer operação transformacional (veja a Figura 9.2).

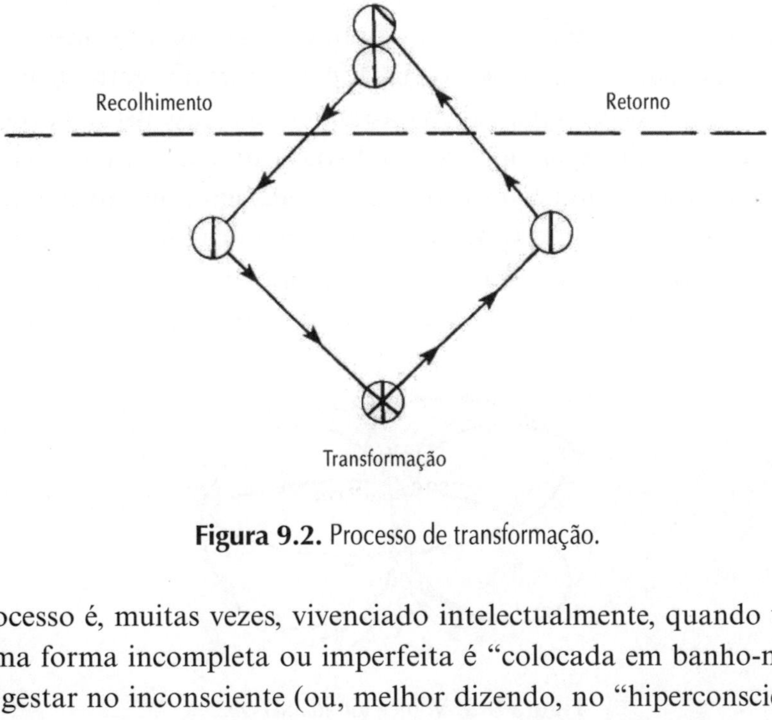

Figura 9.2. Processo de transformação.

Esse processo é, muitas vezes, vivenciado intelectualmente, quando uma ideia que está de alguma forma incompleta ou imperfeita é "colocada em banho-maria" por um tempo, para gestar no inconsciente (ou, melhor dizendo, no "hiperconsciente") e voltar como um conceito concluído e aperfeiçoado. O aspecto da submersão em reinos ocultos é bastante claro no "Poema Rúnico em Inglês Antigo". "Ir para o leste" é sempre um código para seguir para o reino dos *etins*, as forças sombrias pré-conscientes do cosmos.

A runa D é o processo que ocorre nos extremos. Como o dia e a escuridão se fundem no crepúsculo e nas balizas dessa maré, as estrelas da manhã e da noite (para as quais *dagaz* [NA *dagr*] é um nome) brilham no reino de Midgard. É sinal da luz da consciência nascida de Odin, Vili e Vé para a humanidade, por meio do dom desses deuses.

No "Poema Rúnico em Inglês Antigo", é indicada uma síntese entre os poderes do *drighten* (senhor = Woden ou Odin) e o método (medidor = Tiw ou Tyr), síntese entre o pensamento dos lados direito e esquerdo do cérebro, marca registrada da inspiração.

Dagaz é o "Paradoxo Odínico" – a percepção repentina (após um esforço consciente combinado com a vontade) de que os opostos percebidos são aspectos de uma terceira ideia que os contém. Esse é o mistério da hiperconsciência, fundamental para o culto odínico, culto germânico da consciência. À luz da runa D, os caminhos entre os extremos são vistos com clareza. O odiano não busca o mistério de *dagaz* no centro, mas nas fronteiras extremas. Essa é a vontade simultânea e bidirecional quase exclusiva da tradição mágica germânica. A busca termina quando o conteúdo das fronteiras extremas cai num vórtice de totalidade com único ponto no "centro" (na verdade, um conceito extradimensional).

Em :ᛞ:, vemos os modelos extradimensionais, como a faixa de Moebius e o vórtice toroidal (veja a Figura 9.3), onde dentro se torna fora e fora se torna dentro. Isso é importantíssimo quando se considera a natureza da missão odiana no mundo.

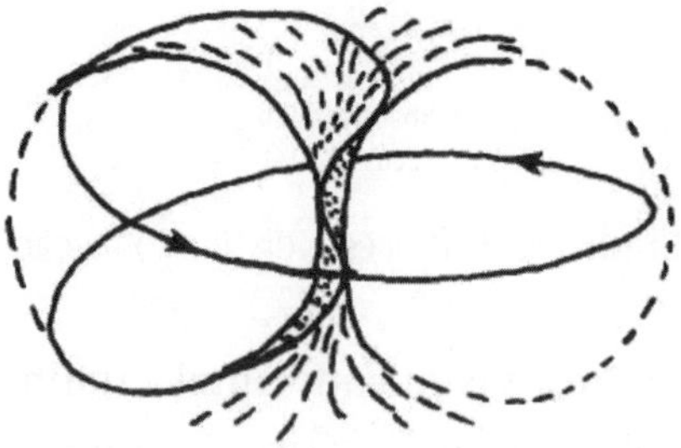

Figura 9.3. Vórtice toroidal: *Dagaz*.

Othala é o recinto sagrado. Nessa runa está incorporado o conceito central de Midgard e de toda a ideia de "lateralidade interior" e "lateralidade exterior", tão proeminente no pensamento germânico (e indo-europeu). A runa O descreve a parede circular, o símbolo da terra cercada e separada de tudo que está ao redor e, portanto, tornada sagrada (NA *vé*). É sinal do local mantido à parte para propósitos sagrados, o santuário ou *hall*. Na maior parte, a força de *othala* atua como barreira seletiva. Previne a entrada de forças prejudiciais à saúde, conduzindo energias benéficas para seu interior.

Na sociedade muitas vezes extremamente móvel em que as runas foram desenvolvidas, esse conceito assumiu rapidamente significado abstrato, o da herança espiritual do clã ou da tribo da qual o recinto reservado *odal* era símbolo. Como tal, a runa O é sinal do *kynfylgja* (*kin-fetch*) – soma da herança espiritual de um grupo. Esses *kinfetches* são herdados de uma geração para outra e se ligam a grupos tribais ou líderes nacionais (veja "Psicologia Rúnica", Capítulo 12). Esse é um conceito metagenético e, como tal, ainda não pode ser totalmente explicado em termos físicos ou puramente orgânicos. É um código genético oculto, regido por leis de hereditariedade e ativo em famílias, clãs, tribos, nações – mas que vai além deles, também.

As forças mantidas pelo anel da runa O devem ser bem ordenadas e harmoniosas, seguindo o caminho da direita (:ᚱ:). Nesse estado, o bem comum é suprido, e a paz e a liberdade reinam. Para esse lado interior, Odin virou seu rosto paternal –, mas também se volta para fora, na direção de Utgard, de onde o odiano, muitas vezes, extrai poder e inspiração para servir a ele mesmo e buscar ao bem do povo. Todavia, para o "não odiano", ser empurrado para o mundo exterior – tornar-se um fora da lei – é equivalente a uma sentença de morte. Isso ocorre porque o "não *atheling*" não tem senso de si mesmo desenvolvido a ponto de poder sobreviver a um choque psicológico. Privado do contexto humano, ele é destruído. A runa O contém todos os aspectos desse mistério.

Othala descreve a essência do mistério do fluxo e refluxo entre os estados de ordem e caos – o grande estado cósmico de fluxo. No entanto, celebra o estado de equilíbrio obtido quando as forças da consciência estabeleceram seus limites (Asgard e Midgard), interagindo com os poderes das trevas exteriores (Utgard). Odin e seus erulianos procuram manter esse equilíbrio. O Pai de Todos é sábio o suficiente para saber o resultado final – e astuto o bastante para saber como superá-lo.

O sistema rúnico

Depois de estudar as tabelas rúnicas anteriores, o leitor ficará impressionado ao descobrir até que ponto as runas parecem se relacionar. Elas se entrelaçam umas nas outras, numa grande e tortuosa tessitura de significados. Na verdade, a herança das runas vem tanto da poesia (*skaldcraft*) quanto da "ciência". Como na poesia, as ligações são feitas entre "palavras" (neste caso, ideias), por meio de associações em vários níveis: sons (rima, aliteração etc.), arranjos espaciais (metro) e alusão mítica. O *skaldcraft* surgiu da *runecraft* (magia rúnica), então a semelhança na prática não é surpreendente. É a intenção do sistema rúnico romper barreiras na consciência e revelar os significados ocultos dos mundos. Ele faz isso por meio de uma teia às vezes confusa de palavras e imagens, uma reverberando na outra. Uma runa está ligada à outra com tanta certeza quanto sua própria identidade. Certos aspectos obscuros das maneiras pelas quais as runas se relacionam são explicados na seção "Runas", do Capítulo 10; no entanto, agora vamos abordar os segredos contidos nas disposições mais tradicionais, ainda que misteriosas, das runas nos três *aettir* ("famílias" ou "oitos").

Não há nenhuma razão "lógica" ou linguística para que as runas sejam organizadas em três grupos de oito. Esse é um recurso que o Futhark Antigo compartilha com o grego antigo, e pode haver algum mistério indo-europeu relacionado a esse desdobramento em 24 peças, vindo do passado. Além disso, mesmo entre os estudiosos, não há consenso sobre a razão pela qual as runas têm *nomes realmente significativos*. Os alfabetos grego e romano têm apenas nomes sem sentido, como os "nomes" das nossas letras. A ideia de criar palavras repletas de sentido para nomear letras é um recurso compartilhado com o *ogham* celta e o alfabeto hebraico.

O que se sabe é que as runas continuaram a ser um corpo organizado de tradições, muito além da quantidade de informações necessárias para manter um sistema alfabético simples intacto por mais de mil anos. Levando tudo isso em consideração, todo conhecimento rúnico é resumido na Tabela 9.1.

Para decifrar essa tabela, enfrentamos um problema duplo. Primeiro, precisamos nos aprofundar nos próprios mistérios inatos; porém, antes que possamos fazê-lo, precisamos saber muito sobre os significados básicos desses nomes e de suas configurações. Por meio da compreensão da tradição antiga, o conhecimento dos mistérios atemporais aumentará.

Tabela 9.1. Tabela rúnica sintética.

ᚠ f-ehu 1	ᚢ u-ruz 2	ᚦ th-urisaz 3	ᚨ a-nsuz 4	ᚱ r-aido 5	ᚲ k-enaz 6	ᚷ g-ebo 7	ᚹ w-unjo 8
ᚺ h-agalaz 9	ᚾ n-authiz 10	ᛁ i-sa 11	ᛃ j-era 12	ᛇ ei-whaz 13	ᛈ p-erthro 14	ᛉ elha-z 15	ᛊ s-owilo 16
ᛏ t-iwaz 17	ᛒ b-erkano 18	ᛖ e-hwaz 19	ᛗ m-annaz 20	ᛚ l-aguz 21	ᛜ ing-waz 22	ᛞ d-agaz 23	ᛟ o-thala 24

A estrutura de nível profundo dos mistérios multiversais (runas) se reflete com precisão na forma externa do sistema rúnico (= runas). Esse sistema rúnico é uma estrutura complexa, às vezes extralinguística, da tradição, que inclui:

1) formas rúnicas individuais
2) valores fonéticos das runas
3) nomes das runas
4) estrofe poética explicativa
5) ordem das runas (= número)
6) divisão tripartida das runas (*aettir*)

Apenas o segundo elemento desse sistema é realmente necessário para um sistema alfabético simples e linguisticamente funcional. Todo o restante está aí por alguma outra razão, mais mito-mágica. Nesta seção, esperamos começar a instilar no aspirante a runomante um pouco da profundidade desse sistema por trás de todas as formações e transformações da tradição rúnica ao longo da história.

Formas rúnicas

No que diz respeito à forma propriamente dita das runas individuais, parece haver algumas variações. No entanto, apenas raramente isso vai além do que pode ser chamado de variantes "tipológicas". Por exemplo, no período mais antigo, a runa S podia ser representada por formas como: ᛊ ᛊ ᛋ ᛋ ᛊ ᛊ ᛊ ᛊ, mas todas pertencem ao tipo zigue-zague ou serpentino. Esses princípios devem ser mantidos em mente quando se explora intuitivamente o significado esotérico das formas das runas. Ao longo da história, algumas nunca mudaram, enquanto outras, sim. Há um significado oculto nesse desenvolvimento ou na ausência dele.

Valores fonéticos

O valor do som de cada forma rúnica também é relativamente fixo, com apenas algumas alterações. Na verdade, esse segundo elemento do sistema é totalmente dependente do terceiro.

Nomes das runas

Esses nomes, dotados de carga ideológica e cultural, são acrofônicos, isto é, indicam o valor do som de uma runa por meio do som inicial do nome da runa; por exemplo, *f-ehu* = [f]. Os próprios *nomes*, entretanto, devem ser interpretados em três níveis. Como o runomante virá a compreender, essa abordagem multinível é básica para todo o trabalho rúnico. Esses três níveis são (usando *uruz* como nosso exemplo): (1) o "fundamental" ou literal (auroques – grande e poderosa besta selvagem de quatro patas); (2) o esotérico ou metafórico, muitas vezes sociomitológico (auroque – bovino primitivo da formação); (3) o runo-eruliano, muitas vezes runo-psicológico (auroques – circulação de forças vitais na consciência e capacidade de compreensão).[2]

O nome contém a ideia e o som. É altamente provável que tenha existido, em tempos antigos, um sistema complexo de nomes, e que cada runa tivesse um grupo de palavras (possivelmente três) que poderiam ser usadas como seus nomes. A Rune-Gild está, aos poucos, recuperando esses nomes, mas aqui abordamos os nomes originais e seus significados, apresentados na Tabela 9.2.

Qualquer pessoa com interesse real pelas runas vai querer começar a fazer certas associações entre elas, em todos os níveis. Quais formas estão relacionadas e como? Quais nomes estão relacionados e em que níveis? E, sobre esse último ponto, será possível observar, por exemplo, que esses nomes rúnicos originais são extraídos de certas áreas da vida: (1) os reinos sobre-humanos: *ansuz, thurisaz, tiwaz, ingwaz* e talvez *berkano*; (2) natureza orgânica: *fehu, uruz, eihwaz, elhaz e mannaz*; (3) natureza inorgânica: *hagalaz, isa, jera, sowilo, laguz e dagaz*; (4) tecnologia: *raidho, kenaz, perthro* e possivelmente *nauthiz*; e (5) domínios culturais: *gebo, wunjo e othala*. Essas categorias poderão ser posteriormente analisadas e recombinadas para fornecer significados mais profundos.

Tabela 9.2. Nomes e significados das runas.

(Palavras em letras maiúsculas, traduzidas entre colchetes, indicam cognatos em inglês moderno, isto é, palavras que são derivações diretas dos termos antigos.)

fehu (f)	Animais de fazenda, gado, unidade de valor monetário, *fee* (unidade monetária, em inglês moderno)
uruz (u)	AUROQUE, besta selvagem com chifres
thurisaz (th)	THURS (gigante primal), representação de grande força
ansuz (a)	deus ancestral soberano (o Ase Odin)
raidho (r)	carroça, *RIDE* [cavalgada]
kenaz (k)	Tocha (nome secundário, *kaunaz* [ferimento])
gebo (g)	GIFT [doação], hospitalidade
wunjo (w)	alegria, êxtase
hagalaz (h)	GRANIZO (pedra)
nauthiz (n)	NEED [necessidade]; *need-fire,* "fogo do socorro"
isa (i)	ICE [gelo]
jera (j)	(o bom) YEAR [ano]; colheita
eihwaz (ei/i)	YEW [teixo]
perthro (p)	copo de dados
elhaz (-z)	ELK [alce] (nome secundário, *algiz* [proteção])
sowilo (s)	sol
tiwaz (t)	(o deus) Tyr (IA Tiw)
berkano (b)	BIRCH [vidoeiro] (deusa)
ehwaz (e)	cavalo (veja latim *equus*)
mannaz (m)	MAN [homem]
laguz (l)	Água (LAKE] [lago])
ingwaz (ng)	(o deus) Ing
dagaz (d)	DAY [dia]
othala (o)	propriedade ancestral (ODAL)

Disposição das runas

A ordem das 24 runas confere a cada uma delas uma posição numérica na sequência de 1 a 24, e a divisão dessas 24 runas em três segmentos resulta em agrupamentos de oito. Essas fórmulas numéricas são inerentes ao sistema rúnico. Quando o sistema foi reformulado, na Era Viking, isso foi feito por meio de redução sistemática dessas fórmulas numéricas.[3]

Todas as runas surgiram simultaneamente e estão interligadas em diferentes níveis. As ligações mais óbvias são evidentes na ordenação e nas divisões em *aettir* (*airts*, no dialeto escocês). Na verdade, num nível, *fehu* está relacionado a *uruz*, que está ligado a *thurisaz,* e assim por diante, numa linha reta de 1 a 24. Essa linha é dividida em três partes, de modo que cada grupo de oito (*aett*) também compartilha certas características. Além disso, essa divisão resulta em oito grupos de três runas dispostas verticalmente (por exemplo, :ᚠ: / :ᚺ: / :ᛏ:), também ligadas de forma especial. É preciso observar ainda que, mesmo na série horizontal de 1 a 24, grupos de três (1-3, 4-6 etc.) são significativos. Para o praticante rúnico ativo, essas divisões podem servir como excelentes temas de meditação e contemplação.

Os significados subjacentes dos três *airts* são claros. O primeiro *airt* delineia os mistérios que o runomante deve aprender e dominar antes de iniciar o difícil caminho do odiano. Esse *airt* mostra o estabelecimento dos talentos e das características básicas do runomante: energia, compreensão, ação, inspiração, ritual, vontade controlada, generosidade e companheirismo. Ele corresponde ao *dreng**. O segundo *airt* é duplo e cheio de provações e tribulações. H a J delineiam o processo de superação de confrontos objetivos e a obtenção da boa colheita a partir deles, e EI a S descrevem os conflitos subjetivos e o caminho para o sucesso. Isso corresponde ao trabalho do *thegn*. O terceiro *airt* (de Tyr) descreve o reino no qual atua o eruliano ou mestre rúnico. Estabelecido no cume da coluna do mundo (:ᛏ:) e capaz de gerar seu próprio poder internamente ao longo dos caminhos da árvore (:ᛒ:), o mestre rúnico, com seu "ego" divino integrado e autocriado (:ᛗ:), é capaz de passar por todas as camadas da existência (:ᛚ:) para se tornar o

* Em tradução livre, os três níveis indicados pelo autor teriam as seguintes correspondências: *Dreng* – nível do principiante (em busca de adquirir energia, compreensão, inspiração etc.); *Theng* – nível do sacerdote (já superou confrontos objetivos, obteve boa colheita e está a caminho do sucesso); *Drighten*, nível do mestre (já é capaz de gerar o próprio poder, em conjunto com seu "ego" divino e autocriado, e de ultrapassar todas as camadas da existência para se tornar um eruliano independente). (N.T.)

homem-deus eruliano independente, autocontido e em constante evolução (:ᛜ:), iluminado pela "luz" do dia (:ᛞ:) e sempre interagindo com o mundo "lá fora", enquanto permanece acima e além da discórdia (:ᛟ:). Esse é o trabalho do *drighten*.

Como o próximo capítulo deixará mais claro, as runas, na verdade, pertencem a uma realidade quadridimensional, e, portanto, todas as tentativas de representá-las ou representar seus relacionamentos são insuficientes. No final das contas, as runas podem ser vistas com clareza apenas sob a "luz" de *dagaz*. Tecendo a grande teia de mistérios e, assim, "serpenteando" ao longo de caminhos tortuosos, rumo à realização consciente de realidades ocultas, o estudioso rúnico emergirá e voará em direção ao Jardim dos Deuses.

Capítulo 10

COSMOLOGIA ESOTÉRICA

(A CRIAÇÃO DOS MUNDOS)

Sob o título *cosmogonia*, também abordaremos a teogonia (nascimento dos deuses) e a antropogonia (nascimento do homem), um de cada vez. No *Gylfaginning* (capítulos 5-9), são apresentados detalhes de como o mundo foi formado. A descrição oferecida, nessa primeira parte da *Edda em Prosa*, é sobre o reino aquático de Niflheim (Mundo da Névoa), no norte, de onde fluíam as correntes de gelo carregadas de levedura venenosa; e de Muspelheim (Mundo do Fogo), no sul, de onde voavam partículas incandescentes e faíscas. Esses dois extremos de energia fluíram um em direção ao outro através de *Ginnungagap* (Vazio Carregado de Magia). Os extremos em ambos os lados criaram uma condição harmoniosa no centro de Ginnungagap; e, quando as faíscas e o ar quente de Muspelheim atingiram o gelo, a levedura dentro dele foi ativada, e uma forma surgiu a partir da união dessas energias: Ymir (Aquele que Ruge).

De Ymir descendem os gigantes do gelo. Como um ser hermafrodita, Ymir gerou um gigante e uma giganta sob sua mão esquerda, e um de seus pés gerou um filho. Como parte do mesmo processo em que surgiu Ymir, Audhumla, a vaca cósmica, foi moldada com a solidificação da geada gotejante. Ela alimentou Ymir com o leite que fluía de suas tetas e, por sua vez, se alimentava lambendo um bloco de gelo salgado formado pela geada. Desse bloco, ela formou um ser chamado Búri. Búri, entidade andrógina, gerou um filho chamado Borr, que posteriormente se casou com Bestla, filha de um *etin* chamado

Bölthom (espinho maligno). Da união do protodeus Borr e de sua esposa-*etin* Bestla, nasceu a divina tríade Odin-Vili-Vé.

Essa tríade divina uniu-se ao pai para matar (sacrificar) Ymir. Assim fizeram e levaram seu corpo para o meio do Ginnungagap, e dessa substância obtiveram a matéria-prima para criar a estrutura do multiverso. Deram forma ao mundo e puseram em movimento seus mecanismos no contexto dos quatro quadrantes. Os céus foram moldados do crânio de Ymir, e, em cada um dos quatro cantos, os deuses colocaram quatro anões – Nordhri, Austri, Sudhri e Vestri. Bem no centro, construíram uma fortaleza com as sobrancelhas de Ymir, chamada de Midgard (o Jardim do Meio).

Depois, a tríade divina começou a moldar a humanidade. Isso foi feito quando Odin, Vili e Vé estavam em Midgard, à beira-mar, onde encontraram duas árvores. Para esses seres que já tinham vida, Odin deu *önd* (espírito, o sopro da vida), Vili deu *odhr* (atividade mental inspirada), e Vé deu forma, a fala e os sentidos. No poema "Völuspá" (est. 17-18), da *Edda Poética,* esse processo também é descrito com a tríade divina Odin-Hoenir--Lódhurr. O ser masculino chamava-se Askr ("freixo"), e a feminina, Embla ("olmo").

Este texto deve ser lido por todos os aprendizes e tema de profunda meditação, pois contém muitos mistérios rúnicos.

Todo o protoprocesso cosmogônico/teogônico está esquematizado na Figura 10.1, que conceitualiza todo o complexo evolutivo primordial, como visto pelos antigos povos germânicos. Isso, no entanto, pode ser apenas uma aproximação, pois o real processo é multidimensional.

Ginnungagap é um espaço carregado com um campo de protoenergia. Niflheim e Muspelheim constituem essa energia num estado altamente polarizado e intensificado, que interage, então, consigo mesmo no centro, onde se manifesta uma nova forma modelada num padrão multiversal inato. Isso é simbolizado por :ᛡ:, que é o padrão da Árvore do Mundo como cristalização final desse padrão seminal. É também o padrão de floco de neve, que demonstra a natureza dessas imagens não manifestas ao se tornarem visíveis, quando alimentadas com as energias e substâncias adequadas. O reino ígneo é uma manifestação da energia luminosa de vibração máxima, enquanto o reino gelado é uma solidificação da energia escura, que contém a essência elementar dos mistérios da vida e da morte – levedura, sal e veneno.

Depois que essa forma de protossemente é moldada, ela se divide em outra polarização de protomatéria (Ymir) e e protoenergia (Audhumla), mas parte da energia da protossemente cai em Ginnungagap e recristalizada como o bloco de gelo a partir do qual a protoenergia exerce seu poder de modelagem para formar o protodeus/*etin*

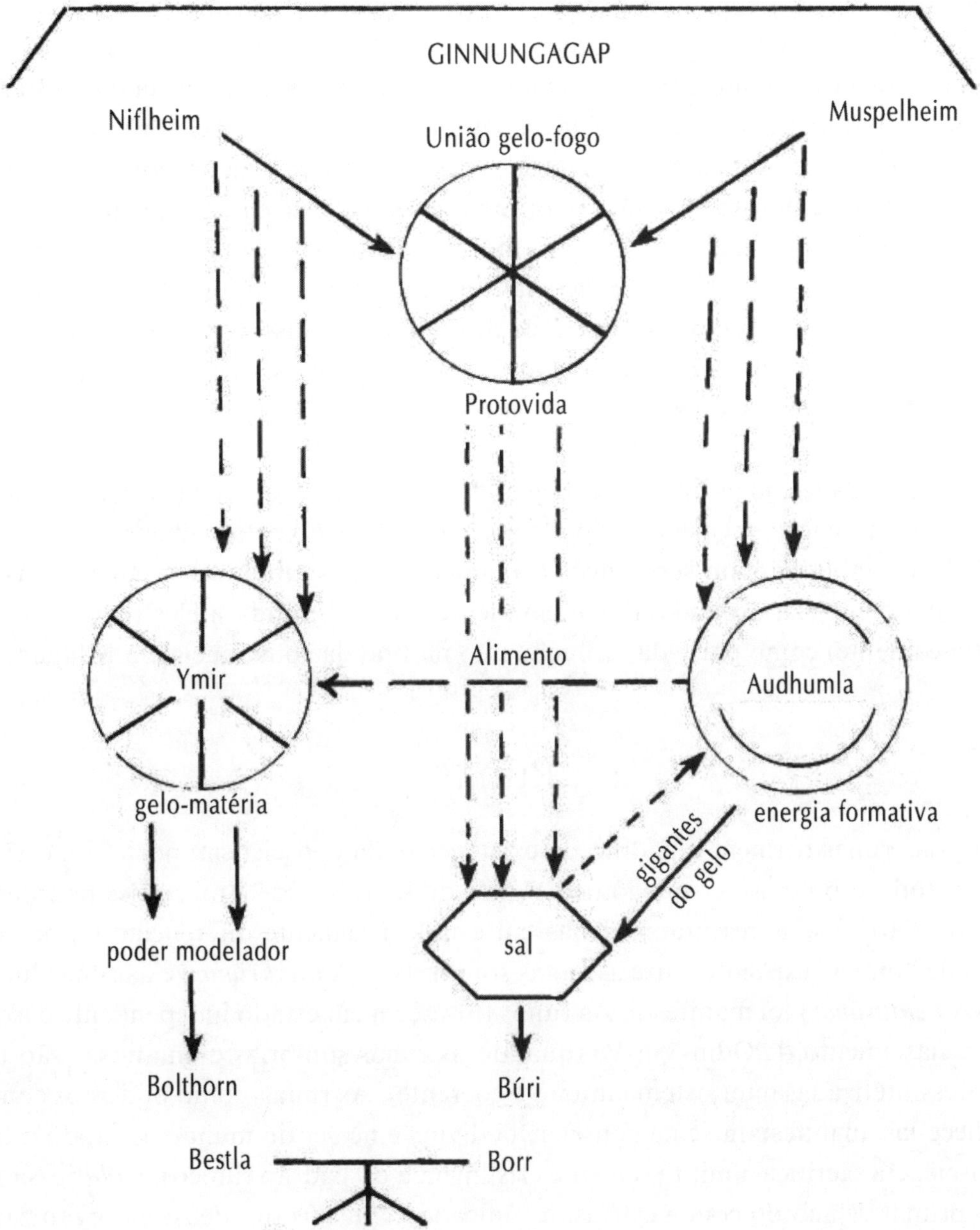

Figura 10.1. Processo cosmogônico.

andrógino, Búri. Búri contém o padrão puro da união direta entre fogo e gelo, mas é moldado pelas forças da própria protoenergia (e se oferece, numa forma de autossacrifício, à vaca cósmica). Ymir, a massa de matéria-prima cósmica e a forma ou padrão cósmico inato contido na "semente de gelo" – o granizo (*hagall* : ✱ :) – é, por fim, sacrificado por uma tríade de seres divinos (ou seja, as formas de consciência primordial). Esses três seres – na verdade, um todo – são os primeiros seres conscientes e, portanto, divinos, porque podem compreender dualidades e moldar seu ambiente devido à consciência sintética inata resultante de sua descendência de fonte tripla: (1) a união das sementes primárias, (2) Ymir e (3) Audhumla. A tríade de consciência dissolve Ymir e, da sua matéria, remodela o cosmos estático numa organização dinâmica, viva e consciente, de acordo com os padrões *corretos* (ou seja, inatos) já contidos na própria matéria (Ymir) e na semente primal.

A humanidade é mais uma modelagem das divindades conscientes. Mas, neste caso também, parte de todo o cosmos, não algo *criado* (*ex nihilo*) pelos "deuses".

Askr e Embla já eram seres vivos (orgânicos: aqui simbolizados por plantas), e a consciência complexa expandida artificialmente foi transmitida a eles (coigualmente e simultaneamente) como parte da evolução não natural da consciência em Midgard.

Runas

As próprias runas definem o padrão da existência e da consciência; portanto, estão em ação em todo o processo cosmogônico. Antes do sacrifício de Ymir, esses padrões não são manifestos e se apresentam apenas em estado levemente diferenciado. Somente a dualidade "biuna" existente entre as runas sombrias (NA *myrkrúnar*) e as runas luminosas (NA *heidhrúnar*) foi manifesta. As runas florescem em estado independente e isolado sobre o nascimento de Odin-Vili-Vé (quando as runas sombrias e luminosas são totalmente ressintetizadas num sistema inteiro e coerente). As runas, como podemos começar a conhecê-las, manifestam-se na consciência divina e no ser do mundo. Quando a tríade de consciência sacrifica Ymir (a semente cristalizada do padrão rúnico), *molda* essa substância primal de acordo com a estrutura rúnica inerente. Os três deuses a organizam na forma dos nove mundos de Yggdrasill (veja a Figura 10.7).

É preciso ter em mente que esses "acontecimentos" ocorrem em dimensões além das nossas três, e, como tal, processos que vamos discutir numa sequência podem ser "sincrônicos". Isso é o que ocorre com os "eventos" do nascimento de Odin-Vili-Vé, do sacrifício de Ymir, da manifestação das runas e do mundo (Yggdrasill) e da iniciação de Odin, em que ele obtém as runas (veja "Tradição Rúnica dos Deuses", Capítulo 13). Em diferentes níveis, todos esses acontecimentos descrevem um fato: a consciência entra na ordem orgânica, depois de estar fora dessa ordem.

No que diz respeito ao (re)nascimento do sistema rúnico, isso se manifesta por meio dos processos de (1) florescimento das runas de um ponto central num padrão esférico duplo bidirecional (veja a Figura 10.2) e (2) envolvimento da sequência resultante em torno de um plano óctuplo (veja a Figura 10.3). Isso dá às runas uma organização compreensível e comunicável. Ela fornece ordem e orientação.

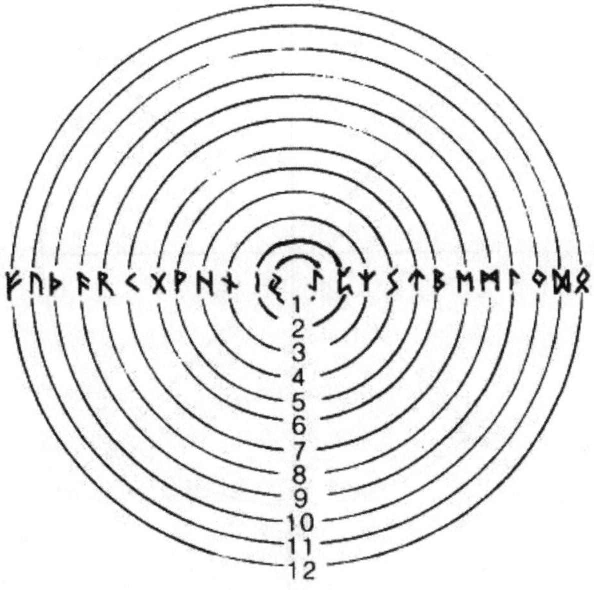

Figura 10.2. Diagrama do padrão Futhark de manifestação.

O primeiro desdobramento de um ponto central começa com as duas formas rúnicas centrais, ou "nucleares", de uma força cíclica (:ᛃ:) e vertical (:ᛇ:) – os ciclos do vir a ser e o eixo do ser. Assim, de acordo com o padrão do mistério do 24, as runas se manifestam dentro de uma esfera duodécupla; cada uma delas se alinhando com as outras de acordo com uma "lei" de compatibilidade/incompatibilidade, à medida que as esferas se expandem. A sequência numérica de 1 a 24 é cristalizada após a aplicação da força ordenadora da consciência, que organiza as runas da esquerda para a direita (na ordem *natural*, ou seja, no sentido da trajetória do sol). É preciso lembrar, no entanto, que as runas podem ser entalhadas em qualquer direção – da esquerda para a direita, da direita para a esquerda ou primeiro num sentido e depois no outro. Esses fatos mostram o caminho para uma compreensão mais profunda dos significados ocultos por trás dessa prática. A ordem esférica do Futhark é representada graficamente na Figura 10.2. O significado dos pares diádicos das runas resultantes desse padrão de "florescimento" mostrado na Figura 10.2 é indicado na Tabela 10.1.

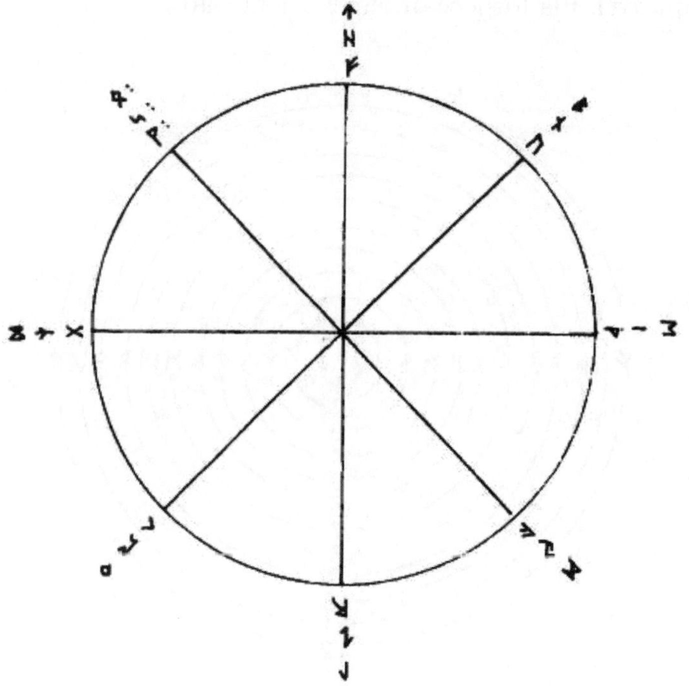

Figura 10.3. Divisão do Futhak em oito segmentos.

De acordo com o capítulo anterior, a disposição harmoniosa das runas em *aettir* é um mistério significativo por si só. Como as runas são ordenadas numa sequência de 1 a 24, surgem no plano horizontal da existência a partir do "norte" (isto é, da porta para outros mundos) e, como uma serpente, enrodilham-se três vezes sobre o plano circular em torno de Midgard. Na tradição germânica, os planos são divididos em oito segmentos para obter uma posição ou orientação nesse plano. Esses oito segmentos, ou divisões, são chamados de *aettir* (que pode significar as *duas coisas*: "famílias" e "oitos", ou seja, as "oito direções"). (A palavra arcaica do dialeto escocês *airt* ainda existe com esse significado.) É provavelmente desse padrão cosmológico (veja a Figura 10.3) que deriva o significado principal das divisões em *airt* do Futhark.

Tabela 10.1. Díades rúnicas

Número da esfera	Forma rúnica	Características cosmogônicas
1	ᛃ:ᛇ	órbita/eixo
2	ᛁ:ᛈ	contração/evolução
3	ᚾ:ᛉ	resistência/atração
4	ᚺ:ᛊ	forma seminal/cristal transparente
5	ᚹ:ᛏ	harmonia/ordem
6	ᚷ:ᛒ	troca/retenção
7	ᚲ:ᛖ	capacidade/confiança
8	ᚱ:ᛗ	ordem cósmica/ordem humana
9	ᚨ:ᛚ	transformação/crescimento
10	ᚦ:ᛜ	transgressor/recipiente
11	ᚢ:ᛞ	formação/paradoxo
12	ᚠ:ᛟ	poder móvel/poder imóvel

Existe ainda um terceiro "arranjo" básico das runas, que enfatiza a realidade multidimensional dos mistérios nos ramos de Yggdrasill, que será discutido mais adiante.

Elementos rúnicos

O tema dos elementos no contexto rúnico tem sido uma das áreas mais disputadas de especulação e trabalho esotérico entre aqueles que se dedicam ao caminho odínico. Em grande medida, isso é decorrência do papel proeminente desempenhado pelos quatro elementos (Ar, Fogo, Água e Terra) na escola de filosofia esotérica hermética/neoplatônica, com a qual o sistema rúnico é, muitas vezes, comparado ou da qual se distanciou em tempos mais recentes. Esses elementos neoplatônicos podem muito bem derivar de alguma formalização de padrões indo-europeus, e estes podem, de fato, ter sido compartilhados pelos povos germânicos. Os elementos são classes essencialmente básicas de substâncias que ocorrem na natureza e evocam certas reações psíquicas subjetivas quando se medita sobre eles. São instrumentos classificatórios para o complexo psicofísico. Como tal, parece mais benéfico explorar a ideologia rúnica que extrair dela diretamente, por meio da investigação rúnica (combinação de aprendizado das tradições e da "arte dos magos"), a natureza dos mistérios dos *elementos rúnicos*. Aqui, cabe uma advertência: embora o que se segue seja baseado em fontes tradicionais, não pretende ser uma regra dogmática. Outras interpretações são possíveis. Espera-se que esta obra abra algumas portas e, pelo menos, escancare um pouco mais aquelas que estão abertas.

No que diz respeito à tradição, os segredos dos *Eddas* têm sido há muito tempo ignorados há bastante tempo. Neles, está guardado um grande tesouro de conhecimento oculto àqueles que apenas abrirem os olhos para ele. O mito cosmogônico descrito no início deste capítulo oculta as chaves para os segredos da ciência antiga e complexa dos elementos rúnicos.

São dois os elementos primários polarizados: (1) fogo e (2) gelo, e os secundários são (3) água e (4) ar. Outros blocos de construção elementares da vida são também descritos no "Gylfaginning" da *Edda em Prosa*: (5) ferro (escória e as "faíscas" de Muspelheim, quando seu calor atinge o centro), (6) sal, (7) levedura, (8) veneno. Esses elementos são todos sintetizados no elemento final – (9) terra. Todos esses elementos atuam no "plano da manifestação" – o plano horizontal –, não no eixo vertical da consciência. São esquematizados de forma significativa na Figura 10.4. Uma breve descrição da natureza de cada elemento, em conjunto com o mito cosmogônico e com a compreensão do sistema rúnico, auxiliará no entendimento deste complexo:

Fogo:	Total expansão, total vibração, calor, luz, secura, protoenergia – dinâmico.
Gelo:	Total contração, ausência de vibração, frio, escuridão, protomatéria – dinâmico.
Água:	Imobilidade, existência evolucionária, umidade, matriz para a forma – estática.
Ar:	Totalidade, espaço informe, calor, matriz para a consciência – estático.
Ferro:	Síntese primária, matéria quente/fria, duro, de penetração dinâmica, matéria inerte.

Sal: "Material da vida" e substância da vida orgânica, mantenedor da forma.
Levedura: "Vivacidade" dinâmica, movimento orgânico, crescimento, saúde.
Veneno: Dissolução latente, corrosividade, dinamismo orgânico (fator evolutivo negativo – destruição necessária para remodelar).
Terra: Potencial total, manifestação, síntese elementar final.

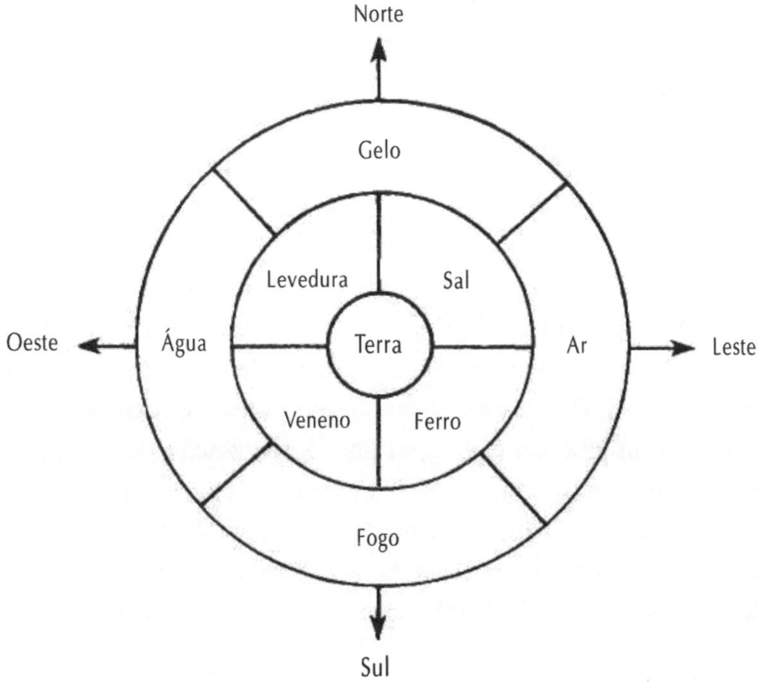

Figura 10.4. Elementos rúnicos no plano horizontal.

Esses elementos não devem ser interpretados como "emanações" uns dos outros. Todos são reais e latentes no todo, no universo (omniverso), antes de se manifestarem no multiverso.

A díade primária fogo-gelo interage por meio da extensão da *lacuna* (preenchida com *ginnung*, protoconsciência, que vai "solidificar" no eixo vertical), e aqueles extremos dinâmicos totais evocam os fatores de equilíbrio e mediação da díade secundária água-ar. A interação desses elementos dá origem ao conjunto dos processos orgânicos. No ponto de contato direto máximo e menos mediado entre o fogo e o gelo, o ferro primordial é forjado no cadinho cósmico, e sua síntese primária e mais puramente "elementar" do fogo: o gelo interage como raio com a mistura orgânica latente da levedura/sal/veneno na matriz fogo-gelo/água-ar. Essa centelha de vida primeiro acelera a levedura, causando o surgimento do processo orgânico a ser posto em movimento. Isso é mantido eternamente pelo sal da vida, que mantém o processo coeso. No entanto, o veneno latente garante o dinamismo contínuo e a natureza evolutiva do processo, porque está continuamente dissolvendo a vida para que ela possa ser remodelada em formas ainda mais complexas, pela consciência. Aqui vemos as origens dos aspectos materiais da "santíssima trindade" (díade trifidictruína) – nascimento-vida-morte até o renascimento (como mostra a Figura 10.5).

Figura 10.5. Ciclo elemental do vir a ser.

Todos esses fatores entram na formação e na aceleração do centro do plano horizontal, o meio da *lacuna* onde todas as condições são ideais para o desenvolvimento final e a reprodução do todo – a *Terra*. Esse também é o ponto central do eixo vertical numinoso do mundo, que completa seu potencial para a realização do todo.

Esses parecem constituir apenas um primeiro nível de sabedoria elemental rúnica. Na realidade, os fatores elementares provavelmente poderiam ser multiplicados e aperfeiçoados mais e mais (como têm sido as ciências físicas), para construir uma verdadeira "tabela periódica" de elementos rúnicos. As raízes desse sistema são apresentadas na Figura 10.6.

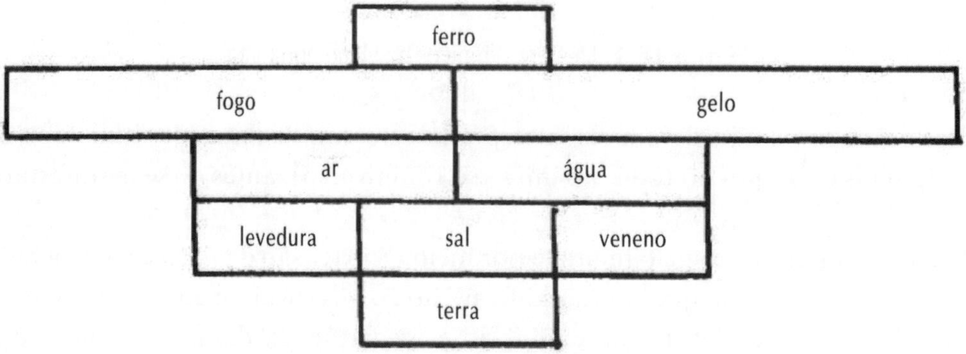

Figura 10.6. Tabela de elementos rúnicos.

O emprego do "pensamento elementar" no desenvolvimento de uma verdadeira filosofia – que leva em consideração não apenas a consciência, mas também o mundo natural e a construção de pontes simbólicas e psicológicas entre os dois mundos – é um auxílio de valor inestimável. Isso ocorre porque a análise consciente, a categorização e a experiência de fenômenos físicos prontamente aparentes levam a um processo de internalização em relação ao meio, de modo que a natureza possa realmente se tornar um mestre da tradição de forma viva, e o caminho rumo ao todo se tornar mais claro.

Yggdrasill

Depois que os deuses moldaram o cosmos a partir da substância primordial, de acordo com seu padrão, e colocaram o todo em movimento, de modo a se tornar uma coisa viva, orgânica, em evolução, o todo passou a ser visto como uma árvore cósmica – Yggdrasill. As descrições da estrutura do mundo oferecida pelas *Eddas* nem sempre fornecem uma imagem totalmente coerente, mas não esperamos isso num sistema multiversal. O enigma e o mistério ocultos em metáforas mostram que essas são as observações dos viajantes do supraconsciente, dos verdadeiros xamãs, e não as construções dogmáticas dos filósofos racionalistas. No entanto, no momento, precisamos dessas esquematizações para nos ajudar a desvendar alguns dos enigmas que envolvem o cosmos. Devemos agora, portanto, explorar o esotérico analiticamente antes de mergulhar nas águas desconhecidas de Niflheim. As aproximações desses esquemas devem sempre ser levadas em consideração.

A partir da *Edda em Prosa* e do nosso conhecimento dos nove mundos de Yggdrasill, podemos construir uma estrutura primária do cosmos. Contudo, dentro e ao redor desses mundos (NA *heimar*; sing., *heimr*) há muitas moradas, e as *Eddas* falam delas em várias passagens.

Sabemos que Midhgardhr [Midgard] (o mundo "material" manifestado) está no *centro* de Ginnungagap, isto é, não fica, como algumas filosofias ocultas nos fazem acreditar, nos confins do universo. Ao norte, está Niflheimr [Niflheim]; ao sul, Muspellsheimr [Muspelheim]; a leste fica Jötunheimr [Jotunheim] (mundo dos Etins); e a oeste está Vanaheimr [Vanaheim] (mundo dos Vanir). Ao longo de um eixo central (mas onipresente) – o Irminsūl – que passa pelo centro de Midgard estão os reinos "acima" e "abaixo" de Midgard. É preciso lembrar que essas direções são símbolos de mistérios eternos e onipresentes. Abaixo de Midgard está Svartálfheimr [Svartalfheim] (mundo dos elfos negros [= anões]) e abaixo dele está Hel (= a morada dos mortos, reino oculto e silencioso).

Acima de Midgard está Ljóssálfheimr [Ljossalfheim] (mundo dos elfos claros ou simplesmente mundo dos elfos) e acima dele está Asgardhr [Asgard] (morada dos Aesir). Esses nove mundos são, portanto, organizados ao longo do plano de Yggdrasill e do padrão tridimensional do floco de neve. A Figura 10.7 oferece uma descrição detalhada dos mistérios de Yggdrasill. Esse padrão consiste num plano horizontal, descrito por Muspelheim-Niflheim-Vanaheimr-Jötunheimr-Midgard, e num eixo vertical, descrito por Midgard-Ljossalfheim-Svartalfheim-Asgard-Hel.

Na realidade, o plano central deve ser inclinado, na imaginação, para que Niflheim esteja na borda inferior, e Muspelheim, na borda superior. Sabemos que essa é uma concepção antiga porque a evidência linguística mostra que a raiz da qual a palavra "norte" deriva (**ner-*) originalmente significava "sob". Acima de Midgard está o reino da luz – "os ceús"; abaixo está o mundo das trevas – "o mundo inferior". E o Irminsūl, o pilar cósmico de Yggdrasill, conecta todos eles. O livro de M. Eliade, *Myth of the Eternal Retorn*, fala com mais eloquência desse mistério. A coluna ou eixo vertical define a bissecção psicocósmica entre o consciente e o inconsciente, entre a luz e a escuridão, assim como o plano horizontal define a bissecção entre as energias expansivas e elétricas do fogo e as energias magnéticas e constritivas do gelo. O plano horizontal é energia e aquele em que se encontra a energia "física"; o plano vertical é o padrão psíquico da consciência e da existência. Todos se encontram em potencial harmonia em Midgard. Esse potencial pode ser ativado pelo runomante.

É preciso destacar que, entre esses nove mundos, há *24* caminhos. Isso tem dois significados. Indica que o mistério do 24 ajuda a moldar e a manter todo o cosmos coeso (pois formula a estrutura do próprio sistema rúnico) e, em certo nível, mostra que as runas podem ser atribuídas a vários caminhos, como chaves para desbloquear o acesso consciente a eles. A experiência tem mostrado que pode não haver nenhuma correspondência objetiva entre uma runa e um caminho, embora exercícios especulativos nesse sentido sempre se mostrem significativos. A verdade universal parece ser a de que a estrutura de Yggdrasill e a do sistema rúnico são moldadas pela mesma força múltipla de 24, e que cada caminho contém todo um Futhark potencial dentro dele. No fluxo e refluxo de energias dentro do sistema, uma runa pode dominar certo caminho, mas isso não significa que outras runas não estejam presentes ali. Como é normal nas runas, depende muito do estado de ser do runomante – o observador dos mistérios.

Quanto à análise das essências dos mundos, a Tabela 10.2, mostra o conhecimento esotérico fundamental necessário para a compreensão rúnica dos reinos de Yggdrasill.

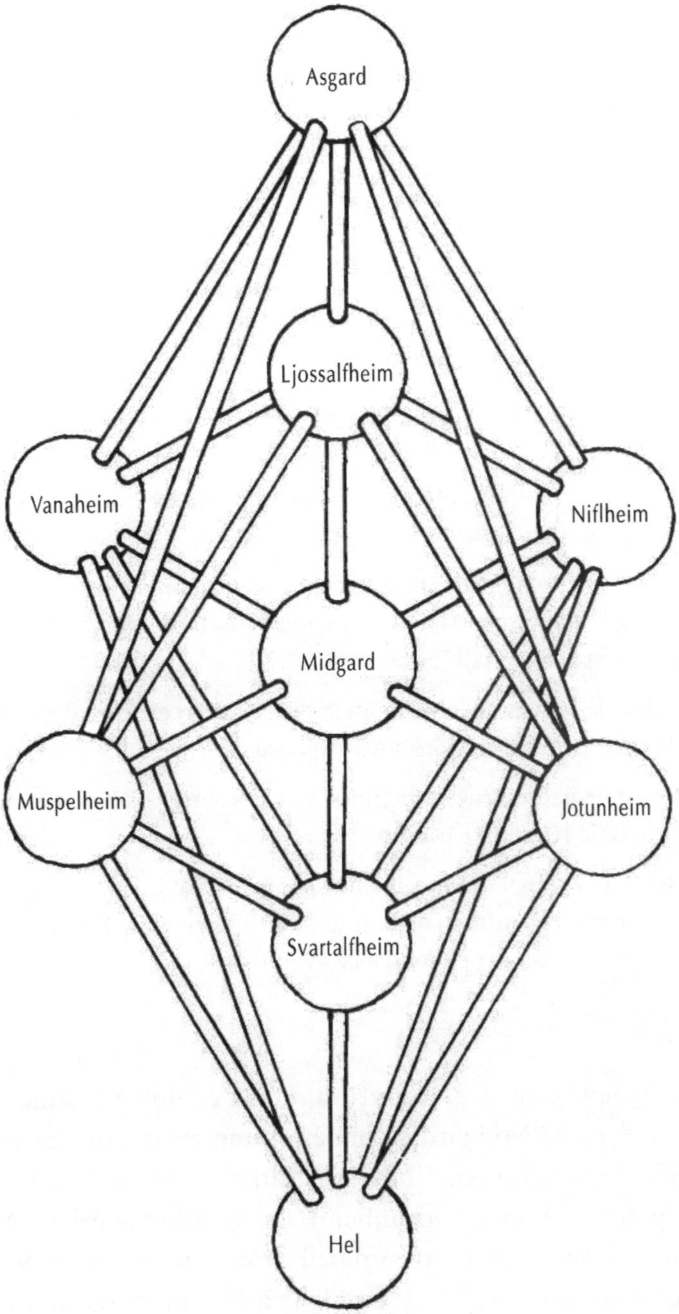

Figura 10.7. Yggdrasill.

Tabela 10.2. Chaves para os mundos de Yggdrasill.

Asgard	Reino de consciência complexo em si mesmo, com muitas câmaras e salões, entre eles Valhöll (Walhalla), o Salão dos Caídos. A morada dos mensageiros (*fetch*) e a casa do espírito (NA *önd*).
Ljossalfheim	Amplas extensões de luz (que também contêm outros subplanos). A morada da mente e da memória – o intelecto.
Midgard	Terra do Meio. No Cosmos, essa é a manifestação material – a Terra. Na composição do homem, esse é o corpo, mas também todo potencial do eu. Em Midgard, todos os mundos se encontram.
Svartalfheim	Morada dos *hamr* (forma ou invólucros). Um mundo "subterrâneo" de escuridão, onde as formas são forjadas. Reino das emoções.
Hel	Reino dos instintos. Morada da quietude e da inércia – inconsciência. O local de descanso final da alma do não eruliano.
Niflheim	Reino de névoa que se transforma em gelo, morada de contração e magnetismo. A força da antimatéria, um ponto que está constantemente exercendo uma força centrípeta, como um "buraco negro".
Muspelheim	Reino de faíscas de fogo, morada de expansão e eletricidade. A força centrífuga de energia pura, em constante expansão.
Vanaheim	Reino de padronização orgânica e coalescência – água. Morada das forças em equilíbrio frutífero e estático.
Jotunheim	Reino em constante movimento que procura se opor e oferecer resistência a tudo o que encontrar. Força de dissolução e engano. Potência reativa de destruição (necessária para a mudança evolutiva).

Esses mundos e recintos interagem entre si, numa ecologia cósmica de energia e essência. Os oito reinos fora de Midgard se opõem a um reino contrário e o equilibram: Asgard equilibra Hel; Jotunheim equilibra Svartalfheim; Muspelheim (fogo) se opõe a Niflheim (gelo) e Vanaheim se opõe a Jotunheim. O "mundo material", Midgard, está no meio de tudo – o reino de potencial total. A partir dele, o runomante pode alcançar todas as direções, ascender aos reinos acima ou cavalgar até os mundos abaixo. No entanto, é preciso notar que há uma relação especial entre Asgard, Midgard e Hel, apropriadamente chamados de "os três reinos" – celestial, terrestre e ctônico. Há um vínculo semelhante entre os outros seis reinos muito apropriadamente chamados de *heimar*, que "circundam" Midgard. Acessar os reinos além desses seis, alcançando os dois mais externos, é mais difícil, para dizer o mínimo.

Coletivamente, os caminhos entre os mundos são conhecidos como Bifröst, a Ponte Arco-íris. A estrutura é um modelo do mundo, mas também o padrão do "mundo interior"– o microcosmo do homem, se quiser chamar assim. Isso está bem claro na linguagem escáldica do norte, na qual os seres humanos são, muitas vezes, parafraseados em termos de árvores; por exemplo, um guerreiro será chamado de "carvalho da batalha". Esses "nomes metafóricos" são derivados do fato mítico de que os humanos foram "moldados" a partir de árvores (ou seja, substâncias orgânicas já vivas) pela tríade da consciência divina. (Compare isso com outras mitologias em que os seres humanos são feitos de matéria inerte.) No padrão Yggdrasill, temos o antigo modelo germânico (e talvez até indo-europeu) do universo subjetivo e um modelo para suas ligações com o universo objetivo. Aqui continua escondida uma runa de grande poder.

Capítulo 11

NUMEROLOGIA RÚNICA

Quando temos acesso aos inúmeros trabalhos acadêmicos sobre magia rúnica, ficamos imediatamente impressionados com a quantidade de interpretações numerológicas. Por trás desses estudos, parece haver a suposição de que meros padrões numéricos (reais ou imaginários) são o suficiente para indicar a natureza "mágica" de uma inscrição. O ponto crítico dessas obras reside no fato de que os autores nunca nos dizem *como* esses padrões podem ser eficazes no que se refere à magia, nem muito sobre o conhecimento numérico germânico original necessário para compreender essas inscrições. Do ponto de vista puramente histórico, parece até duvidoso que as runas tenham sido usadas um dia como numerais. Não há nenhum exemplo claro de tal uso, e, quando os números são nas inscrições, o são sempre em palavras. (Isso não significa que não tenha existido nenhuma tradição sagrada ou mágica relacionada aos números que fosse totalmente separada do uso dos números "profanos".) Os estudiosos runonumerológicos acreditam que os mestres rúnicos de outrora usavam ambas as contagens de runas (contando o número total de runas de uma inscrição, linha ou frase; por exemplo, :ᚨᛚᚢ : = 3) ou os totais de runas (contando o total dos valores numéricos atribuídos às runas em virtude de suas posições na linha; por exemplo, :ᚨᛚᚢ : = 4 + 21 + 2 = 27).

Então surge a pergunta: essas práticas seriam legítimas, mesmo com a falta geral de evidências? A resposta é sim, por dois motivos: (1) as evidências históricas geralmente têm sido mal interpretadas, e o caso científico (em especial para contagens de runas) precisa ser mantido em aberto; e (2) no espírito de inovação viva consistentemente expressa pelos mestres rúnicos mais antigos, nós, novos runomantes, precisamos nos sentir livres para incorporar e desenvolver a tradição da numerologia rúnica em nosso sistema, independentemente de sua posição histórica. Não é nosso objetivo apenas copiar práticas mais antigas, mas, sim, estendê-las de maneira harmoniosa com a tradição. Nosso tratamento da numerologia rúnica, ou tradição da contagem, é embasado em profundo conhecimento da tradição numérica exclusivamente germânica (em geral, ignorada por estudiosos anteriores em favor de sistemas estrangeiros) e no espírito de inovação intuitiva.

A tradição da contagem

A padronização numérica torna uma inscrição mais eficaz nos domínios correspondentes àqueles indicados pelo número-chave. Essa é simplesmente uma parte das leis de empatia sistêmica necessárias para o trabalho mágico em geral. O ato voluntário de moldar conscientemente comunicações operativas em níveis cada vez mais sutis têm poderoso efeito intrínseco no trabalho mágico. Em outras palavras, para um trabalho mágico ser eficaz, deve estar numa forma – num código, se preferir – que o objeto do trabalho seja capaz de "entender" e responder. O padrão numérico é um nível sutil desse processo de codificação. Essa é uma das partes mais obscuras da resposta à pergunta odiânica "Sabes entalhar?". Em contrapartida, há um lado passivo importante nesse aspecto ativo. A pessoa também precisa ser capaz de responder à pergunta "Sabes interpretar?". Ou seja, o runomante deve ser capaz de entender as runas quando elas lhe são apresentadas – aos olhos da mente, assim como aos olhos do corpo. Portanto, o conhecimento da numerologia rúnica também é um instrumento para trabalhos mágicos sutis, adivinhatórios (lançamento das runas).

Algo que sempre impediu que a tradição numérica rúnica se tornasse totalmente eficaz foi o esforço geral para tentar fazer com que ela se encaixasse na numerologia mediterrânea, conforme praticada pelos gregos, pelos hebreus e por outros. Embora o sistema numérico germânico seja semelhante ao usado pelos gregos (ambos sendo derivados do indo-europeu), há uma mudança importante na ênfase do dois para o três e seus múltiplos, que resulta num quase sistema duodecimal* para os povos germânicos. É por isso que, em inglês, temos "eleven" e "twelve", e não, como seria de esperar, algo como "*onteen*" e "*twenteen*". Há um sistema subjacente com ênfase no número doze e seus múltiplos no antigo sistema numérico germânico e que também está por trás da tradição da numerologia rúnica. Quando um antigo saxão, na Inglaterra, ouvia *uma centena*, pensava, em nossos termos, em 120 "coisas" – *teontig* (*ten-ty* = 100), *endleofantig*, (*eleven-ty* = 110), e assim por diante. Esse último termo ainda sobrevive em alguns dialetos do sul dos Estados Unidos, como "*elebenty*".

Que os valores numéricos eram, em certa medida, parte da antiga tradição rúnica, isso é óbvio, devido à natureza dos sistemas de códigos rúnicos (veja o Capítulo 7). O sistema rúnico, como mostrado no Capítulo 9, e toda a cosmologia rúnica têm forte base numérica. Dentro do sistema rúnico, alguns números-chave se destacam. O três e seus múltiplos são óbvios – os três *airts* (*aettir*) das runas, por exemplo. Três é um número cósmico de ligação essencial no eixo numinoso vertical, uma fórmula que conecta o que está "acima" e "abaixo" com o aqui e agora. O três e todos os seus múltiplos contêm esse valor raiz. O quatro e o oito têm efeito semelhante no plano horizontal da natureza. O simbolismo desses grupos de números já fica claro quando se olha a disposição rúnica dos *airts*.

Num sentido esférico e multidimensional, os números doze e treze têm importância central (veja o Capítulo 10). Eles estão no cerne do sistema rúnico, e cada um contém um mistério único e distinto. Em outras palavras, treze não são apenas doze mais um. A essência do treze é algo independente do doze (esse é um "ponto de ruptura" tanto no sistema rúnico quanto no sistema numérico germânico).

O número supremo da totalidade é o 24. Ele contém uma sensação de integridade, embora também esteja sujeito a multiplicações significativas. A esse respeito, a fórmula 24 × 3 = 72 parece ter relevância especial. Esse valor de integridade para o 24 foi mantido mesmo depois de o sistema ter sido reformado. Um dos maiores testemunhos desse fato são as misteriosas "24 coisas" nas quais as runas devem ser entalhadas, segundo as instruções de Sigrdrífa para Sigurdhr (veja o "Sigrdrífumál" na *Edda Poética*).

---

* Sistema de contagem que usa o número doze como base, como a dúzia, por exemplo. Muitos sistemas numéricos são baseados no doze porque ele é divisível pela maioria dos números e porque é possível contar até doze em uma mão, usando o polegar para contar três articulações em cada um dos outros dedos. (N.T.)

Basicamente, há quatro números-chave sistêmicos: treze, dezesseis, dezoito e vinte e quatro. Cada um expressa um aspecto da totalidade. Além disso, todos os números primos – aqueles independentes, livres e isolados entre si – expressam um aspecto da vontade mágica do runomante.

Tradição numérica nórdica

Até certo ponto, as tabelas rúnicas de interpretação[1] revelam boa dose de conhecimento sobre os significados dos números e das relações numéricas entre as runas. No entanto, como uma leitura detalhada dos textos mais antigos da tradição germânica mostra, os números têm certos poderes característicos que o aspirante a runomante deveria saber. Essas características normalmente são diferentes daquelas da numerologia mediterrânea.

O **um (1)** é o número do início das causas originais e da força solitária. É raro na magia das runas e em referências mitológicas.

O **dois (2)** é o número da cooperação do trabalho redobrado de forças que atuam em conjunto. Em trabalhos operativos, às vezes é usado para fortalecer, em especial fisicamente. Na mitologia, mostra o poder do trabalho em equipe entre pares complementares: Huginn/Muninn, Geri/Freki (lobos de Odin), Árvakr/Alsvidhr (parelha de cavalos que puxa a carruagem do Sol), ou o par divino Odin/Loki.

O **três (3)** é um "número sagrado" amplamente representado na tradição. Indica um *processo* em pleno processo de funcionamento e é a força raiz do dinamismo. Nas runas, é usado para completar e acelerar coisas – para colocar as coisas em ação. Na tradição mítica, o três é abundante; por exemplo, Urdr-Verdandi-Skuld, Odin-Vili-Vé, as três "raízes" de Yggdrasill, os três recipientes do hidromel da poesia, Ódhroerir-Són-Bodhn.

O **quatro (4)** é um número de estase, solidez e espera. Contém poder, e esse é um dos seus principais usos operacionais. No mito, aprendemos sobre os quatro cervos que mastigam as folhas de Yggdrasill e de quatro anões Nordhri-Austri-Sudhr-Vestri, nos quatro pontos cardeais.

O **cinco (5)** é o número do tempo e espaço ordenados. A antiga semana germânica tinha cinco longas noites – chamadas, em nórdico, antigo de *fimmt* –, que também era o intervalo de tempo que as pessoas tinham para responder a uma intimação legal. É raramente encontrado na tradição mitológica, mas, para fins operativos, é uma fórmula invocatória poderosa.

O **seis (6)** é o número da vida e da força vibrantes. Pode ser usado para criar ou destruir. Raramente é encontrado em contextos míticos.

O **sete (7)** é o número da morte e do contato passivo com os "outros mundos". Um intervalo de sete noites (NA *sjaund*) é o período tradicional entre a morte e a realização dos ritos funerários. Não é visto com frequência na mitologia. Algumas ocorrências míticas parecem ter sido influenciadas pela astrologia.

O **oito (8)** é o número da manifestação completa da totalidade e da simetria perfeita. Seu significado principal pode ser encontrado na divisão óctupla dos céus (ver Capítulo 6). É o número de ordenação espacial. O oito é abundante na tradição mitomágica, principalmente como forma de enumerar as coisas, por exemplo, os oito infortúnios e seus remédios. ("Hávamál", 137), as oito operações rúnicas ("Hávamál", 144) e as oito "melhores coisas" ("Gríminismál", 45). Todos esses textos podem ser encontrados na *Edda Poética*.

O **nove (9)** é o "mais sagrado dos números" e a raiz dos poderes psicocósmicos. Empresta sua força para qualquer propósito. É o número da vida eterna e da morte sem fim. O nove transforma o que toca, mas permanece eterno em si mesmo. Seu uso é abundante nos mitos e na magia. Apenas para citar alguns dos muitos exemplos do uso de nove: nove são os mundos de Yggdrasill; nove são as noites em que Odin fica pendurado nela e, depois disso, aprendeu nove canções poderosas; nove é o número em que a *valkyjur* normalmente aparece para o eruliano.

As duas principais maneiras pelas quais as runas podem ser manipuladas como números são descritas num contexto operacional em Futhark (especialmente nas páginas 143-146). Esses dois métodos exigem que se faça a contagem das runas (adicionando o número da runa) e o total de runas (somando-se os valores numéricos de cada uma das runas). Por exemplo, um dos lados de uma famosa e complexa fórmula rúnica, de cerca de 500 EC (o amuleto de Lindholm), pode ser visto na Figura 11.1.

Figura 11.1. Lado B do amuleto de Lindholm.

A contagem das runas geralmente indica o reino no qual a fórmula deve atuar, e o total do valor numérico mostra o objetivo sutil ou o resultado final desejado da fórmula. Esses dois números são analisados com mais profundidade somando-se seus dígitos para chegar a um número "rúnico"-chave (reduzido a um número entre um e 24) e encontrando-se múltiplos valores para chegar a "múltiplos" números-chave. Esses números refinam os valores já demonstrados pela contagem das runas e pelo total dos valores numéricos delas, e mostra os "instrumentos mágicos" pelos quais atuam. Por exemplo, uma tabela analítica para o lado B do amuleto de Lindholm aparece na Tabela 11.1.

Usando essas formas sutis para "interpretar as runas corretamente", vemos que, em termos mais esotéricos, a inscrição na Figura 11.1 expressa a vontade firme e ordenada (5) de um *vitki* eruliano (47) trabalhando em seu ofício (6) dentro de todo o universo objetivo (24) em direção à manifestação (10).

Para concluir este capítulo sobre os números, precisamos falar do exemplo mais misterioso do simbolismo numérico da literatura germânica: a estrofe 24 do poema "Grímnismál", na *Edda Poética*, onde se lê:

> Quinhentas portas
> e quarenta além.
> Eu sei que estou em Valhöll:
> oitocentos guerreiros solitários [NA *einherjar*]
> atravessam uma das portas
> quando vão guerrear contra o lobo [= Fenrir].

Muitos estudiosos e místicos ficaram impressionados com essa estrofe. Em um nível, a análise numérica parece ser 540 × 800 = 432.000 – o que, por acaso, é o número de anos do Kali Yuga, no esquema da cosmologia hindu. Isso levou historiadores a concluir que pode ter havido um grande empréstimo de ideias da cultura indo-iraniana no Norte ou que nos deparamos com um exemplo de conhecimento europeu comum a ambas as culturas, desde os tempos pré-históricos.

Tabela 11.1. Análise numérica do amuleto de Lindholm (B).

Contagem das runas	24	reino do trabalho
chave da contagem	6	
chave múltipla	4 × 6	como funciona no reino
Runa total	235	objetivo do trabalho
chave da contagem	10	
chave múltipla	5 × 47	como atinge seu objetivo

Porém, de um ponto de vista nativo, é preciso lembrar que, quando um norueguês dizia "cem", ele tinha em mente 120 "coisas", em nossos termos; portanto, a fórmula do "Gríminismál" seria:

quinhentos (= 600) e quarenta (40) = 640 (= 16 × 40)
oitocentos (= 960) (= 24 × 40)

e a multiplicação dos dois números resultaria em 614.400 (= 40 × 15.360). O fato de os dois números-chave sistêmicos (16 e 24) estarem presentes, e de que se trata de um aparente exemplo de múltiplos intencionais de quarenta, parece apontar para uma simbologia numérica germânica independente e internamente coerente. A descoberta final desse mistério ainda está por vir.

Capítulo 12

PSICOLOGIA RÚNICA

A sabedoria da alma – psicologia – é um aspecto complexo, mas fundamental dos estudos rúnicos (esotéricos). Os antigos povos germânicos tinham uma tradição espiritual tão intrincada e precisa quanto qualquer outro povo, e ela era muito mais complexa que a que costumamos ter hoje. Muito desse mundo maravilhoso pode ser recuperado por meio do estudo das palavras que os antigos usavam para descrever várias concepções de alma e processos psicofísicos. É fácil perceber que, quando um grupo tem vocabulário altamente especializado ou técnico num determinado campo é porque (1) ele entende seu mecanismo interno e precisa de termos que diferenciem os vários aspectos dos quais tem conhecimento, e (2) trata-se de uma área da vida à qual esse grupo atribui grande importância. Além das "almas", outra ideia que domina o pensamento germânico é a de "destino" – *wyrd.* Esse conceito não pode ser totalmente compreendido sem que se compreenda também a tradição das almas, e isso ajuda a explicar exatamente *como* essas almas atuam dentro de nós.

Formas da alma

Quando se trata de conhecimento rúnico, não seria correto falar sobre a "alma" sem falar também do "corpo". Ambos estão intimamente ligados, mas, paradoxalmente, podem ser conscientemente separados um do outro nos trabalhos rúnicos. Sem esse trabalho, isso só aconteceria naturalmente na morte. Quando se fala da "pessoa inteira", talvez seja mais preciso usar os termos um tanto quanto pesados, como "complexo (corpo/mente) psicofísico ou psicossomático". De qualque maneira, a alma é composta de vários aspectos – essências e/ou substâncias que podem estar mais ou menos dormentes em alguns indivíduos, mas que no runomante estão despertos para a existência vital. Não é de admirar que, depois que um povo perde a terminologia que define uma experiência, esta logo desaparece da memória. O conhecimento rúnico e o trabalho com as runas reavivam essa memória.

Como os nórdicos foram os últimos povos germânicos a serem "convertidos" ao cristianismo e pelo fato de a fase inicial de conversão ter sido mais tolerante na Islândia, a língua e a tradição nórdicas deixaram intacta a mais completa psicologia rúnica. É nessa tradição que se baseia a análise a seguir. No entanto, parece mais provável que todos os outros povos germânicos – anglo-saxões (ingleses), alemães, godos, e assim por diante – tivessem sistemas equivalentes.

Há nove construções psicológicas (um pouco mais ou um pouco menos complexas) que compõem o "homem inteiro".

1. O veículo físico é composto de vários elementos. O corpo em si (NA *lík*) é um complexo de várias substâncias (NA *efni*), como a "aparência" (termo especial NA *lá* que pode se referir ao cabelo; também NA *sjón*, veja *hamingja,* mais adiante), movimento (NA *laeti*), saúde ou boa aparência (NA *litr*). Essas são as dádivas originais do deus Lódhurr. As "substâncias" do corpo são portais para outros aspectos do eu e os recipientes básicos do trabalho mágico. Portanto, certas substâncias sutis do corpo tornam-se pontos focais para o desenvolvimento de si mesmo ou da pessoa de consciência total, ciente de todos os aspectos em estado egoico exaltado.
2. A "substância modeladora" (NA *hamr*) está intimamente associada ao "corpo". Ela proporciona a base plástica ou a matriz sutil para a realidade física. No entanto, pode ficar sob o controle da vontade (na mente; NA *hugr*) e faz com que, de acordo com a vontade, primeiro se materializem formas sutis, depois as mais substanciais. Esse é o poder da imaginação. Levado às formas extremas, pode causar "materializações" de seres imaginários (naturais ou não) nos quais a consciência pode ser projetada. A antiga literatura nórdica está repleta dessas descrições. Normalmente, o *vitki* fica deitado como se estivesse dormindo ou morto, emquanto, em outro local, é capaz de materializar uma forma animal na

qual pode lutar ou perseguir o inimigo. Se essa forma estiver ferida, o *vitki* será ferido também.

3. A faculdade do êxtase (NA *ódhr*) é um presente do deus Hoenir. Ela é tanto uma experiência, um estado de espírito, como qualquer outra coisa. É a faculdade – vivenciada emocionalmente, quase fisicamente – de superar e sair do estado normal de consciência e atingir alto nível de energia e entusiasmo. Ódhr é a mesma raiz presente no nome Odin, e é por esse poder que a força mágica é manipulada. Esse é o agente ativo dirigido pela vontade. É esse poder que Odin rege.
4. Intimamente ligado à faculdade extática está o alento vital (NA *önd*), que é a dádiva de Odin. (É preciso lembrar que a tríade Odin-Hoenir-Lódhurr, na verdade, representa um Odin trifórmico.) O *önd* é a "centelha divina", a energia vital onipresente, na qual toda a vida se baseia e que é a base de todo trabalho rúnico. O conceito é semelhante ao do *prāna* indiano, e até a própria palavra está relacionada ao sânscrito *ātman* (espírito, eu). É a ponte para níveis superiores da existência.
5. A "mente" (NA *hugr*) é uma entidade complexa, de fato. Na verdade, é composta de três faculdades: (1) a volição, (2) a percepção e (3) a cognição. Essa é a sede da vontade e, como tal, tem o poder de assimilar outros aspectos do complexo psicofísico em si mesma. É por isso que o termo *hugr* é muitas vezes usado, na literatura nórdica antiga, quando outros aspectos estão em jogo. Ele parece "assumir" a personalidade dos runomantes avançados, pois sua evolução fica cada vez mais sob controle consciente. Por meio dessa faculdade, as pessoas praticam o pensamento analítico do tipo consciente. *Hugr* é sinônimo das funções do lado esquerdo do cérebro.
6. Intimamente ligada à "mente" está a "memória" (NA *minni*). Esses são os dois aspectos psíquicos representados pelos corvos de Odin: Huginn e Muninn (Mente e Memória). Essa faculdade é, de fato, a memória, mas é muito mais do que estamos acostumados a associar a esse termo. É mais que a simples recordação de acontecimentos passados; é onde estão guardados todos os mistérios, o grande tesouro das runas. É por isso que, no "Gríminismál" (est. 20), Odin fala sobre os valores relativos de Huginn e Muninn:

   Por toda a terra,
   todo dia,
   sobrevoam Huginn e Muninn;
   Eu temo menos que Huginn

caia em seu voo,
porém temo mais por Muninn.

A coordenação da mente e das faculdades da memória é o que resulta na "inteligência". A mente processa estímulos externos (incluindo aqueles recebidos da memória), enquanto a memória (*minni*) reflete o próprio material infinito. *Minni* é análogo ao lado direito do cérebro.

7. A "alma" (NA *sál*) geralmente entra em ação somente após a morte. Essa é a sombra – corpo sutil no qual os aspectos psíquicos (ou alguns deles) se concentram após a morte dos aspectos físicos. Na vida, essa é a parte da psique que recebe passivamente o registro de suas ações e continua sendo o espaço negativo no qual a pessoa evolui. Isso é análogo ao conceito de "sombra" de Jung, sobre os aspectos não manifestos da psique, discutido na seção a seguir.

8. O *fetch* (NA *fylgja*) é, em muitos aspectos, o lado bom da sombra. Nos homens, é considerado feminino e, nas mulheres, masculino. Na verdade, existem três *fetchs*, ou "espíritos guardiões": na forma humana, na forma animal e na forma geométrica. Cada imagem tem sua própria função. O *fetch* em forma humana fica com a pessoa enquanto dura a vida dela e pode ser transmitido de geração em geração, seja ao longo de linhagens genéticas ou de acordo com a projeção desejada. O *fetch* em forma de animal geralmente assume forma que corresponde ao caráter da pessoa a quem está ligado – um lobo, uma águia, um cavalo, uma raposa, um camundongo, e assim por diante. Ele pode ser separado do *vitki* por meio de magia. O *vitki* também pode projetar sua vontade consciente no *fetch*, a fim de realizar trabalhos de magia. A forma geométrica normalmente pode ser vista por aqueles dotados da "segunda visão" *na frente de* pessoas de grande poder. O *fylgja* é o repositório de todas as ações das pessoas a quem a entidade foi previamente anexada. Pode ser fonte de grande poder, mas também de grandes responsabilidades e até dificuldades. Essa entidade é o reservatório do *ørlög* – ela pode proteger e condenar. O *fetch* está intimamente relacionado à *valkyrja* ou à entidade *dís* e, em alguns casos, é idêntica a ela.

9. A "sorte" (NA *hamingja*) de uma pessoa é extremamente complexa e está, de muitas maneiras, intimamente ligada ao *fetch*. *Hamingja*, que, do ponto de vista linguístico, deriva de *hamr* (ou seja, *ham-gengja*, aquele que pode andar de outra forma), é essencialmente um conceito de poder análogo ao *mana* polinésio, ao termo iroquês *orenda,* e assim por diante. Ele também tem alguns símbolos antropomórficos e é concebido como (1) "sorte" (poder pessoal), (2) espírito guardião (derivado simbolicamente dessa sorte) e (3) capacidade para mudança de forma (que é seu significado original). Ampla variedade de ações conscientemente desejadas desenvolve esse poder mágico. Pode ser transferido de uma pessoa para outra (embora seus efeitos sejam apenas temporários caso não esteja anexado a uma esposa *fetch*). O *hamingja* é o poder coletivo e o grande poder do indivíduo. Ele é alimentado e alimenta a esposa *fetch* com poder, de modo que, durante a vida do homem, podemos falar de um complexo *hamingja-fylgja* que atua em harmonia.

Uma representação esquemática do complexo psicofísico (Figura 12.1) talvez transmita uma imagem mais clara de como esses vários conceitos se relacionam e interagem entre si. Contudo, uma vez que a realidade desse modelo, assim como o de Yggdrasill (Figura 10.7, na página 175) é, na verdade, multi ou extradimensional, um modelo bidimensional, ou mesmo tridimensional, é um tanto inadequado.

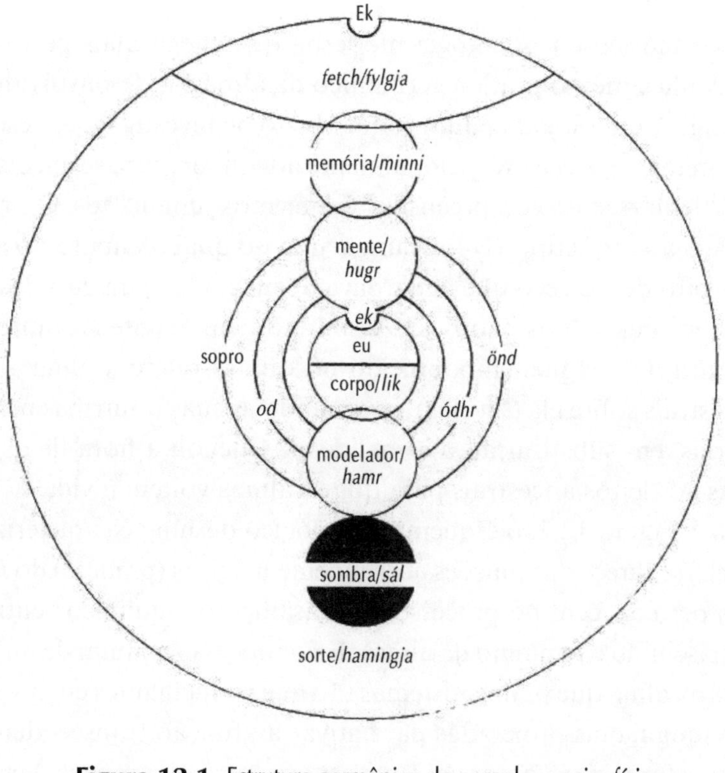

Figura 12.1. Estrutura germânica do complexo psicofísico.

Outras estruturas que aparecem na figura incluem o *ego*, ou o conceito de "eu", e o "ego" mágico (ou *persona*). O "eu" (NA *ek*) está vinculado, ou é idêntico, ao nome ou nomes da pessoa. No caminho odínico, o runomante – à medida que desenvolve laços mais fortes com o *fetch* e fortalece os poderes dos outros aspectos psíquicos – forma os conceitos mágicos de "eu" aliados ao *fetch*. Essas *personae*s alternativas geralmente são do mesmo sexo que o "corpo natural". Cada uma das *personas* tem um nome e pode ser evocada com a fórmula certa. É nessas formas mágicas automodeladas que o runomante executa os trabalhos rúnicos. Os personagens mágicos podem ser bem numerosos, mas cada um incorpora parte de todo o complexo psicofísico; cada um é uma entidade hiperconsciente. Em última análise, são nesses conceitos que a essência do odianismo precisa ser entendida. Eles também fornecem uma chave para a compreensão da mitologia heroica germânica, e cada uma das runas fala de, pelo menos, um aspecto desse reino.

Psicologia rúnica e junguiana

O único arcabouço teórico da psicologia moderna que chega mais perto de abranger o poder do antigo conhecimento prático germânico da alma é o desenvolvido pelo psiquiatra suíço C. G. Jung. A psicologia de Jung já foi objeto de investigações "esotéricas" antes, mas o sistema germânico parece excepcionalmente adequado para se encaixar nessa estrutura porque é particularmente compreensível em termos junguianos. O próprio Jung devotou algum espaço ao arquétipo *Wotan* num artigo no qual comparou o arquétipo meio esquecido de um leito de rio seco que aguardava apenas o lançamento das águas da vida para renová-lo, com seus velhos padrões.[1] Assim também acontece com os conceitos da alma. Como cultura, temos nos empobrecido no que se refere à alma – apartados das nossas ideias ancestrais sobre ela (ou elas) – e aceitado apenas doutrinas nebulosas, muitas vezes contraditórias, em substituição a essas ideias. Chegou a hora de as águas da vida serem restauradas aos leitos ancestrais para que as almas voltem à vida.

Como indica a Figura 12.2, o esquema psicológico de Jung é caracterizado por certas estruturas. Ele, é claro, carece das funções abertamente mágicas (práticas) do *hamingja-fylgja*, mas seus reflexos permanecem no processo de "casamento alquímico" entre o *animus* e a *anima* (os lados masculino e feminino da alma). É no processo comum de união entre aspectos contrassexuais da alma que os dois sistemas são mais semelhantes em nível prático. Além disso, as técnicas junguianas projetadas para ativar a "função transcendente" são benéficas para qualquer esforço para obter acesso à esposa-*fetch* ou ao *fetch* de hoje.

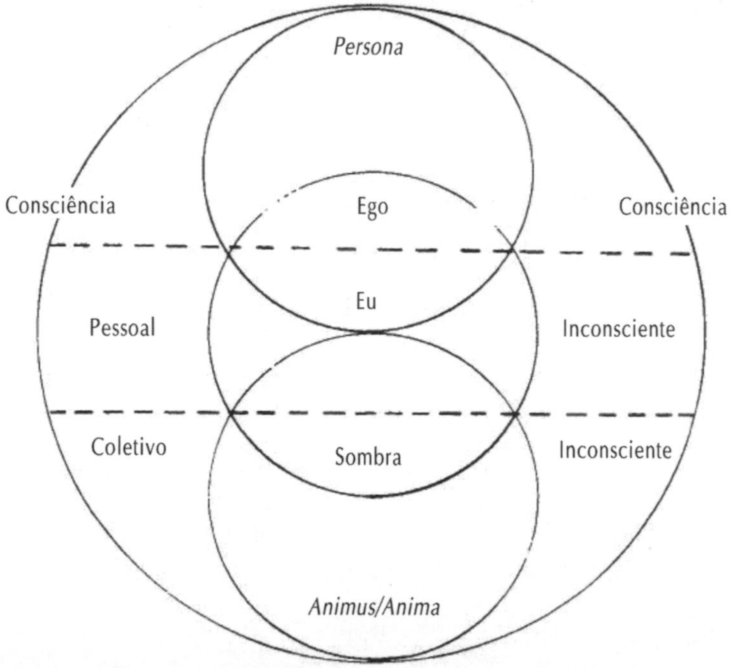

Figura 12.2. Estrutura junguiana da alma.

Além disso, a sombra tem grande semelhança com a função "sombra" da alma. Até os deuses têm suas sombras, pois isso é o que Loki é para Odin. Talvez a característica mais proeminente da psicologia junguiana seja a estrutura do inconsciente coletivo. Ela chega mais perto que qualquer outra, talvez com o acréscimo de teorias sobre o cérebro bi-hemisférico, para definir a verdadeira natureza da *minni* e os mistérios ensinados pelo corvo Muninn.

Capítulo 13

TRADIÇÃO RÚNICA DOS DEUSES

(TEOLOGIA ESOTÉRICA)

O conhecimento rúnico é dominado pela figura de Odin. É o caminho exemplificado por ele que o runomante procura trilhar. No entanto, como Odin mostrou, outros deuses também são essenciais para o funcionamento saudável da ordem cosmológica, sociológica e psicológica. Sabemos – de um conto relatado pelo monge Saxo Grammaticus no Livro I do seu *History of Danes* [História dos Dinamarqueses] – que é a vontade de Odin preservar e promover toda a estrutura dos deuses – todo o panteão. Nesse conto, lemos que Odin deixou seu reino, e seu lugar foi ocupado por alguém chamado Mitódhinn. O nome Mitódhinn pode significar "o que está ao lado de Odin" (Mit-Odin), ou "aquele que mede" (Mitódh-in), relacionado a uma palavra do inglês antigo para "deus", Meotod. De qualquer maneira, parece ser um nome para Tyr. Mitódhinn tentou instituir um culto separado para cada um dos deuses. Quando Odin voltou, derrubou Mitódhinn e restaurou o culto comum, cujos sacrifícios eram feitos (três vezes por ano) a todos os deuses e deusas do panteão. O plano de Mitódhinn certamente teria levado à fragmentação da sociedade, enquanto a restauração de Odin visava manter um todo coeso. Como veremos, essas duas tendências são o que devemos esperar de Odin e Tyr.

Antes de mergulhar no arquétipo odínico precisamos, para sermos fiéis ao caminho odiano, delinear a estrutura de todo o panteão germânico do ponto de vista rúnico ou esotérico. No século XX, dois investigadores, trabalhando a partir de duas perspectivas diferentes, forneceram novamente as chaves para desbloquear as formas pelas quais as divindades se relacionam umas com as outras. C. G. Jung, com sua teoria dos arquétipos dentro do inconsciente coletivo (veja o Capítulo 12), forneceu uma base viável para entender a ligação entre a psique humana e os deuses e deusas dos nossos ancestrais. Georges Dumézil, historiador francês de religião e especialista no mundo indo-europeu, acrescentou a chave para a estrutura do panteão.[1]

Os deuses e deusas são tanto uma realidade subjetiva (ou seja, existem *dentro* da psique do indivíduo) quanto realidades objetivas multiversais (ou seja, existem *fora* da psique do indivíduo). Essas realidades objetivas são essencialmente três: (1) dentro do grupo nacional (padrão divino "metagenético" herdado), (2) dentro da espécie *Homo sapiens* e (3) independente da humanidade. Nem todos os deuses participam de todas as três realidades objetivas. A primeira realidade é o elo objetivo mais forte que o homem pode ter com o divino. Esse vínculo metagenético é mais poderoso dentro dos relacionamentos nacionais/linguísticos próximos, isto é, aqueles que correspondem à sua herança (embora todos os falantes nativos do inglês tenham absorvido boa parte das estruturas nativas daquela nação, independentemente da herança étnica). Mas "meganações" ou agrupamentos linguísticos (por exemplo, indo-europeu, semita, sino-tibetana) também terão impacto significativo. Apenas Odin, como o formador da humanidade, é independente disso.

O que é um deus ou deusa? Em termos rúnicos, um deus é uma entidade viva com algum tipo de existência independente da psique individual, embora a maioria dos deuses possa ter tido sua origem ali. Ele pode ser incorporado a qualquer lugar do complexo psicofísico, ou seja, pode ter origem num padrão instintivo, emocional, físico, mental ou espiritual. Um deus, como a maioria das pessoas primeiro o percebe, é uma tendência sutil dentro do eu, que depois pode ser alimentado com energia psíquica por meio de mitos, rituais, runas etc. A forma antropomórfica de um deus é um símbolo. Essa é a maneira mais simples de a maioria das pessoas entender entidades que tenham certas funções e relacionamentos complexos. O símbolo antropomórfico não é totalmente arbitrário porque os deuses são essencialmente criaturas da grande força consciencial, concedida pelo Pai de Todos somente à *humanidade*. Parte do deus está alojada dentro da *minni* de um indivíduo e é herdada metageneticamente dos ancestrais.

Em última análise, existem tantas concepções de divino quanto seres humanos neste planeta. Duas pessoas não compreendem uma divindade ou teologia exatamente da mesma maneira; no entanto, há tendências inatas determinadas por formas metagenéticas vivas. Evidentemente, outro método usado pelos profetas da religião revelada é o do dogma e da coerção.

Se o indivíduo quiser compreender a realidade interna ou externa de um deus ou deusa, precisará desenvolver um processo de aprendizagem sobre a forma interna e a ligação dessa forma interna com sua contraparte externa. Essa é uma forma de comunicação com a divindade e a principal preocupação da religião. Como veremos, a tarefa do runomante odiânico vai um pouco além disso.

Os grandes deuses dos Aesir

As várias divindades germânicas se relacionam umas com as outras de forma profunda, arcaica e de grande poder na compreensão do conhecimento rúnico. A Tabela 13.1, mostra, de maneira resumida, os aspectos estruturais mais importantes das formas mais antigas do panteão germânico. Isso equivale a uma estrutura social do panteão e é, essencialmente, a restauração de Dumézil com percepções rúnicas adicionais.[2] Por outro lado, os elementos não humanos do multiverso se estendem além dos reinos dos Aesir e dos Vanir, e esses mundos são representados no padrão de Yggdrasill (ver a Figura 10.7, na página 175).

Esses relacionamentos podem ser encontrados nas psiques individuais e na psique de um povo, e têm correspondências no multiverso objetivo também. Até certo ponto, esses relacionamentos nos dão a estrutura interna do *minni* – as "faculdades" psíquicas com as quais nascemos. As inter-relações dinâmicas entre esses residentes vivos dessa parte da psique são os pontos de partida para os grandes mitos. Por meio de vários trabalhos de natureza religiosa, a pessoa pode ligar os elementos de sua própria psique com aqueles do mundo objetivo da tradição mítica e se *in-formar* a respeito deles.

Tabela 13.1. Estrutura do panteão germânico.

Função I	
A. Tyr O Juiz-Rei O Mensurador	B. Odin O Mago-Sacerdote O Rompe Barreiras
Função II	
Thor O Guereiro/Defensor O Rompe Barreiras	
Função III	
Os Vanir Ingvi-Freyr (o Senhor) Freyja (a Senhora) Os Gêmeos Divinos Os Provedores Fertilidade, erotismo, bem-estar material	

Odin

Embora Odin seja um tema discutido em profundidade ao longo deste capítulo, aqui colocaremos essa divindade no contexto de todo o panteão.

Odin é um deus como nenhum outro. É o Alfadhir – o Pai de Todos. É chamado assim porque é a fonte de consciência entre os deuses e a humanidade. Sua dádiva é a consciência humana expandida que permite o surgimento do conceito de Eu sintetizador. É por essa razão que o odiano ativo não busca tanto reverenciar uma forma divina externa de Odin, mas busca Odin no próprio *Eu* para incorporar e desenvolver o conceito de Eu e a consciência concedida *pelo deus*. Enquanto outros cultos religiosos se voltam para a manifestação objetiva do deus particular, o culto de Odin se volta para dentro e busca uma divinização do Eu. O odiano não adora seu deus – ele se torna seu deus.

Pela própria natureza, Odin *sintetiza* tudo ao redor. Apropria-se de todas as coisas e as usa de acordo com sua vontade, embora permanecendo basicamente à parte das coisas externas. Na história do mito germânico, isso pode ser visto da seguinte forma: o arquétipo odínico absorve o aspecto de Týric e assume aspectos do guerreiro e do artesão/agricultor.

A estrutura odínica essencial é tripla. O nome mais antigo dessa entidade tripartida é *Wōdhanaz-Wiljōn-Wīhaz* (NA Odin-Vili-Vé). Os significados desses nomes nos mostram como funciona essa entidade tripartida da consciência. *Wōdh-an-az* (mestre da inspiração [*wōdh-*]) é a força extática e transformadora expansiva e todo-abrangente na raiz da consciência e do entusiasmo. *Wil jōn* (a vontade) é a aplicação consciente de um plano desejado alcançado, e *Wīhaz* (o sagrado) é o espírito da separação num "espaço" sagrado independente. Essa separação entre a consciência e a "natureza" (aquela consciência externa) deve ser feita antes que qualquer transformação ou "trabalho" possa ocorrer. Todos os três são necessários; todos os três devem trabalhar em conjunto, como um todo.

Embora Odin seja, antes de tudo, o deus da consciência sintética, essa característica lhe permitiu assumir os papéis do deus dos mortos, da poesia e dos ofícios intelectuais de todos os tipos (incluindo as runas). Esse último aspecto fez dele o favorito dos grupos de elite de guerreiros e reis inovadores e conscientes.

Essencial para o mistério odínico é sua natureza multifacetada. Ele é o todo feito de muitas partes. Na mitologia, isso fica claro não apenas por sua aparência tripartida, mas também por seus muitos "apelidos" (NA *heiti*). Mais de uma centena desses apelidos foram documentados. Uma litania de um número substancial deles pode ser encontrada no "Gríminismál" (est. 47-55). Eles variam de nomes que significam desde Malfeitor (NA *Bölverkr*) a Pai de Todos (NA *Alfödhr*), e todas as qualidades intermediárias. Talvez um desses nomes resuma essa qualidade – *Svipall* (o Mutável), que indica o caráter transformacional final do deus. Esse caso divino de "múltiplas personalidades" dá uma indicação da razão por que Odin é, muitas vezes, mal compreendido. Na verdade, aqueles que se aproximam dele, do ponto de vista não odiano, ficarão desapontados, confusos ou destruídos.

Não bastassem os *heiti** para confundir o não iniciado, os aspectos maiores (hipóstases) já confundiram até muitos especialistas. A hipóstase é um aspecto de um deus que parece ser uma forma divina independente, mas, numa investigação mais atenta,

* Sinônimo usado no lugar da palavra mais comum. Odin, por exemplo, tem cerca de 155 *heiti* conhecidos. (N.T.)

percebe-se, isso sim, um aspecto funcional bem desenvolvido desse deus. Por causa do caráter multifacetado, Odin está especialmente sujeito a esse modo de compreensão. A Figura 13.1 mostra as oito grandes hipóstases de Odin. Algumas delas são de natureza dual.

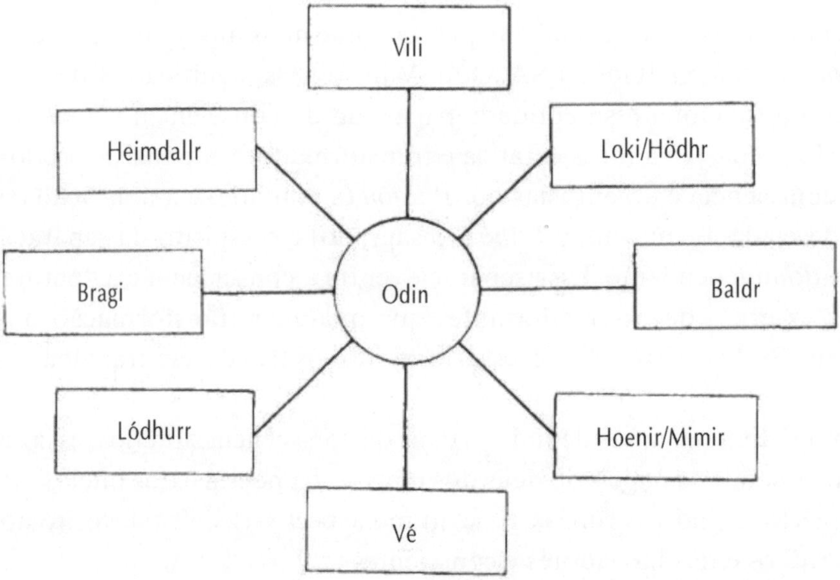

Figura 13.1. Os oito aspectos de Odin.

Vili e Vé já foram apresentados e serão explicados mais adiante na seção "Odin: o deus oculto das runas", a seguir. As formas Lódhur e Hoenir são contrapartes de Odin no mito antropogônico relatado por Snorri, em sua *Edda em Prosa*. Hoenir também figura como parceiro de outro deus chamado Mímir. Quando essas duas formas divinas foram dadas como reféns aos Vanir, no final da Primeira Guerra, Hoenir, que era tido como sábio, provou ser um "cabeça oca" quando não aconselhado por Mímir. Isso irritou a tal ponto os Vanir que eles cortaram a cabeça de Mímir e a enviaram de volta para os Aesir. Dizem que Odin conserva a cabeça até hoje para aprender a tradição oculta com ela. À primeira vista, esse mito é desconcertante, em especial quando vemos que Hoenir é descrito como poderosa força intelectual. No "Völuspá", ele dá a Askr e Embla *ódhr* (faculdade do êxtase) e, depois do Ragnarök, volta como o principal adivinho dos deuses, que sabe interpretar as runas. Mas tudo fica claro quando Hoenir/Mímir são vistos como aspectos de Odin. O fato de eles nunca realmente agirem de maneira independente é uma indicação disso, mas seus *nomes* contêm a chave. Hoenir deriva da mesma raiz de *hugr*, e Mímir está relacionado com a mesma raiz de *minni*. Portanto, temos figuras relacionadas a Odin, da mesma forma que suas contrapartes zoomórficas Huginn e Muninn, os corvos de Odin. Essas são as funções cognitivas e reflexivas do deus.

Bragi é o aspecto poético do deus e um nome adotado por um antigo *skald*, que passou a ser identificado como o deus mais velho da poesia. Baldr é o jovem guerreiro de Odin e também um aspecto que se relaciona com a iniciação do jovem guerreiro no bando de homens armados. Heimdallr é o aspecto guardião de Odin. Ele guarda a Ponte Arco-íris (Bifröst) contra a vinda dos gigantes do gelo, mas também é o aspecto que se comunica com a humanidade continuamente. É Odin, na forma de Heimdallr e sob o apelido Rígr, que se torna o progenitor da sociedade humana. O mistério de Heimdallr é encontrado na runa M.

A hipóstase mais intrigante de todas é a de Loki. Em Loki, Odin contém a semente da própria destruição, mas também uma parte necessária do processo de seu renascimento e transformação na nova era. Loki, como um nome e como uma entidade separada, é um retardatário do panteão germânico e, na verdade, encontrado apenas em fontes de origem nórdica. Mas, na maioria, as características de Loki correspondem ao lado "mais sombrio" de Odin como o deus astuto, enganoso e perverso. De certo modo, Loki é o eu-sombra objetificado de Odin. Mas ainda trabalha com seu "irmão das sombras", e até se diz que eles fizeram um pacto para se tornar irmãos (veja "Lokasenna", est. 9). Na verdade, eles são do mesmo "sangue".

O papel em que Loki é mais visível é o relacionado ao Ragnarök – o Julgamento dos Deuses. Quando se percebe que o processo do Ragnarök é, na verdade, um modelo de transformação e que as figuras triádicas centrais (Odin-Baldr-Loki/Hödhr) podem ser entendidas como forças interiores do ser humano, o verdadeiro significado do "irmão das sombras" torna-se mais claro. O cego Hödhr (cujo nome significa "guerreiro") é guiado pela força da negação (Loki) a matar o Senhor da Luz, o ousado Baldr (outro nome que significa "guerreiro"). Baldr é enviado para o recinto escuro e silencioso de Hel, depois de Odin ter sussurrado em seu ouvido o maior dos segredos (runas) quando estava na pira, prestes a ser enviado a *Hel-ward*. Ali ele espera o Ragnarök, para poder renascer na nova era. Loki também foi lançado ao Mundo Subterrâneo e preso ali como punição pelo assassinato que cometeu. Nesse lugar, também aguarda o "conflito final". Esse feito do irmão de sangue das trevas colocou em movimento o processo rumo ao Ragnarök. Quando chega a hora final, Odin, com seus anfitriões de Walhalla e Asgard, se volta para o sul, a fim de enfrentar Loki e as forças de Hel e Muspelheim. O deus da consciência volta a face para a própria sombra. Heimdallr e Loki matam um ao outro, e Odin é engolido pelo Lobo-Fenris (filho de Loki). Odin, por sua vez, é vingado por seu filho, Vídharr, que mata o Lobo transpassando seu corpo com uma espada ou rasgando sua mandíbula. A sabedoria rúnica nos diz que isso significa que Odin também "renasceu", em estado transformado, para a nova era. Mas de que forma? Ele é Hoenir curado, que vai "lidar com os ramos sanguíneos".

Quando visto como paradigma mítico de transformação, o processo de Ragnarök adquire significados poderosos e úteis para o trabalho rúnico, além de possibilitar uma compreensão mais profunda da função de Loki e do "lado negro" de Odin.

Antes de retornarmos ao significado e o poder de Odin, convém estudarmos as maneiras como o odiano vê os outros deuses sagrados do Norte.

Tyr

Os mistérios essenciais desse deus estão incorporados à runa T, que leva seu nome. Tyr é o deus da justiça e do autossacrifício pelo bem da sociedade. Esse aspecto é ilustrado pelo mito em que os deuses capturam o Lobo Fenrir, prendendo-o com um grilhão feito com seis "ingredientes" que indicam mistérios sutis, enquanto Tyr fica com a mão (direita) entre a mandíbula do Lobo, como garantia. Quando Fenrir descobre que não pode escapar, a mão de Tyr é arrancada pela mandíbula do filho de Loki (o Lobo). Como figura mítica, Tyr recua para o reino de relativa inatividade depois disso. No entanto, na prática religiosa (especialmente no que se refere a questões *legais*), ele continua sendo um deus de grande importância. A palavra *Tuesday* ("terça-feira", em inglês) deriva do nome dele. No alemão, a palavra *Dienstag* deriva de uma antiga forma, *Dings-tag*, que significa "dia da *thing*" (assembleia legal). Portanto, num idioma, temos o deus; no outro, temos a instrução sobre a qual ele regia.

Como mostra a estrutura geral dos aspectos psicocosmológicos do panteão, o ideal é que Tyr e Odin atuem juntos e em harmonia, como os lados esquerdo e o direito do cérebro, respectivamente. No processo de moldar ou criar alguma coisa, ambas as forças são necessárias. O aspecto Tyr estabelece os planos, e o aspecto odínico coloca os planos em ação e os concretiza. Tyr é o que planeja; Odin é o que faz. A alma germânica é essencialmente de ação e movimento eternos. Por esse motivo, o aspecto odínico sempre foi ligeiramente mais dominante no panteão; Odin é o deus supremo e o Pai de Todos. A essência transformadora e expansiva desse deus levou a seu aspecto de Tyr, em grande parte sintetizado. Em parte alguma isso é mais claro que no último nome lendário da Estrela do Norte: Olho de Odin. A Estrela do Norte é, evidentemente, identificada sobretudo com Tyr (veja a runa T), mas, em certo sentido, Tyr se torna o olho que tudo vê de Odin, do alto da Hlidhskjálfr, a Torre de Vigilância. Esse é o olho que vê todos os mundos, ao passo que o Poço de Mímir é o olho que vê "abaixo" de todos os mundos, em seus segredos mais profundos (runas).

O antagonismo latente entre Odin e Tyr é apenas o que muitas vezes ocorre dentro de sistemas compostos de aspectos complementares. Um ato de vontade é necessário para que eles trabalhem juntos, em harmonia.

Thor

Esse deus parece simples, mas é complexo. Grandes mistérios de Thor estão contidos na runa TH. Basicamente, Thor é o antigo deus da guerra. Posteriormente, quando Odin absorveu essa função, ele perdeu muito desse atributo entre os homens. No entanto, notamos que ele o mantém entre os próprios deuses. Thor é seu defensor e aquele que exerce a força bruta e usa o poder do seu martelo cósmico, Mjöllnir, contra as forças inconscientes ou pré-conscientes de Jotunheim.

Os Aesir – deuses da consciência ancestral e da transformação – são confrontados com as forças da inconsciência e da entropia, que pressionam do leste e do sul – fora de Utgard. Para se opor a essas forças, os deuses precisam de um poder muito semelhante ao dos *thurses* e *etins*, mas leais apenas a eles. Esse é Thor. Thor não "pensa" muito por si mesmo; segue as ordens dadas pelos deuses soberanos. Falando de forma mais realística, há um antagonismo superficial entre o "Guerreiro" e o "Mago" (veja o "Harbardhsljódh" na *Edda Poética*), mas, no final das contas, o Guerreiro segue a orientação do Mago. O Mago governa com sabedoria; o Guerreiro governa por meio das armas. Enquanto Odin permanecer dominante, a sabedoria regerá a arma. É Thor fora de equilíbrio que leva à catástrofe nacional.

Freyja

Embora a "teologia" da prática rúnica seja dominada por Odin, como o grande mestre das runas, outra figura – Freyja – tem grande destaque na prática da magia germânica. Afirma-se até que foi ela quem ensinou a Odin uma forma de magia conhecida no nórdico antigo como *seidhr* (método xamânico de indução do transe). Em muitos aspectos,

Freyja é a contraparte feminina de Odin. É o arquétipo mágico para mulheres empenhadas na prática da magia, assim como Odin é para os homens. Em aspectos mais básicos, Freyja é "a Senhora" (esse é o significado literal do nome dela). Seu companheiro é seu irmão/amante Freyr, "o Senhor". No entanto, seria um grande erro, como já observamos, supor que Freyja seja, sobretudo, uma deusa da fertilidade. Entre os Vanir, deve-se lembrar, ela é a principal deusa ligada ao numinoso. Na própria essência, ela incorpora um relacionamento profundo com os caminhos de Odin.

Como Odin, Freyja é conhecida por muitos nomes. Alguns exemplos são Vanadís (Deusa dos Vanir), Vanabrúdhr (Noiva dos Vanir), Hörn (Senhora do Linho), Gefn (a Doadora), Syr (a Porca – seu aspecto solar), Mardöll (o Mar Brilhante) e Gullveig (Gananciosa por Ouro). Esses nomes nos dizem um pouco sobre a gama de funções de Freyja e de sua posição. Ela tem grande importância entre os Vanir; talvez, em muitos lugares, seja superior a seu irmão. Ela está, de fato, conectada à prosperidade e ao crescimento, e concede seus dons (materiais e numinosos) aos seres humanos. No aspecto cósmico, está conectada ao sol (que é feminino em germânico; veja a runa S) através de sua imagem como a "porca de ouro". O javali e a porca são os animais de Freyr e Freyja, respectivamente. Na Alemanha atual, quando o sol está muito quente, ainda é dito *Die gelbe Sau brennt* ("A porca amarela está queimando"). A ligação com o ouro é feita em muitas ocasiões, e, em certo nível, essa é mais uma expressão da capacidade de Freyja como divindade vânica da prosperidade e do bem-estar. Há outro nível que fica claro no mistério de *fehu*.

No "Völuspá", lemos que uma certa feiticeira chamada Gullveig procurou os Aesir, depois de partir do reino dos Vanir, na época em que os dois grupos de deuses estavam em guerra. Essa é Freyja com outro disfarce. Sabemos disso porque, embora Freyja seja depois encontrada entre os Aesir, ela *não* é um dos Vanir (Freyr, Njördhr e talvez também Kvasir) que foi para o Aesir como refém, como parte da trégua entre as duas raças divinas.

Antes de considerarmos três dos mitos de Freyja em alguns detalhes, pode ser bom lembrar quanto de seu conhecimento foi perdido. Ao mesmo tempo, havia vasto material mítico e cúltico conectado à deusa, mas, talvez por causa da natureza erótica dos seus mistérios e mitos, ele tenha sido escolhido, pelos missionários monacais do Norte, para ser erradicado. Mesmo na Islândia normalmente tolerante, sua poesia – o *mansöngr* (música de amor) – foi proibida. E, infelizmente, seu culto não poderia retroceder para o seguro confinamento dos salões do chefe da tribo. Mas parte dela foi salva pela arte do *skald*.

Heidh

Durante a Primeira Guerra – a guerra entre os Aesir (primeira e segunda funções [esferas de atividade]) e os Vanir (terceira função) –, uma feiticeira chamada Gullveig foi procurar os Aesir no salão de Odin. Os Aesir tentaram matá-la, perfurando-a com lanças e queimando-a. Mas, cada vez que faziam isso, ela renascia. Na terceira vez, ela se transformou de Gullveig em Heidh (a Brilhante). Essa *völva* (vidente) três vezes renascida é provavelmente Freyja, e é nessa forma que ela se tornou a professora de Odin nas formas de *seidhr*. Depois de sua tradição e de seu culto terem sido assimilados pelo de Odin e dos Aesir, a tradição do *seidhr* se tornou um campo integral (mas especializado) no conhecimento rúnico (no sentido de estudos esotéricos).

Brisingamen

O colar dos Brisings é muito mais que uma bela bijuteria. É o anel cósmico quádruplo todo-abrangente, sob o controle da grande deusa Freyja. É o equivalente mágico à serpente de Midgard que envolve todo o cosmos. *The Tale of Sörli* conta-nos como Freyja obteve esse instrumento mágico, passando uma noite com cada um dos quatro anões – os Brisings (descendentes dos Brilhantes) – que forjaram o colar. Esses quatro anões podem ser Nordhri, Austri, Sudhri e Vestri, estacionados nos quatro pontos cardeais do mundo. Pode ser que, originalmente, ela tenha tido relações sexuais com os quatro, simultaneamente ou por quatro noites. Seja qual for o caso, o resultado é o mesmo: Freyja ganha controle sobre o ciclo quádruplo do cosmos e sobre seus poderes generativos e regenerativos. O objeto era supostamente para ser usado como cinto ou colar, dependendo de como a deusa desejava usar seu poder. Em determinado ponto, o deus travesso Loki roubou os homens Brisinga de Freyja, e o colar foi devolvido a ela, somente depois de ter sido recuperado pelo deus Heimdallr. O que é interessante aqui é que ambos, Loki e Heimdallr, são considerados aspectos (hipóstases) de Odin – seus lados sombrio e luminoso, se você assim o desejar.

Procure por Ódhr

Costuma-se dizer que Freyja é casada com um deus chamado Ódhr, que não é outro senão o próprio Odin. O nome Ódh-r simplesmente indica a força do êxtase, da mente inspirada pela magia. É com isso, na verdade, que a deusa Freyja está casada, e esse é também (como acontece com o próprio Odin) o objetivo principal de seus esforços. Enquanto Ódhr vagava, Freyja vagava atrás dele derramando lágrimas de ouro. Muitos queriam ver nessa triste busca um paralelo com a busca de Ishtar por Tammuz. No entanto, o significado desse mito sumério/acadiano e o da busca de Freyja por Ódhr são bastante diferentes. A busca de Freyja não tem nada diretamente relacionado à fertilidade – ela está buscando a "inspiração numinosa" incorporada ao Deus.

Cada um desses três mitos indica algo do caráter principalmente mágico ou numinoso de Freyja. O fato de a fertilidade, a riqueza, o bem-estar e o erotismo surgirem desse caráter talvez seja secundário, mas, mesmo assim, essencial.

Outro fato importante sobre Freyja é que ela recebe metade de todos os mortos em batalha, de acordo com sua escolha, conduzindo-os à sua fortaleza no outro mundo, chamada Folkvangr ("Campo dos Guerreiros"). A outra metade, é claro, vai para Odin.

Como Odin, Freyja é uma divindade tripla. Ela, como nenhuma outra deusa é capaz de fazer, cobre as três funções do panteão: (1) é uma figura mágica, (2) é uma deusa dos guerreiros e (3) é uma divindade vânica com todos os poderes dessa raça de deuses. Ela pode trazer coisas à existência; pode fazer com que se transformem e partam em direção a um novo começo. Esse poder mágico está na raiz de sua função de fertilidade. Em última análise, o "casamento" entre Freyja e Odin é bastante "moderno". Freyja não é o "lado feminino" de Odin (ele carrega esse lado feminino confortavelmente dentro de si – ou em seu aspecto "diabólico", Loki); nem Odin é o "lado masculino" da Senhora – ela contém esse lado também. Talvez Freyr tenha até mesmo se desenvolvido originalmente de Freyja, da mesma forma que o masculino Njördhr se desenvolveu do Nerthus feminino. De qualquer maneira, estamos lidando com duas divindades individuadas e reunidas por um propósito comum. Ainda existem muitos mistérios a serem desvendados sobre a mais poderosa das deusas.

Freyr

De todos os deuses, o mais independente de Odin é Freyr, o deus Deste Mundo (NA *veraldar godh*). Apesar dessa independência, ou talvez por causa dela, há pouco conflito entre o Senhor e Odin. Na verdade, parece que eles conspiram *secretamente* entre si, em muitos aspectos. Por meio da investigação rúnica, descobrimos que, além de Odin, é Freyr que está mais bem representado no antigo conhecimento rúnico. Por esse fato, os runomantes antigos reconheciam a importância do Senhor no funcionamento do mundo.

Freyr não é o nome real do deus, mas um título. Isso não é incomum. Mas, nesse caso, talvez tenhamos o nome real do deus no nome da runa NG: *Ingwaz*. Também é possível que dois deuses estejam assimilados aqui, como o originalmente Ing, dos Aesir, e Freyr, dos Vanir. Os mistérios do deus estão contidos na runa NG. Yngvi também é um grande progenitor de casas reais (especialmente na Suécia); os Ynglings são o maior clã dos Sviar (suecos).

Embora Freyr seja associado a imagens de guerra, na maioria das vezes é uma figura de paz, prosperidade e prazer. No solstício de verão, os nórdicos se sacrificavam a ele para ter boas colheitas e tranquilidade (NA *til árs ok fridhar*). Outro nome de Freyr é talvez Fródhi, que, na figura de um rei lendário, governou uma era áurea de paz, no Norte, chamada *Fródha fridhr* (Paz de Fródhi). Do ponto de vista rúnico, isso nos volta na direção de Jera (nome mais novo, *ár*). Lembre-se de que, para *ár*, o "Poema Rúnico em Norueguês Antigo" diz: "Eu digo que Fródhi foi generoso". Em Freyr, o Senhor do Mundo, vemos a força regendo os processos orgânicos que unem as runas J e NG. O :◇: é o círculo fechado do ano, o ciclo da gestação, e :ᛃ: é a abertura dinâmica do ciclo anual na colheita, quando os frutos nascem.

Odin e Freyr trabalham juntos da forma mais harmoniosa na saga "Völsunga". Porém, essa cooperação é amplamente ocultada do olho não iniciado. O fato de Odin ser o progenitor divino dos Völsungs e de ele e seus agentes serem responsáveis pela iniciação dos membros desse clã nos segredos dos deuses é bem conhecido e óbvio. Mas, em seu pouco expresso aspecto guerreiro, Freyr também está presente no maior dos heróis do Völsungs, Sigurdhr (ou Siegfried): o Matador de Dragões. Em algumas versões de seu mito, Sigurdhr é criado por corças na floresta e posteriormente identificado como cervo (que é seu *fetch* animal). Agora, Freyr também está intimamente associado a essa besta de grandes chifres e, depois de desistir da sua espada para ganhar os favores da esposa *etin* Gerdhr, tem de lutar com tudo o que lhe resta: os chifres de um cervo. Essa e outras associações ocultas nos mostram que Freyr e Odin poderiam atuar juntos de maneira independente para formar grandes iniciados – Odin como progenitor e padrinho iniciático, e Freyr como provedor terreno.

Wights

Além dos deuses mais elevados – Aesir e Vanir –, há uma série de seres importantes que habitam outras moradas, em outros mundos, nos ramos de Yggdrasill. Odin interage de maneira ativa e proveitosa com seres de todos esses mundos. O próprio Odin é, afinal, uma síntese das correntes puras da força *thurs* e da consciência divina (veja o Capítulo 10), e sua consciência inerentemente expansiva busca sabedoria em todos os reinos e não rejeita nada que possa ajudar a cumprir sua vontade.

Elfos

Os elfos (NA *álfar*; singular, *álfr*) são um grupo complexo. Moram em (Ljóss)álfheimr [Ljossalfheim] e são, às vezes, associado a Freyr. A palavra elfo significa "de uma brancura luminosa". Trata-se de entidades de luz (nem sempre vistas, porque têm estatura bem pequena), que, às vezes, interagem de maneira benéfica e, às vezes, maliciosamente com os seres humanos. Basicamente, são o corpo de luz coletivo ou a "mente" (NA *hugar*) dos ancestrais (nas formas femininas são chamadas de *dísir* ou *dises* ou *ides*), que continuam a ter contato com a mente dos seres humanos. Eles têm muito conhecimento e sabedoria para ensinar. São as faculdades mentais dos ancestrais reabsorvidas pelo organismo cósmico.

Anões

Os anões também são conhecidos no nórdico antigo como *svart-* ou *dökk-álfar* e moram "abaixo" de Midgard, em Svartalfheim. Essas entidades têm muito conhecimento para ensinar, mas sua função principal é a de *formuladoras*. São os modeladores das formas que vieram a existir em Midgard, especialmente aquelas capazes de efetuar a vontade de um grande guerreiro ou mágico. É por isso que sempre se diz que os anões são aqueles que forjam as armas mágicas. Eles também podem simbolizar as habilidades e os ofícios ancestrais reabsorvidos.

Rises, Etins, Thurses

As palavras que, em geral, são traduzidas simplesmente como "gigante" são, na verdade, três termos diferentes na tradição germânica. O antigo nórdico *rísi* (*ris*), na realidade, designa um gigante, uma entidade de grande tamanho, que talvez seja até mesmo uma referência aos habitantes pré-históricos do Norte. Costuma-se dizer que eles se casam com seres humanos e geram filhos com eles. Além disso, são, na maioria das vezes, bondosos e bonitos. Os *etins* (NA *jötnar*; singular, *jötunn*) são caracterizados pela grande força e idade avançada, embora o tamanho não tenha muita importância. Podem ser tão imensos quanto os mundos (Ymir) ou praticamente microscópicos (o nome de certo besouro, em nórdico antigo, é *jötunuxi* [boi *etin*]). Os *etins* são entidades atemporais e muito poderosas, que, muitas vezes, incorporam a sabedoria das eras ao longo das quais existem. No que diz respeito à eterna "batalha" entre o consciente e o não consciente, eles são neutros. Ou seja, alguns estão com os Aesir, e outros, com os *thurses*. O certo é que eles existem. Os *etins* são seres não evolutivos – são agora como eram em épocas passadas. É por essa razão que Odin, muitas vezes, gera filhos com esposas *etin*. As forças da inconsciência estão incorporadas nos *thurses* (NA *thursar*; singular, *thurs*). Eles são, até em contos posteriores, marcados pela *pouca inteligência*. Os *thurses* também têm mais idade (veja o Capítulo 10), mas são ativamente antagônicos às forças da consciência e procuram destruí-la por meio da fria entropia. Os "filhos de Muspell" – e seu líder, Surt –, que saíram de Muspelheim para destruir a ordem cósmica com o fogo, também são atribuídos a esse grupo – os polos opostos dos *rime-thurses* ["gigantes do gelo"]. Do ponto de vista odiano, essas forças não podem ser consideradas moralmente "más", no sentido cristão; são simplesmente forças naturais inconscientes do multiverso mecânico ou orgânico que buscam eternamente a estagnação. Elas são, no entanto, entidades contrárias aos propósitos dos homens e dos deuses.

A tradição de todos os deuses e todas as criaturas em todo o multiverso é ser dominado pelo odiano. Portanto, nada está fora dos seus interesses e nenhum caminho é fechado para ele. Mas, antes que os caminhos de outros deuses sejam abertos ao odiano, é preciso investigar a essência profunda do caminho mostrado pelo grande deus.

Odin: o deus oculto das runas

Odin deve ser conhecido para sempre pela sua verdadeira natureza como o *omnideus*, o deus completo do ser e da transformação interior e do mistério atemporal. Odin detém as palavras sagradas para abrir as portas do novo amanhecer, mas não as revelará; precisamos conquistá-las com nossa própria força de vontade. Para fazer isso, o primeiro passo é descobrir o caráter da divindade de Odin.

O que significa a expressão "Odin: deus oculto das runas"? Em primeiro lugar, vamos recapitular e expandir a etimologia do nome "Odin". Esse nome está presente na maioria dos principais dialetos germânicos (AAA *Wuotan*, IA *Wōden*, bem como NA *Ódhinn*). A forma germânica do nome teria sido *Wōdhanaz*, que tem significado bastante claro. *Wōdh-* é um termo que designa uma atividade numinosa ou mental extática, inspirada; é quase como uma resposta fisiológica no complexo psicofísico ao alto nível de estimulação presente em fenômenos como o êxtase, o entusiasmo, as emanações de força física e o sentimento de assombro na presença do *numinosum tremendum* (o aspecto aterrorizante do "divino"). *Wōdh* é, antes de tudo, um conceito de poder mágico. O elemento *-an-* normalmente indica o "mestre de" qualquer conceito ao qual esteja vinculado. (Outros exemplos disso seriam o antigo nórdico *thjódh-inn*, o mestre do povo (= rei), e o antigo nórdico *drótt-inn*, o mestre dos guerreiros. A desinência gramatical *-az-* já é familiar ao leitor graças ao nome das runas. Na maioria dos casos, essa terminação tornou-se *-r* em nórdico antigo, mas, após um *-n-*, ele passa a ser *-n* também. Além disso, a perda do *w-* antes de um longo *ó* ou ú já é conhecido a partir da relação entre o antigo nórdico *Urdhr* e o inglês antigo *Wyrd*. Assim, Odin é apenas um desenvolvimento regular de *Wōdhanaz*.

O Mestre da Inspiração é apenas um dos muitos nomes característicos (*heiti*) atribuídos a esse deus antigo e oculto e, na verdade, sem nome. O *numen* ou arquétipo esotérico dos mistérios não está oculto por um véu como tal, nem é ocultado por sua transcendência apenas, mas pela sua onipresença. Essa é a chave para seus muitos nomes. O que faz Odin especialmente "oculto" é sua intensa presença em formulações paradoxais. Sua presença como força de ligação entre os opostos é uma característica essencial do seu caráter, ainda que muitas vezes confunda a visão humana, que tende a entender as coisas de forma mais dualística-analítica. Mas Odin compreende por meio de toda a entidade expressa por construções polares. Odin vê com o olho total. Essa é a essência que o esconde da nossa mente racional ("de dois olhos") –; ele é a personificação do "todo suprarracional".

Odin é um deus porque serve (e tem servido por eras) como modelo exemplar para a expressão, o desenvolvimento e a transformação da consciência humana. Isso foi institucionalizado por muito tempo num "culto nacional" entre os povos germânicos, com cada tribo mantendo suas versões especiais de ênfase em uma estrutura tradicional geral. Odin, por qualquer nome, serviu a essa função desde o nascimento da humanidade indo-europeia e, portanto, não pode ser extinto, exceto por meio da destruição física do seu povo.

As runas são parte integrante da essência odínica porque é por meio delas e por causa delas que ele cresce em poder e se torna indestrutível e capaz de comunicar os mistérios multiversais à sua parentela humana. Odin, as runas e a humanidade formam uma matriz em que o consciente/inconsciente e a existência/não existência se encontram.

Para estabelecer uma estrutura tradicional para a exploração e emulação do arquétipo odínico, é aconselhável ler o que foi escrito sobre a evolução de Odin durante as noites em que seus caminhos eram um estilo de vida estabelecido e institucionalizado, organizado por séculos da ignorância interveniente. Para isso, devemos nos concentrar nas fontes da sabedoria e do poder de Odin, conforme descrito em passagens da literatura nórdica antiga. O principal mito iniciático odínico é o do autossacrifício em Yggdrasill, descrito no poema "Hávamál", est. 138 a 165. Esse processo deve ser entendido como algo ocorrido num reino além do tempo, naquele imenso espaço cosmogônico antes do advento das Leis Nórnicas (veja as runas N e P). O "nascimento" de Odin e o autossacrifício na Árvore do Mundo são coisas basicamente simultâneas – sem esse autossacrifício, Odin não é Odin. Nesse processo, ele se entrega a Si mesmo, enquanto se pendura em Yggdrasill (o corcel de Yggr [= Odin] ou tronco do teixo). O sujeito se voltou para si mesmo e se tornou, com sucesso, sujeito do próprio trabalho. Odin se torna "onnijetivo". Nessa ação, encontra o reino sombrio de Hel – o inconsciente – e se funde a ele, enquanto *mantém sua sagacidade*. Assim, num lampejo de inspiração, ele é infundido com a totalidade do padrão rúnico. Como Odin é, por sua essência tripartida, uma entidade consciente, esse padrão é remodelado por sua vontade, numa forma *comunicável*. Por meio desse mistério odínico central, o consciente se funde com o inconsciente, a luz com a escuridão, e se torna compreensível pela essência supraconsciente de Odin. As runas então começam a ser formuladas por Odin, numa metalinguagem contida no sistema rúnico, na poesia e na linguagem natural, como "uma palavra leva a outra, e uma obra leva a outra". A semente de Odin, seu dom, é, portanto, a essência que torna possível essa compreensão em seus descendentes: a humanidade consciente.

Uma fonte complexa da sabedoria secreta de Odin é encontrada em Mímir. Como vimos, Mímir é, na verdade, o aspecto da "memória" de Odin e uma contraparte do aspecto Hoenir. Mímir pertence, mesmo no nível exotérico, àquela geração do "primeiro Aesir", às vezes identificado como um sábio *Ase*, às vezes como um *etin*. Essa dupla natureza deve-se ao fato de que Mímir é, em grande medida, as "memórias ancestrais" de Odin, cujos ancestrais estão entre os *thurses* e os *etins*! Odin deriva sabedoria desse aspecto de duas maneiras: (1) da cabeça decepada de Mímir e (2) do seu olho, que ele escondeu ou jurou ao Poço de Mímir.

Do mito da troca de reféns entre os guerreiros Aesir e Vanir, aprendemos que a cabeça de Mímir foi decepada pelos furiosos Vanir, porque eles se sentiram enganados pelo fato de Hoenir (parceiro de Mímir) ser menos inteligente do que tinha se mostrado. Odin preservou essa cabeça com ervas e lançou feitiços nela para mantê-la viva. Ela é mantida, com sabedoria mais antiga, no Poço de Mímir. A consulta com a "cabeça de Mímir" é, portanto, uma imagem mágica em que se mostra que o *eu* tem acesso ao aspecto *minni*. Mas como ela foi "cortada", devido à desconfiança de não iniciados, é preciso atos mágicos para manter os canais de comunicação abertos com ela. Quando Odin se redime da cabeça de Mímir (memória), Hoenir (mente) é informada, e, portanto, outro padrão triplo é concluído, conforme mostrado na Figura 13.2. Em última análise, "a cabeça de Mímir" é uma metáfora que indica a concentração da consciência no *minni* – no Poço de Mímir.

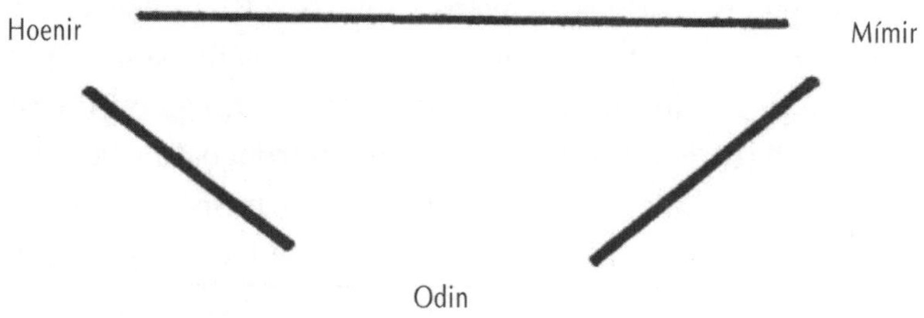

Figura 13.2. Complexo Odin-Hoenir-Mímir.

Dizem que esse Poço de Mímir está sob uma raiz de Yggdrasill (também chamado em NA de *Mímameith* [Árvore de Mímir]) que fica sobre Jötunheimr. Para conquistar e desenvolver sabedoria, Odin deseja beber das águas desse poço, mas a cabeça de Mímir pede a ele um dos seus olhos – parte de si mesmo – como promessa ou sacrifício. Odin "esconde" seu olho na coluna da consciência vertical, nas profundezas. Ali seu olho permanece ativo, sempre capaz de ver e "absorver" a sabedoria de todos os mundos. Assim, Odin sempre tem duas visões – uma "neste mundo" (de Hlidhskjálf) e outra nos "outros mundos" (do Poço de Mímir). Também se pode dizer que Heimdallr guarda seu *hljódh* (ouvir, ou ouvido) nesse poço; assim, ele (Odin) também pode ouvir em todos os mundos.

No mito de Mímir, o odiano reconhece a necessidade de acesso ao reino de *minni*, o reservatório herdado de imagens mágico-míticas, e de uma síntese dos vários aspectos psíquicos designados pelos nomes Mímir e Hoenir. Isso é feito por meio de um ato mágico, graças a uma "tecnologia" secreta pela qual o ponto focal (cabeça) desse reservatório é obtido, preservado e assimilado. Um olho é focado para baixo, no Poço de "Wyrd" ou Urdr (imagens), e o outro está focado para o lado de fora, nos amplos mundos das palavras e das obras. (Mais uma vez, uma referência às funções dos dois hemisférios cerebrais.)

Odin também obtém conhecimento de fontes externas a ele. A principal delas é Freyja. Como vimos, os Vanadís ensinaram a Odin as artes do *seidhr*. Há muitas razões para se acreditar que isso aconteceu em algum tipo de contexto de iniciação sexual, nas quais segredos do que hoje pode ser chamado de "magia sexual" foram originalmente transmitidos de mulheres iniciadas para homens e de homens iniciados para mulheres. No mito, vemos isso refletido nos casamentos mágicos entre um guerreiro e sua valquíria ou entre humanos e iniciadores sobre-humanos. O "Rúnatals tháttr Ódhins" nos conta que o décimo oitavo segredo (provavelmente aqui para ser atribuído à runa G) não é revelado a ninguém, "exceto àquele que me abraça ou que é minha irmã". É nesse contexto cúltico que Odin e Freyja trocam segredos ocultos. As técnicas de *seidhr* incluem indução de transe para fins divinatórios, mudança de forma (que também pode ser feito com *galdr*), privação das almas dos outros, criação de ilusões e outras artes consideradas mais ou menos "xamânicas". Deve-se notar, do ponto de vista da história da religião, no entanto, que o xamanismo como tal parece ser uma tradição diferente. Essas técnicas eram frequentemente usadas em magia agressiva, o que em parte as levou a serem consideradas práticas maléficas. Mas talvez outra característica tenha causado sua reputação de ser "pouco viril"; essa é a prática pela qual homens se transformam em mulheres para engendrarem seres mágicos (muitas vezes prejudiciais), por meio de feitiçaria sexual. Dessa maneira, Loki se torna a mãe do corcel Sleipnir.

Outra dessas missões assume uma importância que perde apenas para o rito Yggdrasill: ganhar o hidromel da poesia, do reino dos *etins*. O hidromel da poesia foi criado do sangue de Kvasir, elemento de ligação entre os Aesir e Vanir quando fizeram uma trégua. (Numa versão do mito, ele é formado da saliva de duas raças divinas; em outro, é simplesmente um dos Vanir enviados como reféns [veja o *Skaldskaparmál* na *Edda em Prosa*, no Capítulo 1].) De qualquer maneira, Kvasir tinha a reputação de ser o "mais sábio de todos os seres", mas é morto por anões que fazem o hidromel da poesia do seu sangue. Esse líquido – a essência da consciência inspirada do Aesir e do inconsciente orgânico do Vanir, acaba nas mãos dos *etins* (por natureza, seres do reino inconsciente). Portanto, o hidromel, por necessidade, teve que ser reconquistado por Odin "por bem ou por mal". Esse mito é descrito por Snorri (*Skaldskaparmál*, Capítulo 1) e no poema "Hávamál" (est. 104-110). O processo pelo qual isso é feito é mais significativo. Com a aparência de Bölverkr (Malfeitor) e a astúcia e a quebra de juramento, ele ganha acesso à montanha (*Hnitbjörg*, montanha do tricô), onde uma esposa *etin*, Gunnlödh, protege

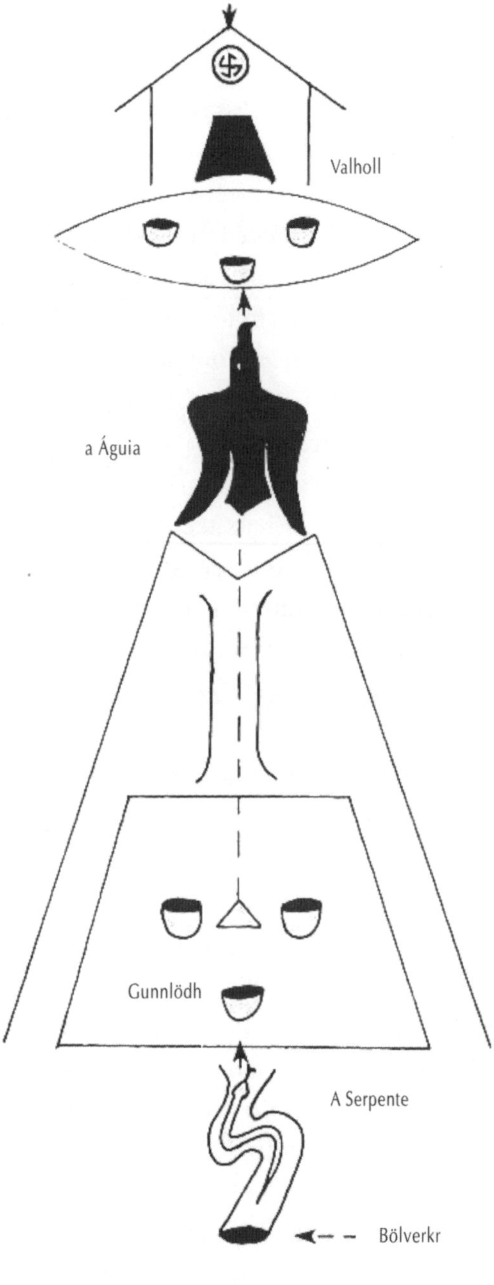

Figura 13.3. Recuperação do hidromel da poesia.

o hidromel. Ele consegue chegar até a montanha na forma de uma serpente e permanece três noites no seu interior, dormindo com a *etin*. Depois disso, consegue beber o hidromel em três goles, dos três vasos – Ódhoerir, Són e Bodhn – nos quais o hidromel ficava guardado. Então ele muda de forma, adquirindo a de uma águia, e voa para o topo da montanha e de volta para Asgardhr, onde cospe o hidromel em três tonéis – retornando, assim, o hidromel ao devido lugar, entre os Aesir e a humanidade. Conta-se que parte do hidromel caiu na terra, quando Odin voou para longe, e *qualquer um* pôde bebê-lo (por quem estivesse por ali, por acaso). Assim, ele é chamado de "porção do poeta tolo".

Esse mito é vital para a tradição rúnica. O símbolo da Rune-Gild – três chifres de beber entrelaçados – deriva desse conto. Ele descreve o caminho do devir, o caminho do Odianismo transformacional, e a missão essencial da Rune-Gild: servir a comunidade consciente mais ampla de deuses e homens.

A Figura 13.3 mostra o processo da recuperação do hidromel da poesia e da inspiração. Nesse processo, vemos a força amoral de Odin obedecendo apenas às suas leis superiores da vontade e do serviço ao caminho do devir/consciência, obtendo acesso ao reino oculto que esconde o poder obtido desonestamente por meio da transformação em serpente. Ele se alia às forças subterrâneas da dissolução para invadir a montanha e conseguir atravessar os caminhos *etin* extremamente estreitos da realidade densa. Aqui está oculto o significado do aspecto serpentino do culto odínico, bem conhecido devido às faixas de cobra sobre as runas e os famosos navios de dragão dos vikings, enquanto no interior da câmara com Gunnlödh – talvez em conjunto com ritos de feitiçaria sexual em que sombra e luz são unidos ("tricotados"; veja o significado do nome da montanha) – Odin consome todo o hidromel dos três tonéis. A força estática do hidromel guardado pelos *etins*, mas inútil a eles, é agora reassimilado por Odin, que se transforma numa águia, a grande ave de rapina que transmite a força extática de volta ao mundo dos Aesir, separado do mundo dos homens e sob o controle da consciência. Ali o hidromel é rearticulado na tríplice essência e retornou aos três vasos: (1) Ódhroerir (o estimulante da inspiração, também um dos nomes do próprio hidromel); (2) Són (reconciliação); e (3) Bodhn (contêiner). O significado do número desses vasos está na essência tríplice do próprio hidromel. Normalmente, essa "triessência" da consciência só é compartilhada por Odin com os Aesir e com humanos iniciados no seu culto.

O caminho da serpente leva à sabedoria (:ᚺ:). No recinto da montanha (:ᛒ:), os opostos são casados (:ᛖ:), e a inspiração é ganha (:ᚨ:), para ser devolvida pelo voo da águia (:ᛃ:) ao recinto dos deuses e iniciados (:ᛟ:), para ser concedida (:ᚷ:) pelos grandes deuses àqueles da sua espécie. Nesse mito, vemos por que Odin é considerado tanto o Senhor das Trevas quanto o Senhor da Luz.

A sabedoria de Odin deriva de três fontes contínuas: (1) o sacrifício em Yggdrasill (para obter a sabedoria das runas), (2) o Poço de Mímir (a cabeça de Mímir e o "olho oculto") e (3) o hidromel da poesia, Ódhoerir. Os paradigmas míticos ligados a essas fontes dão forma ao processo de aquisição do conhecimento, da sabedoria e da arte das runas. Também servem como modelos psíquicos que o runomante segue no padrão odínico. O "deus" Odin está num nível separado do paradigma "aquilo que compreende os opostos", na raiz do mistério odínico. Esses aspectos podem estar contidos no conceito de arquétipo (se não nos termos junguianos mais estritos). O arquétipo não é uma coisa personificada, mas, sim, um padrão de ação impessoal ou de consciência pura. Conforme esse paradigma vai se tornando mais consciente no ser humano, uma "personificação" desse padrão começa a emergir e atuar como modelo exemplar de consciência e comportamento – um "deus". Do ponto de vista odínico, esse é o processo de todos os deuses e deusas.

Aqui, queremos nos concentrar em Odin, o deus, como modelo psíquico para a evolução do mestre rúnico, o papel das runas e sua interação e assimilação a esse modelo, e por que Odin deve continuar sendo o deus oculto.

Na raiz do arquétipo odínico está o conceito de totalidade dentro da duplicidade. As origens desse deus mostram isso claramente. Ele nasceu de Borr, filho de Búri (da raça dos protodeuses) e de Bestla, filha do *etin* Bölthorn. Odin, portanto, representa uma síntese das entidades primordiais (pré-conscientes) (veja o Capítulo 10). A função de ponte é algo que ele, por fim, pode dar à sua parentela humana.

Dessa duplicidade vem a grande multiplicidade ("totalidade") representada em toda a literatura odínica por seus nomes e suas formas ilimitadas. Esse caráter múltiplo é mais formalmente representado no número onipresente de Odin – o três (e seus múltiplos). Odin é repetidamente representado em tríades de aspectos, por exemplo, Odin-Vili-Vé, Odin Hoenir- Lódhurr, Odin-Hoenir-Loki e Hárr (o Alto) – Jafnhárr (o Igualmente alto) –, Thridhi (o Terceiro). A formulação mais antiga desse tipo é certamente Odin-Vili-Vé, que data do período germânico comum. Sabemos disso porque essa foi originalmente uma fórmula aliterativa. As formas germânicas dos nomes seriam *Wōdhanaz*, *Wiljōn* e *Wīhaz*. Um exame dos níveis mais profundos da fórmula revelará muito da estrutura oculta de Odin (veja a Tabela 13.2).

Tabela 13.2. Estrutura da tríade odínica.

Nome	Significado	Essência	Função
Wōdhanaz	inspiração	totalidade	integrativa
Wiljōn	desejo/alegria/vontade	dinamismo	transformacional
Wīhaz	sacralidade	separação	separativa

Já deve estar claro agora que *Wōdhanaz* é aquilo que integra muitos num todo consciente e descreve todo o processo (portanto, esse é o nome mais comum para o deus). *Wiljōn* é a vontade que carrega o processo com dinamismo alegre. A ideia de alegria é expressa por essa raiz na maioria dos antigos dialetos germânicos, incluindo o inglês antigo. Esse é o poder da direção consciente e voluntária. *Wīhaz* contém um conceito raiz de separação, "alteridade" [*other-ness*], absolutamente essencial à atuação tríplice do deus, pois atua em todos os mundos. Isso está ligado à dicotomia do "sagrado", como é expresso no pensamento indo-europeu. O que é aquele aspecto aterrorizante e misterioso (*mysterium tremendum* ou *numinosum*), a porta entre os mundos através da qual todos os que querem se transformar, deuses ou homens, devem passar. Quando visto de fora, *wīhaz* pode ser assustador, mas depois que o runomante se torna *wīhaz*, enxerga pela primeira vez e, portanto, é muitas vezes temido, visto com ressentimento ou até mesmo odiado.

O todo descreve, portanto, um processo eterno de evolução, de transformação – o poder de moldar e remodelar. Esse processo é a interação entre as duas metades do todo, e Odin é a personificação e consequente modelo consciente da oscilação entre os campos de luz e da escuridão, por meio de um processo contínuo de separação de um campo, fusão com o outro, para ali sofrer uma transformação, seguida de uma reintegração com o primeiro campo. Assim, os campos da escuridão são semeados com as sementes da luz, e os campos da luz são semeados com as sementes das trevas. Todos os campos polares contêm as sementes de seus opostos.

Tudo isso é feito por meio de uma vontade, ou consciência, fundamentalmente separada do próprio processo. Isso é mais evidente na iniciação de Yggdrasill, em que Odin une os reinos da luz e da escuridão, da vida e da morte, do consciente e do inconsciente. Mas ele não é consumido pelo processo – faz uso dele. As outras fontes da sabedoria odínica também têm elementos dessa ligação entre opostos polares e da utilização final de ambos pelo Eu mágico.

Para o runomante moderno, isso tem muitas lições a ensinar. A verdadeira essência da tradição é, pela própria natureza, impossível de expressar totalmente em "palavras", isto é, na linguagem natural comum. Mas o que pode ser dito é que o ser de Odin ensina o caminho do "eu-todo", do "todo-eu", *bem como* do "eu superior". Esse eu superior é uma entidade supraconsciente, o "eu sagrado" ou o ego mágico do mestre rúnico. Pode se misturar com o cosmos natural, orgânico. Pode se misturar com os reinos numinosos não naturais. Ele faz isso, no entanto, para que possa promover seus objetivos desejados. É a essência do caminho do verdadeiro buscador, nunca descansando, sempre procurando na escuridão e na luz, no alto e abaixo, na vida e na morte. Mas o processo de sintetizar os campos polares não é de neutralização, mas de maximização – processo de sondagem que vai diretamente às essências do kernel. Apenas dessa maneira o poder completo pode ser conhecido e usado.

As runas desempenham papel central em todos esses mistérios odínicos. É através delas que Odin compreende esses processos, os formula para que possa dominar e, por fim, manipular as runas (em parte); é por meio dessa formulação que ele pode comunicar os mistérios a seus amigos e parentes humanos.

As "runas cósmicas" (NA *ginnrúnar*) são padrões inatos e eternos na substância do multiverso indestrutível e sempre crescente ao longo de padrões eternos. Elas não podem ser totalmente compreendidas; no entanto, quando parte delas é compreendida (internalizada por um ser consciente), elas vão imediatamente além dessa compreensão; esse processo também é eterno. Odin, como os físicos teóricos modernos que o seguiram, sabe disso e que sua busca pela totalidade é uma busca sem fim. Ainda assim, ele continua em sua luta heroica, assim como seus companheiros. Aqueles que encaram essa perspectiva com desânimo não foram feitos para o caminho odiânico.

Quando Odin compreendeu o trabalho Yggdrasill, o ato heroico primordial da consciência foi concluído. A estrutura sistemática mais básica e elementar do todo foi ganhada e compreendida de uma vez. Essas runas, divididas em runas luminosas (NA *heidhrúnar*) e runas sombrias (NA *myrkrúnar*), agora fornecem o roteiro para a exploração infinita do multiverso. A humanidade pode conquistar as runas de Odin seguindo o exemplo do deus e assimilando, como ele fez, o padrão da sua consciência impressa no sistema rúnico. (O odiano não busca "união" com Odin, mas apenas com aquele com o qual Odin buscou união – o Eu.)

Essas runas representam a totalidade em sua forma mais simples, porém mais completa, compreensível para o complexo psicofísico humano. Mas, como Odin nunca pode compreender todas as runas cósmicas, então os seres humanos raramente podem compreender totalmente todas as runas divinas. Contudo, como somos filhos do Pai de Todos (ou seja, seres conscientes) e recebemos seus dons primordiais (e únicos "gratuitos") da consciência (veja o Capítulo 10), somos capazes de cavalgar na estrada rúnica com os Aesir. As runas são o mapa pelo qual o homem pode encontrar a própria identidade e os deuses, e que, por sua vez, propiciam a maneira pela qual Odin pode mapear os limites do tempo e do espaço desconhecidos.

Agora deve ser evidente por que Odin é o deus oculto. Como entendida popularmente, a formulação "deus oculto" indica um "deus além da dualidade", desconhecido e incognoscível. Nenhum outro arquétipo que atue no reino da consciência representa tão perfeitamente o caminho para esse estado. Os processos descritos anteriormente mostram como esse deus funciona; em essência, sua função não pode ser entendida no sentido intelectual. Só pode ser entendida por meio da experiência em trabalhos mágicos do "paradoxo odínico". Mesmo quando essa compreensão acontecer e você começar a desvendar os segredos rúnicos, Odin ainda continuará sendo um deus oculto, pois na experiência real o intelecto e as palavras da fala humana falham, porque são fenômenos de apenas metade do todo ao qual a experiência pertence.

Parte Três

A INTERPRETACÃO DAS RUNAS

O LANÇAMENTO DAS RUNAS E A DIVINAÇÃO RÚNICA

Capítulo 14

NO POÇO DE URDR

Comunicar-se diretamente com um deus ou com os deuses – é disso que se trata a adivinhação. As runas, em nível mais mundano, são um sistema de escrita. Tanto no nível mundano quanto no nível cósmico, são um sistema de *comunicação*. Instrumentos para interpretar verdades que, sem elas, permaneceriam ocultas. As runas são uma espécie de código tradicional, originalmente uma dádiva do deus Odin, pelo qual as mensagens podem ser enviadas de um nível da realidade para outro, de um mundo para outro. Seja na magia (*galdr*), em que o objetivo do runomante é fazer com que o mundo objetivo se submeta à sua vontade subjetiva, ou no lançamento das runas, em que o objetivo do runomante é interpretar as verdades ocultas do próprio ser subjetivo ou dos mundos objetivos, as runas são usadas como ferramentas – como um meio de comunicação – pelas quais mensagens podem ser enviadas e recebidas.

Na realidade, é claro, as verdadeiras runas residem na alma do runomante – dentro de *você*. As runas são objetos simbólicos que atuam como uma espécie de espelho mágico da alma. Quando você contempla as runas espalhadas na toalha branca sagrada, está, na verdade, olhando lá no fundo do Poço de Urdr. Como o runomante, o *vitki* (mago) se aproxima do nível de sacerdote ou sacerdotisa (de um *godhi* ou *gydhja*), alguém encarregado de lidar com os deuses e de atuar como canal entre os mundos dos deuses e o de Midgard. O mais importante, no entanto, é o fato de que qualquer pessoa que dedique tempo para se tornar hábil no lançamento das runas poderá abrir canais invisíveis entre o eu consciente e o inconsciente.

Essa "abertura de canais" só é conquistada após algum esforço e força de vontade. O candidato a runomante precisa aprender muito e trabalhar bastante, antes de ter grande sucesso. Neste livro, você encontrará tudo de que precisa para se tornar um "canal rúnico" eficaz.

Esta parte do livro pretende apresentar indicações práticas e concretas do conhecimento e dos procedimentos tradicionais, mas não deve ser considerada excessivamente restritiva. Onde a tradição mais antiga é clara, nós a seguimos, mas, em alguns assuntos técnicos, tivemos que reconstruir alguns detalhes. Isso foi feito no espírito da tradição germânica e rúnica. Cada detalhe pode ser fundamentado por algum aspecto ou alguma interpretação da tradição mais antiga, do modo como sobreviveu em fontes históricas ou literárias. No entanto, também é parte integrante da tradição germânica e rúnica inovar, quando necessário. O grande runomante em potencial não hesitará em inventar novas formas ou interpretações rúnicas, métodos de lançamento etc. A maioria dos runomantes – e aspirantes a especialistas no assunto – não falham quando se trata de inovação, mas dependem muito de um conhecimento irrefletido e emprestado mecanicamente de algum outro (geralmente posterior, mais "popular") sistema de adivinhação. Esses elementos emprestados, então, são encaixados a esmo no sistema rúnico. Outro problema muitas vezes encontrado em livros sobre "adivinhação rúnica" é que o escritor frequentemente ignora por completo a tradição e a verdade – e prefere permanecer assim. A qualidade das suas previsões será melhor se você investir tempo e energia para aprender algo antes de começar a interpretar as runas (que dirá escrever em runas!).

Para que você se torne um hábil runomante, precisa praticar muito a divinhação com as runas. Isso vai exigir que você faça muitos lançamentos, que provavelmente realizará com um mínimo de paixão. Recomenda-se que você não faça o lançamento das runas como forma profana de "jogo" (para fins de entretenimento); nesse sentido, os rituais devem ajudar. No entanto, do ponto de vista prático, como você pode esperar se tornar proficiente se apenas fizer previsões em ocasiões importantes? No início, é preciso prática diária, embora seja mais recomendável não realizar mais de um lançamento por dia. Dessa forma equilibrada, com respeito saudável pelas runas, com familiaridade inicial, será ganho no menor tempo possível.

Às vezes, o runomante faz uma pergunta às runas, mas estas parecem estar respondendo sobre outro assunto. As runas (ou seja, suas runas *interiores*) tendem a "pinçar" a verdadeira questão em sua mente ou em seu coração. É mais fácil obter leituras precisas com esses tipos de pergunta. Perguntas mais sofisticadas requerem interferência maior da vontade consciente.

Em suma, o próprio runomante talvez seja o melhor método para "conhecer" as runas. Ler – até mesmo memorizar – o que a tradição mais antiga diz é bom, mas o método direto do runomante em relação às runas é, de longe, a maneira mais eficaz de aprender sobre os "mistérios". As habilidades associadas ao lançamento das runas podem ser aplicadas diretamente a todos os outros aspectos do trabalho e da magia rúnicos.

Já discorremos profundamente, na primeira parte deste livro, sobre a história das runas assim como é encontrada na literatura e no folclore. Agora vamos passar a tratar da história mais atual sobre a adivinhação rúnica e suas aplicações práticas.

A maré mudou, e chegou a hora de todos os amigos e parentes de Odin se reunirem no Poço de Urdr novamente, para ler a provação dos deuses e da humanidade e enfrentar os poderosos "*tines* sangrentos".

A adivinhação rúnica e o renascimento mágico

No século XX, muitos sistemas de adivinhação rúnica surgiram no mundo todo. Apenas um deles, o apresentado em *Rune Games*, de Marijane Osborn e Stella Longland,[1] chegou mais perto de ser um sistema tradicional. No entanto, na Alemanha, os sistemas inspirados pelo trabalho pioneiro de Guido von List (1848-1919) tornaram-se praticamente uma "neotradição" dentro de várias escolas de magia do século XX.

A maioria dos principais escritores que tratavam da magia rúnica no início da tradição listiana não se referia explicitamente a questões relacionadas à adivinhação rúnica. A única exceção foi E. Tristan Kurtzahn, cujo *Die Runen als Heilszeichen und Schicksalslose* [As Runas como Signos Sagrados e Indicadores do Destino] (1924)[2] incluía um apêndice sobre métodos específicos de adivinhação rúnica, que o próprio autor sublinha que estava relutante em incluir. Após a Segunda Guerra Mundial, o livro *Runenmagie* (1955)[3], de Karl Spiesberger, incluía um capítulo inteiro sobre "RunenMantik" (em grande parte extraído do trabalho de Kurtzahn). Um ponto de vista diferente e adequado da adivinhação rúnica também foi apresentado em 1955, por Roland Dionys Jossé, em seu *Die Tala der Raunen* [Runologia Cabalística],[4] cujo subtítulo era: "Um manual da interpretação da essência e do caminho de uma pessoa com base nas runas do destino ocultas em seu nome". Esse é um tipo de numerologia rúnica baseado numa modificação do sistema listiano. A mais recente incursão na adivinhação rúnica nessa tradição é o tratamento abrangente oferecido por Werner Kosbab, em *Das Runen-Orakel* (1982).[5]

Os países de língua inglesa não se saíram tão bem. Já no final dos anos 1950, a adivinhação rúnica parece ter ficado conhecida nos círculos ocultistas, mas, desde então, e na maior parte, apenas o que pode ser descrito como "bastardizações" das tradições rúnicas foram impressas em inglês. Infelizmente, e talvez tipicamente, um dos "infratores" foi também a obra mais distribuída: *O Livro das Runas*, de Ralph Blum.[6] Vários outros "sistemas" foram gerados no moinho ocultista anglo-americano (veja a bibliografia), mas acredito que apenas um, *Rune Games*, seja uma obra que os leitores interessados em tradição ou autenticidade possam levar em conta. Osborn e Longland apresentam uma imagem de um sistema e uma cultura em transição – de pagãos para cristãos. Isso pode ser visto como uma imagem invertida da situação presente, à medida que o pêndulo cultural oscila para o outro lado. *At the Well of Wyrd* tenta apresentar um sistema totalmente tradicional, pré- (e pós!) cristão, àqueles que estão prontos para jogar fora suas muletas.

Embora esta seção contenha um sistema completo de adivinhação rúnica viável, que pode ser usado por pessoas de tradições diferentes, continua sendo parte significativa do trabalho da Rune-Gild ensinar métodos mais profundos e tradicionais de lançamento rúnico e continuar a pesquisa nesse campo. A adivinhação é uma ferramenta importante não só no trabalho rúnico (autotransformação esotérica), mas também na magia rúnica (engenharia ambiental esotérica).

Capítulo 15

TEORIA DIVINATÓRIA DAS RUNAS

A compreensão de como funciona o lançamento das runas pode ser relativa. O modo como o entendemos hoje pode ser diferente daquele pelo qual um runomante eruliano dos tempos antigos poderia explicá-lo. Existem também vários níveis de compreensão em nossa própria época. Assim, por que pensar em "teoria"? Por que não "praticar" simplesmente, sem se preocupar com esses assuntos?

Do ponto de vista do verdadeiro trabalho rúnico em qualquer nível, naturalmente essas perguntas são absurdas. É da natureza do runomante inquirir e agir para buscar um conhecimento cada vez mais profundo das runas. Se elas são mais que um sistema de "leitura da sorte" – e certamente são mais que isso –, então a compreensão dos seus vários níveis de significado só pode ser aprimorada por meio de constantes tentativas de entendê-los de maneiras cada vez mais abrangentes. Logo, a questão de estudar a "teoria", ou de compreender as runas, é, na verdade, uma modo de praticar.

Conforme descrito no Capítulo 6, por tradição, o lançamento das runas é um verdadeiro ato de comunicação direta entre os seres humanos e as divindades de muitos reinos. Essa comunicação ocorre na metalinguagem dos deuses (as runas) – a forma exterior da Dádiva de Odin. As runas, toda a tradição que as acompanham e os métodos rituais para consultá-las também eram considerados presentes dos deuses. O primeiro "runomante" foi o próprio Odin, e, ao lançar as runas, o adivinho está, de fato, participando do processo divino de forma imitativa. Essa é a essência da teoria tradicional do lançamento das runas, pelo menos do ponto de vista odiano. Os povos não odianos dos tempos antigos teriam visto o processo divinatório como aquele em que "os deuses falam com os mortais", e nisso eles provavelmente devem ter sido inspirados pelos odianos.

Essa compreensão exotérica – tal como ocorre em todos os níveis verdadeiros de compreensão – não está totalmente incorreta. No entanto, o que não se percebe nesse nível é que, durante o ritual, o runomante assume o papel de "um deus". Na verdade, para se comunicar com a realidade transpessoal oculta (as runas), o runomante tem de assumir esse papel para ser totalmente eficaz. Os resultados do lançamento são, em seguida, comunicados ao nível humano de consciência do runomante (e talvez ao de outras pessoas), por meio das runas e da sua tradição. Portanto, o lançamento das runas não é uma atividade totalmente passiva. A vontade, a habilidade, o conhecimento e o nível de evolução do runomante são muito importantes. Sem esses elementos, as runas permaneceriam ocultas para sempre.

Outro aspecto da teoria tradicional envolve as "divindades do destino", numerosas e predominantes na tradição germânica. Elas podem ser divididas em três "funções" ou esferas de atividade. Primeiro, as Grandes Nornes (NA *Nornir*) Urdr, Verdandi e Skuld simbolizam ação e reação, causa e efeito, tempo e sincronicidade. Elas também fornecem o contexto no qual eles podem ser compreendidos. Em segundo lugar, estão as "guardiãs do destino" individuais, entendidas como entidades ligadas a cada indivíduo e que têm nas mãos o destino dele (NA *ørlög*), influenciando, assim, sua vida e suas ações. Até certo ponto, o runomante busca conhecer essas entidades e seus conteúdos. Entidades que pertencem a esse segundo grupo incluem os *fetch* (NA *fylgja*) e as *nornir* (nornes menores), bem como, em certos casos, as *valkýrjur* (valquírias) e os *disir* (dises).[1] O terceiro grupo é composto de "guias", entidades que supostamente manipulam as peças rúnicas para que caiam ou sejam dispostas em certas posições. Os guias podem ser Nornes, dises ou até valquírias. É preciso lembrar que, do ponto de vista odiano, essas entidades são, na verdade, partes do odiano.

As runas e o destino

A runa *perthro* é fundamental para a compreensão do contexto em que se dá a adivinhação, uma vez que contém os trabalhos secretos das três Grandes Nornes – Urdr, Verdandi e Skuld –, vastas forças do universo cuja manifestação é sinônimo da origem do tempo (inclusive da sincronicidade), do movimento (e, portanto, da lei de causa e efeito) e de tudo o que existe e virá a existir. De acordo com o "Völuspá", est. 8, da *Edda Poética*, essas são forças *etin* sombrias.

A essência do mistério das Nornes está refletida no significado de seus nomes. Urdr (IA *wyrd*) é simplesmente o particípio passado do verbo *verdha*, tornar-se; surgir (IA *wyrd* é formado de forma semelhante, a partir do verbo *weordhan*). Urdr, na verdade, significa "aquilo que se tornou ou se transformou"; em outras palavras, "o passado". Verdandi é o particípio presente do mesmo verbo e, portanto, significa "aquilo que está se tornando ou se transformando", ou seja, "o presente". Skuld deriva de outro verbo, *skulu*, que significa "dever", no sentido de probabilidade. É, em essência, ou qualitativamente, diferente dos outros dois e significa "aquilo que deveria (ser)". Em nórdico antigo, isso tem conotações de dever como obrigação, mas, nos níveis mais arcaicos, quando o termo surgiu, indicava apenas aquilo que deveria acontecer, tendo em vista as circunstâncias passadas.

É também muito importante perceber que a antiga ideia germânica de tempo era construída com base num modelo "passado *versus* não passado". Se observar, verá que nem mesmo o inglês moderno tem, na verdade, um tempo futuro (é necessário o verbo auxiliar *will* para formar esse tempo). Essa é uma característica comum aos idiomas germânicos – alemão, inglês, holandês e dialetos escandinavos. Mas temos um passado real. Isso porque, para a mente germânica, o passado é real, o futuro é apenas hipotético e sujeito a mudanças, e o presente é um agora em constante transformação.

Se esses conceitos forem totalmente compreendidos, será fácil ver a verdadeira natureza do conceito germânico de "destino" (NA *ørlög*). *Ørlög* não é algo fixo e imutável; na verdade, é transformado constantemente. No entanto, é uma força poderosa e de cujo alcance poucos podem escapar depois que certos padrões de comportamento se tornam arraigados. O conhecido "fatalismo" germânico é, em grande parte, o entendimento exotérico desse processo. Nosso *Skuld* é afetado – até mesmo determinado – pelo nosso *Urdr*, ou *wyrd*. *Wyrd* é, essencialmente, uma "ação passada", foi formulada e absorvida pelo nosso ser. Ora, se acrescentarmos a essa teia já vasta a ideia germânica de "reencarnação" (NA *aptrburdhr*, renascimento), surge uma imagem realmente complexa. *Wyrd* parece (de fato é) tão impactante porque suas raízes costumam estar escondidas num "passado" distante; elas estão tão profundamente entranhadas em nós que se tornaram invisíveis. A própria complexidade da teia de *wyrd*, todas as ações e reações passadas em todos os níveis da existência ao longo de todo o tempo de suas "existências essenciais", também torna extremamente difícil isolar seus fios. No nível mais elementar, o poder de *wyrd* pode ser expresso pela frase "É difícil romper velhos hábitos". Por meio do lançamento das runas, o *vitki* procura chegar à raiz ou ao nível *wyrd* do assunto em questão.

Dois termos técnicos mencionados antes provavelmente precisem de análise mais aprofundada. *Aptrburdhr* (NA), ou renascimento, é o processo pelo qual os poderes e as características essenciais de uma pessoa são transmitidos a gerações posteriores. Isso costuma acontecer naturalmente ao longo das linhagens genéticas, por exemplo, o neto é a reencarnação do avô falecido. Com esse renascimento, o neto também "herda" o destino (*ørlög*) do avô e de todo seu clã ou tribo. A criança é afetada por sua herança.

A própria ideia de *ørlög* é complexa. A palavra significa literalmente "camadas primárias" ou "leis primordiais" e indica, na verdade, ações "ancoradas" no passado. Mas *ørlög* age de duas maneiras. Refere-se tanto às ações passadas que realizamos (nesta vida e talvez em existências anteriores de nossos eus essenciais) quanto àquilo que outras pessoas (ou forças impessoais) nos legaram no mesmo período de tempo. Em inglês, o único resquício desse conceito é a palavra *ordeal* [derivada de *primal-deal*, "assunto primário", "ordálio", "provação"], algo gerado no passado. Assim, teoricamente, os julgamentos por ordálios (provas que provocavam agonia) simplesmente demonstravam, de maneira objetiva, a verdade baseada nesses conceitos.

Com essa explicação, deve ficar claro que o processo que o runomante empreende para investigar por meio das runas não é estritamente de causa e efeito. O processo nórnico formula um conjunto de probabilidades com base em toda uma gama de ações e reações complexas em muitos níveis da existência. O lançamento das runas é uma tentativa de reproduzir uma imagem dessa teia de *wyrd* para que seu conteúdo possa ser analisado e interpretado. A teoria que mais se aproxima desse modelo germânico é a da sincronicidade, proposta por C. G. Jung.[2]

A *sincronicidade* é uma coincidência significativa na qual acontecimentos externos coincidem com um evento psíquico (a percepção de um significado). São momentos em que os campos eternos de significado se abrem e tocam momentos no tempo cíclico (natural). São momentos em que nossa alma e todo o mundo ao nosso redor podem ser remodelados até certo ponto – se tivermos consciência dessa sincronicidade.

Os lançamentos das runas são mais uma tentativa de organizar as circunstâncias interiores e exteriores (a alma e as runas), de modo a tornar legível o centro da teia de *wyrd,* que de prever eventos futuros. A partir desse centro, somos capazes de interpretar boa parte dos demais desdobramentos e tramas do mundo à nossa volta. Podemos até conseguir enxergar o mundo inteiro: passado e "presente", arquetípicos e mundanos. Aqueles que sabem interpretar as runas são capazes de expandir sua visão de modo a esclarecer todos os fatores condicionantes de qualquer situação. Os fios da teia de *wyrd* podem ser estendidos na consciência – e, com isso, o conjunto de probabilidades que circundam os eventos que ainda estão para acontecer pode ser vislumbrado.

Se o *vitki* considerar o padrão Yggdrasill mostrado no Capítulo 10, na pág. 175, como uma rede quadridimensional e o ato de lançar runas como um meio de expandir a consciência ao longo de todos os caminhos que levam aos nove mundos, então o lançamento das runas pode ser visto como um método para a expansão da consciência a partir de um ponto central (Midgard). Contudo, assim como Midgard é o fruto final do surgimento dos mundos de Yggdrasill, é também a semente da qual nasce um novo broto. O lançamento das runas pode nos dar os prováveis padrões desse novo broto.

Por fim, é preciso dizer algo sobre a "experiência de *wyrd*". Na linguagem coloquial, o termo inglês *weird* passou a ser sinônimo de "estranho, esquisito". Essa é uma infeliz reviravolta nos acontecimentos. A palavra vem do idioma escocês, a língua germânica dos escoceses das planícies, do inglês do norte e do irlandês do norte, língua na qual muitos conceitos arcaicos sobrevivem. Antigamente, uma experiência "estranha" era aquela que parecia ter suas origens no divino, no mundo dos deuses. Uma experiência estranha fazia com que os pelos da nuca se arrepiassem e era considerada altamente significativa. Esses eventos e sensações eram mais sincronísticos que qualquer outra coisa. As coisas ficavam claras de modo palpável, às vezes causando reação de temor ou assombro. Esperamos que este livro ajude, de alguma forma, a resgatar essa palavra do limbo do uso moderno sem significado.

Capítulo 16

SIMBOLISMO RÚNICO E TABELAS DIVINATÓRIAS

Nos primeiros capítulos deste livro, nos concentramos em absorver o conhecimento esotérico das runas; na última parte, vamos tratar do uso ativo das runas para causar mudanças em nós mesmos e no meio. Mas, antes que o aprendiz procure fazer mudanças ou *escrever* na urdidura do mundo, ele precisa aprender a interpretar as runas corretamente. Aqui, vou oferecer os fundamentos básicos do lançamento das runas. Preciso enfatizar, no entanto, que as chaves apresentadas não esgotam as possibilidades de interpretações rúnicas. Cada *vitki* precisa manter registros cuidadosos de cada lançamento para que as tendências pessoais na interpretação possam ser observadas e utilizadas. Assim como duas pessoas nunca falam a mesma língua (cada um de nós usa a gramática e o vocabulário de forma única), a maneira como "você e suas runas se comunicam" também será única. É por isso que aprender sobre as runas é, na verdade, o equivalente a aprender a conhecer a si mesmo.

As tabelas a seguir baseiam-se em associações tradicionais extraídas da análise de poemas rúnicos e de outros aspectos da tradição rúnica antiga (associações entre nomes, número etc.). Além disso, também se tirou certo proveito de alguns elementos da visão divinatória do sistema armanen alemão, no qual se praticou com sucesso o lançamento das runas durante décadas.

Essas tabelas delineiam as interpretações rúnicas em três níveis: (1) tradição geral, (2) nível "positivo" ou do nascimento/vida (sob o título "Runa luminosa") e (3) nível "negativo" ou da morte (sob o título "Runa sombria"). O primeiro é necessário para obter uma orientação geral sobre o simbolismo rúnico e ter um contexto a partir do qual o runomante poderá expandir suas interpretações pessoais.

A interpretação "luminosa" de uma runa é, em geral, sua interpretação mais corriqueira, quando a runa está isolada e fora do contexto de outras runas. Ela nem sempre significa algo "positivo", no sentido de "benéfico". Considere, por exemplo, as runas *thurisaz, isa, nauthiz* ou *hagalaz*; todas elas podem ser prejudiciais em seus aspectos "positivos". A interpretação "negativa" ou sombria de uma runa é determinada pela sua relação com as outras runas ou pela posição em que ela cai num lançamento. Essa negatividade é, na realidade, uma expressão de um dos padrões possíveis: (1) cataclismo ou (2) obstrução. Quando uma runa está justaposta a outra de modo cataclísmico, isso indica que há mudanças pela frente, talvez desconfortáveis, mas que podem levar a um novo começo. Se uma força rúnica é obstruída por outra, essa é a pior das possibilidades; sugere estase e estagnação das forças. Os modos de determinar se uma runa é sombria ou luminosa numa leitura serão discutidos em detalhes no Capítulo 19.

Cada tabela contém uma runa, seus valores numérico e fonético, seu nome com traduções em vários contextos culturais e históricos e a palavra em inglês moderno que deriva dela (ou de um nome reconstruído). Essa palavra inglesa pode ser usada como um nome moderno alternativo para a runa. Estrofes do "Poema Rúnico em Inglês Antigo" (cuja sigla em inglês é OERP), do "Poema Rúnico em Norueguês Antigo" (ONRP) e do " Poema Rúnico em Islandês Antigo" (OIRP) que forem relevantes para cada uma das runas mais antigas também foram reproduzidas.

Existem apenas dezesseis runas no sistema novo usado pelo "Poema Rúnico em Norueguês Antigo" e pelo "Poema Rúnico em Islandês Antigo", por isso apenas essas dezesseis das 24 runas do sistema antigo têm estrofes dessas duas obras.

OERP

ᚠ *[O dinheiro] é um conforto*
para todos os homens;
no entanto, cada um deve
distribuí-lo à vontade,
caso queira agradar
ao Senhor.

ONRR

ᚠ *[O dinheiro] causa discórdias entre os familiares;*
o lobo cresce na floresta.

OIRP

ᚠ *[O dinheiro] é a [causa de] discórdia entre*
companheiros,
e o fogo da maré cheia
e o caminho da serpente.

1

ᚠ

FEHU

Valor fonético: F

Nome germânico: *Fehu*, bens móveis, gado, dinheiro, ouro

Inglês moderno: Fee (unidade monetária)

Tradição

Este é o princípio do poder móvel – dentro da natureza, dentro de nós mesmos e dentro da sociedade. *Fehu* é um poder que flui para fora como fogo, em seu curso, e precisa circular para ser benéfico. Essa circulação do fogo tem de ser controlada pelos *athelings* com sabedoria e previdência, para que eles o impeçam de destruir a si mesmo ou aos outros. A runa F é sinal do fogo primordial da vida e do movimento, que garante mudança contínua no mundo.

Runa luminosa

A previsão é necessária. A riqueza pode estar presente, mas precisa ser usada com sabedoria e compartilhada com generosidade para evitar conflitos. Se usada do modo apropriado, o sucesso social poderá ser conquistado. Isso também se aplica à "riqueza interior" do conhecimento. Compartilhe, e seu poder aumentará. A origem dessa energia de bem-estar está além da consciência presente; o poder está apenas aflorando. É necessário comportamento ético baseado na sabedoria e na tradição. Possibilidade de viagem pela frente.

Essa runa indica grande quantidade de energia, assim como um novo começo e uma nova vida. Renovação erótica. Pode sugerir uma pessoa que trabalha com animais ou finanças.

Runa sombria

A ganância pode fazer com que você se torne um pária na sociedade e sofra autoalienação. A discórdia pode ser uma ameaça, porque a energia de *fehu* não está circulando. O excesso dessa energia pode fazer você esgotar suas energias criativas. Portanto, use sua criatividade com sabedoria. Pode haver propensão à agressividade. Obstáculos bloqueiam ou enfraquecem as energias vitais. Possibilidade de fracasso e pobreza.

Palavras-chave de *Fehu*

Luminosa: sucesso social, energia de riqueza, previsão, novo começo

Sombria: ganância, esgotamento, atrofia, pobreza, discórdia

OERP

ᚢ *[O auroque] é destemido*
e dotado de grandes chifres.
É uma besta muito feroz,
– ele luta com os chifres –
e anda através dos pântanos.
Ele é uma criatura corajosa.

ONRR

ᚢ *[A escória] vem do ferro ruim;*
as renas, às vezes, correm na neve dura.

OIRP

ᚢ *[A garoa] é o pranto das nuvens*
que derrete o gelo;
e [é objeto de] ódio do pastor.

2

ᚢ

URUZ

Valor fonético: U

Nome germânico: *Uruz*, auroques; granizo, escória

Inglês moderno: *Urox*

Tradição

Este é o princípio da energia vital orgânica da vida, da procriação original e da transformação orgânica. *Uruz* é a força cósmica bovina primordial que dá forma à manifestação e defende essa forma manifestada. O auroque era um grande bovino selvagem e poderoso, de chifres compridos, semelhante a um bisão, que vagava pela Europa até ser extinto. O animal era conhecido pela força, ferocidade e tenacidade. Os poemas rúnicos medievais usam significados diferentes: (1) fogo purificador que remove elementos da escória ou (2) água expelida das nuvens, num processo semelhante.

Runa luminosa

A força vital é sua essência. Há um afloramento emocional e uma efusão de energia. Essa energia traz força caso mantida e controlada com tenacidade. Essa força deve ser usada para defender sua "pátria", seja a casa física ou os "salões" do eu interior (isto é, os "mecanismos de defesa"). Busque objetivos interiores e o resultado será mais poder. Use essa força para dizimar seus pontos fracos e tudo que não quiser mais. Seja constante e vigilante. A essência orgânica da runa levará ao conhecimento e à compreensão, à saúde e à sorte em geral. (A ferradura como símbolo de sorte derivou do formato dessa runa.) Ela pode indicar um médico ou alguém ligado às artes mágicas.

Runa sombria

Tendência obsessiva a proteger os outros e a si mesmo; possessividade. O direcionamento incorreto dessa energia prejudica ou destrói outros aspectos benéficos. Pode indicar a força usada de maneira equivocada ou no momento errado ("o apressado come cru "), ou a força usada pelas pessoas erradas, cujo único desejo é controlar os outros ("pastor"). O entusiasmo descontrolado provoca manias. Um bloqueio de *uruz* leva à doença, à instabilidade e à ignorância.

Palavras-chave de *Uruz*

Luminosa: força, defesa, tenacidade, liberdade, forma, saúde, compreensão

Sombria: fraqueza, obsessão, força mal direcionada, dominação pelos outros, doença, instabilidade, ignorância

OERP

ᚦ *[Os espinhos] são muito afiados*
para todo aquele
que os tocar; são terríveis,
e especialmente cruéis
para o homem
que entre eles descansar.

ONRR

ᚦ *[O gigante] causa a doença das mulheres;*
poucos se alegram com o infortúnio.

OIRP

ᚦ *[O gigante] é o tormento das mulheres,*
e dos habitantes das montanhas,
e do marido de Vardh-rúna [uma giganta?]

3

ᚦ

THURISAZ

Valor fonético: TH

Nome germânico: *Thurisaz*, gigante (*thurs*); espinho

Inglês moderno: *thurs* ou *thor* (espinho)

Tradição

O *qui* é uma força reativa de natureza bruta. É uma reação ao choque de duas forças polarizadas e a transformação dessa força em energia cinética. Isso ocorre na natureza na forma das *thurses* (forças inconscientes), mas Ása-Thor também faz uso de uma força análoga – Mjöllnir – para combater a intromissão da inconsciência. A runa TH é sinal da resposta simbólica psicossexual que em seres inconscientes leva à compulsão, mas, aos conscientes, à transformação.

Runa luminosa

As reações aos seus atos podem ser perigosas. Tome cuidado ao se envolver passivamente ou agarrar cegamente o "mundo exterior" (ou seja, fora de si mesmo, de casa etc.). Faça isso com conhecimento de causa. O perigo pode estar presente no mundo exterior. Esta runa também representa a força vital erótica. Pode ocorrer uma intensificação da expressão erótica, mas isso pode vir acompanhado de dor. Se aplicada corretamente, essa energia pode proteger e levar à mudança evolutiva e à regeneração. Esta é a runa da crise para o bem ou para o mal, catalisadora para a mudança. Pode representar uma pessoa grosseira e desqualificada.

Runa sombria

Se abordada sem sabedoria, a runa TH indica perigo e vulnerabilidade. Cuidado com os inimigos externos. Indica reação compulsiva e problemas nas relações com o sexo oposto. Pode ocorrer traição. *Thurs* é uma entidade intelectualmente "densa", semelhante a uma rocha.

Palavras-chave de *Thurs*

Luminosa: força reativa, força direcionada, erotismo vital, catalisador regenerativo

Sombria: perigo, vulnerabilidade, compulsão, traição, embotamento

4

ᚨ

ANSUZ

Valor fonético: A

Nome germânico: *Ansuz*, o *Ase*, Odin: deus soberano ancestral do intelecto

Inglês moderno: *Ans*

OERP

ᚩ *[Deus/a boca] é a fonte*
de toda palavra falada,
a viga mestra da sabedoria
e o conforto dos sábios;
para cada nobre guerreiro,
é esperança e felicidade.

ONRR

ᚬ *[O estuário] é o caminho da maioria das jornadas;*
mas [para] as espadas é a bainha.

OIRP

ᚨ *[Ase = Odin] é o pai ancestral,*
e o senhor de Asgard,
e o líder de Valhöll.

Tradição

Este é o princípio do poder divino consciente, personificado pelo deus Odin. Odin é o padrão divino ou modelo exemplar para a autotransformação, não um deus com quem os adoradores procuram "união". Isso é demonstrado simbolicamente nas analogias feitas no ONRR: estuário/viagem de navio e espada/bainha. *Ansuz* contém o mistério da "metalinguagem", pois incorpora todos os sistemas simbólicos. Essa é a runa da consciência sintética.

Runa luminosa

Indicação de habilidades envolvendo a linguagem. Grande talento para persuadir por meio da palavra falada, bem como capacidade para imitar. Acesso direto à fonte da consciência e transformação por meio de uma experiência espiritual são possíveis. Conheça o caminho de Odin, mas não o venere. Aconselha-se responsabilidade ao percorrer caminhos ancestrais e ao proteger os interesses dos antepassados. É necessário sintetizar, reunir elementos díspares para compreender. Inspiração e realizações intelectuais estão disponíveis. O inesperado pode acontecer. Procure o melhor e o mais elevado. Essa runa pode indicar um intelectual ou sacerdote.

Runa sombria

Sem compreensão adequada, *Ansuz* pode levar à ilusão. Situações desconfortáveis podem acontecer no futuro, como testes ou catalisadores de novos conhecimentos. Cuidado com as tentativas de manipulação por parte de terceiros. O perigo pode advir do uso equivocado do conhecimento ou de influências pouco salutares. O bloqueio dessa força conduz ao tédio e, por fim, à morte intelectual.

Palavras-chave de *Ansuz*

Luminosa: inspiração (entusiasmo), síntese, transformação, palavras

Sombria: mal-entendidos, ilusão, manipulação por outras pessoas, tédio

5

ᚱ

RAIDHO

Valor fonético: R

Nome germânico: *Raidho*, cavalgada, veículo

Inglês moderno: *Riding* (cavalgada) ou *Rowel* (roseta)

OERP

ᚱ *[Cavalgar] é fácil para qualquer guerreiro*
que estiver em casa,
mas muito difícil
para quem monta
um corcel poderoso,
por quilômetros de estrada.

ONRR

ᚱ *[Cavalgar], dizem, é pior para os cavalos;*
Reginn forjou a melhor espada.

OIRP

ᚱ *[Cavalgar] é um passeio abençoado,*
e uma jornada rápida,
e a labuta do cavalo.

Tradição

Este é o princípio do dinamismo rítmico e proporcional ou da ação energética. É o ciclo – mas em forma de espiral – sempre regido por proporções perfeitas e intervalos. Como tal, *Raidho* é a runa da viagem longa, da jornada extensa e difícil de crescimento e transformação no mundo. Essa é uma jornada que deve ser regida por uma boa *rede* (conselho) e processo racional. *Raidho* é a prática inspirada por *Ansuz*.

Runa luminosa

Esta runa indica mudança ordenada. Ações éticas coordenadas são necessárias. No entanto, isso requer planejamento, preparação e bom senso. A ação é necessária, assim como adquirir experiência no "mundo exterior". *Fylgja* e *hamingja* precisam ser fortalecidos. Há pela frente uma viagem ou mudança na situação doméstica. Questões lógicas podem se tornar preocupação. Pode se esperar justiça. Use a razão e ouça bons conselhos. Esta runa pode indicar uma pessoa do campo jurídico ou dos transportes.

Runa sombria

Tempos difíceis estão por vir. Possível crise espiritual, cuja causa é o despreparo. Tédio espiritual pode resultar de rotinas rígidas. Cuidado com os maus conselhos. Um bloqueio da força *Raidho* levará à injustiça, à violência, à apatia ou à irracionalidade.

Palavras-chave de *Raidho*

Luminosa: racionalidade, ação, justiça, crescimento ordenado, viagens

Sombria: crise, rigidez, estagnação, injustiça, irracionalidade

OERP

ᚳ *[A tocha] é de toda pessoa viva*
conhecida pela sua chama,
clara e brilhante;
ela sempre arde
enquanto os príncipes
descansam no salão.

ONRR

ᚴ *[O ferimento] é o tormento das crianças;*
a dor empalidece o homem.

OIRP

ᚴ *[O ferimento] é o fardo das crianças,*
e um ataque na batalha,
e a morada da carne em decomposição.

6

ᚲ

KENAZ

Valor fonético: K

Nome germânico: *Kenaz*, tocha; ou *kaunaz*, ferimento

Inglês moderno: Keen (perspicaz)

Tradição

Este é o princípio da análise (de desmontar as coisas em componentes) e da criatividade ou de moldar as coisas. *Kenaz* é o fogo da inspiração divina sob o controle da arte humana que resulta em criação artística. É o fogo da tocha, da lareira, da grade (altar), da forja e da pira funerária.

Runa luminosa

Esta runa indica criatividade e talento artístico, ou habilidade e aptidão em geral. Descanso e relaxamento são necessários para que esses dons aflorem. Uso do fogo criativo aplicado à personalidade. Esta runa aconselha transformação, modelagem ou reformulação da situação atual, auxiliada pela inspiração divina. Pode haver o nascimento de um filho num futuro próximo. Esta runa pode indicar um artista ou artesão.

Runa sombria

Dissolução indesejada, talvez na forma de doença física ou do término de um relacionamento. Podem surgir problemas com os filhos. O bloqueio da força *Kenaz* leva à falta de habilidade, de criatividade ou de perícia.

Palavras-chave de *Kenaz*

Luminosa: capacidade técnica, inspiração, criatividade, transformação, filhos

Sombria: doenças, rupturas, incapacidade, falta de criatividade

OERP

ᚷ *[Uma doação] é para todo homem*
um ornamento e uma glória,
ajuda e mérito;
e para todo aventureiro sem lar
é um auxílio e sustento
para aqueles que nada mais têm.

7

ᚷ

GEBO

Valor fonético: G

Nome germânico: *Gebo*, dádiva, generosidade

Inglês moderno: Gift (dom, dádiva)

Tradição

Este é o princípio da tripla Dádiva de Odin: consciência, alento divino e forma. É também o princípio de dar e receber, de troca entre dois seres ou dois reinos, quaisquer que sejam. É o sacrifício – ou presente – oferecido pelas pessoas aos deuses, a fim de compensar algum ato ou pedir favores divinos. Na sociedade humana, isso se reflete tão somente como hospitalidade.

Runa luminosa

Seja hospitaleiro e generoso com os hóspedes. Esteja preparado para receber o mesmo. Uma dádiva material ou espiritual pode estar a caminho. Possibilidade de grande prestígio, honraria, dignidade, ou de ser convocado para conferir o mesmo a outra pessoa, se você estiver em posição de poder. Você pode ter um intercâmbio mágico com alguém do sexo oposto. Uma experiência poderosa e sincronística (*Wyrd*) pode estar próxima. Esta runa pode simbolizar uma pessoa que trabalha para uma ONG ou instituição de caridade, ou alguém do ramo de hotéis ou restaurantes.

Runa sombria

Tome cuidado para não dar tudo o que tem. Gaste com sabedoria. Não se torne excessivamente dependente dos presentes que recebe dos outros, pois, como diz o ditado, ninguém dá nada de graça. É possível que haja tentativa para conseguir influência com presentes; cuidado com a dependência financeira. As coisas podem piorar antes de melhorar. O bloqueio do *Gebo* causa ganância e fraqueza ou pobreza e solidão.

Palavras-chave de *Gebo*

Luminosa: presentear (doação), generosidade, intercâmbio mágico, honraria, sacrifício

Sombria: compra de influência, ganância, solidão, sependência, sacrifício excessivo

OERP

ᚹ *[A alegria] é sentida*
por aquele que não conhece problemas,
dores e tristezas,
e por aquele que tem
poder e bem-aventurança,
e uma boa casa.

8

ᚹ

WUNJO

Valor fonético: W

Nome germânico: *Wunjo*, alegria

Inglês moderno: *Wyn*

Tradição

Este é o princípio da harmonização ideal de entidades ou de elementos, em especial daqueles derivados da mesma fonte. Dessa harmonização, surgem harmonia, alegria e ânimo, naturalmente.

Runa luminosa

Pode-se esperar harmonia social e doméstica. Esta runa indica afastamento da dor ou a capacidade de lidar com ela. Mantenha os ideais em mente; lute por eles. *Wunjo* indica saúde física ou necessidade de dar mais atenção a ela. Esforce-se para conciliar diferentes elementos de sua vida; organize as coisas. Harmonize a vida interior e exterior. Possibilidade de novas relações sociais, não necessariamente de cunho sexual. Prosperidade material pode resultar de relacionamentos profissionais. Esta runa pode indicar uma pessoa ligada à assistência social.

Runa sombria

Esta runa indica o entorpecimento da individualidade na "mente grupal". Pouco esforço pessoal e minimização do ego individual podem levar à perda de identidade. A cessação da força *Wunjo* resulta em relacionamentos ruins com os outros (conflitos e alienação), bem como na alienação em relação ao eu e aos deuses.

Palavras-chave de *Wunjo*

Luminosa: harmonia, alegria, amizade, prosperidade

Sombria: entorpecimento, tristeza, conflito, alienação

OERP

ᚻ *[O granizo] é o grão mais branco.*
É lançado do alto do céu pelas
rajadas de vento
e transforma-se em água.

ONRR

ᚼ *[O granizo] é o mais gelado dos grãos;*
Cristo[1] *moldou o mundo em tempos antigos.*

OIRP

ᚼ *[Granizo] é um grão frio,*
e uma forte nevasca,
e a doença [destruidora] das cobras.

9

ᚺ

HAGALAZ

Valor fonético: H

Nomes germânicos: *Hagalaz, hail*(-pedra)

Inglês moderno: *Hail* (granizo)

Tradição

Hagalaz é um princípio complexo que envolve a projeção (vinda de "cima" ou do "além") de uma substância sólida e perigosa que é também a "semente do devir", da nova criação e da transformação, às vezes por meio de crises. Isso fica claro em todos os poemas rúnicos que se referem ao "granizo" como forma de "grão" ou semente. É a transformação na estrutura do cosmos e a (re)unificação dos opostos polares de forma produtiva. Como o número nove, representa a conclusão.

Runa luminosa

Mudança ou transformação na atual situação de vida. Uma crise ou um trauma podem ser iminentes. A fonte desse impulso pode vir de algo além da consciência atual. Prepare-se para uma crise. Esta runa indica auto-organização e harmonia interior com base em modelos míticos. (Essa é a única preparação possível.) Procure desenvolver ideais puros ou princípios puros e cristalinos. Se a mudança foi impulsionada por uma crise, podem-se esperar bons resultados. Esta runa indica que a situação atual será reformulada com base em formas ou princípios (arquétipos) superiores. Também pode indicar um místico, um mágico ou um sacerdote.

Runa sombria

Esta runa indica uma crise que leva ao enfraquecimento da energia vital e das fontes de bem-estar. Indica também falta de preparação. Mudança para pior. A estagnação pessoal é um convite à catástrofe. O bloqueio da runa *Hagalaz* resulta em estagnação total e na falta de mudança na vida. À primeira vista, isso pode parecer benéfico, mas a crise deve ser controlada, e não totalmente evitada.

Palavras-chave de *Hagalaz*

Luminosa: mudança de acordo com os ideais, crise controlada, conclusão, harmonia interior

Sombria: catástrofe, crise, estagnação, perda de poder

OERP

ᚾ *[A necessidade] aperta o peito;*
contudo, ela costuma ser
para os filhos dos homens
auxílio e salvação,
caso seja atendida a tempo.

ONRR

ᚾ *A [necessidade] é uma situação difícil;*
os nus congelam no frio.

OIRP

ᚾ *A [necessidade] é a luta do escravo,*
e uma situação opressora,
e um trabalho exaustivo.

10

ᚾ

NAUTHIZ

Valor fonético: N

Nome germânico: *Nauthiz*, necessidade, *need-fire* ["fogo do socorro"], aflição

Inglês moderno: Necessidade

Tradição

A "necessidade" é o princípio da resistência ou do atrito no universo. Tal como acontece com a runa *Hagalaz*, a fonte dessa runa está além do controle do indivíduo. Esse é o princípio da cadeia da causalidade – causa e efeito. Este é um princípio básico de *ørlög* – ação e reação numa cadeia de acontecimentos. Na escuridão e no frio da runa da necessidade, a necessidade do fogo é percebida, mas o fogo deve ser gerado a partir do que se tem dentro de si. Portanto, o *need-fire* ["fogo do socorro" ou "fogo da necessidade"] é aceso para banir o sofrimento.

Runa luminosa

Quando reconhecemos uma "necessidade", tomamos as medidas necessárias para saná-la e aliviar nossa aflição. O estresse transforma-se numa força graças à consciência. Quando sua vontade encontra resistência, ela fica mais forte. A crise promove ideias originais e a autossuficiência. A mudança conduz à salvação do próprio eu. Esta runa pode indicar um tórrido caso amoroso ou uma crise no relacionamento atual. Também pode indicar um trabalhador humilde ou um burocrata – ou um místico/mago.

Runa sombria

Circunstâncias externas restringem a liberdade. Cuidado com ambientes hostis. Sua vontade pode encontrar resistência. As dificuldades da vida estão oprimindo você. Pode haver atrito em seus relacionamentos. Você está muito voltado a coisas "exteriores" – volte-se para dentro. O bloqueio de *Nauthiz* leva à falta de dinâmica na vida. Há o perigo de ser seduzido pelo caminho mais fácil, que oferece menor resistência. Isso pode embotar suas capacidades e dificultar seu crescimento.

Palavras-chave de *Nauthiz*

Luminosa: resistência (que conduz à força), reconhecimento de *ørlög*, inovação, "fogo do socorro" (autossuficiência)

Sombria: restrição da liberdade, aflição, dificuldade, trabalho penoso, lassidão

11

ᛁ

ISA

Valor fonético: I

Nome germânico: *Isa*, gelo

Inglês moderno: *Ice* (gelo)

OERP

ᛁ

[O gelo] é muito frio e escorregadio;
cintila, claro como vidro,
como pedras preciosas;
um solo coberto de gelo
é bonito de ver.

ONRR

ᛁ

[O gelo], chamamos de ponte larga;
os cegos precisam ser conduzidos.

OIRP

ᛁ

[O gelo] é a casca do rio
e o teto das ondas,
e um perigo para os infelizes.

Tradição

A runa I é o princípio da contração e da estase absolutas. Reúne todas as coisas ao redor de si mesma e tenta mantê-las em quietude, escuridão e frieza. Essa é a extensão do gelo cósmico de Niflheim, que equilibra o dinamismo total dos fogos em Muspelheim. Essa força atua como ponte entre os mundos, devido à sua qualidade "solidificadora". É o elemento de ligação no cosmos. No entanto, em estado puro, é um elemento destrutivo e perigoso.

Runa luminosa

Aumento da autoconsciência e da percepção do ego. Situações difíceis são superadas com recursos internos. Transição (nem sempre fácil) de um estado de ser para outro. Essa runa indica a introspecção, sem isolamento, do mundo. É preciso atitudes esclarecidas para orientar seus passos nas possíveis transições. Você tem autocontrole, a capacidade de influenciar os outros, a unidade de propósito e de existência. Esse elemento tem beleza fascinante. *Isa* também pode representar alguém místico, desonesto ou falecido.

Runa sombria

Quando em excesso, o "gelo" pode congelar as forças vitais e o egocentrismo, que leva à apatia e ao tédio. Há o risco de ficar cego para a totalidade. Transições prenunciam perigos, embora estes possam estar ocultados pela beleza. Sua vontade pode estar enfraquecida; ou você pode ser controlado por outras pessoas ou forças externas. O bloqueio de *Isa* leva à dissipação das forças e à incapacidade de concentrar a consciência ou a energia.

Palavras-chave de *Isa*

Luminosa: eu concentrado, consciência (ego), autocontrole, unidade

Sombria: egocentrismo, embotamento, cegueira, dissipação

OERP

ᛄ *[O ano/a colheita] é a alegria dos homens,*
quando Deus, o Rei sagrado do céu,
permite que a terra conceda
seus frutos reluzentes
aos nobres e aos necessitados.

ONRR

ᛅ *[A boa colheita] é o lucro dos homens;*
digo que Fródhi foi generoso.

OIRP

ᛆ *[A boa colheita] é o lucro de todos os homens,*
e um bom verão,
um campo maduro.

12

ᛃ

JERA

Valor fonético: J (Y)

Nome germânico: *Jera*, (bom) ano, colheita

Inglês moderno: Ano

Tradição

Jera é o aspecto cíclico da natureza, a grande roda do ano. Quando usada corretamente, esse ciclo natural rende bons frutos (recompensas). O ano é um processo mecânico/orgânico, não é "moral". Esse conceito de ciclo eterno, ou eterno retorno, é um dos conceitos básicos da sequência rúnica. O outro é encontrado no eixo da runa do teixo.

Runa luminosa

Recompensas por ações corretas. Podem-se esperar abundância e "boa colheita". Você pode ser alvo da generosidade de alguém. A paz e a tranquilidade resultantes de bem-estar material o aguardam. Você vivencia as manifestações orgânicas e materiais de suas ações. Tenha paciência para agir na hora certa. Essa runa pode representar um fazendeiro ou alguém que trabalha com finanças.

Runa sombria

Insistência em padrões cíclicos. Você não consegue superar comportamentos repetitivos. Ritmo ou ações inadequadas levam a resultados negativos. Fracasso e pobreza podem resultar de trabalho incorreto. O bloqueio da runa *Jera* pode levar à incapacidade de usar padrões naturais e cíclicos. A ignorância dos caminhos da natureza pode levar a um conflito consigo mesmo e com outras pessoas, na tentativa de compensar o erro.

Palavras-chave de *Jera*

Luminosa: recompensa, abundância, paz, ritmo adequado

Sombria: repetição, ritmo inadequado, pobreza, conflito

OERP

ᛇ *[O teixo] tem uma casca dura*
e áspera, firme na terra;
guardiã do fogo,
sustentada pelas raízes,
é uma alegria numa propriedade.

ONRR

ᛦ *[O teixo] é a madeira mais verdejante no inverno;*
geralmente quando queima, ela chamusca
[ou seja, produz um fogo abrasador].

OIRP

ᛦ *[O teixo] é um arco recurvado*
e um ferro quebradiço
e Farbauti [= um gigante] da flecha.

13

ᛇ

EIHWAZ

Valor fonético: E, I ou EI

Nome germânico: *Eihwaz*, teixo

Inglês moderno: *Yew* (teixo) ou *yogh*

Tradição

Este é o princípio do eixo vertical que penetra acima e abaixo do mundo e conecta o reino humano às regiões celestiais e ctônicas. É a síntese de acima e abaixo, luz e escuridão, vida e morte. O teixo é força flexível, mas também rígida; resiste mais que todas as outras coisas.

O teixo é perene no inverno – a vida no meio da morte – e é usado para fazer fogueiras, tornando-se o "sol interior". Essa é a Árvore do Mundo Yggdrasill.

Runa luminosa

O "teixo" promove a iluminação espiritual ao longo do eixo vertical da consciência. Resistência mental e flexibilidade são necessárias. A chama interior deve ser acesa por meio da disciplina. Procure independência da ordem natural/mecânica do cosmos. São aconselháveis mudanças controladas na consciência (iniciação). O reconhecimento da força interior vai protegê-lo dos perigos externos. Reúna a luz e a escuridão. Essa runa também pode indicar um místico ou mago.

Runa sombria

Se *Eihwaz* aparecer cedo demais na vida de uma pessoa, pode causar muita confusão e consternação. O fogo aceso de forma inconsciente pode "queimar", levando à morte e à debilidade. O bloqueio do princípio do "teixo" naqueles que estão preparados para ele causa profundo sentimento de insatisfação, tédio e falta de sentido. Também pode enfraquecer a vontade e a autodisciplina.

Palavras-chave de *Eihwaz*

***Luminosa*:** iluminação, resistência, iniciação, proteção

Sombria: confusão, destruição, insatisfação, fraqueza

OERP

ᛈ *[O copo da sorte] é sempre*
entretenimento e diversão
entre os homens ousados, quando
os guerreiros se sentam
no salão da cerveja,
juntos e felizes.

14

ᛈ

PERTHRO

Valor fonético: P

Nome germânico: *Perthro, copo da sorte, objetos para lançar runas*

Inglês moderno: *Perd*

Tradição

Duas coisas são necessárias para entender a conexão entre a alegria descrita no "salão da cerveja" (ou seja, lugar onde se consome uma bebida sacrificial) e a ideia de adivinhação ou lançamento das runas. Primeiro, é preciso entender que havia pouca diferença entre as técnicas e os utensílios para o lançamento das runas e os do jogo simples. Segundo, é preciso perceber que o jogo era uma paixão absoluta entre os povos germânicos (mesmo entre os indo-europeus). (Veja *Germania*, Capítulo 24.) Como a guerra, o jogo era uma forma de "testar a sorte", o que significava nada menos que a força dos seres essenciais. Esse é o princípio rúnico por trás do processo incorporado nas três Nornes – Urdr, Verdhandi e Skuld –, que resulta em *ørlög*, a provação da espécie humana. O mistério de *Perthro* é sobre o que se trata o lançamento das runas.

Runa luminosa

Fonte de alegria para os *athelings* (nobres, poderosos, iluminados) que se sentam no "salão da cerveja", ou seja, fonte de conhecimento e êxtase para os nobres num estado contemplativo contido no ambiente psicossomático ("salão"), carregado com o fluido ("cerveja") da consciência odiana. Essa, geralmente, é uma "boa runa" para tirar e significa bom presságio em previsões. Indica amizades e felicidade, mas também constante mudança evolutiva e crescimento. Pode representar um artista ou músico.

Runa sombria

O excesso dessa força e a dependência de seus prazeres podem causar caos, destruição e confusão. O uso imprudente de *Perthro* leva à dissipação e ao desperdício de forças vitais. O bloqueio dessa força resulta em estagnação, solidão e diminuição dos prazeres da vida.

Palavras-chave de *Perthro*

Luminosa: boa sorte, conhecimento de *ørlög*, amizade e alegria, mudança evolutiva

Sombria: vício, estagnação, solidão, mal-estar

15

ᛉ

ELHAZ

Valor fonético: Z

Nome germânico: *Elhaz*, alce;

Ou *algiz*, proteção

Inglês moderno: *Elk* (alce)

OERP

ᛉ *[O junco] é encontrado*
com mais frequência no brejo,
floresce na água
e provoca ferimentos graves,
["queimando"] como vergões de sangue
em todo guerreiro
que, de alguma forma,
tenta arrancá-lo.

Tradição

Esta runa, como a *Thurisaz* (observe as semelhanças temáticas no OERP), é um conceito de "dois lados". O nome em IA *elk-sedge* é um *kenning*, ou nome poético, para espada. Essencialmente, *Elhaz* é o princípio da atração numinosa e até da atração entre a consciência individual e o "eu superior" personificado pelo *fetch* de *fylgja*. (Veja "Poemas Rúnicos", Capítulo 8.) Esse contato, é claro, pode ser perigoso quando partir de alguém que não está preparado. Tal como acontece com *Eihwaz*, esse conceito também pode ser colocado em simbologia arbórea para mostrar a conexão entre "as raízes e os galhos" de qualquer coisa. Ou pode assumir a forma da " Ponte Arco-íris" (Bifröst), que conecta a mente humana à grandiosidade dos deuses.

Runa luminosa

Exceto para o iluminado ou runomante experiente, essa runa pode ser um presságio de perigo. Quem não sabe "captar" *Elhaz*, mas sabe "tornar-se" essa runa, entretanto, pode aguardar revelações divinas. Não a invada como um guerreiro; aborde-a com a maestria de um odiano. Essa runa já prenuncia essa maestria ou um despertar. Indica comunicação divina. Além disso, você pode transformar essa força e usá-la em ataques ou para se proteger. Geralmente, essa runa não representa pessoas, mas poderes divinos.

Runa sombria

Perigos graves espreitam nas sombras. A falta de preparo faz com que poderosas forças arquetípicas o consumam e até lhe causem problemas de saúde. O bloqueio dessa força pode ser uma vantagem para a maioria das pessoas. Para iluminados ou erulianos, no entanto, isso significa afastamento de uma fonte importante de inspiração – o *fetch* (*daimon* grego, o *genius* latino).

Palavras-chave de *Elhaz*

Luminosa: conexão com os deuses, despertar, vida superior, proteção

Sombria: perigo oculto, desgaste por forças divinas, perda do ligação com o divino

OERP

ᛋ *[O sol] é sempre esperado*
pelos marinheiros
quando viajam
sobre o banho dos peixes,
até que o corcel do oceano
os leve novamente para a terra.

ONRR

ᛋ *[O sol] é a luz das terras;*
Curvo-me à sua santidade.

OIRP

ᛋ *[O sol] é o escudo das nuvens*
e uma glória reluzente,
e a velha tristeza [= destruidor] do gelo.

16

ᛊ

SOWILO

Valor fonético: S

Nome germânico: *Sowilo*, sol

Inglês moderno: *Sun* (sol)

Tradição

Este é o princípio do guia. É também o objetivo que o runomante busca. Essa runa brilha como um farol que atrai e incentiva quem o procura. *Sowilo* é a roda do sol; não apenas orienta, mas também é um símbolo em movimento giratório, um contrapeso para a runa *Isa*. Essa é a runa do ser superior. A runa S também é sinal dos mistérios serpentinos do Norte, muitas vezes ignorados, que mostram a necessidade de enfrentar as trevas para ganhar a verdadeira sabedoria (veja "A recuperação do hidromel da poesia por Odin", Capítulo 9).

Runa luminosa

Há motivos para ter esperança. Você está recebendo bons conselhos. Se estiver "perdido", vai encontrar seu caminho. Concentre-se em seu objetivo e terá sucesso. Essa runa é um bom presságio para qualquer viagem, especialmente se for por água. Ouça seu sábio interior (= conselho) ou o de outras pessoas. A luz do "sol" queima todas as aparências exteriores ("gelo"), deixando apenas a realidade essencial. Essa força vai proteger o runomante de poderes hostis. Isso vai romper a inércia cósmica ou psicológica e ajudar na jornada. *Sowilo* traz honra e sorte. Possíveis estudos. Essa runa também pode representar um marinheiro ou professor.

Runa sombria

Maus conselhos. Essa runa revela atração irrefletida e busca por metas estabelecidas por outras pessoas. Falso sucesso obtido por meios escusos. Tendência a olhar para fora de si na busca por respostas ou orientação. Credulidade. O bloqueio do "sol" faz você perder de vista seus propósitos e objetivos. Confusão e eventual frustração de planos devido à falta de direção.

Palavras-chave de *Sowilo*

Luminosa: orientação, esperança, sucesso, metas alcançadas, honra

Sombria: falsos objetivos, maus conselhos, falso sucesso, credulidade, perda de objetivos

17

ᛏ

TIWAZ

Valor fonético: T

Nome germânico: *Tiwaz*, o deus Tiw (Tyr)

Inglês moderno: *Tue*

OERP

ᛏ *[Tir] é uma estrela-guia*
que mantém a fé dos príncipes;
sempre indica a direção
entre as brumas da noite
e nunca deixa de aparecer.

ONRR

ᛐ *[Tyr] é o maneta entre os Aesir;*
o ferreiro precisa soprar muito.

OIRP

1 *[Tyr] é o deus de uma só mão,*
e as sobras do lobo,
e o governante do templo.

Tradição

Esta runa é um princípio triplo de (1) ordem (justiça, lei), (2) autossacrifício e (3) a coluna do mundo. Cada um deles, na verdade, deriva do princípio unificado de existência ordenada independente, cujos servos se sacrificarão por ele. Sua principal função cósmica é a separação do céu e da terra pela coluna do mundo (*Irminsūl*), de modo que a manifestação possa ocorrer no espaço "criado". *Tiwaz* é o sinal do "polo" ou da "estrela polar", sempre usada como guia no céu noturno.

Runa luminosa

Esta é a runa de *troth* (fé, lealdade) e da confiança que resiste apesar de todas as adversidades. Podem-se esperar justiça e bom senso, com base numa análise cuidadosa dos fatos. A vitória será sua se você tiver agido com sabedoria. Procure organizar o ambiente de forma racional. O caminho para o sucesso pode vir do autossacrifício. Vigilância e trabalho árduo, combinados com conhecimento, serão necessários. É preciso praticar a confiabilidade, a lealdade e a fidelidade que podem ser esperadas. Planeje tudo com cuidado e precisão. Torne seu trabalho metódico. Modelos analíticos baseados em princípios matemáticos são indicados. Essa runa pode indicar um cientista ou acadêmico.

Runa sombria

Você tende a exagerar nas análises e nos detalhes, o que pode levar à dificuldade para agir e causar visão limitada. Você está sempre planejando, mas nunca faz nada. O autossacrifício se dá em prejuízo a interesses maiores – "sacrificando muito". O bloqueio da força *Tiwaz* leva à injustiça, ao desequilíbrio, à confusão e à irracionalidade.

Palavras-chave de *Tiwaz*

Luminosa: lealdade, justiça, racionalidade, autossacrifício, análise

Sombria: paralisia mental, análise excessiva, sacrifício excessivo, injustiça, desequilíbrio

OERP

ᛒ *[O vidoeiro] não dá frutos,*
mas, mesmo sem sementes, produz
galhos lindos,
e sua copa é
ricamente adornada,
e carregada de folhas
que tocam o céu.

ONRR

ᛒ *[O galho de vidoeiro] é o que tem mais folhagem;*
Loki tinha sorte ao enganar.

OIRP

ᛒ *[O galho de vidoeiro] é cheio de folhas,*
é uma arvorezinha;
é uma madeira jovial.

18

ᛒ

BERKANO

Valor fonético: B

Nome germânico: *Berkano*, vidoeiro, Deusa do Vidoeiro ou galho

Inglês moderno: *Birch* (vidoeiro)

Tradição

O princípio *Berkano* é de propagação ou crescimento contínuo e contido em si mesmo. Trata-se do princípio do próprio nascimento que nunca *nasce*, mas nunca deixa de existir. Essa runa se expande sem perder a autoconsciência. É um originador criativo do ser, que se estende na direção do céu e das regiões inferiores. A runa B é receptor passivo e força de conservação de energia. Oculta e dá abrigo. O vidoeiro libera energias reprimidas que, ao serem liberadas, propiciam novo crescimento.

Runa luminosa

Possibilidade de novos começos baseados em padrões antigos. Mudanças graduais estão a caminho. Procure ver a importância de coisas novas, que podem parecer pequenas no nascimento. O crescimento espiritual vem com a tradição. É preciso ambiente doméstico tranquilo para que as mudanças aconteçam. Novos aspectos podem surgir em relacionamentos eróticos. Indicação de prosperidade e beleza. Para atingir seus objetivos, pode ser preciso um pouco de astúcia ou malícia. Essa runa pode representar uma mãe ou uma prostituta.

Runa sombria

Se você mergulhar no "mundo natural", sua autoconsciência e percepção podem ficar confusas. Há um fascínio pela beleza absoluta no mundo das aparências. Cuidado com os "golpes". O bloqueio de *Berkano* pode levar à esterilidade da mente e do corpo e à estagnação em todos os aspectos da vida.

Palavras-chave de *Berkano*

Luminosa: nascimento, vir a ser, mudanças de vida, proteção, libertação

Sombria: embotamento da consciência, engano, esterilidade, estagnação

oERP

ᛖ *[O cavalo] é a alegria dos nobres*
frente aos príncipes,
valoroso em seus cascos;
quando sobre ele os heróis –
ricos cavaleiros –
disputam,
e é sempre um conforto
para os homens fatigados.

19

ᛖ

EHWAZ

Valor fonético: E

Nome germânico: *Ehwa* (guerra) cavalo; ou *ehwo*, dois cavalos

Inglês moderno: *Eh*

Tradição

Este é o princípio do "trabalho em equipe", especialmente em dupla. Representa duas entidades diferentes que atuam em harmonia. Na cultura germânica tradicional, isso é visto com mais clareza na relação especial entre o cavaleiro (*Mannaz*) e o cavalo (*Elhaz*), ou observando-se como uma parelha de cavalos atua. Esta é, portanto, uma metáfora para a relação do eu com o corpo e/ou do vínculo especial entre duas entidades ou forças que atuam juntas para atingir um objetivo nobre.

Runa luminosa

Indicação de harmonia dinâmica com outras pessoas, especialmente com um parceiro comercial, mentor, marido ou esposa. Trabalho em equipe sem perda da individualidade. Você entende a necessidade de dar e receber e aceita diferenças singulares nos outros. Indicação de bons resultados. Desenvolva um relacionamento com sua busca. Possibilidade de casamento ou de outra parceria formal. Confiança e lealdade mútuas são necessárias e estão presentes. A runa pode representar o cônjuge ou um sócio em algum empreendimento.

Runa sombria

Risco de perder a identidade no relacionamento com o parceiro. "Harmonia" demais leva à mesmice e ao dobro dos problemas. O bloqueio de *Ehwaz* resulta em desconfiança, traição, desarmonia e divórcio.

Palavras-chave de *Ehwaz*

Luminosa: harmonia, trabalho em equipe, confiança, lealdade

Sombria: problemas em dobro, desarmonia, desconfiança, traição

OERP

ᛗ *[O homem] alegre*
é estimado pelos seus familiares;
contudo, deles precisa se separar,
quando o Senhor deseja enviar, por decreto,
sua frágil carne
para a terra.

ONRR

ᛘ *[O homem] é pó;*
poderosa é a garra do falcão.

OIRP

ᛘ *[O homem] é a alegria do povo,*
aumenta a poeira
e adorna os navios.

20

ᛗ

MANNAZ

Valor fonético: M

Nome germânico: *Mannaz*, ser humano

Inglês moderno: *Man* (homem)

Tradição

Mannaz é o princípio da autoconsciência incorporada. Simboliza a vida terrena da humanidade como luta heroica e indica a realidade de que só somos verdadeiramente humanos quando estamos encarnados. Esta runa se refere à origem da humanidade (Askr e Embla), como resultado da dádiva tríplice de Odin-Vili-Vé, e da sociedade humana tríplice (agricultores, guerreiros e governantes/magos). Ambos os mitos mostram a formação dos seres humanos na terra (Midgard) à imagem do divino – tanto na consciência quanto na ordem. Nossa mortalidade – como a dos deuses – garante o devir.

Runa luminosa

Esta é a runa da humanidade, da natureza humana, com toda sua nobreza e seu poder intelectual, mas também com suas deficiências e sua mortalidade. Indicação de grande inteligência nascida do conhecimento divino ou superior. A individuação do eu é necessária. Felicidade na vida íntima e social, caso se reconheçam as verdades da existência humana. As vendas serão retiradas; você verá o mundo tal como ele é. Despertar. Essa runa pode indicar qualquer pessoa, mas especialmente os buscadores de todos os tipos.

Runa sombria

Depressão por falta de esperança. Você medita sobre a mortalidade e a fraqueza, temendo o verdadeiro conhecimento. Os relacionamentos se baseiam em mentiras e enganos. O bloqueio de *Mannaz* leva à cegueira, à autoilusão e à tendência de viver em um mundo de fantasia.

Palavras-chave de *Mannaz*

Luminosa: estrutura divina, inteligência, consciência, ordem social

Sombria: depressão, mortalidade, cegueira, autoilusão

21

ᛚ

LAGUZ

Valor fonético: L

Nome germânico: *Laguz*, água, lago; ou *laukaz*, alho-poró

Inglês moderno: *Lake* (lago) ou *leek* (alho-poró)

OERP

ᛚ *[O oceano], para as pessoas,*
parece não ter fim
quando precisam se aventurar
num navio instável
e as ondas do mar
as assustam,
e o corcel do oceano
não dá atenção às suas rédeas.

ONRR

ᛚ *[A água] é, quando cai da montanha, uma cachoeira;*
mas [objetos]de ouro são coisas preciosas.

OIRP

ᛚ *[O líquido] é água ondulante,*
e uma chaleira grande
e a terra dos peixes.

Tradição

Este é o princípio da água cósmica que brota de Niflheim e contém o potencial para a vida. Essa água é o grande mar de forças dinâmicas que impulsionam você durante a jornada de "vir a ser". As profundezas podem representar aquele vasto mar do mundo do qual a humanidade geralmente está inconsciente e que pode ser ameaçador se você estiver viajando num "navio" sujeito a um "mar" tempestuoso. Ela indica um fluxo "descendente" de energia vital. O nome alternativo dessa runa é "alho-poró", que indica crescimento ascendente.

Runa luminosa

Esta runa anuncia severas provações na vida, mas você tem a vitalidade necessária para resistir às provas. O eu evolui por meio da experiência da verdadeira iniciação. Transição de um estado de ser para outro. Comece imediatamente a agir. O autocontrole é muito importante. Não tenha medo da jornada. Ao "mergulhar", você vai conquistar o ouro do bem-estar. O crescimento pessoal ocorrerá, embora possa ser por meio de situações desagradáveis. Essa runa pode representar um marinheiro, um pescador ou um advogado.

Runa sombria

Esta runa indica medo da mudança, da jornada e da vastidão desconhecida nas profundezas do eu. Há o perigo de "andar em círculos", evitando o crescimento, a vida. Possibilidade de não passar nos testes da vida. O bloqueio de *Laguz* reduz a força vital e inibe o crescimento, diminui a vitalidade e leva à pobreza. O acesso ao eu mais profundo fica obstruído.

Palavras-chave de *Laguz*

Luminosa: vida, viagem "pela água", mar de vitalidade, mar do inconsciente, crescimento

Sombria: medo, movimento circular, evitamento, diminuição da vitalidade

22

ᛜ

INGWAZ

Valor fonético: NG

Nome germânico: *Ingwaz*, o bom Ing

Inglês moderno: Ing

OERP

ᛝ *[Ing] foi o primeiro*
visto pelos homens
entre os dinamarqueses do leste,
até que partiu novamente para o oriente
[ou "para trás"]
sobre as ondas;
a carruagem seguiu em frente;
é por isso que os guerreiros
o chamaram de herói

Tradição

Este é o princípio da separação isolada e contida, absolutamente necessária a qualquer processo de transformação. *Ing* é a estase do ser que dá um passo ao longo do caminho do eterno devir. A entrada nesse princípio é um movimento *widdershins* – contra o sol – "para o leste" ou para o reino das trevas habitado pelos *etins* (gigantes). Nesse reino de escuridão e solidão, surge um novo crescimento.

Runa luminosa

Ing é a runa do repouso, do crescimento interno ativo. É a gestação profunda de um novo poder. Descanse, deixe as coisas "gestando" para que surjam no tempo certo e em plena maturidade. Tenha paciência. Escute a si mesmo. Essa runa indica conceitos ou aspectos que tiveram o benefício desse período de gestação. Esse é um momento de estase que precede o dinamismo fértil. As coisas estão num estado potencial, aguardando ativação. Essa runa pode significar um fazendeiro ou um sacerdote.

Runa sombria

A aplicação incorreta de *Ing* pode levar ao egocentrismo e à alienação. Você pode ficar "preso" no mundo subjetivo, incapaz de interagir com objetividade. Ameaça de paralisia. Essa pode ser uma força sedutora que o ilude, fazendo-o pensar que é o "fim", em vez de uma fase; portanto, é a maldição de muitos místicos. Por outro lado, o bloqueio da runa NG pode levar à dispersão da vitalidade ou à sensação de movimento sem sentido – sem fases nas quais a essência pode ser reunida e consolidada. Há movimento, mas sem mudanças reais, e dinamismo desenfreado.

Palavras-chave de *Ingwaz*

Luminosa: fase de repouso, crescimento interno, gestação

Sombria: impotência, dispersão, movimento sem mudança

23

ᛞ

DAGAZ

Valor fonético: D

Nome germânico: *Dagaz*, dia

Inglês moderno: *Day* (dia)

OERP

ᛞ *[O dia] é o mensageiro do Senhor,*
querido pelos homens,
a gloriosa luz do Regente;
fonte de alegria e esperança
para ricos e pobres,
a serviço de todos.

Tradição

Este é o princípio fundamental da criatividade bipolar. É a principal runa da consciência, como forma desenvolvida e evoluída das dádivas do(s) deus(es) Odin-Vili-Vé. À luz do dia, os aparentes opostos polares são reunidos e compreendidos. Essa é a runa da consciência iluminada.

Runa luminosa

A runa *Ingwaz* (o dia) traz a dádiva da consciência arquetípica que, às vezes, tem expressão espontânea. É fonte – na realidade, a única fonte verdadeira – de esperança e felicidade. O poder do "dia" pode ser conhecido por todos aqueles que o buscam com sinceridade. Um grande despertar pode acontecer. A visão verdadeira será conquistada. Essa luz pode ser encontrada onde você menos esperar. Busque o ideal. Essa runa representa o verdadeiro buscador.

Runa sombria

Dificilmente o "dia" é visto como runa sombria, num sentido ativo. Seu único ponto negativo é a manifestação na vida de alguém que não o deseja ou que não está preparado para você. Naturalmente, o bloqueio da luz do "dia" significa cegueira, embotamento, tédio, desesperança etc.

Palavras-chave de *Dagaz*

Luminosa: despertar, conscientização, esperança, felicidade, o ideal

Sombria: cegueira, desesperança

24

ᛟ

OTHALA

Valor fonético: O

Nome germânico: *Othala*, propriedade ancestral

Inglês moderno: *Odal*

OERP

ᛟ *[Uma propriedade] é muito valiosa*
para qualquer homem
se ele puder desfrutar do que é correto
e de acordo com os costumes
em sua morada,
com mais frequência na prosperidade.

Tradição

Este é o princípio da "pátria", na forma mais ideal. Representa o "dentro" *versus* o "fora". Do ponto de vista psicológico, é o eu em toda a complexidade, diferenciado do não eu. Socialmente, é o grupo (seja a família, o clã, a tribo, a guilda, a ordem etc.) em contraposição àqueles de fora desse grupo.

A ordem deve ser preservada nesse grupo para que funcione. Embora a casa ofereça proteção, há a interação contínua – o dar e receber – com o meio. Trata-se do "lar interior", ou seja, a realidade ideal não vinculada a nenhuma "terra" em particular. *Othala* é liberdade completa. É a consolidação ativa de todos os ganhos.

Runa luminosa

Othala é a runa da prosperidade e do bem-estar. Indica uma vida doméstica, familiar ou grupal estável e pacífica, que leva ao crescimento contínuo. É preciso sempre prestar atenção aos costumes e à ordem do grupo e defendê-lo. A base segura é o que confere a liberdade verdadeira. Talvez você esteja se mudando ou iniciando um novo relacionamento. Interações produtivas com pessoas de fora são uma possibilidade permanente. Essa runa pode indicar um líder ou todo um grupo de pessoas.

Runa sombria

Também neste caso é difícil ver essa runa de modo ativamente negativo. O único perigo está em não preservar os costumes ou a ordem no grupo, restringindo os poderes dos líderes. Quem não entende "odal" pode desenvolver um totalitarismo que vai contra os interesses do todo. Tudo isso pode levar ao desastre. Um bloqueio na runa O, no entanto, pode levar à escravidão a forças externas, à pobreza, à falta de moradia e à solidão.

Palavras-chave de *Othala*

Luminosa: lar, prosperidade do grupo, ordem do grupo, liberdade, interação produtiva

Sombria: falta de ordem, totalitarismo, escravidão, pobreza, falta de moradia

Capítulo 17

INSTRUMENTOS PARA LANÇAR AS RUNAS

Como método de divinação, o lançamento das runas é notavelmente flexível em relação às formas pelas quais pode ser usado. Teoricamente, tudo de que você precisa são 24 tiras de papel nas quais possa desenhar as runas, pois a magia está no eu do runomante, não nos objetos. No entanto, para a maioria dos runomantes, um conjunto durável de peças rúnicas e um conjunto de instrumentos especiais são essenciais para manter a importante sensação de conexão, comprimisso e intensidade.

A escolha dos objetos físicos nos quais as runas são entalhadas pode ficar a critério do runomante. As peças podem ser feitas de madeira, osso, pedra, cerâmica ou qualquer outro material que você preferir e ter o tamanho e a forma que você desejar. A única coisa que recomendo com veemência é que você faça suas próprias runas. Sugiro isso por dois motivos: (1) as runas são tão simples que qualquer um pode fazê-las sem dificuldade (por isso, tire proveito do que é tradicional) e (2), do ponto de vista mágico e talismânico, até mesmo pedaços de papel com símbolos escritos com caneta esferográfica são preferíveis a runas vendidas em lojas, pois você coloca sua própria caneta nas peças à medida que as confecciona. Mesmo assim, ainda é melhor começar com peças de qualidade compradas prontas que adiar por muito tempo sua prática.

O tipo de peça (ou até mesmo de "carta") com a qual o runomante vai trabalhar depende muito do gosto ou da preferência pessoal. Sugiro um período de experiência; veja, na prática, qual tipo você prefere. Com o tempo, você pode descobrir que é algo diferente do que preferia na teoria. Em tempos antigos, para leituras de extrema importância, as runas eram preparadas para a leitura e depois destruídas ou eram "sacrificadas", sendo queimadas ou enterradas para se decomporem.

Há vários tipos de runas: (A) peças pequenas e redondas (de cerâmica, madeira ou osso), (B) pedaços pequenos retangulares de madeira, (C) peças com dentes rúnicos curtos ou (D) peças com dentes rúnicos longos e até (E) cartas. Você verá exemplos de cada um desses tipos na Figura 17.1, apresentados aproximadamente nos tamanhos naturais.

Embora cada tipo de peça possa se adaptar melhor a determinado tipo de lançamento ou tiragem, na realidade quase qualquer tipo de runa pode ser usado com eficácia, independentemente do método.

A peça pequena arredondada pode ser feita com galhos de árvore (ou cavilhas) com cerca de 1 a 2 centímetros de diâmetro, cortados a intervalos de 6 milímetros. O resultado é um conjunto de pequenos discos, nos quais você pode entalhar os símbolos rúnicos. Esse tipo genérico também pode ser feito com contas de madeira – mas, como as peças esféricas podem rolar, podem não ser adequadas para alguns métodos de lançamento.

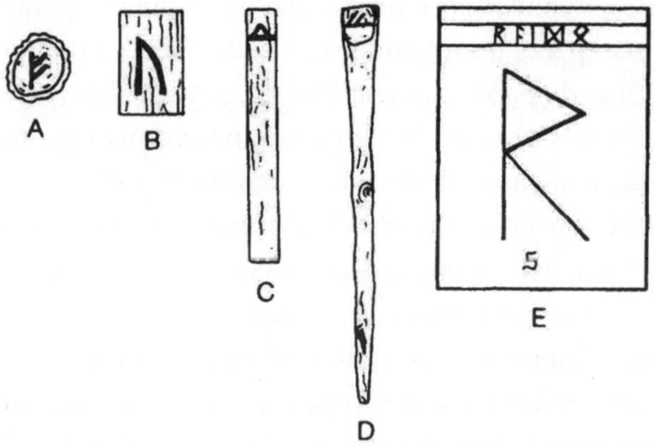

Figura 17.1. Diferentes tipos de runas. Aqui vemos exemplos de A) disco pequeno e redondo – este aqui é de madeira; B) retângulo pequeno de madeira; C) vareta curta e D) vareta longa; e E) carta com runas.

Peças pequenas e retangulares podem ser feitas de ripas de madeira com cerca de 1,5 milímetro de espessura e cuidadosamente lixadas. Esse provavelmente é o tipo escrito por Tácito. Elas também podem ser feitas com lâminas finas de compensado de madeira. (Encontradas na maioria das lojas de ferragens ou bricolagem.)

Podem-se fazer peças rúnicas mais curtas com pequenos gravetos (5 a 7 centímetros) ou com quadradinhos de madeira de lei (com uns 6 milímetros de largura). Esse tipo e as peças retangulares de madeira são mais convenientes para carregar no bolso ou na bolsa.

As runas mais longas são talvez as formas mais tradicionais. Embora nunca tenham sido encontrados exemplares, textos mais antigos parecem aludir a esse formato. Esse tipo de runa pode ser feito com gravetos afilados de 13 a 15 centímetros de comprimento e 0,6 a 1,2 centímetro de largura na extremidade superior. As peças podem ser rústicas, ainda com a casca da árvore, com uma pequena superfície lixada na extremidade mais larga, onde o símbolo rúnico pode ser entalhado.

Por fim, para métodos de adivinhação que exigem a disposição das runas em determinados padrões, também é possível confeccionar cartas. Você pode, se quiser, acrescentar informações, como o nome da runa ou seu valor numérico, o que pode ser útil nas leituras. As cartas podem ser feitas de cartolina ou papel-cartão branco, do tamanho e no formato que mais lhe agradar.

A escolha dos materiais usados na criação das runas tem certa importância. Para confecção das peças, é preferível usar substâncias orgânicas, como madeira ou osso. A madeira é, obviamente, o material mais tradicional e mais utilizado para esse propósito, mas o osso e até metais preciosos podem ter sido usados para adivinhação. O simbolismo do uso da madeira está claro no contexto cultural germânico. Lembremo-nos da Árvore do Mundo, Yggdrasill, em cujas raízes está o Poço de Urdr, e em cujas raízes e ramos as runas cintilam como parte de uma poderosa estrutura. Use a intuição para decidir que espécie de madeira é a mais adequada para suas runas. Tácito relata que as árvores frutíferas ou com algum tipo de fruto seco eram usadas, mas talvez seja mais importante ainda escolher uma madeira que tenha valor ou significado especial para você. Também é possível fazer as peças com tipos diferentes de madeira, cada uma correspondendo ao símbolo rúnico entalhado nela. O runomante deve fazer uso da intuição, mas você também pode consultar o Apêndice III, para obter mais orientações.

As peças rúnicas podem, ainda, ser coloridas. A tinta ou o corante tradicionalmente usados para isso podem ser feitos facilmente com ocre vermelho. (Outros pigmentos vermelhos naturais também servem.) A substância usada originalmente era o sangue, mas, mesmo em tempos pré-históricos, o ocre vermelho era utilizado como substituto para ele. Cores diferentes, conforme determinar sua intuição, também são possíveis. Convém, no entanto, evitar o branco para colorir as peças, pois a toalha sobre as quais são lançadas é dessa cor.

Uma das melhores coisas sobre o lançamento das runas é que você pode ser tão tradicional ou inovador quanto quiser. É relativamente simples agregar elementos tradicionais a técnicas inovadoras. Para conhecer os elementos rituais da modelagem tradicional das peças rúnicas, consulte o Capítulo 18.

A toalha sobre a qual as peças são lançadas deve ser feita de material branco. Não só Tácito indica isso em seu relato como essa prática é corroborada pelo simbolismo da cor branca como representação da soma indiferenciada das luzes mágicas. É sobre esse campo branco que as runas apresentam interrelações de força. A toalha deve ser feita de linho ou de algum outro material natural e medir entre 1,0 × 1,0 metro ou 1,20 × 1,20 metro.

Alguns runomantes decoram a toalha com símbolos carregados de significado. O Capítulo 19 apresenta métodos de lançamento que exigem que o runomante interprete certos significados em várias áreas da toalha (veja a Figura 19.9). Esse padrão pode ser bordado no tecido ou simplesmente visualizado com o *hugauga* – o olho mágico (ou terceiro olho). Se o runomante usar essas linhas na toalha, elas deverão ser azul-escuras ou pretas e o mais finas possível. Essa última recomendação é meramente prática, para facilitar as leituras.

Quando não estiverem em uso, as runas devem ser guardadas num recipiente adequado. Um saquinho de tecido ou couro ou uma caixa de madeira são as soluções ideais para isso. Esse lugar onde serão guardadas suas runas é da maior importância caso você as tenha moldado e carregado como "criaturas talismânicas", com o próprio *ørlög*. Alguns runomantes gostam de lançar peças com um copo grande (a caixa de madeira também pode servir a esse propósito). O copo de lançamento pode ser feito de chifre, couro ou madeira e ter a forma que o runomante desejar. O único fator importante é que seja grande o suficiente para conter as 24 runas com folga. O próprio copo deve ser tratado como *taufr* (talismã) e ser carregado com a runa *Perthro*.

Em rituais muito formais de lançamento das runas, especialmente aqueles de significado cósmico, realizados por verdadeiros erulianos, também é necessário um banquinho de três pernas pintado de dourado. O runomante deve se sentar nesse banquinho, chamado de "banqueta do mago", antes de iniciar uma leitura. (No entanto, ele não é necessário para a maior parte dos propósitos das runas.) Outros instrumentos e utensílios necessários para trabalho rúnico em geral são descritos de forma mais completa no Capítulo 21.

Capítulo 18

RITUAIS DE LANÇAMENTO DAS RUNAS

O uso do ritual em cada operação de lançamento das runas é importante por duas razões: para evitar que as runas sejam encaradas como "jogo de salão", o que, às vezes, acontece com essa atividade tão sagrada, e para ajudar o runomante a atingir estado de consciência concentrado, que o ajude a melhorar a qualidade do lançamento e da leitura. A realização do ritual deixa o runomante em estado alterado de consciência, que vai direcionar sua concentração para a pergunta formulada ou para a situação geral de vida que tiver mais relevância naquele momento – abrindo, assim, as portas de comunicação entre o runomante e o reino das Nornes. Depois de passar algum tempo lançando runas, o *vitki* vai começar a sentir que, em certas operações, fica mais "sintonizado" que em outras. A função do trabalho ritual interior é garantir que ele entre nesse estado regularmente.

Embora o runomante seja livre para criar as fórmulas rituais que achar mais adequadas, incentivo todos a seguir fielmente, algumas vezes, as fórmulas apresentadas como exemplo, para verificar se os métodos tradicionais são adequados em seu caso. É lamentável que a antiga tradição germânica tenha sido tão negligenciada, especialmente porque temos descrições dos métodos exatos empregados durante muitos séculos. Segundo todas as fontes tradicionais, a fórmula ritual complexa a seguir parece ter existido desde tempos mais remotos:

1) Cortar e entalhar as runas
2) Invocar as Nornes (ou outros deuses e entidades)
3) Lançar as runas (na toalha branca)
4) Invocar os deuses (ou outras entidades)
5) Escolher as runas (em grupos de três ou múltiplos de três)
6) Sentar-se na banqueta do mago
7) Interpretar as runas
8) Confirmar os presságios etc.

Esse método consiste num tipo complexo e elaborado de lançamento das runas, mas convém ter em mente os elementos dessa esplêndida fórmula para usá-los como base quando estiver experimentando vários métodos.

A ocasião

A época e a hora do dia que o runomante escolhe para realizar o lançamento das runas, especialmente quando são importantes, merecem algumas considerações. Por tradição, o runomante leva em conta (1) a estação do ano (posição do sol no ciclo anual), (2) a fase da lua e (3) a hora do dia (posição do sol no ciclo diário). Claro que a ocasião escolhida deve estar de acordo com o tipo de leitura que está sendo realizado ou com a natureza da pergunta. Perguntas relativas ao início de novos empreendimentos serão mais eficazes se formuladas em épocas associadas a inícios: durante o *yuletide*, por exemplo (cerca de 21 de dezembro a 2 de janeiro), e em Ostara (festival da primavera que acontece durante o equinócio da primavera ou próximo a ele); nas noites depois da lua nova ou pouco antes da lua cheia, ao nascer do sol. As primeiras três noites depois da lua nova, a quinta, a sétima, a oitava, a nona, a décima segunda, a décima nona, a vigésima, a vigésima terceira e a vigésima sexta noites da lua também são adequadas para trabalhos divinatórios. Para descobrir a noite (ou o "dia")[2] correta, conte a partir da primeira noite da lua nova. Há 28 noites no ciclo lunar. Além disso, para consultar as runas sobre assuntos espirituais ou esotéricos, a noite é preferível, enquanto sobre assuntos exotéricos ou outros assuntos mundanos, as horas do dia são as melhores.

É preciso lembrar também que esses horários são apenas complementações para os rituais; do ponto de vista totalmente odiano, não é preciso levá-los em conta.

O local

Por razões práticas, é provável que a maioria dos lançamentos ocorra em ambientes internos ou domésticos. Para que o ritual seja mais eficaz, os lançamentos devem ser feitos sempre no mesmo local. Uma vantagem das runas é que o *vitki* pode carregar consigo seu "local sagrado" em forma de uma toalha branca. No entanto, para lançamentos mais importantes, outros locais sagrados podem ser considerados. Os mais benéficos são os locais sob árvores sagradas – carvalhos, faias, teixos, freixos – ou perto (ao sul, se possível) de uma nascente natural ou um poço artificial. O alto de colinas também é um bom lugar para lançar runas. Ao ar livre, o runomante pode seguir, com mais precisão, as recomendações da tradição antiga e olhar para o céu ao escolher cada peça. O poder das runas pode ser especialmente forte à noite, se você olhar direto para a Estrela do Norte – o olho de Odin – enquanto escolhe as peças.

Criação talismânica das peças

Os objetos físicos ou meios sobre os quais os caracteres rúnicos são entalhados recebem várias designações: varetas (NA *stafir*), *tines*[*] (NA *teinar*) ou sortes (NA *hlautar*), mas todos são *taufar*, talismãs. O ideal é que cada peça rúnica seja confeccionada e energizada de acordo com os princípios da criação talismânica, descritos em detalhes no Capítulo 21.

O lançamento das runas

Nem todo lançamento precisa ser executado com grande solenidade; contudo, quanto mais importante a pergunta, mais o verdadeiro runomante desejará seguir um ritual. De certo modo, o ritual pode ser visto como "magia adicional"; quanto mais vínculos de comunicação forem criados entre os reinos interior e exterior, maior será a chance de criar aquela sensação especial de estar "em sincronia". Do ponto de vista tradicional,

* A palavra *tine*, em inglês, significa ponta, espigão, dentes de garfo, galho, alguma coisa pontiaguda, e reflete a palavra *teinn* do nórdico antigo, que significa talismã e indica um pedaço de madeira ou galho confeccionado como objeto talismânico. Devido à importância da palavra no texto e da sua origem, optou-se por mantê-la em inglês. (N.T.)

esses rituais são considerados elementos tão fundamentais quanto o próprio lançamento; fazem parte da operação como um todo.

Para um ritual completo de lançamento, coloque a toalha branca sobre um altar (se for usado) com um lado plano voltado para o norte. Dependendo do tipo de lançamento ou tiragem, a banqueta do mago (se for usada) deve estar ao sul da toalha, ou ao norte dela, em frente ao altar, conforme mostra a Figura 18.1.

Abertura: Execute o "Ritual do Martelo" descrito no Capítulo 21.

Invocação das Nornes: De frente para o norte, na posição da runa *elhaz*, invoque o poder das Nornes para ajudá-lo a lançar e interpretar as runas:

Vinde pelo caminho secreto
que parte do vosso lar oculto
e revelai, ó Nornes, este destino. [*Pausa*]
Urdr, Verdandi e Skuld.

Com esse verso, o runomante concentra-se na ativação das "forças nórnicas" em dois níveis: (1) no nível das Nornes pessoais (cuja "ajuda" os fluxos rúnicos podem empregar) e (2) no nível das Grandes Nornes, como a matriz dinâmica impessoal da mudança constante.

Pergunta: Agora, concentre-se por certo tempo, em silêncio, na questão a ser formulada. Enquanto o faz, embaralhe as runas nas mãos ou agite-as na caixa ou no copo. Assim que sentir que se formou uma ligação forte entre as forças nórnicas e a pergunta formulada, repita a fórmula a seguir mentalmente ou em voz alta.

Runár rádh rétt rádh!
ou
Runas, sussurrem o mais sábio conselho!

Lançamento: Agora, enquanto olha para cima (na direção da Estrela do Norte, caso você esteja ao ar livre), lance as peças sobre a toalha branca estirada à sua frente. Enquanto as peças estiverem no ar, invoque:

Urdr-Verdandi-Skuld!

Observação: Se for usar o método de tiragem das runas [não o de lançamento], as perguntas e a tiragem devem ser combinadas de tal modo que, enquanto as peças ou cartas são embaralhadas, a pergunta é formulada mentalmente. O processo é concluído com as fórmulas: "Runas, sussurrem o mais sábio conselho"e "Urdr-Verdandi-Skuld".

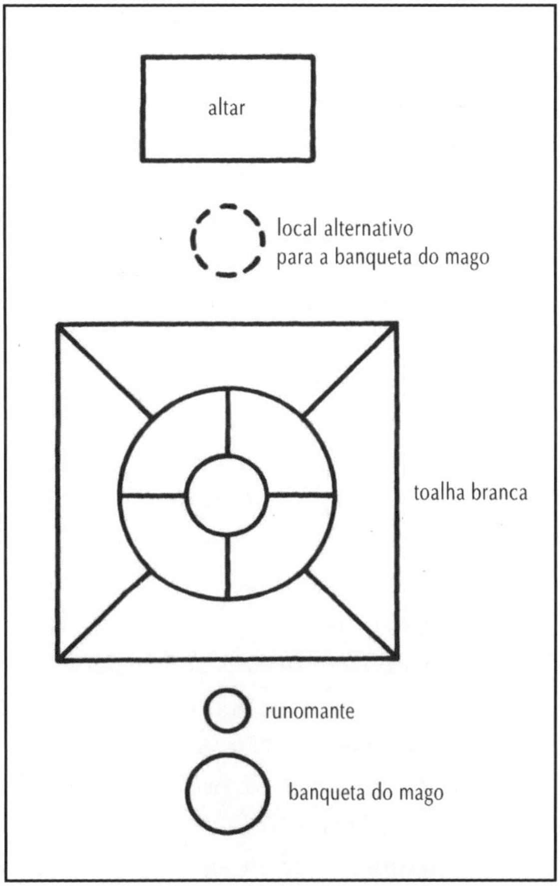

Figura 18.1. Configuração dos elementos do ritual de lançamento das runas.

Invocação a Odin: Depois que as peças estiverem espalhadas na toalha e o runomante ainda estiver olhando para o alto, ele deve assumir a postura *elhaz* e dizer:

Odin, abre meus olhos
para que eu possa enxergar
as peças
e interpretar corretamente as
runas. [Pausa]
Odin, Vili, Vé!

Com esse verso, você deve usar suas habilidades para escolher as runas com sua visão interior. (*Observação*: alguns runomantes podem preferir declamar um verso a Frigga.)

Seleção das runas: (Pule esta etapa se você estiver usando o método puro de lançamento, em que as peças são interpretadas tão como caem na toalha.) Agora, com os olhos ainda voltados para cima, ajoelhe-se e sorteie o número adequado de peças, de acordo com o método empregado. É muito importante que as peças sejam colocadas sobre a toalha na ordem em que foram sorteadas. Posicione-as com cuidado – uma de cada vez – à medida que as seleciona. (*Observação*: Se estiver seguindo o método da tiragem, as peças ou cartas devem ser dispostas na configuração apropriada.)

Leitura: Se estiver usando uma cadeira ou a banqueta do mago, o runomante deve se sentar agora, ainda voltado para o norte, e dispor as peças na ordem correta, de acordo com o método utilizado, seja sobre o altar ou na extremidade da toalha branca. Se a leitura for feita diretamente a partir das peças sobre a toalha, posicione a banqueta do mago ao sul da toalha e examine as configurações rúnicas. Tranquilize a mente nessa etapa e, antes de começar a leitura (especialmente quando ela for para outras pessoas), entoe este verso baseado no poema "Hávamál", est. 111:

É hora de cantar
do trono do sábio,
junto ao poço de Urdr!

Eu vi e me calei.
Eu vi e refleti.
Eu ouvi os dizeres dos homens.

Das runas ouvi o sussurrar;
assim as ouvi dizer,
no salão de Hár;
assim as ouvi dizer,
assim as interpretei corretamente.

Encerramento: Após a conclusão da leitura, faça o encerramento com as palavras tradicionais:

Agora os conselhos de Hár
foram dados no salão de Hár!

Você, é claro, vai querer manter sempre um registro de suas leituras de runas. Por isso, antes de guardá-las, faça suas anotações. Em seguida, coloque as runas no recipiente, em silêncio.

Como obter presságios

Se for necessário confirmar os resultados da leitura, convém obter presságios. Essa é uma parte tradicional da antiga adivinhação germânica (e indo-europeia) – a necessidade da "evidência corroboradora" por outro meio. A ciência dos presságios (NA *heilar*) é complexa demais para entrarmos em detalhes aqui. O método mais simples consiste em sentar-se numa área aberta ao ar livre e visualizar um espaço fechado à frente (não menor que um metro quadrado, mas pode ser bem maior). Depois, é preciso esperar um pássaro ou outro animal entrar nesse espaço ou sobrevoá-lo. Para a confirmação ou negação (sim/não) da validade de qualquer previsão, animais ou pássaros de cor escura (especialmente preto, vermelho, azul-escuro ou marrom-escuro) significa "sim" e os de cor clara (especialmente branco, marrom-claro, azul-claro) significam "não".

Capítulo 19

MÉTODOS PARA LANÇAR E INTERPRETAR AS RUNAS

A descrição oferecida por Tácito há quase dois mil anos nos dá uma boa ideia de pelo menos um método de lançamento de runas; no entanto, há muitos outros métodos tradicionais baseados em princípios cosmológicos e usados com eficácia pelos runomantes. Neste capítulo, são apresentados alguns dos métodos mais eficientes, também os mais arraigados em conceitos tradicionais.

O jogo de runas, como qualquer sistema preciso de adivinhação – I-ching, tarô, astrologia – baseia-se na sobreposição aparentemente aleatória de "elementos significativos" sobre "campos de significado". A partir das combinações e dos inter-relacionamentos desses elementos, faz-se uma interpretação completa. Na tradição rúnica, as runas são os elementos significativos, enquanto os campos de significado são fornecidos por uma série de configurações cosmológicas. Uma das falhas dos livros sobre adivinhação rúnica é não abordar os campos tradicionais de significado, pois, para conhecê-los, é necessário conhecimento profundo da cosmologia germânica.

Os métodos apresentados a seguir são adequados para diferentes tipos de pergunta ou problema. Convém dominar primeiro um tipo de lançamento, antes de passar para outros. Antes de começar a lançar as runas, pode ser interessante fazer alguns exercícios de leitura para se familiarizar com a linguagem das runas.

Exercício de leitura 1

Disponha as runas na ordem regular do Futhark, organizando-as no padrão tradicional *aett*, como mostrado na Figura 19.1. Agora, comece a fazer associações com as runas vizinhas. Percorra o primeiro *ætt*, de F a W, passe para o segundo, de H a S, e assim por diante, procurando descobrir uma progressão entre elas. Em seguida, inverta a ordem e comece pelo terceiro *aett*, de O a T, depois passe para o segundo, de S a H, etc., buscando novas interconexões significativas entre as runas.

A seguir, faça um exercício semelhante com as runas na vertical, entre os três *aettir*: FHT, UNB, e assim por diante, de cima para baixo, e, depois, invertendo o processo, de baixo para cima. Faça esses exercícios em dias diferentes; eles vão aguçar sua visão das relações entre as runas. Também vão ensiná-lo as realidades vivas do sistema rúnico de modo que nenhum livro ou professor poderia fazer. Esse é o aprendizado rúnico direto. Com o tempo, você vai começar a perceber que as runas revelam seu verdadeiro significado quando as runas do mundo exterior ficam face a face com as do mundo interior. Esse processo começa a despertar gradualmente sua vida rúnica interior. Certifique-se de anotar os resultados de cada sessão.

	1	2	3	4	5	6	7	8
I	ᚠ	ᚢ	ᚦ	ᚨ	ᚱ	ᚲ	ᚷ	ᚹ
II	ᚺ	ᚾ	ᛁ	ᛃ	ᛇ	ᛈ	ᛉ	ᛊ
III	ᛏ	ᛒ	ᛖ	ᛗ	ᛚ	ᛜ	ᛞ	ᛟ

Figura 19.1. Futhark mais antigo ordenado de acordo com os aettir.

Exercício de leitura 2

O próximo passo para se familiarizar com as runas é ampliar os significados que cada runa tem para você. Pegue uma peça por dia e medite sobre ela. Pense profundamente no significado de cada peça. Contemple as estrofes relevantes dos poemas rúnicos. Faça suas próprias interconexões e chegue ao seu próprio entendimento de cada runa. Tal como no exercício 1, anote os resultados. Quando terminadas, suas anotações serão sua própria versão pessoal e personalizada das tabelas rúnicas do Capítulo 16. Mas elas não devem ser consideradas algo gravado em pedra; deixe que esses significados se expandam à medida que você vai se familiarizando com as runas. É bom lembrar que essas são as suas percepções e podem não ser válidas para outras pessoas. As tabelas rúnicas foram criadas de forma semelhante ao longo de cerca de uma década de trabalho fundamentado na tradição rúnica esotérica (antiga e moderna).

Sobre os aspectos

Uma questão crucial para ler as runas é determinar qual aspecto de uma runa deve ser interpretado. Você deve ler o aspecto luminoso ou o aspecto sombrio? Não há dúvida de que os aspectos negativos das runas, chamados *myrkstafir* em nórdico antigo, eram usados em magia. Também podemos presumir com segurança que tais interpretações são responsáveis por vários termos negativos apresentados no Capítulo 6. Dizem que algumas das manifestações "positivas" das runas teriam consequências prejudiciais ou perigosas, especialmente as runas TH, H, N, I e Z. Não faltam também aspectos sombrios nas runas. Lembre-se: as runas são seus conselheiros interiores e, portanto, precisam ser capazes de avisá-lo, antes que seja tarde demais, para vencer a força de Wyrd.

Os aspectos são determinados basicamente de duas maneiras: (1) pela posição em que a peça cai num lançamento (por exemplo, com a face para cima ou para baixo; dentro ou fora de determinado campo) e (2) pelo ângulo que uma peça forma com outra. Esse último método merece algumas observações introdutórias. Você notará que, na maioria das vezes, as runas formam combinações em ângulos agudos ou obtusos, e há poucos ângulos retos nessas combinações. Ângulos obtusos são conhecidos por terem efeito dinamizador na mente, enquanto ângulos retos geralmente têm o efeito oposto. (Isso foi objeto de estudo dos ocultistas das ordens alemãs entre o final do século XIX e o início do século XX, e ainda é estudado hoje por, no mínimo, uma ordem em atividade nos Estados Unidos.) De qualquer maneira, está claro que na tradição rúnica os ângulos obtusos ou agudos promovem interações ativas e positivas entre as runas, enquanto ângulos retos produzem interações estáticas e negativas – ou podem bloquear completamente o fluxo da energia rúnica. Na verdade, eles o neutralizam.

Determinação dos aspectos

Ao lançar as runas, se uma peça cai com a face para cima, deve ser lida como runa luminosa; se cair com a face voltada para baixo, pode ser desconsiderada na leitura ou lida como runa sombria. A decisão sobre como interpretar essas runas deve ser tomada antes de cada leitura. Além disso, cada runomante deve ser constante em relação a isso. Contudo, a prática usual é desconsiderar essas peças. Em alguns lançamentos, as runas que caem fora dos campos de significado ou da toalha branca também podem ser lidas como runas sombrias. Mais uma vez, é você quem determina de antemão como as runas deverão ser interpretadas.

Se resolver levar em conta os aspectos angulares em suas leituras, o runomante deve medir (pelo menos aproximadamente) o ângulo no qual duas peças caem na toalha. Isso é feito desenhando-se mentalmente linhas a partir das duas runas até o ponto central da toalha e, em seguida, determinar o ângulo que elas formam entre si. Um exemplo disso pode ser encontrado na Figura 19.2. Se o resultado estiver entre 5° e 45° ou entre 135° e 360°, as runas podem ser interpretadas como luminosas; se estiver entre 45° e 135°, elas devem ser interpretadas como sombrias. Medições exatas são desnecessárias.

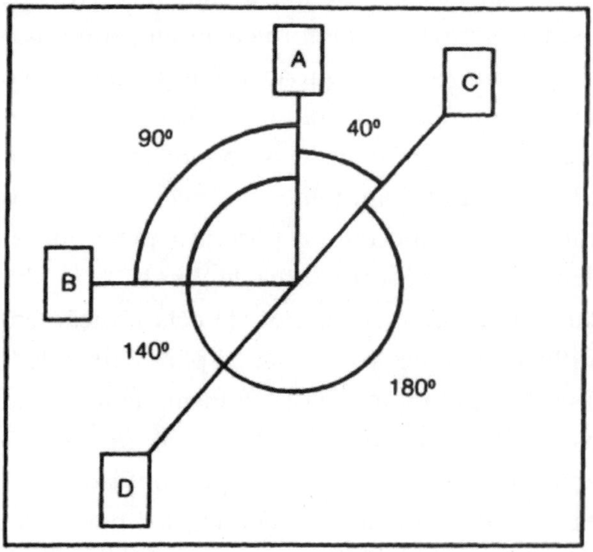

Figura 19.2. Exemplos de como medir os ângulos no lançamento das runas em que se levam em conta os aspectos.

Provavelmente a maneira mais fácil de visualizar esses relacionamentos é imaginar sobre a toalha um círculo dividido em quatro e dividido ao meio por uma terceira linha, que você usará para determinar a posição da runa em questão em relação às outras. As runas que caírem no mesmo quadrante ou no quadrante oposto estão em aspecto luminoso, enquanto aquelas nos quadrantes de qualquer lado tendem a ser sombrias.

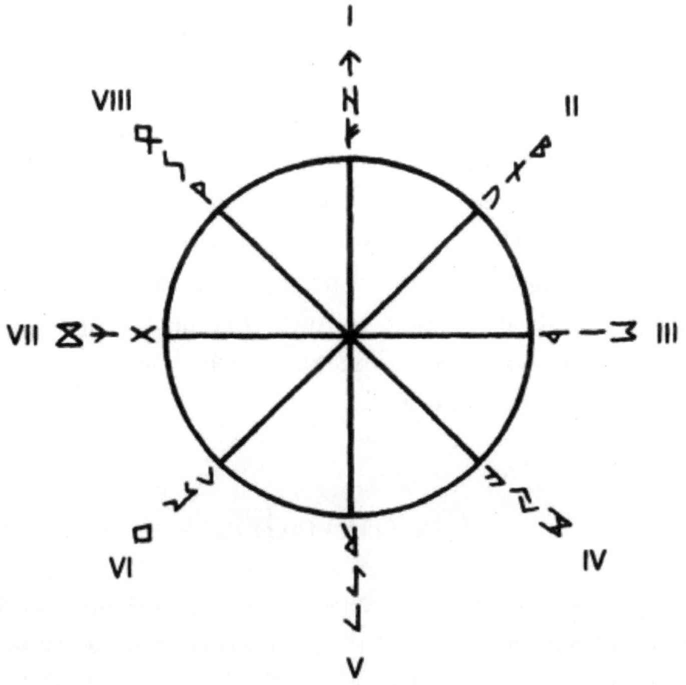

Figura 19.3. Como determinar os aspectos entre as runas com o auxílio dos aettir.

Quanto mais perto uma peça estiver do ângulo luminoso, mais positiva deverá ser considerada na leitura. Somente as runas próximas que formem um ângulo de aproximadamente 90° devem ser interpretadas como "obstáculos". O ângulo próximo a 180° também tem aspecto sombrio, mas do tipo que acaba por levar a um resultado positivo. Nos lançamentos, esses aspectos esclarecem apenas o que já está aparente na leitura da runa e de seu campo. (Veja o Exemplo de Leitura 3.)

Aspectos desse tipo são muito mais úteis e mais fáceis de determinar quando se emprega um método de tiragem das runas. Para determinar os aspectos entre as runas numa tiragem, o runomante pode consultar a Figura 19.3, que segue basicamente os mesmos princípios que o método para determinar os aspectos num lançamento. Tomemos o exemplo de *fehu* (F). Runas que pertencem à mesma tríade (por exemplo, F, H, T), ou às tríades vizinhas, ou às tríades que estejam no mesmo eixo que as adjacentes à "tríade doméstica" de *fehu*, devem ser lidas como runas luminosas. Aquelas que pertencem à tríade oposta são lidas como runas sombrias, mas com resultado final positivo. As runas em tríades posicionadas em ângulo de 90°, aquelas que cruzam o eixo da tríade em questão, são lidas como runas sombrias, geralmente do tipo que bloqueia. (Veja o Exemplo de Leitura 1, e o Exemplo de Leitura 4, para saber como isso funciona na prática.)

Também é preciso destacar que o local onde uma runa cai ou se posiciona numa tiragem pode ser considerado um aspecto importante. Nos exemplos de leitura apresentados a seguir, fornecerei orientações práticas sobre como isso ocorre em diferentes métodos. A intuição, em grande parte, deve guiar o runomante nessas questões.

A determinação dos aspectos é um dos pontos mais importantes do ofício do runomante e precisa ser aprendida na prática, porque as runas interagem de forma diferente para cada pessoa. Felizmente ou não, não se trata apenas de uma questão de interpretar as runas invertidas como "desfavoráveis".

Os métodos

Os métodos usados para lançar as runas baseiam-se em "modelos de significado" utilizados pelos antigos povos germânicos. É altamente recomendável que você procure dominar um desses métodos antes de começar a trabalhar nos outros. Depois de um tempo, você também pode começar a experimentar técnicas inovadoras de lançamento ou tiragem. Mas os modos mais tradicionais têm algo a ensinar sobre a "mentalidade rúnica". Aqueles experientes em outras tradições divinatórias com "campos de significado", como o tarô ou a astrologia, podem fazer experiências com as runas nesses contextos. No entanto, precisam perceber que apenas parte da essência rúnica pode ser expressa dessa maneira.

Há dois tipos de técnica: a de lançamento e a de tiragem. O primeiro método tratado aqui é, na verdade, uma combinação dessas duas técnicas. Como nos lançamentos o runomante perde momentaneamente o controle das runas, eles são mais eficazes em leituras cujas perguntas são relacionadas ao outro mundo; ao passo que as tiragens são mais eficazes na leitura de estados interiores, pois o runomante está sempre no controle das runas. Ambas as técnicas têm vantagens e desvantagens. Num lançamento, pode acontecer de você ter mais interesse numa determinada área da vida, mas nenhuma runa cair nesse campo (o que também tem significado). Por outro lado, nas tiragens, você dispõe as runas em posições que podem ser ou não relevantes à sua situação – e é preciso alguma experiência para intuir quais grupos de runas são mais significativos.

1. O método nórnico

Este método se baseia diretamente no relato apresentado por Tácito em *Germania*. A matriz tríplice que ele menciona aplica-se à única matriz tríplice óbvia de significado para a adivinhação germânica: a fórmula Urdr-Verdandi-Skuld.

Seguindo o esquema do ritual apresentado no Capítulo 18, o runomante lança as runas aleatoriamente sobre a toalha branca e, com os olhos fechados ou voltados para cima, sorteia três peças, que ele dispõe nas posições 1-2-3. Para ajudar o runomante a visualizar melhor essa tiragem, as runas devem ser dispostas da maneira ilustrada na Figura 19.4.

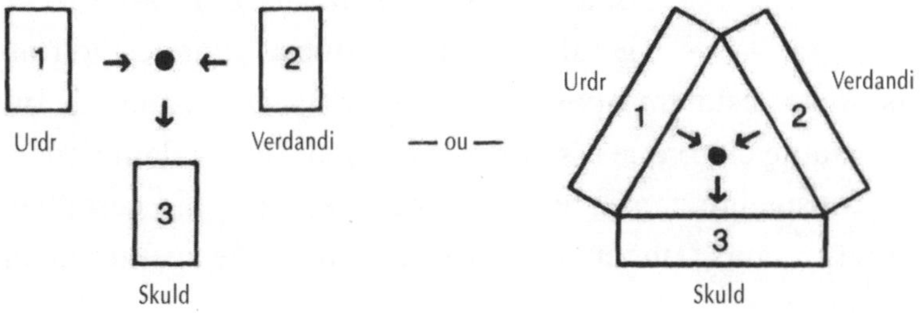

Figura 19.4. Configuração das runas no método nórnico.

A posição (1) é a de Urdr (Wyrd), que indica o que está, de fato, na raiz da questão ou do problema. Ela revela o que aconteceu no passado e condicionou a peça nessa posição (2) – a posição de Verdandi – relacionada à situação presente. Essa runa revela o que está acontecendo no presente. As duas runas são sintetizadas na terceira posição – a posição de Skuld –, que indica o que deve acontecer no futuro, com base nas condições das duas primeiras posições.

Ao ler essas runas, o *vitki* pode levar em conta os aspectos entre as runas para determinar a qualidade dos relacionamentos entre elas. O fato de haver runas invertidas ou voltadas para baixo pode ser levado em consideração, mas isso não é necessário.

Como ler as runas segundo o método nórnico

Pergunta: Quais são as minhas chances de arranjar um novo emprego?

Interpretação: A disposição das runas é mostrada na Figura 19.5. *Kenaz* na posição de Urdr indica que habilidades e criatividades desenvolvidas no passado deixam o consulente numa situação favorável. O trabalho de base foi feito de forma criativa. *Dagaz* em Verdandi mostra que a situação atual, entretanto, é de mudança. Ela é dinâmica e maleável. A terceira runa, *uruz*, em Skuld, indica que se pode ter esperança; ela sugere que a situação deve se resolver de acordo com a vontade da pessoa que procura o emprego. A peça final desse lançamento também aconselha "tenacidade". O consulente deve perseverar e ter força de vontade para alcançar seu objetivo. *Kenaz* forma bom aspecto com *dagaz*, que, por sua vez, forma bom aspecto com *uruz* – no geral, tudo indica que as runas estão trabalhando juntas, sem problemas. *Kenaz* está em oposição à *uruz*, mas, em virtude de outros aspectos dinâmicos, parece bastante claro que essa oposição é mais estimulante que o contrário.

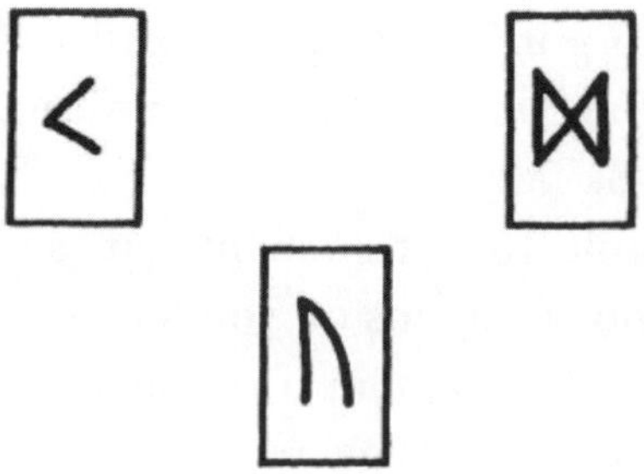

Figura 19.5. Exemplo de lançamento com base no método nórnico.

Na verdade, o consulente conseguiu o emprego em questão certamente devido ao seu desempenho anterior, mas também com pequena ajuda de agentes mágicos, e apenas com grande perseverança.

* * *

Figura 19.6. O *valknútr.*

Você pode expandir os significados do método nórnico com *valknútr* (nó dos caídos). Esse é um símbolo da capacidade do deus Odin de impor e retirar limites de todos os tipos, incluindo aqueles relativos ao "destino". Geralmente é composto de três triângulos entrelaçados (veja a Figura 19.6). Para expandir a leitura nórnica básica com o *valknútr*, o runomante escolhe três grupos de três runas e os dispõe no formato de triângulos interligados, como mostra a Figura 19.7. O primeiro triângulo aprofunda a análise da posição de Urdr; o segundo, da posição de Verdandi; e o terceiro, da posição de Skuld. Assim, pode-se obter uma imagem mais completa da raiz da questão, do que está acontecendo na situação presente e de qual será o resultado mais provável.

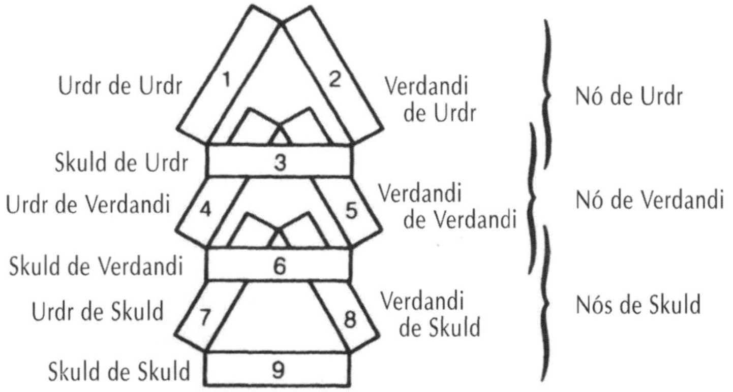

Figura 19.7. Modelo de tiragem com o *valknútr.*

2. O método *airts*

Uma das divisões mais consagradas, no mundo germânico, do espaço em campos de significado é a divisão do céu e do plano da terra em "oitavos"; no nórdico antigo, *aettir* ou, no dialeto escocês, *airts*. No nórdico antigo, essas divisões receberam os nomes indicados na Figura 19.8. Embora sejam de origem norueguesa, seu sentido interior de divisão quádrupla, expandida para oito, se encaixa num padrão germânico contínuo e atemporal.

Os nomes indicam que o que estava a leste era mais "próximo, ou terreno, e o que estava a oeste era mais "externo" ou "distante", e que a polaridade principal é entre norte e sul. Não é por acaso que as runas também são divididas em grupos de oito peças.

No jogo de runas, esse padrão é combinado com a outra divisão mais óbvia do "espaço" – a dos nove mundos de Yggdrasill – para formar o desenho usado para dividir a toalha em campos de significado, como mostra a Figura 19.9. (A toalha propriamente dita não deve ter os nomes dos mundos escritos nela.) Na realidade, essa figura representa o "colapso" do espaço multidimensional num modelo bidimensional, assim como muitos símbolos sagrados de todos os tipos. Os campos receberam nomes para os nove

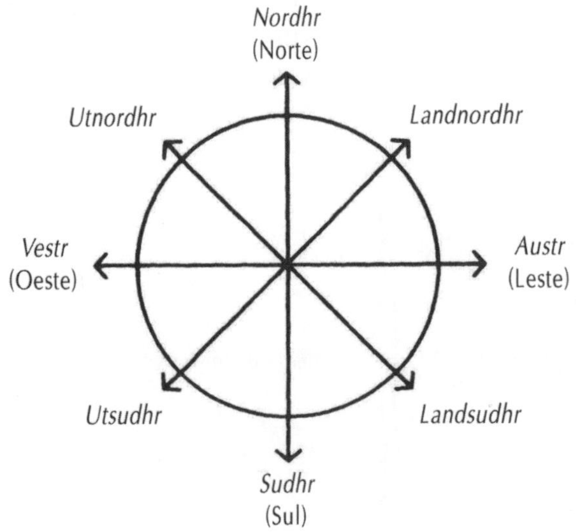

Figura 19.8. Os *aettir* nórdicos do céu.

mundos de Yggdrasill e derivam seus significados a partir desses conceitos, conforme mostrado na Tabela 19.1.

As runas que caem nos círculos interiores, formados por Midgard--Asgard-Hel-Ljossalfheim-Svartalfheim (que, no modelo tridimensional, compõem a coluna vertical) possibilitam uma leitura do estado subjetivo ou psicológico do consulente, ou das influências sobre ele. As runas de Ljossalfheim e Svartalfheim são mais "pessoais", enquanto as de Asgard e Hel são mais "transpessoais". As runas que caem nos campos exteriores de Niflheim-Muspelheim, Vanaheimr, Jotunheim (que, com Midgard, formam o plano horizontal no modelo Yggdrasill) esclarecem as condições do universo objetivo e como ele afeta a pessoa em questão. Observe com atenção a função sintetizadora especial de Midgard – o centro –, onde todas as potencialidades se manifestam (ou podem se manifestar).

Se desejar, o runomante pode decorar a toalha com a configuração mostrada na Figura 19.9. Ou pode apenas visualizar esses campos com o olho da mente. Em geral, essas chaves ocultas são a base dos métodos de adivinhação e, à primeira vista, podem parecer aleatórias. Se desejar decorar a toalha, borde-a com linha azul-escura ou preta.

Seguindo os procedimentos rituais descritos no Capítulo 4, o runomante lança as runas às cegas sobre a toalha e, em seguida, as interpreta (talvez sentado na banqueta do mago), de acordo com a posição das peças. As runas que caírem com a face para baixo podem ser lidas como runas sombrias ou removidas da toalha e deixadas de lado. As runas "invertidas" não podem ser lidas como tal em operações desse tipo. Aquelas que caírem fora da toalha também devem ser desconsideradas. (Observe, no entanto, que a ausência dessas runas também tem significado!)

Depois de estabelecida a configuração final, pode surgir uma imagem complexa. Esse tipo de imagem, às vezes, é tão complexo que não pode ser interpretado numa sessão apenas (em especial, se você for principiante). Portanto, certifique-se de fazer o registro do lançamento. Você pode fazer anotações simples como ":ᚠ: em Asgard", e assim por diante. Muitas vezes, a direção para a qual a runa "aponta" – por exemplo, "apontando" para outra runa – dá pistas sutis que revelam nuanças na interpretação da peça. Por essa razão, o ideal é fazer uma descrição resumida do lançamento. O verdadeiro significado do lançamento talvez só seja captado posteriormente, quando você estiver refletindo com base nas suas anotações.

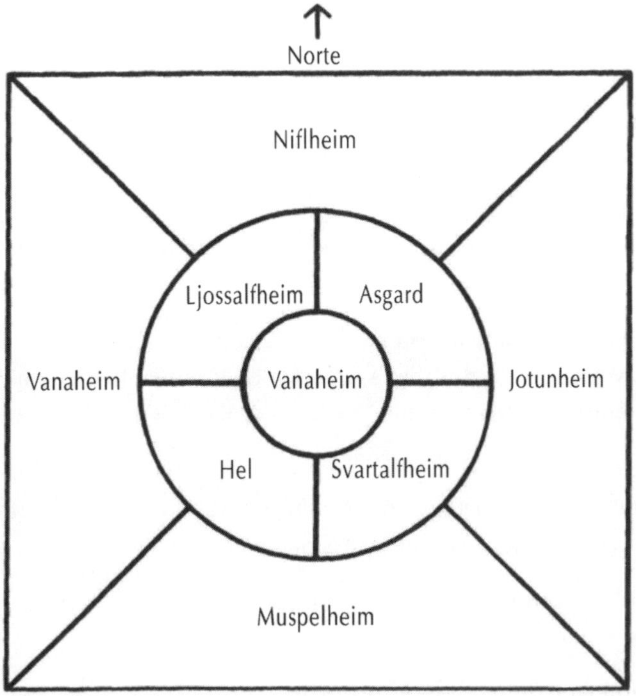

Figura 19.9. Toalha para lançamento contendo os campos de significado. Podemos ver aqui os nove mundos de Yggdrasill.

O padrão resultante de um lançamento com base nos *airts* pode ser interpretado de várias maneiras. Você pode começar com o que está se manifestando em Midgard e depois passar para reinos de influência mais distante, como, de Midgard para Ljossalfheim e Svartalfheim, e destes para Asgard e Hel, e dali para os mundos exteriores de Vanaheim e Jotunheim, e Niflheim e Muspelheim. Ou pode inverter o processo, começando com

Niflheim e Muspelheim e indo até Midgard. Em última análise, não existe progressão linear inerente a esse padrão – ele é um modelo ultradimensional. Portanto, a intuição pode ser o melhor guia do runomante.

Tabela 19.1. Interpretações dos campos que receberam os nomes dos nove mundos de Yggdrasill.

Asgard	Influências superiores. Natureza do relacionamento com as divindades. Aspectos ocultos da questão. Questões de honra, influências positivas (ativas) de encarnações passadas - *ørlög*.
Ljossalfheim	Influências mentais. Questões familiares. Mensagens de Huginn - orientações nas quais você deve se planejar. O que ajudará você. Caminhos que o ajudam a reconhecer a influência de Argard.
Midgard	Modo como as pessoas se reúnem para se manifestar na vida. Resultado na vida. Consciência egoica.
Svartalfheim	Influências criativas e emocionais. Questões relacionadas a dinheiro. Mensagens de Muninn - coisas sobre as quais você deveria refletir. Caminhos para reconhecer as influências de Hel.
Hel	Desejos instintivos ocultos ou reprimidos. Natureza de funções automáticas ou modos de comportamento. Raiz oculta da questão. Influências negativas (passivas, restritivas) de encarnações passadas - *ørlög*.
Muspelheim	Estado da força vital que energiza você. Influências ativas vindas de fora. Coisas que tendem a se tornar atividades.
Niflheim	Aquilo que resiste a você. Influências passivas ou restritivas vindas de fora. O que tende a permanecer latente.
Vanaheim	Promove o crescimento. Relações eróticas. Pessoas do outro sexo. Influências harmonizadoras. Forças de continuidade, estrutura e bem-estar.
Jotunheim	O que confunde você. O que permanece entregue ao acaso. O que o coloca à prova. O que o desafia a mudar. Plano das crises.

Exemplo de leitura segundo o método dos *airts*

Pergunta: Um grupo que se dedica à descoberta e à redescoberta de uma forma poderosa de magia fará progressos durante o próximo ano?

Leitura: O resultado do lançamento é mostrado na Figura 19.10. A falta de runas em Vanaheim indica que não existem tensões, enquanto a falta delas em Niflheim indica que não existe pressão externa ou resistência nesse grupo (em grande parte, secreto). As runas em Muspelheim, uma *hagalaz* e uma *thurisaz* sombrias, indicam que existem forças ativas, provavelmente na consciência dos vários membros do grupo, retardando a concretização das ideias desse grupo. Essas tendências, no entanto, são aspectos muito fracos e não devem ser levadas em conta. Portanto, parece que sua influência é praticamente insignificante.

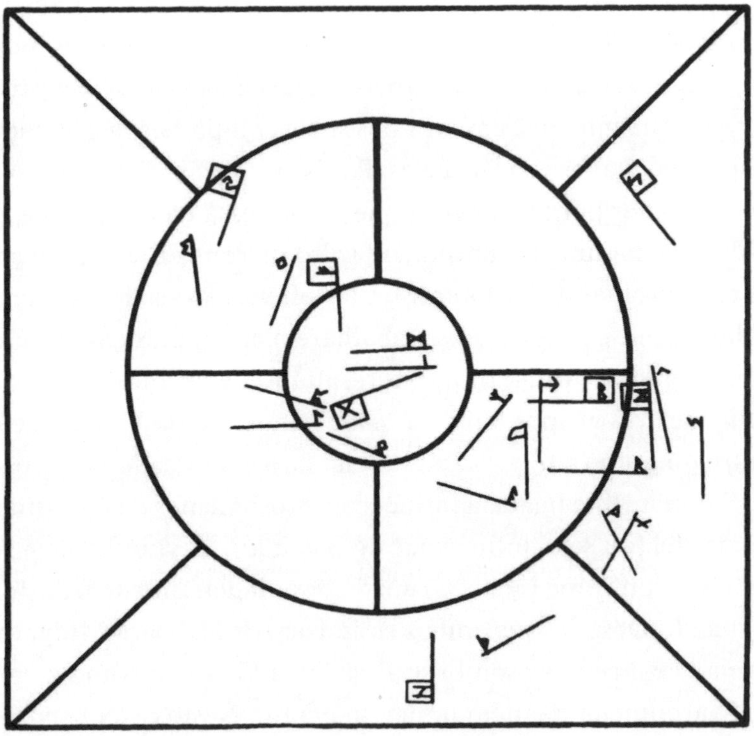

Figura 19.10. Exemplo de lançamento segundo o método dos *airts*. As runas dentro de um quadrado estão com a face para baixo.

Um grupo forte de runas está presente em Jotunheim. Isso indica que o grupo está numa fase dinâmica e, de muitas maneiras, buscando objetivos mais bem definidos (*sowilo*). O cruzamento entre *nauthiz* e *wunjo* em Jotunheim sugere que uma crise de natureza interpessoal levará a uma mudança positiva. Um segundo cruzamento entre *dagaz* e *kenaz* sombrias em Jotunheim pode indicar alguma confusão relacionada a questões técnicas. No entanto, a justaposição favorável de *raidho* neutraliza essa influência negativa e leva a uma direção racional e ordenada no reino formativo de Svartalfheim. Portanto, as questões técnicas serão resolvidas e colocadas em uso. A *eihwaz* sombria em Jotunheim está isolada, por isso parece de pouca importância. Porém, ela forma um aspecto negativo com *fehu* e *jera* sombrias em Ljossalfheim, o que mostra dificuldade para transformar inspiração em realidade.

O grupo de runas em Svartalfheim indica, contudo, que uma grande inspiração crescente vai encontrar meios de realização. O conjunto geral de muitas runas indicativas de forma, formato e ordem (*uruz, tiwaz, raidho*) e conexão divina e inspiração (*elhaz* e *ansuz*) nesse campo único de realização formativa parece se sobrepor a outras indicações contrárias. Mas outras indicações são reforçadas pela presença da runa B sombria no meio desse grupo. Ela indica claramente que, embora possa haver a poderosa presença de forças formativas e de inspiração, há resistência a elas. Por isso é preciso ficar atento. Cada membro do grupo deve se esforçar para fazer com que a promessa das runas A e Z dê frutos.

Em Ljossalfheim, há um conjunto meio solto de runas E e NG, o que indica que o desenvolvimento intelectual do grupo será mais eficaz caso se baseie nas reflexões íntimas dos indivíduos e/ou se os membros trabalharem em duplas em projetos especiais.

Por fim, é no reino de Midgard que o resultado desse ano mágico fica mais claro. Existem basicamente dois grupos aqui. *Mannaz* paralelo a *isa* indica que a ordem social arquetípica dentro do grupo em questão é sólida. Isso é reforçado pela presença de *othala* no outro grupo, intimamente ligada a influências provenientes das profundezas sombrias do reino oculto de Hel (ou seja, influências do passado). Essa influência será pouco planejada e espontânea, conforme indica a runa P, e verdadeiramente transformadora, conforme indica a runa L. Observe que ambas conduzem de Hel para Midgard e formam um grupo com a runa O e a runa G sombria. Essa runa G, assim como a runa B do grupo encontrado em Svartalfheim, contém um aviso oculto. Neste caso, o aviso é para o risco de haver influências negativas dentro do grupo, que podem surgir devido a esse influxo de reinos suprarracionais.

Para resumir, pode-se dizer que esse grupo se beneficiará de inovações técnicas, resultado de reflexões íntimas dos membros e do trabalho realizado por duplas. Essas inovações serão muito inspiradoras e levarão a uma manifestação concreta no grupo todo. No entanto, tudo isso não virá facilmente. A cada passo surgirá um "espinho" – algum tipo de resistência ativa que exigirá coragem e força de vontade do grupo para ser superado.

3. O método Futhark

A própria ordem fixa das runas nos proporciona outro método tradicional para determinar os campos de significado. A distribuição das runas em três linhas na configuração *aett* (como mostra a Figura 19.1) propicia as etapas de interpretação mostradas na Tabela 19.2.

23	21	19	17	15	13	11	9
7	5	3	1	2	4	6	8
10	12	14	16	18	20	22	24

Figura 19.11. Disposição das runas de acordo com o método Futhark.

Tabela 19.2. Interpretações segundo o método Futhark.

1	:ᚠ:	Questões financeiras. Energia psíquica.
2	:ᚢ:	Saúde física. Força vital.
3	:ᚦ:	O que se opõe a você (talvez em nível material).
4	:ᚨ:	Fontes de inspiração e expressão intelectual.
5	:ᚱ:	Viagens interiores ou exteriores.
6	:ᚲ:	Criatividade. Relacionamentos eróticos.
7	:ᚷ:	O que lhe será dado.
8	:ᚹ:	Romances, amizades. O que lhe trará felicidade.
9	:ᚺ:	Possível crise que leva a uma transformação.

10	:ᚾ:	O que resiste a você (psiquicamente). Fonte da insatisfação.
11	:ᛁ:	O que restringe você.
12	:ᛃ:	Em que aspecto você será recompensado. Relacionamento com o ambiente natural.
13	:ᛇ:	Influências ocultas, seu estado como um todo. Relacionamento com o divino.
14	:ᛈ:	Como você encontra alegria.
15	:ᛉ:	Em que você deve prestar atenção. Caminho rumo aos deuses.
16	:ᛊ:	O que lhe mostrará o caminho.
17	:ᛏ:	Estado cognitivo. Questões relacionadas à lei. Ideais.
18	:ᛒ:	O que propicia beleza e crescimento.
19	:ᛖ:	Com o que e com quem você deveria trabalhar. Relacionamentos eróticos.
20	:ᛗ:	Estado de espírito em geral. Atitude em relação à morte.
21	:ᛚ:	Equilíbrio emocional. O que vai testar você.
22	:ᛜ:	Sobre o que você deveria meditar.
23	:ᛞ:	Área de sincronicidade inesperada.
24	:ᛟ:	Questões familiares mais importantes. Problemas relacionados ao país ou à comunidade.

O runomante pode lançar as runas sobre a toalha e depois enfileirar as 24 peças, uma a uma, e colocá-las na ordem do padrão *aett*. Ou você pode sorteá-las da caixa ou do saquinho e, em seguida, organizá-las da primeira à vigésima quarta, na ordem mostrada na Figura 19.11. Assim, o Futhark se desenvolve desde a essência e se manifesta plenamente na configuração *aett*. O resultado será uma leitura completa, na qual todas as posições serão ocupadas. Os aspectos podem ser determinados por um dos métodos habituais descritos anteriormente.

Os registros desses lançamentos podem ser feitos sem dificuldade. Basta escrever :ᚷ: em :ᚠ:, :ᚲ: em :ᚢ:, :ᛃ: em :ᚦ: etc. Como sabemos, a posição da runa determina a área da vida em questão, enquanto a runa em si determina o que está se manifestando naquela área, no momento. Esse tipo de tiragem é útil para obter uma leitura completa da sua situação de vida presente. Ele oferece um retrato holístico sintético, sem ênfase nas consequências.

Exemplo de leitura segundo o método Futhark

Pergunta: Como está minha vida atualmente? Que caminho devo tomar no futuro?

Leitura: A disposição das runas é mostrada na Figura 19.12. *Fehu* na primeira posição indica situação financeira próspera. *Othala* na segunda posição é sinal de que a saúde e a vitalidade estão sob controle, sem fatores positivos ou negativos. *Laguz* na terceira posição sugere possível oposição por parte de forças inconscientes, enquanto *kenaz* na quarta posição demonstra certa inspiração por meio do fogo criativo (arte). *Perthro* na quinta posição indica que as viagens realizadas serão interiores – através do tempo e do espaço. A sexta posição, ocupada por *isa*, pressagia um bloqueio na criatividade devido ao frio ou a interiorização da criatividade para o nível do ego. *Berkano* na sétima posição indica que vai ocorrer uma liberação de energias. *Tiwaz* na oitava posição aponta para relacionamentos regidos pela razão e pelo autossacrifício (que acabarão por ser fonte de felicidade). *Thurisaz* na nona posição indica oposição decorrente de forças reativas hostis, enquanto *elhaz* na décima posição indica resistência de forças arquetípicas internas. *Ehwaz* na décima posição revela restrição interior. *Mannaz* na décima segunda posição indica recompensas na estrutura social graças à conexão da essência com os deuses. (Isso parece sugerir que a crise retratada na nona, na décima e na décima primeira posições será vencida.) *Jera* na décima terceira posição revela ação cíclica regular no controle de influências ocultas, enquanto *dagaz* na décima quarta posição promete alegria na experiência de subjetividade. *Hagalaz* na décima quinta posição indica que é preciso dar atenção ao básico, aos conceitos seminais. (Isso também parece estar relacionado à crise aludida na nona, na décima e na décima primeira posições.) *Nauthiz* na décima sexta posição pode indicar que as situações de crise estão levando o consulente a crescer (provavelmente reconhecendo de antemão a

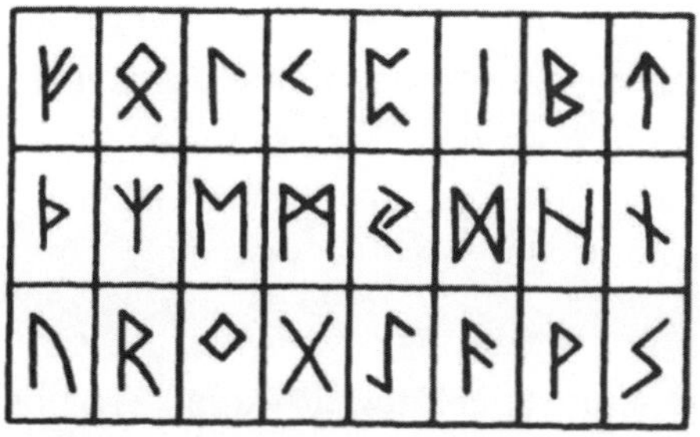

Figura 19.12. Exemplo de tiragem segundo o método Futhark.

crise da nona, da décima e da décima primeira posições). *Uruz* na décima sétima posição indica que o estado cognitivo e os ideais são dominados por força de vontade férrea. *Raidho* na décima oitava posição indica regularidade, ritmo e movimento no trabalho, resultando em crescimento e beleza. *Ingwaz* na décima nona posição sugere que o consulente deve trabalhar sozinho, gestando dentro de si suas ideias. *Gebo* na vigésima posição indica disposição para dar e receber. *Eihwaz* na vigésima primeira posição significa equilíbrio emocional "vertical", ou seja, emoções dominadas pelo intelecto, com probabilidade de intensificação dessa tendência. *Ansuz* na vigésima segunda posição aconselha o consulente a meditar sobre Odin ou sobre o eu superior. *Wunjo* na vigésima terceira posição indica sincronicidade inesperada na esfera social, enquanto *sowilo* na vigésima quarta posição demonstra que os objetivos atuais do consulente estão na esfera social.

O conselho geral dessa leitura em relação à pergunta é que, em questões de segurança básica, tudo está bem. A principal oposição vem de dentro. Ela pode ser superada estabelecendo-se vínculos mais fortes e regulares com o eu superior. Se o consulente desenvolver uma conexão com esse sábio interior, será recompensado com o sucesso exterior.

4. O método dos sete reinos

Os antigos nórdicos costumavam falar de sete reinos de seres sencientes, dos quais era possível obter mensagens, caso se conhecesse a "linguagem" do reino em questão. Essa tradição só é transmitida, e de forma imperfeita, pelo "Alvísmál", da *Edda Poética*, no qual os sete reinos são mencionados, seis numa estrofe específica. Essas estrofes foram compostas para revelar as linguagens poéticas secretas usadas nos reinos dos Aesir, Vanir, elfos, anões, *etins*, bem como entre os mortos e o povo de Midgard. Como Hollander observa na introdução ao "Alvísmál", o poema representa um estado de coisas tardio e confuso, mas reflete uma antiga ordem cosmológica que só precisa de ligeiro ajuste fornecido pelo mito de Yggdrasill para se tornar inteligível. Apenas sete dos nove mundos de Yggdrasill geram seres sencientes – Muspelheim e Niflheim são forças brutas da "natureza", desprovidas de consciência. As runas são um modo de comunicação entre esses reinos sencientes.

Observe que o princípio por trás do sistema rúnico é o processo cosmogônico da tradição germânica: a síntese eterna dos opostos polares que leva à transformação. Isso se sobrepõe ao processo nórnico para oferecer uma imagem das camadas de ação ou de forças em ação ao longo do tempo. Depois do procedimento ritual, sorteie 21 runas da caixa ou do saquinho e disponha-as na ordem indicada na Figura 19.13. Essas runas devem ser, em seguida, interpretadas de acordo com essa mesma figura.

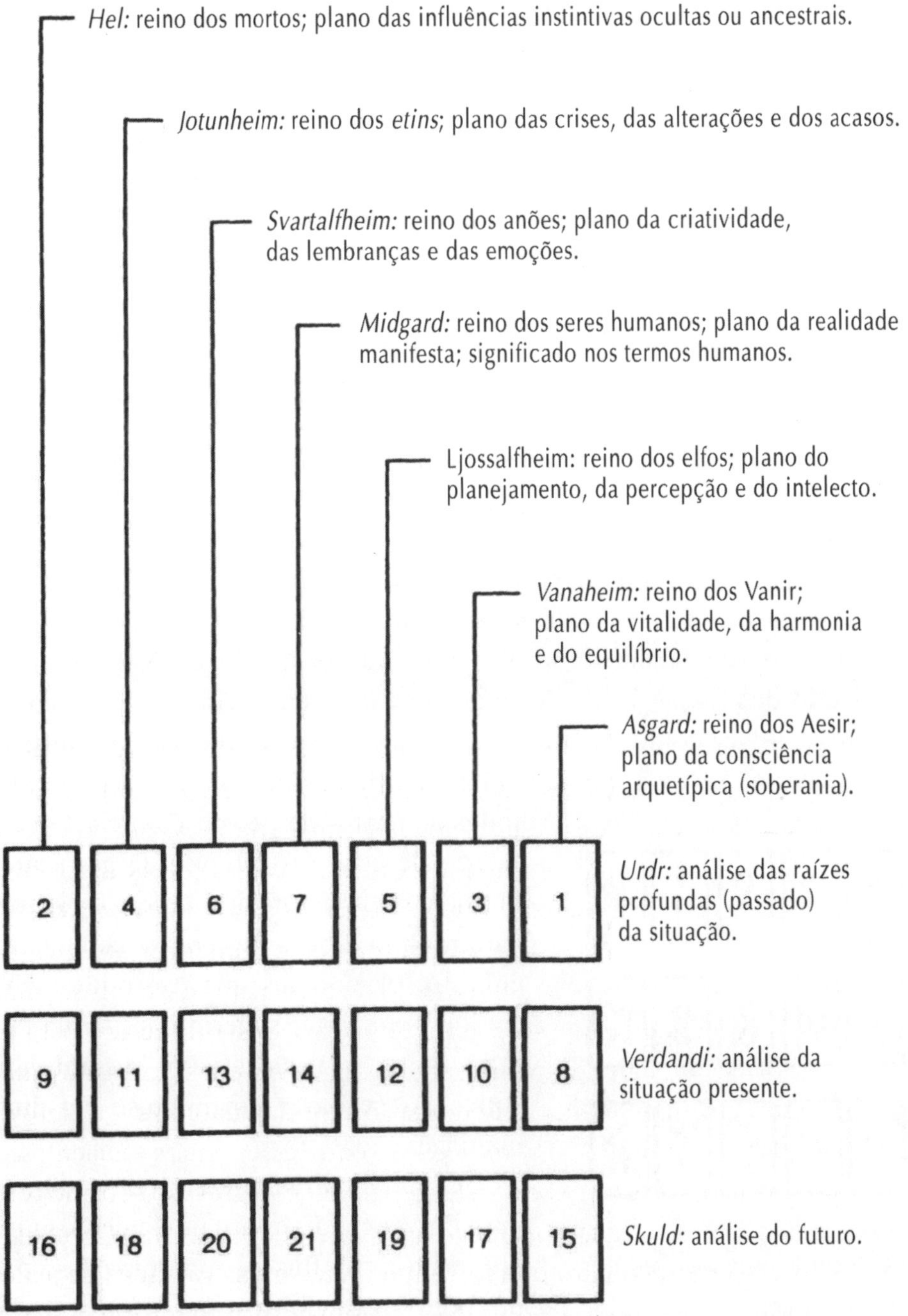
Hel: reino dos mortos; plano das influências instintivas ocultas ou ancestrais.
Jotunheim: reino dos *etins*; plano das crises, das alterações e dos acasos.
Svartalfheim: reino dos anões; plano da criatividade, das lembranças e das emoções.
Midgard: reino dos seres humanos; plano da realidade manifesta; significado nos termos humanos.
Ljossalfheim: reino dos elfos; plano do planejamento, da percepção e do intelecto.
Vanaheim: reino dos Vanir; plano da vitalidade, da harmonia e do equilíbrio.
Asgard: reino dos Aesir; plano da consciência arquetípica (soberania).
2 4 6 7 5 3 1
Urdr: análise das raízes profundas (passado) da situação.
9 11 13 14 12 10 8
Verdandi: análise da situação presente.
16 18 20 21 19 17 15
Skuld: análise do futuro.

Figura 19.13. Modelo e significados do método dos sete reinos.

O método dos sete reinos é mais útil para autoanálises completas e, de muitas maneiras, representa uma versão mais "controlada" do método de lançamento segundo os *airts*.

Esse tipo de leitura fica mais eficiente à medida que você se familiariza mais com os reinos. Nesse método, basta associar o processo nórnico com os reinos dos seres sencientes. Em cada nível, a fileira é sintetizada na posição de Midgard, de modo que as runas na sétima, na décima quarta e na vigésima primeira posições são as principais chaves da interpretação. As três runas excluídas da leitura também podem ser significativas pela ausência.

Exemplo de leitura segundo o método dos sete reinos

Pergunta: Qual é o impacto de uma pessoa perturbada sobre determinada organização esotérica?

Leitura: A Figura 19.14 mostra como as runas foram dispostas. *Ehwaz* e *fehu* nos níveis externos (Asgard e Hel) de Urdr indicam que a energia sexual e os relacionamentos eróticos são a verdadeira raiz do problema. Como mostra *isa* em Vanaheim, há bloqueio generalizado das forças vitais. *Nauthiz* em Jotunheim evidencia crise emocional intensa e conflitos, talvez como resultado de falta geral de vitalidade com influxo descontrolado de energias sexuais. *Ingwaz* em Ljossalfheim mostra que a capacidade de todas as partes de pensar com clareza está em estado de estase (ou talvez de gestação). Isso também pode significar que certos planos estão aguardando a hora de seres concretizados. No entanto, os poderes dos Aesir também estão em jogo, conforme sugerido por *ansuz* em Svartalfheim. A situação atual é bastante ambivalente; parece haver um impulso em direção à manifestação.

Figura 19.14. Exemplo de tiragem segundo o método dos sete reinos.

Como mostra a presença de *perthro* no Asgard de Verdandi, os atuais elementos ainda estão instáveis no fluxo arquetípico. Isso pode ser um bom presságio caso se ouça o conselho das runas: não fazer nada e permanecer em estado de desapego espiritual. Como mostra *gebo* em Hel, quem estiver nesse estado será recompensado com respeito e credibilidade. Como indica *berkano* em Vanaheim, a vitalidade é muito disciplinada e protegida. O aspecto social de *othala* está em grande confusão devido à sua posição em Jotunheim. O atual estado de crise mostrado pela presença de *othala* em Jotunheim tem raiz em *naudhiz* no nível de Urdr. Felizmente, a razão (*raidho*) é reforçada no reino intelectual de Ljossalfheim. A presença de *kenaz* em Svartalfheim também pode indicar que a criatividade está presente. *Dagaz* no Midgard de Verdandi permanece ambígua, tendo em vista que sua luz é ofuscada pelo aspecto negativo de *raidho* e *dagaz*.

A dupla formada por *mannaz* e *wunjo* nos reinos arquetípicos de Skuld parece ideal e indicar que, no final das contas, haverá solução fundamentada em princípios divinos e numa atmosfera alegre. *Elhaz* em Vanaheim mostra um aumento da vitalidade, enquanto *uruz* em Jotunheim sugere que o caos será amenizado. Como mostra a presença de *sowilo* em Ljossalfheim, os planos cognitivos atingirão seus objetivos e haverá criatividade de acordo com a lei. *Uruz* e *laguz* em Jotunheim e Svartalfheim, respectivamente, parecem indicar a restauração da ordem depois do caos e da crise que estavam enraizados em *nauthiz*, no Jotunheim de Urdr.

O resultado final é exemplar. *Jera* indica que a justa recompensa por boas ações (ou omissões) passadas virá. O aspecto geral do reino de Skuld não poderia ser mais favorável. Em última análise, essa influência desagregadora fortalecerá o círculo social, mas poderá haver mares bravios à frente, quando Verdandi transitar para Skuld.

Métodos alternativos

Em todos os métodos descritos anteriormente, o runomante limita-se a interpretar cada runa apenas uma vez. No entanto, isso pode não produzir a leitura mais precisa, pois é bem possível que uma runa possa se manifestar em mais de uma posição.

A seguir, são aparesentadas mais duas maneiras de jogar as runas. No primeiro método, você sorteia uma peça do saquinho ou da caixa e, dependendo do padrão da disposição escolhida, desenha a runa num papel ou num chão de terra, num lugar especialmente preparado. Coloque a runa de volta no saquinho ou na caixa e embaralhe as peças, dizendo em voz alta ou mentalmente: "Urdr, Verdandi e Skuld". Em seguida, sorteie outra runa e desenhe-a no lugar adequado. Continue até ter concluído o padrão. Teoricamente, esse método poderia resultar numa leitura com apenas uma runa, pois você pode sortear sempre a mesma peça!

O segundo método envolve o uso de um tipo arcaico de "dados" germânicos. Para usar essa técnica, o runomante precisa construir oito peças largas e achatadas o suficiente para que só possam cair voltadas para cima quando lançadas sobre uma superfície plana. Duas dessas peças, as do *aett*, serão assinaladas (por exemplo, com uma roda de seis raios) de um lado, uma peça deverá ficar em branco na parte de trás e a outra deverá ser marcada com dois símbolos da parte de trás, conforme mostra a Figura 19.15. O lançamento dessas runas resultará no número 1, 2 ou 3. Esses números serão o valor da runa no *aett*.

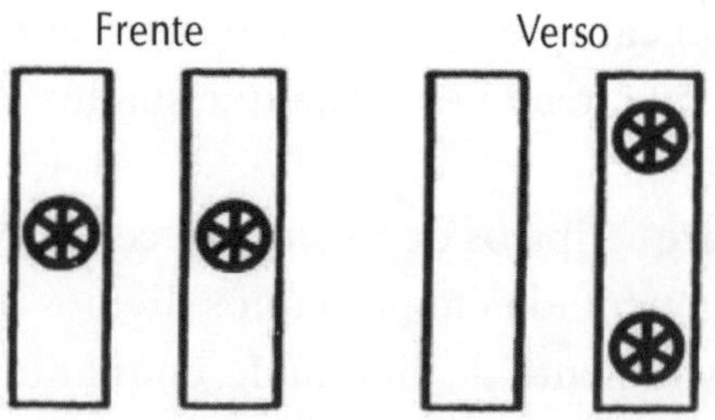

Figura 19.15. Peças do *aett*.

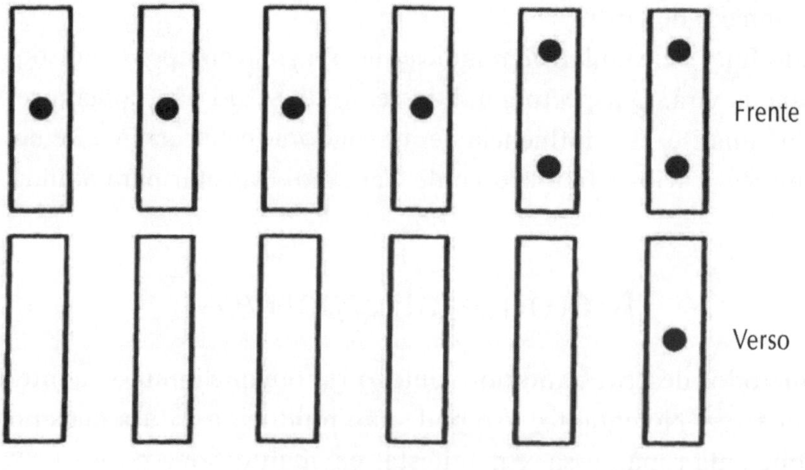

Figura 19.16. Peças do destino.

Um segundo conjunto de seis peças, as peças do destino, recebe outro tipo de marcação (por exemplo, um ponto ou um círculo). Quatro delas têm apenas uma marca de um dos lados; uma delas terá duas marcas num dos lados. O verso das outras cinco peças ficará em branco. A sexta peça levará duas marcas de um lado e uma no verso. (Veja a Figura 19.16.)

Cada lançamento resultará num número entre um e oito. Esse número vai determinar a peça ou runa dentro do *aett* já determinado. Esse sistema funciona no mesmo código binário das "runas secretas" (veja o Capítulo 7).

Primeiro, você lança as peças *aett* para obter um número de um a três, depois as runas do destino, para obter um número entre um e oito. A combinação resultante, por exemplo, 3:6, identifica uma runa específica na ordem do Futhark – nesse caso, *laguz*, a sexta runa do terceiro *aett*.

À medida que identifica as runas dessa maneira, anote a posição delas para que você possa interpretá-las de acordo com o tipo de leitura que está sendo feita. A mesma runa pode surgir várias vezes na mesma leitura. Runas que apareceriam de maneira "limitada" no padrão Futhark podem estar significativamente ausentes nesse tipo de leitura. Esses métodos de leitura permitem certa liberdade, que, de modo geral, não se encontra nos outros metodos descritos.

Respostas do tipo "sim" ou "não"

Provavelmente, o uso mais instintivo da técnica divinatória é o que resulta numa resposta do tipo "sim" ou "não", por exemplo, a brincadeira "bem me quer, mal me quer", com as pétalas de uma flor. As runas também podem fornecer essas respostas – e até um pouco mais.

Seguindo os procedimentos rituais costumeiros, lance as runas sobre a toalha no padrão *airt*/Yggdrasill. O único padrão que importa para essa leitura é o círculo externo (incluindo os campos verticais de Asgard-Hel-Svartalfheim-Ljossalfheim-Midgard).

Desconsidere as peças que caírem fora do círculo interno. Apenas aquelas totalmente dentro do "círculo dos conselheiros" devem ser interpretadas. Se a maioria delas estiver com a face para cima, a resposta será "sim"; se a maioria estiver com a face para baixo, a resposta será "não". A proporção entre runas "sim" e runas "não" mostra a "intensidade" do "sim" ou do "não".

Um número igual de respostas "sim" e de respostas "não" representa um impasse. (Nesse caso, tente fazer a mesma pergunta novamente no dia seguinte.)

Esse tipo de leitura também lhe dá algumas indicações do porquê da resposta. Peças invertidas podem informar os aspectos que você deve mudar para ter a chance de obter um "sim".

O elemento ritual desse tipo de leitura é muito importante. Como se trata de uma operação do tipo "certo ou errado", o runomante precisa estar em intensa "sintonia" com as runas para obter uma resposta significativa.

Parte Quatro

MAGIA RÚNICA

Capítulo 20

O MUNDO DAS RUNAS

Não é possível apresentar, neste livro, todos os níveis da cosmogonia e da cosmologia rúnica. Certas partes dessa tradição foram usadas na interpretação e na ilustração das propriedades de cada uma das runas e, antes de avançarmos para as teorias de magia rúnica, preciso explicar o cosmos em que esses mistérios se manifestam. Um nível mais avançado de runologia operativa é apresentado no livro *Alu: An Advanced Guide to Operative Runology* (Weiser, 2012).

Como vimos no Capítulo 10, a melhor fonte para o entendimento da cosmologia rúnica é encontrada nas *Eddas*, nas quais lemos que antes, no início dos tempos, havia Ginnungagap, que literalmente significa "vazio carregado de magia". Aqui, gostaríamos de nos concentrar nos aspectos mágicos práticos da cosmologia. O cosmos, ou estrutura da realidade, é o ponto inicial de todas as operações de magia. Temos que compreender os segredos da organização do mundo se quisermos alterá-lo de alguma forma.

A cosmologia esotérica dos nossos ancestrais parece ter sido dominada por duas forças opostas, chamadas "fogo" e "gelo". Mas um exame atento mostra que, originalmente, elas eram "fogo" e "água".

Também é importante perceber que: (1) na primeira fase da cosmogonia, não há um *Criador* pessoal; a cosmogonia é vista como um processo natural e orgânico; (2) o universo, em última análise, deriva de uma única fonte, Ginnungagap, que contém dois polos dentro de sua substância, dois extremos: o do fogo (energia expansiva) e o do gelo (matéria primordial/antimatéria). Esses opostos polares se atraem mutuamente, e a partir da sua (re)união formam-se a essência primordial e o padrão arquetípico de manifestação. A partir dessa estrutura, a multiplicidade de seres evolui. Além dessa primeira fase, existe, de fato, uma figura criadora, ou um reformador cósmico: Odin, o Pai de Todos. Esse deus, a primeira forma de consciência, reformou o estado caótico e desorganizado da existência num cosmos belo e racional. Essa recriação torna a magia possível a os seres humanos.

Os *Eddas* nos ensinam que, tão logo a existência se estabilizou, o multiverso passou a consistir de nove mundos, contidos na Árvore do Mundo, Yggdrasill, e por ela sustentados. Esses mundos contêm inúmeras moradas e habitações. No centro está Midgard, com os outros mundos dispostos ao redor, acima e abaixo dele. No norte está Niflheim; no leste, Jotunheim (mundo dos *Etins*); no sul, Muspelheim; no oeste, Vanaheim (mundo dos Vanir). No meio, acima de Midgard, está Ljossalfheim (mundos dos elfos claros) e acima deste está Asgard, a morada dos Aesir, que abriga muitas moradas. Abaixo de Midgard está Svartalfheim (mundo dos elfos negros ou mundo dos anões) e abaixo está Hel, o reino silencioso, imóvel e inerte dos mortos. Entre esses mundos, são encontradas as runas e suas vias – aqui uma grande runa jaz oculta. No trabalho prático, é fundamental ter em mente que esses mundos exercem efeito sobre Midgard, onde nosso trabalho prático se manifesta. Justamente por isso, temos de perceber que podemos influenciar o fluxo de poder que flui desses reinos para Midgard. O início desse processo se dá quando nos damos conta da existência e da natureza de cada um deles.

A manifestação da sequência das runas

A manifestação das runas e sua ordenação na sequência do Futhark estão associadas com os processos cosmogônicos e cosmológicos. As runas não têm um ponto de origem; são a substância da energia latente contida em Ginnungagap. As runas existem simultaneamente num estado indiferenciado em todo esse vazio – desafiando, portanto, a compreensão. Na divisão entre Muspelheim e Niflheim, as forças rúnicas são divididas em runas luminosas (NA *heidhrúnar*) e runas sombrias (NA *myrkrúnar*). Esses são aspectos polarizados de todo o corpo do poder rúnico expresso ao mesmo tempo. Essas forças rúnicas se atraem mutuamente, para que voltem a se juntar e a criar a semente cósmica da manifestação contida em Ymir. As runas luminosas e as sombrias são reassimiladas num padrão capaz de se manifestar. As forças rúnicas estão em ação em todos os processos cosmogônicos descritos anteriormente; no entanto, as runas como as conhecemos não se manifestaram, porque todo o processo, até o sacrifício de Ymir, ocorre num estado não manifestado. Quando Odin, Vili e Vé sacrificam Ymir (a forma seminal cristalizada do padrão rúnico coletivo), *organizam* essa "substância" rúnica de acordo com o padrão multiversal. Desse modo, "criam" os Nove Mundos e Yggdrasill. Esse ato primordial produz a ordem cósmica e a manifestação.

Nesse ponto, as runas estão ordenadas na sequência do Futhark, na forma linear, como a disposição original no centro do multiverso. Essa manifestação se dá de "dentro para fora", começando com as formas mais básicas da força cíclica (:ᛃ:) e da força vertical (:ᛇ:). A partir desse ponto, as outras runas se manifestam num padrão linear regido por uma lei esférica duodécupla. À medida que cada círculo subsequente se manifesta, um par de runas – conceitos esotéricos – é isolado dentro do "espaço". As leis da compatibilidade e da incompatibilidade determinam quais runas se cristalizam em cada círculo. Além disso, essas mesmas leis controlam qual desses dois conceitos estará associado a qual runa anteriormente manifestada na sequência. A sequência assim produzida é percebida pelo intelecto numa ordem regida pelo trajeto do sol, e, desse modo, as runas manifestam seus valores numéricos de 1 a 24. Esses valores numéricos também fazem parte das posições relativas inatas de um mistério em relação aos outros e desempenham papel determinante na sua ordenação.

Uma representação gráfica mostra a glória completa desse mistério na Figura 20.1.

Esses padrões, assim como aqueles que regem o alinhamento linear das runas, são caminhos férteis de meditação e revelarão muita sabedoria, além de proporcionar grande poder ao *vitki* que for capaz de desvendar seus enigmas.

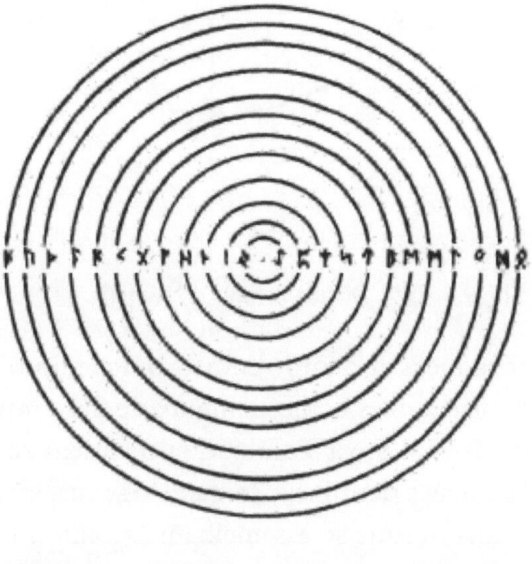

Figura 20.1. Diagrama do padrão Futhark de manifestação.

A Figura 20.1 representa apenas um entre vários padrões segundo os quais as runas estão dispostas ou divididas – cada mundo ou da "esfera de existência" possui a própria modalidade. Os *aettir* são regidos pelo padrão da "cruz" ou da "estrela" óctupla, segundo o qual os antigos nórdicos dividiam os céus (veja a Figura 20.2).

Essa exposição rudimentar e fragmentária da cosmologia rúnica é apenas uma breve alusão aos segredos e às magnificências a serem descobertos pelo *vitki* que persevera e descortina a sabedoria dos mundos.

Correntes

Muito trabalho tem sido feito pelos magos rúnicos germânicos em relação à entrada e à manipulação das correntes da força rúnica. Essas correntes podem ser classificadas de acordo com o universo do qual se originam: (1) correntes terrestres, que correm ao longo da superfície da Terra; (2) correntes celestes, que circulam na atmosfera; e (3) correntes ctonianas, que circulam na esfera subterrânea. Essas correntes, ou campos, interagem constantemente umas com as outras, causando mudanças e flutuações na intensidade e na forma da força encontrada em cada universo. Todas as runas existem em todos os campos; no entanto, seu poder é mais concentrado e intensificado naqueles mais compatíveis com a força que elas personificam. Por meio das práticas de *stadhagaldr* (posturas e gestos rúnicos) e da meditação, o *vitki* é capaz de trazer essas correntes cósmicas para sua esfera rúnica pessoal, onde serão integradas (para o aumento do poder pessoal) ou outra vez projetadas para causar mudanças de acordo com a vontade do *vitki*. A seção prática sobre *stadhagaldr* explica com mais detalhes como manipular essas correntes. A palavra "corrente" talvez seja um pouco equivocada. Na realidade, essas forças rúnicas podem ser *sentidas* como uma variedade de sensações dentro da psique. Algumas são, de fato, semelhantes a correntes ondulantes de poder; outras se assemelham às ondas, ou a redemoinhos, ou, ainda, à total imobilidade. Cada *vitki* deve explorar o "sentimento" de cada runa à sua própria maneira.

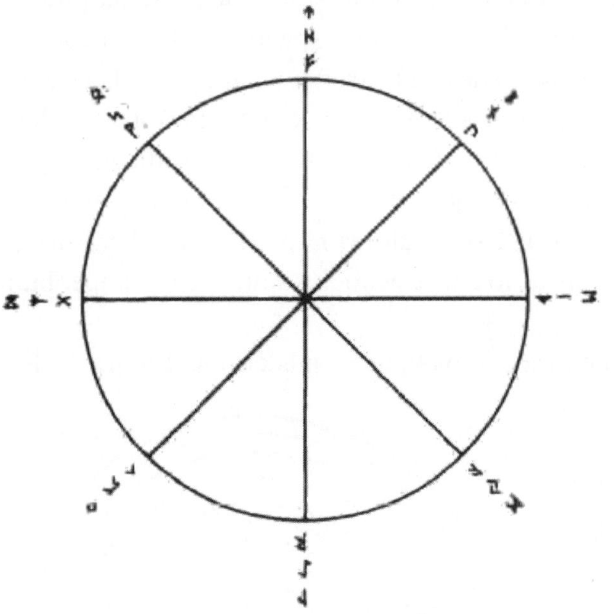

Figura 20.2. Divisão óctupla do Futhark.

Uma vez que o contato tenha sido feito, ele será inconfundível.

Os conceitos da alma e do poder pessoal

No Capítulo 12, explicamos os vários conceitos nórdicos antigos de alma. Certas qualidades da alma foram concedidas ao homem e à mulher primordiais (de modo coigual e simultâneo) pela trindade de deuses. Essa trindade, expressão tripla do deus geralmente conhecido como Odin, foi identificada anteriormente como Odin, Vili e Vé. Em outro relato, apresentado no "Völuspá", lemos:

Até que os Aesir,
poderosos e amorosos,
vieram da tribo
para a costa;
na terra encontraram
de pouca força
Askr e Embla
ainda sem destino.

Eles não tinham *önd,*
eles não tinham *ódhr,*
nem *lá* nem *laeti*
nem bom *litr*;

Odin deu *önd,*
Hoenir deu *ódhr,*
Lódhurr deu *lá*
e bom *litr.*

Os três últimos presentes indicam qualidades externas (*lá*, aparência; *laeti,* movimento; *litr*, saúde) muito importantes, mas não fundamentais aqui. *Önd* é o sopro da vida, o "espírito" que é a "centelha divina" na humanidade e a força que tudo permeia, penetra e vitaliza o multiverso. (Isso é muito semelhante ao conceito indiano do *prana* e está etimologicamente conectado ao vocábulo sânscrito *atman*: respiração, alma.) *Ódhr* é o poder da inspiração e do êxtase. O nome de Odin deriva do mesmo radical. Esse é o poder numinoso puro e irracional, faculdade mágica dos deuses e dos homens.

Com a entrada da força nórnica, surgem o tempo e as leis de causa e efeito (veja a runa P). Além disso, a infusão da estrutura e da consciência divinas propiciada por Heimdall/Odin (veja a runa M) proporciona outra força numinosa, a qual é transmitida através das gerações. Essa força aumenta ou diminui de acordo com a ação humana ao longo da vida da pessoa. Esses conceitos são expressos em toda a sequência rúnica. Com essas qualidades, o desenvolvimento e a concentração do poder mágico se tornam possíveis e até necessários.

Quatro entidades principais surgem dessa complexa interação de forças rúnicas e se concentram na humanidade: (1) *hugr,* (2) *hamr,* (3) *hamingja* e (4) *fylgja. Hugr* é a vontade consciente e o intelecto. *Hamr* é o aspecto pessoal da essência plástica formadora de imagens no cosmos. Esse é o universo das imagens, que atravessa os mundos e atua como matriz entre o mundo "espiritual" e o "físico". Um *hugr* poderoso é capaz de projetar e até aprimorar essa essência pessoal em outra posição de maneira quase "física". Relatos desse tipo são comuns nas sagas nórdicas. A maioria dos leitores, sem dúvida, se lembrará de fenômenos como a projeção astral e a bilocação. A entidade complexa que confere esse poder é conhecida como *hamingja*, termo que significa "força que muda a forma", "sorte", "poder" e, em algumas ocasiões, "espírito guardião". A *hamingja* pode ser transferida de uma pessoa para outra, de uma pessoa para um objeto ou apenas projetada no espaço, como já indicado. Essa força pode ser continuamente aumentada por meio da ação mágica ritualizada e por atos de honra. *Fylgja* é o depósito dessa ação, simbolizada por uma figura feminina, um animal (específico da natureza interna da pessoa) ou uma forma em meia-lua que paira diante da pessoa. *Fylgja* (*fetch*) interage, com frequência, com todos os níveis da personalidade, outorgando o *ørlög* ou "destino" da pessoa, de acordo com as ações passadas. Tanto *hamingja* quanto *fylgja* podem ser transmitidas de uma geração para a outra como um tipo de "reencarnação". O emprego dessas qualidades e entidades nos efeitos mágicos será elucidado em algumas das seções sobre o trabalho prático.

Teorias básicas de magia rúnica

As forças usadas na magia e no ritual podem ser divididas, *grosso modo*, em duas categorias: a dinamística e a animística. As forças dinamísticas são mais mecânicas, sem grande grau do que chamaríamos de consciência ou vontade, a não ser suas funções singulares (ou complexas). É dentro dessa categoria que podemos colocar as runas, bem como o multiverso, de modo geral. No entanto, elas encerram certo grau de "animismo", como mostrará a investigação pessoal. As forças rúnicas primordiais também estão na origem de toda a existência, como mostrado na seção sobre cosmogonia. Todos os seres rúnicos primordiais, deuses (os Aesir e os Vanir), os elfos, os anões e os gigantes (*thurses* e *etins*) pertencem à categoria animística. Os deuses são arquétipos, ou modelos exemplares da consciência, percebidos como imagens primordiais animadas. Essas forças derivam, sobretudo, da natureza dinamística do universo – assim como a humanidade que ajudam a formar.

Sem dúvida, esses modelos exemplares também são bastante úteis na magia, quer como fatores de consciência internos, quer como símbolos ou veículos para o poder conscientemente dirigido em ritos invocatórios. Esse último tipo de rito é pouco comum na magia rúnica usual, pertencendo mais à expressão religiosa e à mágica de ásatrú. No antigo multiverso nórdico, essas duas categorias estavam estreitamente interligadas. O que se segue é um modelo simplificado para facilitar o entendimento dos processos rúnicos em funcionamento na magia prática.

As correntes rúnicas estão presentes no multiverso e têm suas estruturas representativas na esfera pessoal na *hamingja* do *vitki*. Isso é semelhante a um modelo macrocósmico-microcósmico, exceto que não existe limite definido entre os dois. As "runas pessoais" e as "runas do mundo" estão sintetizadas de modo consciente no ato mágico/religioso, de acordo com padrões deliberados ou instintivos. Essa é a essência dos conceitos em nórdico antigo de *heill* (sagrado; totalidade) e *heill hugr* (mente completa), estado elevado de consciência. As runas atuam como chaves de acesso para essas correntes na humanidade e nos universos multiversais causais. Como *símbolos*, as runas (com sua natureza tripla) *são* as forças que essas correntes "representam". Mediante a ação ritual deliberada, o *vitki* é capaz de manipular (por meio da combinação, da intensificação, da concentração, da direção etc.) as forças rúnicas nos reinos dos Nove Mundos. Pelas leis de *perthro,* essas ações se manifestam à medida que as correntes rúnicas alteradas reagem e reverberam no mundo, em conformidade com a vontade do *vitki*. A eficiência do trabalho do *vitki* é diretamente proporcional à intensidade e à qualidade da impressão que ele é capaz de aplicar aos mundos imagéticos adjacentes a Midgard. Os antigos sabiam que todas as "coisas" estavam preenchidas por forças rúnicas – todas as coisas "tinham suas runas". A sabedoria rúnica envolve o acesso a essas modalidades que penetram e vivificam os mundos, bem como o conhecimento delas.

Embora este livro não contenha uma magia invocatória de natureza especificamente "religiosa", ainda assim é importante compreender as formas divinas abrigadas nas esferas rúnicas. Esses deuses e deusas são arquétipos sagrados e modalidades de consciência preexistentes à autoconsciência da humanidade, mas intensificados pela ação humana. Essas imagens são culturalmente distintas dos modelos exemplares. São, em diversos graus, autoconscientes. Por exemplo, os gigantes de gelo, na prática, não têm nenhuma consciência e são quase puramente mecânicos, enquanto o deus Odin é tão complexo "na estrutura" quanto o ser humano mais complicado. Essas criaturas ocupam vários mundos, cada um de acordo com sua espécie. No entanto, não há limites bem definidos entre a maioria desses reinos.

Para fins práticos e referência futura, vale a pena examinar a estrutura das relações divinas nos mundos dos deuses (Aesir e Vanir). As formas divinas rúnicas podem ser compreendidas em uma matriz tripla, acrescida de uma quarta categoria. Em grande medida, esse paradigma divino se reflete na estrutura social dos antigos povos germânicos (e indo-europeus). Os mistérios da runa M explicam esse fenômeno.

A "sociedade divina" baseia-se em um sistema tripartido. Os três níveis, ou funções, desse sistema são (1) soberania, (2) força e (3) produção. A primeira e a terceira funções possuem estrutura dupla. O primeiro nível contém tanto os aspectos judiciais quanto os mágicos da "monarquia", enquanto a terceira função envolve os gêmeos divinos e o irmão e a irmã sagrados. Os principais deuses e deusas do panteão germânico estão dispostos de acordo com o seguinte padrão:

1) O Juiz-Rei (Tyr) ou o Sacerdote-Mago (Odin)
2) O Guerreiro (Thor, no aspecto mais velho)
3) Os Provedores (Freyja e Freyr, ou Alcis)

Um breve estudo sobre essas divindades mostrará a complexidade que é possível existir dentro desse paradigma. Na teologia nórdica, Odin possui aspectos nos três níveis, de acordo com sua natureza xamânica de percorrer todos os mundos. Tyr é considerado um deus da guerra porque os antigos consideravam a guerra um tipo de julgamento, de acordo com a ação passada e a quantidade de honra/sorte (*hamingja*) reunida por essa ação. Thor é o guerreiro dos deuses. Por estar em oposição a Odin e Tyr, efetivamente trava as batalhas. Mas ele também é importante para os agricultores, porque, por meio do seu poder atmosférico, abre as nuvens à força e produz a chuva fecunda. Freyja é, de certo modo, semelhante a Odin, porque tem aspectos nos três níveis: é a deusa da fertilidade e ensina as artes mágicas de *seidhr* a Odin, e metade dos guerreiros mortos em combate vão para ela na esfera de Fólkvangr. (A outra metade vai para Odin em Valhöll, ou Valhalla, "o palácio dos guerreiros mortos em combate".)

A quarta esfera é a das forças dinamísticas "deificadas" ou fenômenos naturais dentro das ciências de culto (pertencentes à função mágica). Estas incluiriam o Sol (Sunna; Sól), a Lua (Máni) e o fogo, que está personificado nas runas *kenaz, naudhiz* e *dagaz,* bem como em outros "elementos" e forças.

No trabalho ritual, esse sistema classificatório mostra a eficiência dessas divindades em vários tipos de operação. Os deuses e as deusas que pertencem ao terceiro nível são de grande auxílio nos ritos voltados para a fertilidade, a arte, a habilidade manual, a riqueza e o erotismo, enquanto os da segunda função determinam as operações relacionadas à proteção, à defesa, à liberação e às maldições. O primeiro nível é um tanto superabrangente, mas o aspecto Tyr é mais valioso nos ritos de lei e ordem, justiça e sucesso ou vitória. O aspecto Odin é o mais abrangente, sendo especialmente poderoso nos ritos que se destinam a alcançar a sabedoria, o conhecimento numinoso e o poder pessoal, e ainda nos ritos que visam refrear ou restringir inimigos.

Odin tem importante lição a ensinar a todos os aspirantes a *vitkar*. Assim como Odin, o *vitki* deve pesquisar, sem descanso, *todos* os mundos, buscando poder e sabedoria, sempre disposto a sacrificar a si mesmo e constantemente compartilhando esse poder e sabedoria com pessoas afins. Para o verdadeiro odinista, nenhum caminho ou porta no multiverso está bloqueado ou fechado.

Capítulo 21

FUNDAMENTOS DA MAGIA RÚNICA

Por meio de uma combinação das runas com a vontade e a capacidade pessoal do *vitki*, tudo é possível; mas, a fim de alcançar esse poder, o *vitki* precisa desenvolver as habilidades básicas de todo trabalho ritual: concentração, visualização, controle da respiração e da postura, e a arte do encantamento. Muitas dessas habilidades podem ser desenvolvidas de modo desordenado no decorrer do trabalho prático. Os insucessos causados por esse método muitas vezes desencorajam os aspirantes a *vitkar*. A melhor linha de ação é aquela na qual é dedicado algum tempo a exercícios destinados a desenvolver as habilidades básicas necessárias ao desempenho bem-sucedido da *rúnagaldr* (encantamento rúnico). Muitos pesquisadores perceberam que o poder rúnico, com frequência, demora a se desenvolver nas pessoas (isso pode ser causado pelos séculos de difundida negligência), mas que, quando a força se manifesta na vida do *vitki*, seu poder é onipresente, sua resistência é inabalável, e o estímulo que ela produz é esmagador. Na verdade, pode-se atribuir isso à sua natureza inata ou endêmica. Um *vitki* paciente e persistente será bem recompensado!

Exercícios preliminares

Este livro não se propõe a apresentar os conceitos básicos necessários a *todas* as formas de magia, mas os exercícios simples que se seguem podem oferecer algumas dicas importantes sobre a natureza do programa de desenvolvimento que cada *vitki* deve projetar para si mesmo. Aqueles que já têm experiência considerável nas artes mágicas podem pular esse estágio e iniciar um programa de experiência prática, se esse for seu desejo. É preciso ter sempre em mente que essas habilidades básicas devem ser aprimoradas e praticadas *todos os dias*, porque maior intensidade da vontade e da concentração aliada a visualizações mais vívidas expandirá o sucesso dos efeitos mágicos executados pelo runomante.

1. Consulte os comentários rúnicos e encontre uma runa pela qual se sinta particularmente atraído. Faça um cartão de meditação com uma cartolina branca, com cerca de 8 por 13 centímetros. No cartão, pinte a runa escolhida em vermelho brilhante (tinta esmalte é uma boa opção). Sente-se em posição confortável, com o cartão diante de você, no nível dos olhos. Respire em ritmo cadenciado e mantenha-no durante todo o exercício. Concentre-se por alguns minutos na forma da runa enquanto entoa três vezes, mentalmente, o nome dela. Faça uma pausa e depois volte a entoar mentalmente o nome da runa mais três vezes, prosseguindo nesse ritmo até o fim do exercício. Mantenha sob controle, durante vários minutos, todos os elementos de concentração na forma, no som, na respiração e na postura e depois feche os olhos e imagine a forma no seu *hugauga* – o seu "olho da mente". Continue até conseguir executar suavemente a prática durante dez minutos.
2. Basicamente, repita o processo do Exercício 1, só que, dessa vez, cantando o nome (e o *galdr* básico, se desejar) em voz alta enquanto mantém um padrão respiratório de inspirar durante dez segundos – prender a respiração por dois segundos –, expirar durante dez segundos (enquanto canta o nome ou uma linha do *galdr*) – e prender a respiração por dois segundos. Nesse ponto, comece a experimentar as outras posturas simples, tanto em pé quanto sentado. Mantenha sempre a postura em estado concentrado, mas *não faça nenhum esforço.* Concentre-se mais uma vez no cartão durante alguns minutos e depois feche os olhos e imagine a forma da runa reluzindo com intensa energia. Uma vez que você consiga manter esse complexo de ação em forma concentrada durante dez minutos, poderá avançar mais.
3. Execute este exercício na *stadha* (postura) da runa I com as mãos sobre a cabeça. Estabeleça um ritmo respiratório dez-dois-dez-dois (ou um semelhante que seja confortável) enquanto permanece voltado para o norte. Com os olhos abertos ou

fechados, visualize primeiro a runa F em vermelho brilhante enquanto entoa o nome dela, em voz alta, três vezes. Gire devagar com o sol num círculo, visualizando e vibrando a forma e o nome de cada uma das runas, enquanto mantém a *stadha* e o ritmo respiratório. Uma vez que o aspirante a *vitki* seja capaz de executar esse exercício de maneira quase instintiva, com nenhuma ou poucas interrupções na concentração, o trabalho rúnico poderá ser empreendido com segurança.

Além de um programa diário de exercícios desse tipo, o *vitki* deve projetar um curso de desenvolvimento intelectual e físico de acordo com sua vontade e suas intenções. O estudo sério da mitologia e da religião nórdicas e da ciência da runologia, bem como da linguagem do nórdico antigo, aprimorará muito a compreensão dos processos da magia rúnica. Em razão da visão sincrética e "panteísta" do multiverso contida no sistema rúnico, um corpo forte e saudável se refletirá em habilidades mágicas mais poderosas. O verdadeiro *vitki* rúnico é uma força impressionante em todos os níveis de realidade!

Para qualquer pessoa interessada numa iniciação mais profunda nos mistérios das runas, com base em extenso currículo, consulte *The Nine Doors of Midgard* (The Rune-Gild, 2016, 5ª edição). Se quiser alçar seu estudo rúnico ao próximo nível, leia esse livro e também *Alu: An Advanced Guide to Operative Runology* (Weiser, 2012).

Nesse primeiro nível do trabalho rúnico, estudamos e internalizamos cada uma das runas como signos únicos e distintos, que podem ser combinadas em fórmulas. Num trabalho mais avançado, as runas são usadas dentro de fórmulas linguísticas, muitas vezes nos idiomas (islandês, inglês antigo) mais adequados aos sistemas rúnicos específicos, o Futhark Novo e o futhorc do inglês antigo. Assim como trabalhos cabalísticos em hebraico nos níveis avançados, os trabalhos rúnicos nesses idiomas são esperados. Como descrito em *Alu*, o inglês moderno pode ser usado (com cuidado) em conjunto com runas em inglês antigo para permitir uma comunicação direta com o mundo, em níveis mais avançados. Mas começamos com o Futhark – aprendendo o abecê do mundo.

Instrumentos mágicos

As seções precedentes trataram dos "instrumentos internos" da magia rúnica e de seu desenvolvimento, mas as páginas que se seguem tratam dos "instrumentos externos" que simbolizam forças internas. São os tradicionais instrumentos e técnicas da *rúnagaldr*, que ajudam na manipulação das correntes rúnicas.

Indumentária

Na prática da magia rúnica, as vestes cerimoniais, embora importantes, não desempenham papel central no simbolismo do culto. A indumentária mágica do *vitki* corresponde, em linhas gerais, aos trajes do cotidiano de um nórdico do início da era medieval, com características simbólicas especiais. A principal vantagem das vestes litúrgicas é o efeito mágico de se diferenciar da vida cotidiana do que o simples ato de vestir e usar essas peças de vestuário. Um conjunto ideal de vestimenta ritual para o *vitki* rúnico inclui um manto ou vestido azul-escuro ou preto como a peça mais externa. Também é importante vestir calças vermelhas; esse era um sinal especial do *vitki* nos tempos antigos. Sapatos de couro preto ou de cor natural podem ser usados, mas, em muitos ritos, especialmente naqueles realizados ao ar livre, o *vitki* deve estar descalço. Uma túnica do tipo pulôver branca, azul ou vermelha deve ser vestida por baixo do manto. Essa túnica deve ser bem solta e estar cingida por um cinto de couro ou de camurça. Uma bainha para a faca pode ser presa ao cinto, que pode ter uma algibeira que conterá os vários outros instrumentos mágicos. As próprias runas podem estar representadas em dois lugares no traje do *vitki*. As runas podem ser bordadas em tom vermelho-claro, numa faixa branca para a cabeça. O *vitki* pode usar um medalhão rúnico (bracteata), no qual a sequência do Futhark e de outros símbolos mágicos estejam gravados, o que representa uma ajuda poderosa nos rituais rúnicos. O medalhão deve ser de bronze, ouro ou prata e ser projetado, criado e consagrado de acordo com o nível de habilidade e conhecimento do *vitki*. Uma ilustração extremamente básica, para fins práticos, é apresentada na Figura 21.1.

Figura 21.1. Medalhão rúnico.

Em geral, o *vitkar* dos gêneros masculino e feminino vestem-se de maneira muito semelhante; no entanto, a mulher, em geral, deixa as pernas à mostra ou usa uma saia longa vermelha. A nudez ritual também é praticada, de acordo com a natureza e o objetivo do rito que estiver sendo executado. Nisso, assim como em todas as questões mágicas, o *vitki* deve deixar que a intuição seja o principal guia.

A varinha (*gandr*)

A varinha mágica é conhecida por muitos nomes na linguagem técnica da magia nórdica; entretanto, *gandr* é o mais genérico e expressa a poderosa natureza desse objeto talismânico. A *gandr* pode ser feita com vários tipos de madeira. Em todos os casos, ela deve ser cortada, confeccionada e consagrada de acordo com as fórmulas cerimoniais apresentadas mais adiante para os *tines* rúnicos. O diâmetro da varinha não deve ser menor que o comprimento do dedo indicador nem maior que o do anel formado quando encostamos a ponta do indicador na do polegar. Ela pode ter apenas o comprimento da mão ou ser mais longa, com extensão equivalente à distância entre as pontas dos dedos e o cotovelo. A *gandr* é obtusa ou arredondada na extremidade posterior, enquanto a parte da frente pode ser relativamente pontiaguda ou moderadamente arredondada. O *vitki* pode gravar as 24 runas do Futhark Antigo na varinha, distribuídas nas três fileiras de *aettir* – ou, de acordo com seu conhecimento, uma fórmula mais exclusiva, e talvez magicamente mais poderosa, pode ser idealizada para esse fim. Um exemplo é apresentado na Figura 21.2. Observe que o total de runas é 24, representando por magia todo o Futhark. A fórmula *ek vitki* é uma poderosa declaração mágica que proclama o poder do *vitki* e carrega o objeto com sua força. O valor numérico dessa parte da fórmula é 78, ou 6 × 13 (veja o Capítulo 11, que contêm a seção sobre o simbolismo numérico). As oito runas A invocam o poder de Odin nos oito cantos do céu.

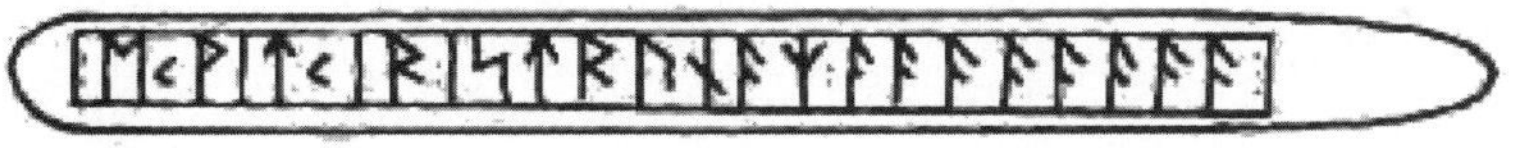

Figura 21.2 Varinha rúnica com a inscrição: *ek vitki rist rúnar aaaaaaaa* (*Eu, o Mago, entalhei as runas aaaaaaaa*).

A faca (*sax*)

A faca do *vitki* é usada com frequência para entalhar runas, mas também é empregada para cortar e preparar a madeira para fins talismânicos, ou ainda em ritos de defesa e invocação das forças rúnicas. O punho da faca deve ser feito de madeira ou de osso; a lâmina deve ser do tipo *sax*, como ilustrado na Figura 21.3. Seu comprimento total é de aproximadamente

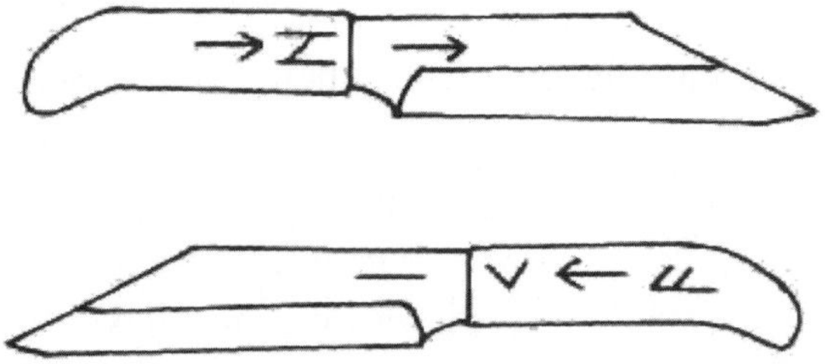

Figura 21.3. Faca rúnica do tipo *sax.*

23 centímetros, e a lâmina tem 13 centímetros de comprimento e em torno de 2,5 centímetros de largura. O nome do *vitki*, transliterado para as runas (veja o Apêndice IV), pode ser gravado no punho. Ou, então, uma fórmula mais complexa pode ser concebida para expressar a vontade criativa e modeladora do runomante.

A ilustração mostra uma fórmula desse tipo. Ela consiste de três runas T, que transmitem força ordenadora e bem-sucedida ao instrumento, bem como uma série de runas que expressam ideograficamente a natureza da faca. (ᛁ = ego concentrado; ᚲ = habilidade ou criatividade controlada; ᚺ = padrão cósmico que ela foi concebida para expressar; ᚨ = invocação da força odínica.) O total numérico dessas sete runas é 81, que é 9 × 9 – força criativa intensificada no multiverso. (Veja a seção sobre simbolismo numérico.)

A talhadeira

Muitas vezes, uma talhadeira é usada para gravar runas nos mais diferentes tipos de superfícies. O *ristir* deve ser bem pontiagudo e afiado. Não raro, é a ferramenta mais prática para o entalhe das runas. Mais uma vez, pode exibir o nome do *vitki* ou uma fórmula mágica que expresse o propósito do *ristir.* Um modelo disso é mostrado na Figura 21.4. A inscrição *lathu futh:* "Eu (que significa tanto o *vitki* quanto o *ristir*) invoco, ou carrego, o *futh*". A fórmula final de três runas são as três primeiras runas da sequência e representa todo o Futhark. Essa fórmula pode ser chamada de "o útero das runas" (a palavra *fudh,* em nórdico antigo, significa vulva e vagina). A análise numérica é 36, ou 4 × 9 (veja a seção sobre o simbolismo numérico).

Figura 21.4 Uma talhadeira de runas (ristir).

Utensílios para colorir

As runas sempre foram coloridas com pigmentos vermelhos ou sangue. O significado mágico disso é óbvio. Para os antigos povos germânicos, os conceitos mágicos "tornar vermelho" e "dotar de poder mágico" eram sinônimos. Tanto a *Zauber* (magia) alemã quanto o *taufr* (magia talismânica, talismã) do nórdico antigo descendem desse conceito. Na tecnologia técnica da magia rúnica antiga, a palavra protogermânica *fahido* e a forma do nórdico antigo *fá* significam, *ipsis litteris,* "eu estou colorindo" e "colorir", respectivamente. Mas esses termos vieram a significar "confeccionar runas" em geral, descrevendo todo o processo de entalhar, colorir e consagrar as runas.

Os pigmentos usados pelos antigos *vitkar* eram o ocre vermelho, o mínio (zarcão) e a ruiva-dos-tintureiros ou garança. O mínio veio mais tarde, mas o ocre era conhecido desde os tempos neolíticos. A ruiva-dos-tintureiros é obtida a partir da raiz da planta de mesmo nome (*rubia tincturia*). Sua forma (em inglês, *madder*) em nórdico antigo é *madhra*, e o poder mágico da planta é, sem dúvida, aumentado pela associação mágico-afetiva dessa palavra com *madhr*, a palavra para "homem" em nórdico antigo (:ᛗ:). Todos esses pigmentos estão disponíveis, em alguma forma, nas lojas de materiais artísticos. Devem ser triturados com óleo de linhaça, ou com uma mistura de resina, de maneira ritual, logo antes do início do rito rúnico. A linhaça, como se sabe, é extraída da semente do linho, o qual é extremamente importante na magia rúnica. Seu antigo nome, *Lina*, aparece com frequência nos talismãs rúnicos para a fertilidade, o crescimento e o bem-estar. Durante o processo de trituração, o Futhark ou as runas que serão usados no rito devem ser entoados, impregnando a tintura com a energia potencial dessas runas. Todos esses pigmentos são substitutos simbólicos do poder mágico inato encerrado no sangue, seja no humano ou no de um animal sacrificado em cerimônia ritualística. Se o sangue for usado, não é necessário fazer nenhuma "carga prévia". No entanto, como as runas de sangue, os mistérios sanguíneos, fazem parte da expressão religiosa, muitos *vitkar* não se envolverão com elas. Todos os rituais deste livro podem, com certeza, ser executados de modo veemente com o emprego dessas veneráveis tinturas!

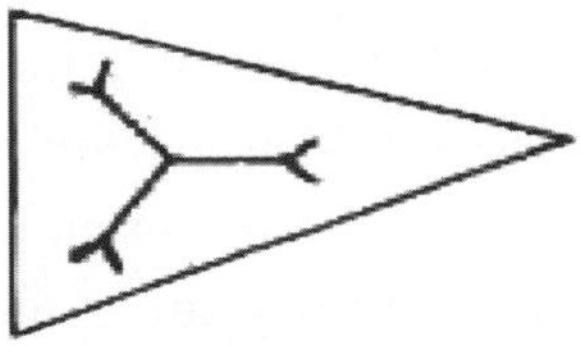

Figura 21.5.
Ferramenta rúnica de colorir (corante) que ostenta uma poderosa runa combinada.

Uma ferramenta especial deve ser confeccionada para incrustar os pigmentos nas runas entalhadas. Essa ferramenta pode ser feita com uma lâmina de compensado cortada na forma de um triângulo isósceles, no qual são esculpidas as runas adequadas. A Figura 21.5 mostra um *galdrastafr* formado por quatro runas K, três na forma : ᚲ : e o conector na forma alternativa : ᛣ :. Ideograficamente, essa é uma intensificação da força *kenaz*. O simbolismo numérico também é muito poderoso: 4 × 6, ou 24 (intensificação mágica de *kenaz* no contexto do Futhark como um todo).

Outros instrumentos mágicos

Vários ritos requerem outros instrumentos, e, embora os secundários sejam introduzidos nas seções pertinentes, alguns merecem ser mencionados aqui.

O *vitki* deve possuir um chifre de beber ou taça no qual o hidromel é ingerido com frequência. O chifre pode ser natural, preparado de forma adequada, ou um recipiente em formato de chifre, feito de metal precioso; a taça pode ser feita de madeira, louça de barro, ouro ou prata.

De qualquer modo, as runas ᛟᛞᚱᚨᚱᛁᛉ devem ser ritualmente gravadas nele, do mesmo modo que se faz com um talismã. Essas runas são transcritas como *Ódhroerir* e significam "que estimula a inspiração". Esse é o nome do hidromel da inspiração e do recipiente no qual ele está armazenado (veja as runas A e G). O simbolismo numérico e o ideográfico dessa fórmula são poderosos. A contagem das runas é 7, e seu total é 87, 3 × 29 (veja a seção sobre o simbolismo numérico).

Um braseiro, ou pote de fogo (NA *glódhker*), também pode ser necessário em alguns ritos. Ele pode ser feito de metal ou de louça de barro. O fogo representa o poder acelerador de Muspelheim. Além disso, dois pedaços de pano – um preto e um branco, de preferência ambos de linho – devem estar à mão. Uma tira de couro, simbolizando a força refreadora e aglutinante do multiverso, é geralmente usada. O equipamento do *vitki* rúnico é caracterizado pela mobilidade. Todos os instrumentos principais necessários à execução de um ato de trabalho rúnico devem ser muito bem escondidos, de modo que ninguém note a presença deles.

Espaço mágico

A magia rúnica pode ser praticada num recinto fechado ou ao ar livre, mas, por razões atmosféricas, bem como para promover o contato direto com o pleno poder das correntes rúnicas, é preferível que seja ao ar livre. O ideal seria que o *vitki* executasse esses ritos sagrados num bosque intocado de carvalhos, freixos ou teixos, situado na parte mais alta de uma colina. No entanto, qualquer local isolado numa área arborizada é adequado. O espaço de trabalho efetivo é concebido como uma esfera, de modo que um espaço circular deve ser desobstruído e ritualmente reservado da maneira descrita no "ritual de abertura", na página 332. Aqui estamos interessados nos símbolos que serão incluídos no espaço mágico. A simbologia pode conter a complexidade ou a simplicidade que o *vitki* desejar; não há nenhum dogma nessa questão. De modo geral, quando o trabalho é feito num espaço fechado, o simbolismo tende a ser mais complexo, e esperamos encontrar um altar, que pode ser circular ou retangular, no setor norte ou leste do espaço ou até no centro.

Nesse ponto, é preciso acrescentar uma observação sobre a orientação mágica germânica. Desde as épocas mais remotas, a orientação era para o leste (como demonstram as evidências linguísticas) ou para o norte (como demonstram as evidências arqueológicas). A palavra inglesa *evening* [anoitecer] deriva de um radical protogermânico *aftan-*, que significava "para trás"; isso indica, portanto, que o observador ficava voltado para o leste na hora do crepúsculo. Há um grande corpo de tradição que defende a orientação setentrional. Os missionários cristãos tiveram problemas ao obrigar pagãos germânicos "convertidos" a rezar voltados para o leste em vez de seguir seu costume pagão de rezar voltados para o norte. Os *hof*, ou templos, islandeses estavam alinhados num eixo norte-sul, e até os corredores do período mais antigo dos montes mortuários estavam voltados para o norte. É provável que essas duas direções fossem consideradas poderosas, e que cada uma delas fosse usada dependendo do tipo de ritual envolvido – na direção leste para questões que diziam respeito à terra e na direção norte para questões que tratavam dos "outros mundos". O *vitkar* rúnico mais moderno prefere o norte pela mesma razão que os missionários o odiavam.

Figura 21.6. Típico círculo ou anel mágico rúnico.

O altar propriamente dito conterá todos os objetos necessários ao rito e funcionará como a "bancada de trabalho" sobre a qual os *tines* rúnicos serão entalhados. Num ritual executado ao ar livre, uma rocha ou toco de árvore será bastante apropriado, mas um altar portátil também pode ser construído para esses casos.

Quanto ao círculo que define simbolicamente o espaço sagrado, ele pode ser simples, como um círculo traçado no chão com a varinha, ou complexo, como um glifo de um *vé* traçado no chão com giz ou outro material. O círculo mágico deve indicar as oito divisões do céu, que são representações simbólicas dos outros oito mundos da cosmologia nórdica, e as runas devem estar representadas no anel mais externo, como mostra a Figura 21.6. Outras figuras ou nomes podem ser adicionados conforme o *vitki* julgar conveniente.

Tempo mágico

O período dos ritos rúnicos também é muito importante e, embora complexo, não é tão rígido ou complicado quanto o das tradições mais influenciadas pela astrologia zodiacal. A explicação completa desses fatores exigiria estudo independente e de magnitude significativa, o que complicaria desnecessariamente o presente trabalho. Os critérios mais importantes considerados pelo *vitki* rúnico são: (1) a estação do ano, (2) a fase da lua e (3) a posição solar (período do dia). As ocasiões mais auspiciosas são o amanhecer, o meio-dia e a meia-noite. O quarto crescente é desejável para o aumento do poder, mas para a constrição da força é usado o quarto decrescente. A melhor época para *qualquer* atividade são as noites de lua nova ou aquelas que a precedem, ou as noites de lua cheia ou aquelas que a antecedem. Uma vez mais, a intuição é o guia mais poderoso nessas questões. É importante assinalar que o tempo e o espaço são considerados aspectos um do outro, e ambos são medidos pela *mjötvidhr* (a árvore de medição [Yggdrasill]).

Sinalização e envio de runas

A prática de fazer gestos rúnicos ou sinais era bastante conhecida nos tempos antigos. Os *godhar* ou sacerdotes nórdicos faziam o "sinal do martelo" (NA *hamarsmark*), ⊥ ou 卐, sobre as taças, antes de beber. O rito de indicar pessoas e objetos com sinais sagrados foi estabelecido bem antes do advento do cristianismo, e, na realidade, os cristãos adotaram essa prática das tribos indo-europeias porque não conseguiram erradicá-la.

Uma runa pode ser traçada ou delineada no ar diante do *vitki* com a palma da mão direita, com o dedo indicador direito, com o polegar direito ou com a varinha rúnica. Algumas das runas podem ser sinalizadas com ambas as mãos, num gesto suave e estético.

A visualização é um aspecto importante desses *signingar.* O *vitki* deve, efetivamente, enviar, ou projetar, a imagem da runa a partir de uma esfera de luminosidade no centro do corpo, ao longo de um raio de luz vermelha, até o ponto no qual a runa está destinada a aparecer.

Uma vez que o raio tenha alcançado essa distância, o *vitki* traça a forma da runa a partir da substância da luz. A cor da luz pode ser vermelha ou de outra tonalidade simbólica (por exemplo, a cor atribuída à runa, no Apêndice III).

Um ritmo respiratório especial deve ser observado durante a prática. Inspire enquanto levanta o braço e concentre-se na entrada de *önd.* Ao expirar, envie e sinalize a runa ao mesmo tempo que canta o nome e/ou o *galdr* dela, quer mentalmente, quer em voz alta.

Quando as runas são invocadas diante do *vitki*, a força pode ser reabsorvida pela esfera pessoal do runomante, impregnada num objeto como ato de carregamento ou "mudança", ou pode ser *enviada* para fazer um trabalho em outro lugar. Esse tipo de trabalho ritual será examinado mais a fundo em sua própria seção, mais adiante. Ele está sendo introduzido aqui como espécie de exercício, uma vez que é uma boa prática usar esse procedimento no trabalho diário e porque ele é encontrado no ritual do carregamento talismânico. Essa é uma das técnicas mais poderosas disponíveis para o *vitki*, mas deve ser praticada e dominada com concentração e visualização muito potentes para ser completamente eficaz.

Rituais de proteção

O *vitki* deve conceber um ritual que sirva para banir todas as forças prejudiciais ao trabalho que ele tem por fazer e para impedir o retorno delas. Essas forças não são "maléficas"; são apenas desvantajosas à operação. Há três boas fórmulas para um ritual desse tipo. O rito do martelo (*Hamarssetning*) é o mais forte e confere a máxima proteção e isolamento; o rito *Hagalaz* proporciona a mais poderosa atmosfera e potenciais mágicos; e o rito *Elhaz* representa um ponto de equilíbrio entre os dois anteriores. A fórmula resumida a seguir apresenta o rito do martelo; para executar os outros dois ritos substitua apenas a palavra por *hagalaz* ou *elhaz* (alce) e sinalize a runa correspondente nos lugares apropriados. Um rito desse tipo pode ser praticado todos os dias e deve ser usado com um ritual de abertura para iniciar todo trabalho cerimonial.

O ideal é ter um local permanente (NA *vé*) para o trabalho interior (espiritual) que seja sacrossanto e não tenha que ser "reconsagrado" cada vez que você fizer um ritual.

O rito do martelo

Este exemplo está escrito numa orientação para o norte, e é claro que mudanças apropriadas de curso devem ser realizadas na ordem dos *galdrar,* nos ritos orientados para o leste.

1. Fique de frente para a Estrela do Norte.

2. Comece pelo *fehu* no sinal do norte e envie as runas do Futhark num anel ao seu redor, no nível do plexo solar, até o extremo do círculo traçado no terreno ou no chão, sempre "com o Sol" no sentido horário. As runas devem formar uma faixa completa, terminando com *othala* ao lado de *fehu,* no norte.

3. Fique em pé na *stadha* da cruz e visualize uma cruz equilátera na horizontal, no plano do anel rúnico do seu plexo solar, com esse ponto sendo o centro da cruz. Os braços dessa cruz devem terminar nos pontos onde eles se cruzam com a faixa rúnica. Imagine uma esfera circundante de luz azul cintilante com a faixa de runas vermelhas como equador.

   Visualize, então, o eixo vertical passando pelo seu corpo, no sentido do comprimento, a partir dos espaços infinitos superior e inferior.

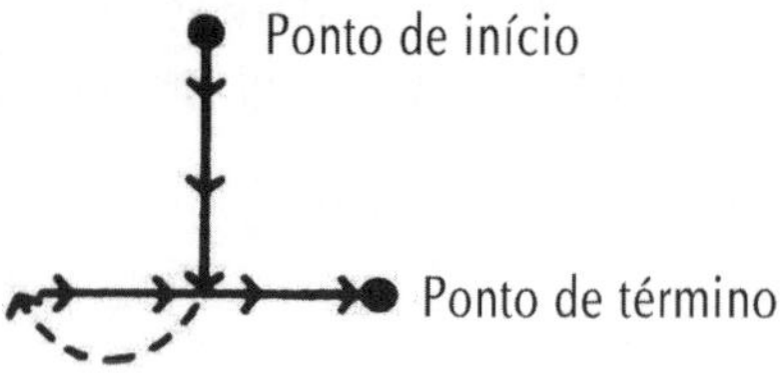

Figura 21.7. Padrão de traçado do sinal do martelo.

4. Sinta e veja a força afluindo para o centro, a partir das seis direções, enquanto forma uma esfera de poder vermelha brilhante. A cor pode ser alterada dependendo da intenção do ritual (veja a seção sobre o simbolismo das cores).

5. O *vitki* deve tocar a parte de trás da varinha no peito, no centro de poder, e impeli-lo para fora, projetando a força a partir desse centro para um ponto na face interior da esfera externa. O runomante deve, então, sinalizar o martelo ⊥ a partir

da massa de poder mágica. O sinal deve ser traçado como na Figura 21.7. Durante esse processo, entoe:

Hamarr í Nordhri helga vé thetta ok hald vördh![1]
(Martelo no Norte, consagra e conserva este lugar sagrado![2])

Em seguida, virando 90º para a direita, envie e sinalize outro sinal de martelo enquanto ressoa:

Hamarr í Austri helga vé thetta ok hald vördh!
(Martelo no Leste, consagra e conserva este lugar sagrado!)

Hamarr í Sudhri helga vé thetta ok hald vördh!
(Martelo no Sul, consagra e conserva este lugar sagrado!)

E no Oeste:

Hamarr í Vestri helga vé thetta ok hald vördh!
(Martelo no Oeste, consagra e conserva este lugar sagrado!)

Voltando-se para o norte, direcione a atenção para cima e ali envie e sinalize o *hamarsmark* no "topo" da esfera, dizendo:

Hamarr yfir mér helga vé thetta ok hald vördh!
(Martelo sobre mim, consagra e conserva este lugar sagrado!)

Depois projete o sinal do martelo para baixo, para o "chão" da esfera (*não* para o solo ou o chão do recinto), e entoe:

Hamarr undir mér helga vé thetta ok hald vördh!
(Martelo abaixo de mim, consagra e conserva este lugar sagrado!)

6. Agora, assuma novamente a *stadha* da cruz e cante:

Hamarr helga vé thetta ok hald vördh!
(Martelo, consagra e conserva este lugar sagrado!)

Girando no centro do *vé*, repita isso uma vez para cada uma das outras quatro direções e uma vez para o eixo vertical. O efeito visual deve ser o de eixos conectando os seis martelos vermelhos brilhantes ao centro pessoal, todos envolvidos por um campo de profunda luz azul cintilante e circundados por uma faixa de runas de vermelho brilhante.

7. Por fim, concentre todas as forças do *vé* cruzando os braços a partir da *stadha* da cruz em direção ao centro, com as pontas dos dedos tocando o plexo solar, e dizendo:

   Um mik ok í mér Asgardhr ok Midhgardhr!
   (Ao meu redor e em mim, Asgard e Midgard!)

Esse ritual pode ser repetido no final de um trabalho ou exercício, e a esfera inteira pode ser traçada no centro pessoal, ou as paredes do globo podem ser partidas com a faca, possibilitando que a energia reunida flua para seu objetivo.

A forma básica do rito apresentado aqui se destina a proteger a consciência do *vitki* para o trabalho mágico ou de meditação.

Modificações no rito, como as sugeridas, podem ser desenvolvidas para que essa forma de ritual seja usada como instrumento mágico ativo. As runas na face da esfera podem ser extraídas de fora, ou projetadas para fora, a fim de criar efeitos mágicos. Cabe ao runomante descobrir os poderes adicionais do rito do martelo além dessas instruções.

Durante anos, pensou-se que esse rito se baseasse num modelo cabalístico, mas tanto esse rito quanto a marcação do sinal do martelo sobre o chifre do hidromel são, na verdade, costumes germânicos. Inscrições rúnicas da Era Viking, presentes em várias pedras dinamarquesas, repetiam a fórmula: "Thor consagrou estas runas (com seu martelo)". O poder do martelo de Thor, projetado nos quatro quadrantes e acima e abaixo, consagra um lugar, possibilitando que o espaço criado seja preenchido com poder sagrado.

Ritual de abertura

Num importante trabalho ritual, o *vitki* pode querer recitar um *galdr* invocatório, ao qual o rito do martelo pode estar incorporado. Esse *galdr* serviria para invocar forças divinas, servir simplesmente como invocação genérica para os poderes rúnicos ou as duas coisas. O *vitki* versado comporá seu próprio rito e *galdr*, tendo em vista que isso seria uma grande proeza de magia rúnica! Observe como o rito do martelo está entrelaçado neste exemplo:

1. Em pé, no meio do *vé*, de frente para o norte ou para o leste, na *stadha*, entoe:

   Avance agora
   poderoso Fimbultýr[3]
   dos lares celestiais que todos os oito
   Sleipnir sejam selados,
   para cavalgar ligeiros para cá:
   Galdrsfadhir[4]*, poder para dar e ganhar.*
   Que o poder sagrado das runas flua
   dos cascos do corcel de Hangatýr[5]*;*
   em torrentes de força constante –
   por meio de varas de robusta posição!

2. Vá para a margem norte (ou leste) do *vé* e trace com a varinha o círculo na direção do sol, da esquerda para a direita. Durante esse processo, cante:

   O poder da runa é traçado
   em volta do local sagrado,
   criaturas indesejáveis, afastem-se!

3. Quando o círculo estiver completo, retorne ao centro e, de frente para a direção original, execute a parte do anel rúnico do rito do martelo. Quando terminar, diga:

   As criaturas inquietantes
   agora vão embora
   para o leste, na direção do lar dos etins*;*
   santificado seja o recinto de Hroptatýr,[6]
   com a ajuda do matador de Hrungnir![7]

4. Agora, execute o restante do rito do martelo.

5. Depois disso, se o ritual exigir um braseiro, o fogo deve ser aceso. Se o *vitki* souber como fazê-lo, e se for necessário para o ritual, o fogo pode ser aceso pelo método da fricção, o "fogo do socorro"; no entanto, normalmente, o runomante acenderá o braseiro com uma chama preparada de antemão. Nesse ponto, também são necessários recipientes de sal e levedura de cerveja; uma pitada de cada deverá ser adicionada à chama, no ponto indicado no *galdr*. Ao acender o braseiro, cante:

   Eterna luz da vida,
   doa teu presente de vida;
   preenche a noite de necessidade;
   à lareira deste recinto
   traze tua bênção luminosa
   para acelerar este sal
   e levedura tão frios;
   juntos vivam bem e muito
   nos corações de sib de *Hár*[8].

6. Depois que o braseiro estiver aceso, o *vitki* também poderá acrescentar folhas, lâminas finas de madeira das árvores ou ervas que correspondam à intenção do rito a ser executado (veja o Apêndice III). O corpo do ritual mágico pode agora começar numa atmosfera "energizada".

Ritual de encerramento

Quando um rito teve início com uma fórmula de abertura, um rito de encerramento é recomendável.

1. Fique de frente para o norte ou para o leste na *stadha* e entoe:

   Agora está feito o trabalho sagrado
   de palavra e ação,
   proveitoso para as crianças divinas,

danoso para os grosseiros etins;
salve aquele (aquela/aqueles) que as profere(m)
salve aquele (aquela/aqueles) que as compreende(m)
necessário àquele (àquela/àqueles) que as conhece(m)
salve aquele (aquela/aqueles) que as escuta(m).[9]

2. Nesse ponto, o rito do martelo (sem o anel rúnico) pode ser executado, embora isso seja opcional.

3. Se não achar *completamente seguro* deixar que o braseiro se extinga sozinho, apague-o, colocando uma cobertura sobre ele, com as palavras:

Fogo que arde sem
ser para sempre, aceso interiormente
pelo poder de Odin-Vili-Vé.

4. Se a energia acumulada por toda a operação tiver que ser interiorizada, traga as energias reunidas para o centro pessoal, ficando em pé na posição da cruz e, enquanto inspira fundo, puxe os braços de maneira que as pontas dos dedos toquem o plexo solar. Repita essa ação em cada uma das quatro direções, visualizando em cada uma delas a esfera sendo atraída para o seu centro. Se a energia do rito tiver sido enviada para fora, você poderá simplesmente dividir a esfera com a mão ou com a faca e sair do círculo.

Meditação rúnica

A prática tanto cerimonial quanto informal de meditar sobre as runas é fonte de vasta sabedoria, bem como fonte direta de poder mágico. O *vitki* deve se empenhar em desenvolver um elo pessoal com cada runa, comunicando-se com o mistério em nível profundo. Uma vez que esse elo tenha sido formado – com cada runa e com a cosmologia rúnica como um todo –, a comporta da força rúnica é aberta, criando uma corrente de sabedoria que permanece sempre acessível ao *vitki*. Mais tarde, o *vitki* pode recorrer a essa corrente até de maneira informal, em qualquer momento livre que possibilite a reflexão. Não raro, esses momentos ocasionais oferecem ao *vitki* alguns dos vislumbres mais poderosos dos mistérios rúnicos.

Essa meditação é um esforço ativo de busca. Uma das mais importantes técnicas necessárias ao sucesso é o controle do pensamento – ou seja, a submersão dos pensamentos prejudiciais ao propósito da meditação e a orientação dos pensamentos ao longo do caminho rúnico determinado. Uma vez que o *hugr* tenha sido tranquilizado e os padrões de pensamentos tenham se concentrado num único centro – a runa –, a sabedoria rúnica começará a emergir na consciência (*hugr*) do *vitki*. O ponto focal da meditação rúnica é triplo: a forma (que pode incluir a cor), o som (*galdr*) e a ideia fundamental (contida no nome e nas palavras essenciais). O *vitki* deve se esforçar para se concentrar, de maneira relaxada, em qualquer um ou em todos os elementos contidos nesse complexo triplo, conduzindo com serenidade os pensamentos prejudiciais para fora do *hugr* e deixando apenas os símbolos rúnicos da forma, do som e do nome (ideia fundamental) – até que, por fim, a runa comece a falar diretamente à consciência do *vitki*.

A meditação rúnica cerimonial pode ser tão elaborada ou simples quanto o *vitki* quiser ou for capaz de executar. De modo geral, parece que o caminho mais sábio é aquele que vai da simplicidade para a complexidade. Entre os preparativos para a meditação estão a busca por um local tranquilo, o domínio de um dos ritos de proteção-invocação e a criação de um conjunto de cartas de meditação. Posteriomente, o domínio da *stadha* da runa escolhida pode ser necessário. Nos primeiros estágios do programa de meditação, talvez seja interessante que o *vitki* se concentre apenas num dos elementos do complexo triplo e vá incluindo os outros de acordo com um programa autodirigido. O *vitki* deve planejar um método progressivo adequado às suas necessidades e habilidades, sempre desenvolvendo um complexo mais rico de elementos no centro mais interno da concentração, enquanto inclui uma variedade mais ampla de técnicas mágicas no procedimento externo.

Segue-se um resumo composto de vários métodos de meditação rúnica ao qual o *vitki* poderá recorrer durante a elaboração de um programa de meditação. Todos os procedimentos podem ser executados fisicamente ou, se for mais conveniente ou eficaz, totalmente dentro do *hugauga,* ou "olho da mente".

1. Execute um dos ritos de proteção-invocação ao mesmo tempo em que visualiza, com vigor, o anel rúnico.

2. Assuma uma posição confortável, em pé ou sentado, ou na *stadha* característica da runa. Você pode se voltar para o norte, para o leste ou se colocar no ângulo indicado pela posição da runa no anel rúnico.
3. Durante essa fase do procedimento, um cartão de meditação rúnica deve ser preso na parede ou apoiado num suporte simples, no nível dos olhos.
4. Com os olhos fixos na forma rúnica representada no cartão, cante suavemente o *galdr* da runa (isso pode ser feito mentalmente). Ao mesmo tempo, se desejar, introduza *ideias* convencionais, como o nome da runa, em nível secundário de consciência. É claro que um nome está incluído no *galdr*; no entanto, estamos considerando aqui o *significado* esotérico incorporado ao nome, que pode estar incluído no "centro da concentração". Nessa frase, o *vitki* deve se concentrar fortemente nos elementos do complexo rúnico considerados.
5. Agora, o *vitki* deve fechar os olhos devagar, continuando com o *galdr* e a contemplação de um princípio esotérico (caso esteja incluído). Visualize a forma da runa como aparece no cartão e no olho da mente e tente entender a singularidade do complexo forma-som-ideia. No início, você talvez tenha que abrir os olhos para fixar a forma da runa, mas, com o tempo, poderá eliminar a quarta fase e seguir direto para uma complexa contemplação interior, uma vez que esteja confiante em suas habilidades.
6. Mantenha esse estado de concentração interior no complexo rúnico durante vários segundos, de preferência trabalhando com um intervalo de cinco minutos.
7. Depois desse período de concentração interior, o *vitki* deve passar, pouco a pouco, para o silêncio interior. Mas lembre-se de que esse é um silêncio completamente atento! Durante esse vazio de pensamentos inativos, a *palavra* da runa será entoada com um clangor ressonante. Essa é uma "palavra" que não pode ser expressa em nenhuma linguagem, mas que é a totalidade do mistério rúnico manifestado num único momento. Essa é uma experiência *sagrada* na qual a runa e o *hugr* do *vitki* são unidos por pouco tempo – ou essa unidade é percebida.
8. O *vitki* pode dar sequência à meditação enquanto sentir um elo com a força rúnica. Nesse estado meditativo, o *vitki* poderá ser conduzido ao longo de uma infinidade de caminhos rúnicos, nos quais segredos relacionados à própria runa são revelados ou as relações entre certas runas são esclarecidas – as possibilidades são infinitas.

9. Uma vez que o vínculo se dissipe, ou o *vitki* deseje encerrar a meditação, repita apenas uma fórmula como "Agora o trabalho está feito" e abra os olhos. Depois, rompa ritualmente o anel rúnico, de acordo com o rito do martelo.

Depois que você sentir que está se tornando, de fato, parte do mundo rúnico, pode experimentar operações de meditação mais informais. Estas revelarão uma enorme sabedoria útil e fascinante. Descobriu-se que os instrumentos mais eficazes nessa iniciativa são papel, caneta, compasso, transferidor e talvez uma calculadora. O procedimento é bastante simples: sente-se à sua mesa ou escrivaninha, cercado de vários glifos rúnicos e configurações cosmológicas. Tranquilize a mente, voltando-a para o mundo rúnico. Deixe que seu *hugr* vagueie até que encontre um conceito seminal e depois siga-o sem cessar, desenhando e anotando suas "revelações" à medida que as for recebendo. Essas anotações poderão servir de base para um trabalho posterior. Provavelmente, é melhor não programar essas sessões informais, mas se sentar e explorar os mistérios quando "se sentir inspirado". Em geral, depois de breve período, a sabedoria das runas começará a ascender de modo eventual ao *hugr* do *vitki*. Às vezes, a erupção dessas forças é tão poderosa que causa fenômenos psicocinéticos nas proximidades físicas do *vitki*!

A prática regular da meditação rúnica é um dos sustentáculos no aparato completo da sabedoria rúnica, propiciando amplas recompensas pelos esforços bem despendidos. Podemos dizer que, de fato, os momentos de inspiração obtidos com essas práticas não são semelhantes à descoberta de uma tumba de ouro numa terra exótica deserta, mas se assemelham à recuperação, no sótão, de uma relíquia de família há muito desaparecida (procure no porão também!). O que foi perdido pode ser recuperado se a vontade for forte!

Magia talismânica

Em nórdico antigo, há três palavras principais para "talismã", "amuleto" ou "magia talismânica", a saber: (1) *teinn*, que indica um pedaço de madeira ou um galho verde fino a partir do qual um objeto talismânico pode ser confeccionado (a palavra *tine* reflete isso); (2) *hlutr*, que pode ser qualquer objeto utilizado para fins talismânicos ou divinatórios (em inglês, *lot*); e (3) *taufr*, que significa tanto talismã quanto magia em geral; mas, no sentido original, a magia talismânica é particular. Os três termos são bastante representativos de vários aspectos da magia rúnica talismânica.

A seção que se segue sobre *taufr* tratará de muitas características da magia rúnica, como as runas combinadas e a simbologia do número, da cor e do ideograma, que são de vital importância em *todas* as áreas da *rúnagaldr*, mas que são introduzidas aqui devido ao papel fundamental que desempenham na arte de *taufr.*

O *tine* é um ser vivo que tem um *ørlög* para viver, o qual lhe foi conferido pelo *vitki.* O runomante confere vida ao "objeto" e depois o dota magicamente de *ørlög*, por meio da natureza do poder rúnico com o qual o *vitki* o carrega. A "natureza viva" do *tine* pode ser de tal maneira estimulada que será constatado que ele tem uma "personalidade". Para promover esse estado elevado de força autônoma (porém determinada pelo *vitki*), o runomante poderá desejar dar um nome ao *tine* durante o ritual de carregamento. Esse é o mistério por trás de muitos talismãs rúnicos (em especial as armas) que receberam nomes.

As teorias técnicas por trás da magia do *tine* estão em perfeito acordo com as leis da ação dentro da cosmologia rúnica em geral. O *tine* rúnico funciona como uma chave que libera o poder de correntes rúnicas particulares. Nos processos de carregamento, essas correntes (idênticas a *hamingja*) são intencionalmente combinadas nos mundos causais e introduzidas no objeto, preparado pelo *vitki* com sinais e runas receptivos a essas forças. Ali, eles são intensificados ou modificados e outra vez liberados, portando um caráter específico conferido pelo *galdrar* que concede *ørlög* e pelas *formálar* do *vitki* e pelo poder inato dos símbolos retratados no *tine.* A forma talismânica se torna ligada à essência da(s) runa(s) particular(es) por meio de grande concentração e energização de forças dirigidas pelo *vitki* para o *tine*, usando a forma, o som e a cor das runas.

Depois que o *tine* foi adequadamente carregado, esse poder é "descarregado" de acordo com a forma que o *vitki* imprimiu nele. O objeto é o centro de um vórtice de força, recebendo energia, formulando-a de acordo com o *ørlög* e voltando a expressá-la nos universos causais, conduzindo ao resultado desejado. Esse poder também pode ser conservado na esfera pessoal. A eficiência desse processo depende do nível de força na *hamingja* do *vitki* e da qualidade de concentração e visualização que o *vitki* pode empregar na operação de carregamento.

Outro aspecto importante da magia do *tine* é o do vínculo mágico com o "objeto" do *taufr,* ou seja, da pessoa ou coisa a ser afetada pela força mágica. Isso pode ser viabilizado por meio da associação de uma fórmula rúnica ao objeto que representa a pessoa (como o nome transliterado em runas) ou pela proximidade física do *tine* da pessoa a ser afetada. Outras técnicas de magia empática também podem ser empregadas.

Há vários tipos diferentes de talismãs rúnicos. Em geral, são confeccionados com pedaços de madeira, osso, pedra ou metal, que, em seguida, assumem suas formas. No entanto, papel ou pergaminho também podem ser usados por aqueles com inclinação menos tradicional. Os objetos sobre os quais as runas e os sinais são entalhados podem ter função exclusivamente mágica ou utilidade funcional. O primeiro grupo é o considerado, com frequência, um *tine*. O último grupo pode incluir objetos como fivelas de cinto, canetas, automóveis, chaves de fenda, armas, e assim por diante, que estão, desse modo, providos de *hamingja*. Isso é valioso para conferir sucesso ou proteção às áreas nas quais o objeto é usado. Essa tradição é tão útil e poderosa hoje quanto o era na antiga Europa, quando os guerreiros gravavam runas em suas armas e escudos para proteção e vitória. A imaginação do runomante moderno deverá se revelar um guia produtivo nessa prática. Outra classe de talismãs é estática. Qualquer objeto fixo pode ser transformado num talismã rúnico. Árvores, grandes pedras e casas são bons exemplos. Além disso, um *taufr* estacionário pode ser um cartão ou uma ripa com uma runa entalhada colocados no quarto do *vitki*, ou um *tine* colocado perto da pessoa a ser afetada pela força mágica. Estes são usados para influenciar por magia um local ou pessoas particulares que frequentam com regularidade esse lugar. O talismã aplicado internamente também é conhecido e será discutido mais adiante.

As técnicas da magia do *tine* podem ser usadas em operações de todos os tipos. Os procedimentos delineados nessas seções devem ser seguidos, de uma forma ou de outra, durante a confecção de instrumentos a serem usados na arte rúnica.

Runas combinadas

Tines que expressam uma única força rúnica podem ser produzidos, mas uma das técnicas mais poderosas de mesclar várias forças rúnicas para um propósito muito específico é o da runa combinada (NA *bandrún*). A runa combinada é o resultado da combinação de poderes rúnicos individuais num único e vigoroso campo de ação. Esse método tem a clara vantagem, para o *vitki* moderno, de usar apenas a essência ideográfica da runa; por essa razão, o runomante contemporâneo não precisa se preocupar em saber se sua inscrição está correta ou se será eficaz se for escrita num idioma moderno. Para construir e carregar uma forma desse tipo, o *vitki* precisa ter profundo conhecimento das runas isoladas e de como elas se integram para formar uma única e poderosa expressão de força com única vontade harmoniosa.

Os princípios da estética espiritual e física são importantes aqui. Esse aspecto de combinação é comum a toda magia rúnica, mas encontra sua expressão mais óbvia nas runas combinadas.

As runas combinadas têm sido usadas pelos runomantes desde os primórdios. Há dois tipos principais dessas *bandrúnar*: (1) aqueles usados para conectar duas ou mais runas durante a inscrição de palavras e (2) aqueles de um tipo aparentemente apenas ideográfico (embora esse último tipo possa conter uma palavra oculta na forma, como uma espécie de anagrama simultâneo). Uma grande dose de "licença artística" está disponível para o *vitki* na construção de runas combinadas. As formas alternativas das diferentes runas devem ajudar na formação de um modelo esteticamente agradável. Quando cria runas combinadas, o runomante deve sempre ter em mente os elementos do simbolismo numerológico e da harmonia e da cooperação ideológicas. Mas o mais importante é que a runa combinada agrade aos olhos.

Quando usadas na escrita, as runas combinadas podem conectar duas runas ou um grupo delas. Isso é feito para formar um elo mágico entre duas runas, a fim de representar duas ou mais palavras em forma codificada ou para reduzir o total de runas na inscrição. Uma runa combinada é sempre computada como apenas uma runa na contagem (veja a seção sobre o simbolismo numérico). A terminação gramatical comum *-az(-aR),* muitas vezes, é escrita ᚨᛣ (observe o uso de uma forma alternativa da runa Z para obter o efeito mágico-estético). Em termos mágicos, isso associa as forças das runas A e Z numa expressão especial – bastante poderosa! Uma das mais antigas runas combinadas é : ᚷᚨ :, que representa : ᚷ : mais : ᚨ :.

Ela corresponde à fórmula mágica *gibu auja* (dou sorte) e está entalhada, com frequência, em armas ou rituais talismânicos. Quaisquer runas que tenham traços verticais adjacentes são excelentes candidatas à aglutinação, assim como as palavras (especialmente os pronomes e as formas verbais) comuns, por exemplo, : ᛖᛗ : (*em:* Eu sou); : ᛖᚲ : (*ek*: Eu).

As runas combinadas puramente ideográficas são as mais úteis na magia do *tine*, e seus múltiplos níveis as tornam muito eficazes nas operações sofisticadas de magia. Um dos exemplos mais antigos disso é encontrado no broche de Soest, aproximadamente entre 600-650 EC (veja a Figura 21.8). A runa combinada é formada a partir das runas ᛟ, ᚾ, ᛏ, ᚷ e ᚨ duas vezes. O total numérico dessas runas é 66, ou 6 × 11, e a contagem delas é 6 (veja a seção sobre o simbolismo

Figura 21.8. Runa combinada encontrada no broche de Soest, entre 600-650 EC, aproximadamente.

numérico). Esse *galdrastafr* é um talismã de amor gravado num broche e depois oferecido a uma mulher. O poder do *taufr* se vale da força odínica ᚨᚨ, com justiça e um pedido de sucesso ᛏ, por necessidade ᚾ (observe também o simbolismo sexual presente), de casamento (união erótica) ᚷ, de acordo com princípios ancestrais, e território ᛟ. A contagem das runas, que é um múltiplo de 6, enfatiza a natureza erótica do talismã. As runas também podem conter um anagrama do antigo nome masculino alemão *Attano* mais o sinal ᚷ (casamento). A análise das antigas inscrições nos oferece muitas pistas para a prática moderna.

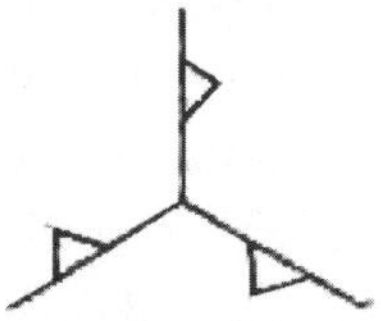

Figura 21.9. *"Thurs* de três cabeças" ideográfico.

Outro exemplo ideográfico seriam os "*thurs* de três cabeças" (Figura 21.9). Sobretudo uma intensificação tripla da runa TH, ela é usada em maldições. Exemplos adicionais de runas combinadas serão apresentados nas fórmulas mágicas.

Voltaremos ao tópico das runas combinadas na seção especial, a seguir, em que elas formam seu próprio tipo de magia.

Simbolismo numérico

Os critérios numéricos desempenham importante papel no carregamento dos *tines* rúnicos e são, com frequência, fundamentais em outros tipos de magia rúnica. Verificamos nas antigas inscrições que o *vitki* sacrificou, de alguma maneira, a clareza linguística em benefício do poder numérico (ou ideográfico). Isso é feito excluindo as runas (especialmente as com sons de vogais) ou adicionando-as ou duplicando-as. No Capítulo 11, já discutimos a numerologia esotérica na tradição rúnica. Nesta seção, o foco serão os aspectos operativos do simbolismo numérico – ou seja, como *utilizar* os símbolos numéricos.

Como observamos no início deste livro, o *número* é uma das três chaves para cada runa. O comentário apresentado em cada runa também é pertinente ao simbolismo do seu número. Na realidade, grande parte da interpretação é extraída de critérios numéricos. Bons exemplos de peso disso seriam a runa H (9) – os Nove Mundos de Yggdrasill – e a runa J (12) – os doze meses do ano solar. Só é necessário aqui apresentar um esboço geral da numerologia rúnica; o verdadeiro *vitki* encontrará os caminhos certos para um poder adicional.

Os valores numéricos das inscrições, dos *tines* e das fórmulas mágicas colocam o poder das runas em várias "esferas de trabalho" e também recorrem ao poder inerente nesse número para seu trabalho. Em geral, é melhor ter por meta uma esfera de trabalho harmoniosa e de base ampla para conferir o máximo poder global à forma ideográfica e linguística da fórmula. Essas fórmulas também podem modificar ou ajustar o poder do todo. Como cada fórmula e *tine* funciona simultaneamente em vários níveis, uma regra prática seria, quanto mais níveis de significado você conseguir reunir no menor espaço possível, e quanto mais enigmático você conseguir tornar o resultado, mais eficaz será a magia. Isso é importante tanto na criação da forma quanto na interpretação dos talismãs.

As fórmulas numéricas rúnicas são analisadas de duas maneiras: (1) contagem das runas, ou seja, o número de runas na fórmula; e (2) total dos valores numéricos de cada runa na fórmula (como na gematria). Esses números são, então, desmembrados em seus múltiplos, para que seus poderes possam ser mais analisados. Um simples exemplo desse processo é mostrado na Figura 21.10: a contagem das runas é 8 (múltiplo: 2 × 4); total rúnico: 66 (múltiplo: 6 × 11). Essa fórmula é encontrada em antigos talismãs e em formas de encantamento com grande poder ideográfico, fonético e numerológico.

Figura 21.10. Fórmula numérica rúnica *luwatuwa.*

Um desses sistemas ou ambos podem ser utilizados. O significado desses números é duplo. Indicam a esfera na qual a fórmula deve funcionar e o poder por meio do qual ela funciona.

Há vários "números de poder" em ambos os sistemas nos quais o *vitki* iniciante poderia se concentrar. Para a contagem rúnica, os números de 1 a 24 são poderosos e impregnam a fórmula com a força da runa desse número. Além disso, o emprego de qualquer uma das 24 runas numa inscrição oferece ampla base de poder e invoca a força de toda a sequência de runas para a fórmula. Numa contagem rúnica múltipla de 24, o número 8 e seus múltiplos (e, na verdade, 24 e seus múltiplos) podem ser adicionados para manter a completa harmonia de poder ao mesmo tempo que intensificam sua força. O múltiplo da contagem rúnica também modifica a potência rúnica de maneiras sutis e engenhosas. Esses são padrões comuns nas inscrições antigas.

No segundo nível, o do total numérico das runas, há muitas possibilidades e números de poder que orientam a força rúnica em direções específicas e lhes conferem características mágicas especiais. Evidentemente, as somas de 1 a 24 indicam a esfera na qual a runa em particular está em ação. Os números primos são especialmente poderosos e expressam imensa importância. Independentemente de qual seja o total rúnico, é por meio dos seus fatores múltiplos que a força básica do número é revelada. Os múltiplos de três, e em particular de 9, são poderosos nas operações que lidam com forças mágicas que atuam em muitos níveis ao mesmo tempo, inclusive no âmbito terrestre. Os múltiplos de 10 são especialmente poderosos quando a intenção é causar mudança no mundo manifestado de Midgard. O 12 e seus múltiplos também são poderosos nesse aspecto, mas causam efeito mais prolongado e permanente. O número 13 e seus múltiplos são os números de poder mais universais. Um vasto número de inscrições rúnicas manifesta esse padrão numerológico. O número indica a potência universal e contém o mistério de *eihwaz* como a Árvore do Mundo (9) e as três esferas (3) na unicidade ontológica de Ginnungagap (1). O número pelo qual o "número mestre" é multiplicado modifica ainda mais a força global da fórmula e a dirige de acordo com sua natureza rúnica.

Todos esses princípios podem ser usados durante a elaboração dos *tines* e rituais rúnicos; no entanto, eles não precisam dominar a forma da operação. Deixe que a intuição e a inclinação natural sejam seu guia. Os *vitkar* podem prescindir totalmente das considerações numéricas, e os resultados não vão diminuir, de maneira nenhuma. O uso correto da numerologia rúnica é por si só uma arte, arte essa que precisa ser suplementada com grande dose de conhecimento nórdico para ser eficaz na totalidade. O estudo e a análise das inscrições talhadas pelos nossos antepassados devem ser a principal inspiração dos nossos esforços. Também é importante ressaltar que a antiga atitude germânica relacionada ao conceito do número era muito diferente daquela adotada pelos vizinhos do sul. Para os místicos pitagóricos e gnósticos, o número veio a ser a ἀρχή (regra) de todas as coisas, mas para os *vitkar*, ele era apenas uma de três expressões iguais do mesmo mistério sagrado personificado por uma runa. Enquanto os gnósticos e os pitagóricos tendiam a olhar para os números como uma forma de medir e distinguir uma coisa de outra, os *vitkar* os viam como pontos de conexão e inter-relação num cosmos, num eterno estado de fluxo e refluxo.

Os antigos *skalds*, ou poetas, contavam o número de sílabas usado nos versos de poesia para tornar a linguagem mais harmoniosa com a dos deuses. Faziam isso para poder comunicar seus desejos e suas mensagens ao reino causal dos deuses, de modo mais eficiente e belo. O número e seu simbolismo são usados de forma similarmente metalinguística, para transmitir comunicações mágicas de maneira mais poderosa.

Simbolismo das cores

A simbologia da cor no sistema rúnico é um tanto diferente daquela da cultura judaico--cristã, embora as antigas tradições germânicas (entre muitas outras) tenham influenciado, em certa medida, a simbologia das cores cristã. A origem desse sistema de cores é encontrada nas *Eddas* e na literatura das sagas. Na prática da magia rúnica, esse conhecimento das cores é um recurso valioso para a formulação de poderosas visualizações e da intensificação ritual, bem como para a criação de talismãs mais complexos. (Veja a Tabela 21.1.)

O Apêndice III apresenta a correspondência de cores especulativas para cada runa, mas o melhor guia é a intuição do *vitki*. Dessa maneira, como em muitas outras, a perspectiva da consciência altera a percepção do conceito, e é a percepção que fornece a *melhor* solução para desvendar o conceito.

Tabela 21.1. Simbologia das cores.

Cor	Interpretação
Dourado	A luz do sol e a luz espiritual que brilha de Asgard, a força de *önd* no universo e símbolo de honra, reputação e poder em todos os reinos.
Vermelho	Grande poder mágico, poder de proteção, vida e vigor espiritual, força agressiva. A cor principal das runas; também sinal da morte. Relacionado, muitas vezes, com o dourado. Cor emblemática da classe dos guerreiros.
Azul	A força mística todo-abrangente e onipresente do nume, que tudo penetra; sinal do movimento inquieto, a cor do manto de Odin. Nos tons mais escuros, essa cor se torna una com a cor preta.
Verde	Vida orgânica, força da fertilidade manifestada na terra e no mar, sinal da terra e da natureza, passagem entre mundos.
Amarelo	Poder terreno, sinal de desejo e luxúria numa vontade em direção à manifestação. Relacionado tanto com o verde quanto com o dourado.
Branco	A expressão total da luz como a soma de todas as cores – totalidade, pureza, perfeição, nobreza, disco do sol. Cor dos sacedortes e dos reis.
Prata	O disco da lua, mudança, transmutação, aspiração por conhecimento superior. Versão metálica do branco.
Preto	Recomeço (como a noite e o inverno anunciam o nascimento do dia e do verão), pleno potencial, força básica de todas as coisas, conhecimento das coisas ocultas, encobrimento, reservatório de luz.

Simbolismo pictográfico

Muitas pedras e *tines* rúnicos também ostentam representações pictográficas de conceitos sagrados que ajudam na formulação e na orientação do poder mágico. Elas são de dois tipos: (1) pictogramas, representações gráficas de objetos que ocorrem naturalmente (veja a Tabela 21.2 para ter alguns exemplos); e (2) ideogramas, sinais sagrados ou *galdrastafir* da magia rúnica (veja a Tabela 21.3 para ter alguns exemplos). Esses sinais e símbolos trabalham em conjunto com as forças rúnicas ou são personificações da força expressa pelo restante da fórmula. São valiosos como símbolos talismânicos e como objetos de meditação e material para a visualização mágica.

Tabela 21.2. Pictogramas.

Símbolo	Interpretação
	Serpente ou *lindworm* [dragão] – área cercada, contenção, força ctônica e o inconsciente mágico.
	Homem e cavalo – sabedoria e poder mágico de projeção, rapidez, comando sobre os mundos e os reinos espirituais, a força odínica.
	Navio – passagem entre a vida e a morte, transmutação, fertilidade e crescimento (aparece, muitas vezes, com ⊕ acima dele).
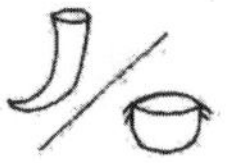	Chifre ou caldeirão – sinal de Ódhroerir, sabedoria e inspiração, invocação da eloquência.
	Martelo – Mjöllnir, o martelo de Thor, proteção, progresso, força bruta e vontade.
	Pássaro (corvo) – inteligência e memória ágeis.
	Lua – transmutação, mudança ordenada, poder mágico.

Tabela 21.3. Ideogramas.

Símbolo	Interpretação
⊥	Martelo – a mesma do pictograma.
卐	Roda do Sol ou martelo – semelhante a ⊥, mas também sorte, poder solar, sinal da roda solar dinâmica, transmutação e poder mágico submetido à vontade.
⊕	Disco solar – poder espiritual, lei, ordem, força religiosa contida, santidade.
	Hagall/Árvore do Mundo – padrão cósmico de Yggdrasill, floco de neve, proteção e trabalho mágico por meio das leis do mundo.
	*Glückstern* (Estrela da Sorte) – o mesmo que Hagall, acima. Comum nos sinais hexagonais holandeses e poderosa estrutura para talismãs e magia visual.
✳	Estrela celestial ou cruz – os oito cantos do céu, as oito pernas de Sleipnir, a Árvore do Mundo e os céus expressos num único padrão nônuplo (centro: Midgard, o mundo do homem).
	*Valknútr* (o nó do caído ou escolhido) – os Nove Mundos personificados nas três esferas em eterna unidade expressando a lei evolucionária do nascimento-vida-morte-renascimento, ou gênese-existência/vir a ser-morte rumo a uma nova gênese.
	Trefot – poder dinâmico dos três reinos de existência e força evolucionária tripla. Formado a partir de três runas L (21 + 21 + 21 = 63, ou 7 × 9); inspiração mágica ao longo de todo o cosmos.
♡	"Coração" (na verdade, antiga representação da genitália feminina e das nádegas) – sensualidade, erotismo, amor. Em antigos livros nórdicos de magia, o sinal  aparece com frequência em encantamentos de magia do amor; símbolo da relação sexual.

Esta breve análise deve fornecer ao aspirante a *vitki* uma boa base para a experimentação prática, enquanto os *vitkar* mais curiosos buscarão livros sobre o simbolismo nórdico e entalhes rupestres para descobrir mais sinais de encantamento.

Confecção de talismãs

Antes de tentar confeccionar um talismã rúnico, o *vitki* deve estar bem versado no conteúdo intelectual da tradição rúnica e ter obtido um progresso aceitável das faculdades psíquicas necessárias à conclusão bem-sucedida de uma operação talismânica. Os *tines* rúnicos devem ser confeccionados de acordo com as teorias e a ideologia expressadas pelo sistema rúnico para que alcancem efeito máximo.

Se o *tine* for confeccionado em madeira, deverá ser construído com um tipo compatível com o objetivo do talismã. Para isso, o *vitki* pode consultar o Apêndice III ou, melhor ainda, deixar que a intuição inspirada seja seu guia. As possibilidades do uso da madeira são ilimitadas. Os discos de metal, as placas ou os anéis de cobre, bronze, prata ou ouro também produzem excelentes talismãs rúnicos. Outros materiais, como uma pedrinha ou um pedaço de osso moldados com habilidade, são igualmente apropriados. Pedras maiores também são adequadas para talismãs estacionários, e, nesses casos, o *vitki* verá que é útil ter um martelo e um cinzel dedicados às artes rúnicas com os quais vai construir essas pedras rúnicas. A cerâmica é igualmente receptiva ao carregamento rúnico; as runas podem ser gravadas no produto acabado ou entalhadas no objeto maleável antes de ir ao forno, coloridas com as cores mais adequadas e depois queimadas – tudo em um processo ritualista com poderoso potencial! Os talismãs rúnicos também podem ser confeccionados com pergaminho colorido com canetas e tintas dedicadas à prática ritual. Esses talismãs de pergaminho podem, então, ser usados pela pessoa (em relicários, por exemplo) ou funcionar como símbolos estacionários. A imaginação do *vitki* é o único limite para as possibilidades.

Há certos formatos mais adequados para receber as formas rúnicas. Os mais comuns são o sólido retangular, a ripa fina de madeira (com 1,5 a 3 milímetros de espessura), o disco ou placa retangular finos, um segmento de um galho de árvore natural ou uma forma cilíndrica de vários comprimentos. Joias de todos os tipos são excelentes opções para o uso talismânico. Um formato especial relativamente comum para talismãs é um romboide fino. Ele é, em geral, cortado em madeira ou osso. A Figura 21.11 mostra um exemplo típico desse tipo de formato. Ao usar esse modelo, o *vitki* tem quatro superfícies lisas disponíveis para inscrições mais longas. Esse também é um formato demasiado conveniente e confortável para *tines* concebidos para serem usados pela pessoa.

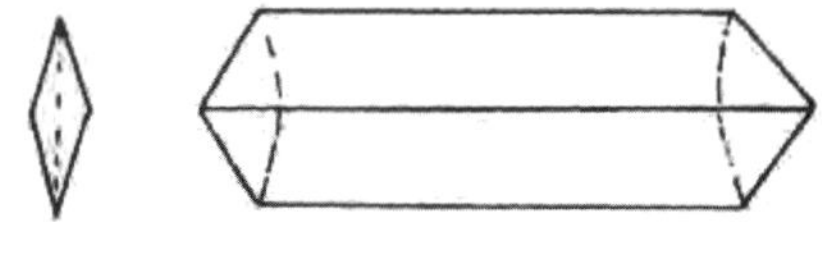

Figura 21.11. Formato típico de talismã (romboide).

A necessidade guiará o *vitki* na construção de talismãs funcionais.

A principal exigência na disposição externa desses objetos sagrados é que eles contenham um símbolo ou símbolos que descrevam o propósito e os objetivos do talismã e uma "assinatura" representando a(s) pessoa(s) ou coisa a ser(em) afetada(s) ou alterada(s) pela força do primeiro símbolo. Na realidade, essa assinatura pode ser o nome da pessoa ou algum outro vínculo compatível; até mesmo a proximidade física pode servir para formar essa ligação. A superfície do objeto precisa ser esteticamente distribuída e dividida de acordo com os símbolos das runas, os sinais sagrados e a assinatura. Mas claro que qualquer combinação desses elementos é aceitável. A Figura 21.12 é um exemplo de *tine* para aumentar a inspiração, o poder mágico e o sucesso em geral para uma pessoa chamada Erik Thurman.

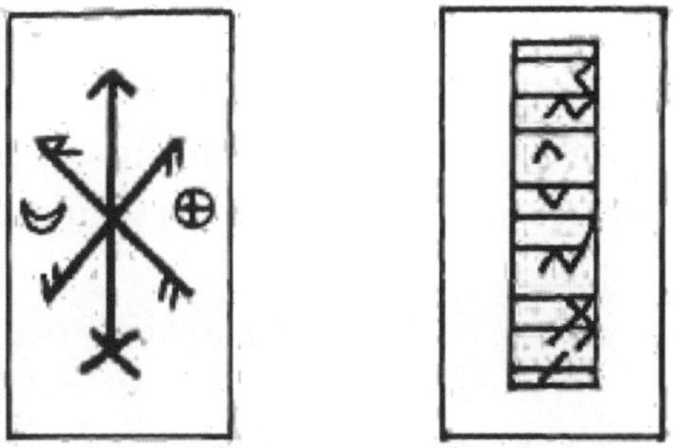

Figura 21.12. Talismã de runa combinada, com assinatura. A) Anverso. Runa combinada formada a partir de ᛏ, ᚨ (duas vezes), ᚨ, ᚱ e ᚷ, propiciando sucesso e energia nas esferas da inspiração e da magia na ordem natural das coisas. B) Reverso. Repare que certas runas estão ligadas de modo que a contagem rúnica totalize 7, associando, assim, o nome ao poder da inspiração mágica.

O *vitki* deve experimentar várias superfícies e ferramentas para determinar as melhores técnicas de corte para cada uma delas. O tempo despendido na prática do entalhe de runas será bem investido, porque, quanto mais capacitado o runomante se tornar nessas habilidades mecânicas básicas, mais energia e concentração poderá desviar para o trabalho que tem a fazer. Uma técnica geral que funciona bem para todos os tipos de materiais é cortar de antemão faixas de runas, ou seja, cortar dois sulcos que representarão os limites superior e inferior dos símbolos.

Como cortar as madeiras para os *tines* rúnicos

Depois que o desenho for decidido, o *vitki* deve explorar os arredores em busca da árvore certa da qual cortará o *tine*. Depois que esse processo de reconhecimento estiver completo, vá até a árvore, mantendo atitude ritualística, munido da faca rúnica, numa ocasião que pareça auspiciosa para o objetivo da operação. De modo geral, os momentos considerados mais favoráveis são o amanhecer, o meio-dia e o crepúsculo. Procure um galho ou ramo inclinado na direção de um quarto ou um oitavo (do céu), porque isso é favorável ao propósito do *tine*. A escolha de uma raiz à meia-noite é eficaz para rituais negativos e maldições.

O corte do *tine* deve ser realizado de maneira cerimonial. Primeiro, de pé para o norte ou para o leste do tronco, voltado para fora, execute o *Hamarssetning* ou outro rito adequado, visualizando toda a árvore encerrada dentro do local sagrado. Em seguida, posicione-se diante do galho, do ramo ou da raiz que você pretende cortar. É claro que você talvez tenha que subir na árvore para fazê-lo. Volte a atenção para o poder e para o ser senciente da árvore com as seguintes palavras:

Salve, poder da (nome da árvore)!
Peço a ti que me dês este galho!
Nele envia tua velocidade,
a ele acopla o poder das runas radiantes_____
(*nomes das runas que serão usadas no* tine)!

Agora, comece a cortar a parte do galho desejada enquanto cantarola ou entoa os nomes e/ou os *galdrar* das runas apropriadas durante todo o procedimento.

Depois que o futuro talismã foi removido, o *vitki* deve agradecer à consciência da árvore pelo gracioso presente.

Ser senciente da (nome da árvore), aceita meus agradecimentos.
Daqui em diante, que teu poder esteja neste galho!
Profundamente ligado às radiantes (nomes das runas apropriadas),
cumprindo minha vontade com rapidez.

O galho poderá ser agora desbastado e preparado para receber as formas das runas. O *tine* poderá ser ritualmente carregado de imediato nesse lugar ou guardado até mais tarde e carregado no *vé* habitual do runomante.

Esse processo ritual pode ser adaptado com facilidade para a seleção e o preparo de outros materiais que serão moldados como objetos sagrados pela arte rúnica.

A descrição do ritual a seguir proporciona um exemplo do processo completo de carregamento a partir do qual o *vitki* poderá conceber operações semelhantes para todos os tipos de talismãs rúnicos. As técnicas delineadas a seguir são valiosas para todos os tipos de trabalho rúnico.

Este *taufr* é construído com base na fórmula rúnica LAUKAZ, que aparece com muita frequência em antigos bracteatas talismânicos. Literalmente, a palavra significa "alho-poró" (*allium porrum),* símbolo de crescimento e bem-estar. Esse também é um nome alternativo para a runa L. O radical protoindo-europeu do qual deriva o vocábulo germânico *laukaz* é *leug-* (curvar, virar, torcer, girar), poderoso conceito comum a palavras que têm a ver com a magia. Essa fórmula promove o crescimento saudável na área de coisas ocultas e secretas (o radical também é o ancestral da palavra inglesa *lock* [bloquear, travar]).

A análise numérica dessa fórmula revela uma de suas numerosas fontes de poder. A Figura 21.13 mostra a contagem rúnica como 6 (múltiplo: 2 × 3). O total rúnico é 52 (múltiplo: 4 × 13). O número 6 indica o trabalho na esfera das artes mágicas controladas pela vontade (uma duplicação da ação dinâmica do 3). A fórmula atua a partir de uma intensificação mágica (4 :ᚨ:) da força vertical do nume (13:ᛇ:) ao longo do ano de 52 semanas. A análise ideográfica é igualmente reveladora:

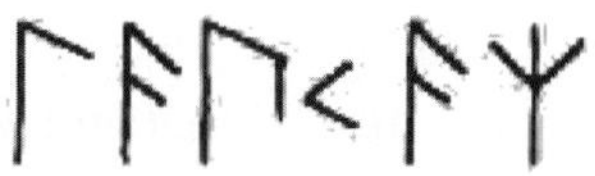

Figura 21.13. Fórmula *laukaz.*

1. ᛚ vida-lei/crescimento
2. ᚨ força numinosa transformacional
3. ᚢ sabedoria inconsciente, saúde
4. ᚲ conhecimento consciente, habilidade
5. ᚨ força numinosa transformacional
6. ᛉ proteção/vida "superior"

Os relacionamentos conceituais complementares entre a primeira e a última runas e a terceira e a quarta, carregados com o "espírito" mágico da segunda e da quinta runas (adjacentes a todas as outras), mostram a potência ideológica e a abrangência dessa fórmula.

Para a execução desse rito, o *vitki* precisará de um ambiente adequado para o *vé*, com algum tipo de altar, o *gandr*, a faca ou a talhadeira, sangue ou pigmento vermelho devidamente preparado (e os utensílios para prepará-lo no local), o instrumento para colorir, um tecido preto (de preferência de linho) grande o bastante para envolver o *tine*, uma tira de couro ou corda orgânica longa o suficiente para circundar nove vezes o objeto e qualquer traje ritual que considerar necessário. Para fases opcionais do rito, o *vitki* também precisará de um braseiro (e acendedor) e uma taça com água ou hidromel. O objeto talismânico propriamente dito deve ser confeccionado a partir de um pedaço de madeira de salgueiro (ou seu complemento, madeira de almieiro) com duas superfícies planas de tamanho adequado para receber as inscrições. Esse objeto deve estar adornado por inteiro e preparado em seu aspecto e sua forma finais, a não ser pelas runas e pelos sinais mágicos.

Vá para o local do *vé* em silêncio, de preferência ao amanhecer. Disponha de forma organizada os instrumentos no altar e inicie o ritual.

1. Abertura. De frente para o norte, realize o rito de abertura, o que inclui acender ritualmente o braseiro, se necessário, e o *Hamarssetning* ou outra fórmula de abertura apropriada. Esse rito invoca o poder da runa e chama os deuses e deusas como testemunhas, ao mesmo tempo que expulsa as forças negativas.

2. Preparo do corante (opcional). Se o sangue ou pigmento ainda não tiver sido preparado, o *vitki* pode triturá-lo no local. Se isso for feito, sente-se de frente para o altar e triture os pigmentos com o seguinte *galdr*:

   laukaz laukaz laukaz
   [*seguido pelos* galdrar *individuais das seis runas*]
   Sangue de Kvasir[10]
   seja abençoado:
   o poder das runas floresce na mistura!

3. Gravação do nome. Destina-se a propiciar a ligação mágica entre o poder da fórmula e a pessoa que vai se beneficiar dela. Vire o *tine* de modo que o que está no lado reverso fique voltado para cima. Com a faca ou a talhadeira, grave as runas do nome transliterado da pessoa (veja o Apêndice IV) na superfície, usando quaisquer recursos formulistas que possam ajudar a integrar o nome (e a pessoa) ao poder da fórmula rúnica. Pinte o nome com os pigmentos e recite um *galdr,* como o que segue:

Juntas, as runas radiantes
estão ligadas e combinadas
com o poder de (nome)!

Isso não requer nível intenso de carregamento quanto o da fórmula do *taufr.* (Essa etapa é opcional se a pessoa for usar o *tine* em todos os momentos.)

4. *Galdr* preliminar. Fique em pé diante do altar com o *galdr* na mão e invoque as forças de : ᛚᚨᚢᚲᚨᛉ :, entoando três vezes o nome de cada uma sucessivamente sobre o *tine*, ao mesmo tempo que sinaliza a forma do símbolo sobre o objeto cada vez que repetir o nome. Isso serve para tornar o material receptivo às correntes dessas runas.

5. Entalhamento. Sente-se diante do altar de modo que o *vitki* tenha aprendido por meio da experimentação pessoal. Entalhe cada uma das formas dos símbolos enquanto entoa a simples fórmula sonora da runa que estiver sendo gravada. Para as consoantes fricativas (sons que podem ser produzidos enquanto dura a respiração), o som puro é o melhor. Nessa inscrição, elas são *l, a, u* e *z*. O som *k* precisa ser associado a uma vogal e entoado várias vezes (*ka-ka-ka...*). Durante esse processo, *sinta, veja* e *concentre-se* no poder da runa radiante enquanto ela intencionalmente flui dos céus, da terra e dos reinos subterrâneos por meio do seu centro, através do seu braço e instrumento de entalhamento, e entra na madeira na forma do símbolo. O ritual de abertura envolveu essas três esferas para essa finalidade. O conteúdo sobre *stadhagaldr* e as correntes rúnicas também é útil para o domínio dessa prática. Visualize a "substância" radiante em branco, vermelho ou azul néon enquanto é incrustada nos sulcos recortados pela talhadeira

rúnica ou pela faca. Quando cada símbolo tiver sido entalhado com cuidado, dessa maneira, o *vitki* poderá, se desejar, recortar uma linha reta através da parte de baixo das runas, conectando as formas delas para uni-las numa única forma e campo de força (no caso dessa inscrição, a runa K paira, desconectada).

6. Colorindo. Pegue o recipiente de tinta ou de sangue e, com a ponta da faca ou o instrumento de colorir, introduza nos símbolos (e na linha de conexão) a substância vivificante. Isso deve ser feito com cuidado e concentração. Ao longo de todo esse processo, entoe repetidamente a fórmula rúnica completa, *lllllaaauuukaaazzz...* Isso transmite força fundamental ao *tine*. Nesse ponto, talvez seja interessante que o *vitki* faça uma pausa e se concentre no poder das runas que estão sendo carregadas na forma – *sentindo* a presença delas enquanto vibram com a substância da madeira, na consciência do *vitki*. Uma vez concluído o processo, o runomante pode esfregar de leve uma pequena quantidade de óleo de linhaça na superfície do *tine*, o que tem finalidade tanto estética quanto mágica.

7. Contenção. Esta é a "morada das trevas" antes do nascimento e enfatiza a natureza cíclica dos mistérios rúnicos. O *tine* reúne e intensifica a própria força durante essa separação da luz. Pegue o *tine* e envolva-o no pano preto e depois passe a tira de couro nove vezes em volta dele. Durante esse processo, entoe o seguinte *galdr* ou um que você mesmo tenha composto e que contenha conceitos semelhantes.

No recanto
de profundas trevas
segue teu caminho
– ainda não predestinado –
todas as nove noites
acalenta teu encantamento.
Dorme, progride e cresce
em prosperidade e riqueza.

Coloque o *tine* no meio do *vé* e dê nove voltas (circungirações) com o Sol enquanto canta a fórmula completa: *llllaaauuukaaazzz*. Coloque o objeto de volta no altar.

8. Nascimento do *taufr* vivo. Solte a tira de couro e abra o pano enquanto entoa o seguinte verso:

Salve dia!
Salvem os filhos do dia
que destes à luz
– ainda não predestinados –
portando minha vontade;
segue teu caminho
em direção à luz do dia
com a lei da vida.

Agora o *vitki* deve aproximar a boca do *tine* e, com o maior fôlego possível, entoar a fórmula sagrada *ffffffaaaaaa*..., enquanto sente e visualiza um grande escoamento de *hamingja* na criatura. Isso também impregna o *tine* com um *önd* intensificado. Para despertar a entidade agora residente, pegue o *gandr* e bata, três vezes, com ele na forma com delicadeza.

9. Dando um nome (opcional). Se o *vitki* desejar intensificar o aspecto animado do *tine*, este deve ser espiritualmente provido de um nome, que deve refletir a finalidade do talismã, e tem, em geral, forma feminina. Um bom nome para esse *tine* seria Groedhing (a) (crescimento, ou aquela que cresce). Passe o *tine* três vezes sobre o pote de fogo enquanto entoa um verso que indica a força vivificante, como:

Agora centelhas de fogo
velozmente lançadas,
concedei vossa vida e rapidez.

Em seguida, deposite o *tine* no altar. Mergulhe os dedos na taça e, com cuidado, borrife a água ou o hidromel sobre o *tine*, entoando a seguinte fórmula:

Eu te borrifo com a água
e te dou o nome de (nome).[11]

10. *Formáli.* Agora a entidade do *tine* precisa ser permanentemente codificada com seu propósito especial – seu "destino" ou *ørlög*. Ela é recém-nascida, mas precisa ser dotada de "ações passadas" para que possa executar com eficiência sua função. Isso é feito por meio de um *formáli*, ou discurso formal de declaração. Fique em pé na : ᛉ : *stadha* diante do *tine* que repousa no altar e proclame uma fórmula que resuma todas as exigências, restrições e propósitos do ser talismânico. Para esse *tine* particular, o seguinte *formáli* é apropriado:

Tu és o ser da minha vontade,
E é teu destino fazer o que é aqui considerado:
protegerás meu caminho,
aonde quer que eu vá,
e com o grande poder dos Ása,[12]
despejarás sobre mim
tua radiante lei da vida
com amor de paixão e sabedoria modeladora,
para que eu possa crescer e progredir – mantém-me são e robusto –,
já que és jovem o ano inteiro.
Em nome de Odin-Vili-Vé
e pelo poder de Urdr-Verdandi-Skuld,
assim será.

11. A fixação. Para unir o poder do carregamento da runa ao *tine*, trace três anéis ao redor do ser senciente com o *gandr* enquanto canta:

O poder da runa encerra
as runas sagradas;
unidas possam elas
executar minha vontade.

Visualize uma esfera semipermeável inclusiva de força radiante ao redor do *tine* que permita que o poder desejado entre e seja transformado, intensificado e novamente projetado, mas que retenha a carga original e impeça a descarga pelas forças contrárias.

12. Encerramento. Depois de colocar o *tine* na morada pretendida, o *vitki* pode entoar um breve verso de encerramento:

Agora o trabalho
foi executado
com o poder
das runas poderosas
e assim será.

Ou execute o ritual de encerramento delineado anteriormente.

Agora o *hlutr* vivo deve ser colocado no local onde viverá sua vida e executará sua função. Se o *tine* for usado pela pessoa, deverá ficar próximo à pele, suspenso por um cordão, uma tira de couro ou uma corrente confeccionada com material compatível.

Fórmulas talismânicas

Os runomantes mais avançados não precisarão de dicas adicionais para a prática bem-sucedida da magia do *tine*, mas, no caso dos aspirantes a *vitkar* talentosos que possam precisar de mais dicas, as fórmulas rituais e de inscrição a seguir podem ser úteis. As três primeiras introduzem métodos rituais arcaicos e, em alguns casos, bastante originais, que terão interesse especial para todos os *vitkar* ainda pouco instruídos na antiga literatura mágica das sagas e das *Eddas*. Na última seção, são fornecidas cinco fórmulas talismânicas para vários efeitos mágicos. Algumas delas são extraídas da tradição rúnica arcaica, ao passo que outras são fórmulas criadas no século XX. É preciso ressaltar, mais uma vez, que os rituais mais eficazes serão aqueles elaborados pelos *vitkar* talentosos, com base em seu relacionamento pessoal com o mundo rúnico.

As três fórmulas ou padrões rituais introduzidos nas seções a seguir envolvem os três impulsos mais básicos na magia: (1) o amor, (2) a vingança (maldição) e (3) a sabedoria. O principal propósito por trás dessas fórmulas é *sugerir* caminhos para um maior poder rúnico por meio de várias técnicas dentro da esfera geral da magia talismânica.

Amor

Os rituais para a obtenção do amor de outra pessoa têm sido um dos principais temas da magia rúnica desde tempos imemoriais. No entanto, como demonstrou o exemplo anterior, as tentativas de magia do amor rúnica bem-sucedidas foram realizadas com o que hoje poderíamos chamar de "boas intenções". Isso não procede de uma agregação moralista ao sistema rúnico, mas, sim, da natureza complexa das energias e dos relacionamentos sexuais. Parece que a magia do amor *funciona* com muito mais eficácia, e as variáveis são mantidas em um mínimo, quando a emoção mais simples do "verdadeiro amor" está presente.

Figura 21.14. Fórmula rúnica para magia do amor bem-sucedida.

Uma fórmula rúnica para a magia do amor bem-sucedida é formada pelas runas apresentadas na Figura 21.14. A contagem rúnica é 6 (múltiplo: 2 × 3). O total rúnico é 60 (múltiplo: 6 × 10). Veja a seção sobre simbolismo numérico.

Figura 21.15. Runa combinada de fórmula de magia do amor.

Um *tine* deve ser criado, talvez usando a runa combinada mostrada na Figura 21.15. Essa runa combinada usa a forma alternativa da runa E, ᛂ.

Durante o processo de carregamento, cada um dos símbolos precisa ser primeiro entalhado e carregado em separado, e depois eles devem ser reunidos num único campo de força durante a fase da coloração. No lado reverso do *tine* (ou perto do *galdrastafr*, se o espaço for um problema) devem ser gravados os nomes das pessoas que serão reunidas. Naturalmente, isso acontece na terceira etapa do ritual de carregamento. Deve-se tomar muito cuidado para que o máximo de força imaginativa e emocional seja aplicado na identificação das *três* entidades envolvidas – os dois amantes e as forças rúnicas de atração, ligação e amor. O *tine* carregado deve ser usado pelo runomante para atrair o/a amante para ela/ele ou pode ser colocado em local perto da pessoa desejada, por exemplo, debaixo da cama dela, embaixo ou em cima da soleira de uma porta pela qual a pessoa amada passe com frequência, e assim por diante.

Uma forma alternativa desse encantamento requer que se gravem todos os elementos da fórmula talismânica numa joia, a qual será, então, oferecida à futura amante do *vitki*. É claro que isso só pode ser feito em circunstâncias especiais. O *vitki* precisa conhecer muito bem a pessoa desejada para que isso seja adequado e eficaz e ter certeza de que ela usará o objeto, ou estará perto dele, durante certo período. Para esse tipo de encantamento rúnico, também pode ser necessário o uso de códigos rúnicos secretos. A futura amante poderá desconfiar dos "sinais místicos" gravados na joia. Se, por exemplo, o objeto em questão for um medalhão, o lado reverso pode ser codificado como mostrado na Figura 21.16. (Veja a seção sobre códigos rúnicos no Capítulo 7, para obter mais informações.)

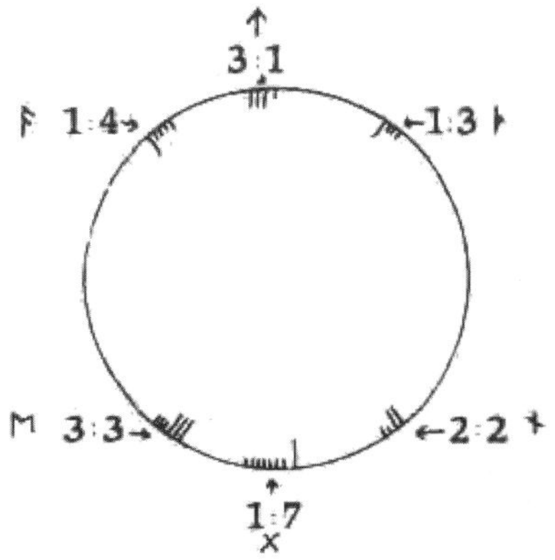

Figura 21.16. Forma codificada de fórmula de magia do amor. As marcas na forma superior formam 3:1, o que significa terceira sequência, primeira runa.

Os nomes poderão ser inscritos usando-se o mesmo código nos espaços laterais na borda da forma. Nesses casos, o *vitki* deverá executar o ritual de carregamento da maneira habitual, exceto que, quando as representações codificadas forem gravadas, a runa deverá ser visualizada com intensidade e carregada no símbolo numérico. A imaginação e o talento do runomante são os únicos limites para a inventividade que esse tipo de talismã pode alcançar. No entanto, a pessoa precisa ter muita competência nas habilidades mágicas básicas e estar bastante familiarizada com o sistema rúnico para fazer esse tipo de talismã funcionar. Uma das partes mais poderosas de um rito desse tipo é o *formáli*, no qual um poema de verdadeiro amor e ardente desejo sexual deve ser composto e carregado com energia sexual apaixonada.

Vingança e defesa

Essa fórmula é denominada "vingança" e "defesa", e não apenas "maldição", porque só deve ser executada quando o *vitki* tiver sido prejudicado de alguma maneira pela vítima pretendida da operação ou quando a vítima teria prejudicado o *vitki* ou seus entes queridos se o terrível mastro da maldição [*niding pole*] não tivesse sido erguido para subjugar o adversário.

O *nidhstöng,* ou mastro da maldição (literalmente "mastro do insulto ou da difamação"), é um mastro longo no qual são entalhadas fórmulas de insulto e maldição; o mastro é, então, parcialmente enterrado no solo, de frente para a casa da vítima. O topo dele é guarnecido com a cabeça de um cavalo ou de uma representação da vítima em posição obscena. As sagas estão repletas de histórias a respeito desses mastros da maldição. A fim de executar um ritual para confecção de um desses mastros, o *vitki* precisará de um bastão ou mastro de no mínimo 60 centímetros de comprimento, cabeça de um cavalo esculpida ou de uma representação entalhada da vítima. Em tempos antigos, os *skalds* (poetas) de ásatrú compunham, muitas vezes, poemas de maldição e erguiam mastros contra os clérigos cristãos que invadiam a Terra do Norte.

O mastro funciona como ímã para as forças mortíferas de Hel, atraídas das correntes subterrâneas para cima, através do mastro, e projetadas na direção da vítima por intermédio da cabeça do cavalo ou de outra representação. A inscrição no mastro forma a corrente e confere a missão dela.

A execução efetiva de um ritual do mastro da maldição é um pouco mais simples que outras operações talismânicas. Procure um local adequado para montar o mastro (ele não precisa ficar muito *perto* da vítima, mas é melhor que consiga vê-lo do lugar onde a vítima mora). Vá para o local de trabalho à meia-noite e execute o ritual de abertura apropriado. Passe algum tempo em silêncio meditativo, concentrando seu poder emocional contra a vítima. Nesse estado, componha uma fórmula rúnica poética ou em prosa, específica para a criação do mastro da maldição. Um exemplo seria:

> *Três tordos atirei para ti* ᚦᚦᚦ
> *(thurisaz thurisaz thurisaz) e três*
> *gelos também* ᛁᛁᛁ *(isa isa isa).*[13]
> *Todas as criaturas selvagens e todos os*
> *violentos espíritos guardiões afligiram e preocuparam tua*
> *miserável alma – Hel te possui agora*
> *(nome da vítima)!*

Translitere o *formáli* para runas (consulte o Apêndice IV) e entalhe-as ritualmente no mastro. É *necessário* colorir apenas as runas :ᚦᚦᚦ : e :ᛁᛁᛁ :. Posicione a figura que vai ficar no topo do mastro e enterre-o no solo, repetindo a fórmula para criação do mastro.

Imagine as forças de Hel – a Deusa da Morte – emitindo todo seu poder em correntes de "luz" negra (ou qualquer cor que o *vitki* possa associar à destruição) na direção da vítima condenada. Agora, o *vitki* deve imaginar a vítima destruída pelas forças de Hel e devolvida ao abraço negro desta última. A alma marcada é esmagada pelas runas TH e comprimida e tolhida pelas runas I. Você conclui o ritual rompendo a esfera de trabalho e projetando todo o resíduo na direção do alvo, por meio da figura no topo do mastro. Deixe o mastro em pé até que o resultado desejado tenha sido alcançado.

Em tempos antigos, os mastros da maldição eram, em geral, erguidos contra adversários políticos ou religiosos, não apenas contra inimigos puramente pessoais. O *vitki* deve sempre perguntar ao seu eu mais íntimo se o mastro é ou não a solução correta (:ᚱ:) para a situação.

Uma maldição também pode ser lançada sobre uma forma talismânica dada em segredo à vítima ou colocada em algum lugar próximo a ela, praticamente do mesmo modo como funciona o feitiço de amor.

Gole de sabedoria

Com o gole de sabedoria, o *vitki* carrega um *tine* rúnico, raspa as runas numa bebida de hidromel, *ale* ou cerveja e toma a bebida de um gole só – o poder das runas e tudo mais! Na sexta estrofe do "Sigrdrífumál", lemos um excelente exemplo dessa prática no contexto de um ritual iniciatório. A *valkyrja*, Sigrdrífa, diz para o herói, Sigurdhr:

> Trago cerveja para ti,
> guerreiro da batalha,[14]
> misturada com poder
> e fama renomada;
> ela está repleta de canções
> e símbolos reconfortantes,
> boa mágica[15]
> e poderosas runas.

A *valkyrja,* então, ensina a tradição rúnica ao herói.

Para absorver uma dose de sabedoria rúnica, o *vitki* deve, no momento devido, carregar um *tine* rúnico de acordo com a forma ritual – e não colorir as runas com pigmento, umedecendo-as, em vez disso, no hidromel, em *ale* ou cerveja. Além disso, não as entalhe profundamente, mas grave-as apenas de leve na superfície do *tine*. Depois que o carregamento estiver completo, pegue a faca rúnica e raspe as runas na taça de hidromel enquanto canta uma fórmula como:

Raspo as runas radiantes,
e seu poder formador,
da madeira da sabedoria,
na taça elas caem!

Em seguida, misture bem o conteúdo com a faca rúnica, ao mesmo tempo que repete esta fórmula:

Poder rúnico, mistura-te
com este hidromel de sabedoria,
combinados em um elo de força.

Agora, eleve a taça ou o chifre com as palavras:

Ódhroerir, urra dentro da taça!

Beba o conteúdo da taça ou do chifre até o fim. Durante toda essa ação ritual, concentre-se na combinação das forças, na vivificação delas no hidromel sagrado da inspiração, no seu sistema pessoal e na absorção dele dessas forças. Essa técnica pode ser adotada para vários efeitos mágicos ou místicos e é uma poderosa ferramenta no trabalho em grupo e nos ritos iniciatórios.

ALU: o poder mágico e a inspiração divina

Uma das fórmulas rúnicas mais antigas e ainda mais eficazes é ALU, que aparece em pedras e talismãs já em 400 EC. A palavra significa literalmente “ale”. *Alu* originalmente era um termo designado para o poder mágico e a inspiração divina. Foi, em seguida, transferido para um dos principais símbolos desse poder e inspiração, a bebida fermentada inebriante. Esse poder era usado, com frequência, para proteger os lugares sagrados contra os não iniciados. A fórmula pode ser modulada de várias maneiras e ser inscrita como a-l-u ou u-l-a; a runa A pode se deslocar em ambas as direções. A fórmula numérica também é muito poderosa. A Figura 21.17 mostra uma contagem rúnica de 3 (múltiplo: 1 × 3 [primo]). O total rúnico é 27 (múltiplo: 3 × 9). A força de *alu* parece ser de movimentos quase perpétuos, e ela gira constantemente sobre si mesma e se intensifica. Um *tine* criado com essa fórmula transmitirá grande proteção geral, ao mesmo tempo que conferirá sabedoria, inspiração, poder mágico e boa saúde em uma vida lícita.

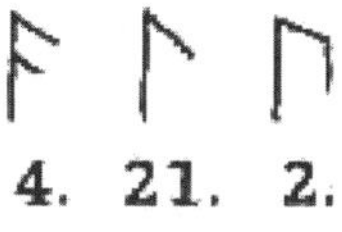

Figura 21.17. Fórmula alu.

A runa única que representava o teixo foi sempre um poderoso símbolo de proteção (entre outras coisas!). A fórmula apresentada na Figura 21.18 é uma "tradução" e adaptação de uma fórmula arcaica de magia do teixo. A análise numérica revela uma contagem rúnica de 13 (múltiplo: 1 × 13 [primo]), e um total rúnico de 160 (múltiplo: 10 × 16). A força do teixo é reenfatizada e trazida à manifestação material.

Figura 21.18. Adaptação de antiga fórmula de magia do teixo, cujo significado é "contra todo mal".

Observe os longos traços das runas A. Isso as distingue por uma interpretação particular (3 × 4 = 12), que tem a intenção de dizer "as bênçãos de *ansuz* (força odínica) nas três esferas de existência o ano inteiro" (:ᛃ:). Se possível, esse *tine* deve ser confeccionado com madeira de teixo. Essa fórmula é um bom exemplo da profundidade à qual podemos ter acesso mesmo em uma versão em língua inglesa moderna de uma fórmula rúnica.

Os *galdrastafir* talismânicos a seguir sugerem algumas das inúmeras maneiras pelas quais as runas combinadas podem ser utilizadas.

Para o sucesso generalizado em todos os aspectos da vida cotidiana, as runas :ᛏᛋᚦ: podem ser combinadas como na Figura 21.19 – poderosa fórmula para artistas, magos e amantes nos domínios de ação, sendo também magicamente poderosa como invocação de força em todos os Nove Mundos. Muitos outros níveis de potência também podem ser introduzidos nesse *galdrastafir.*

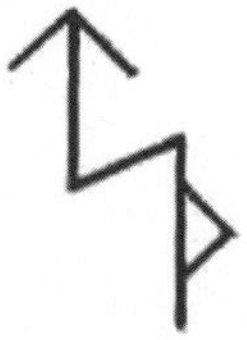

Figura 21.19. Runa combinada para o sucesso.

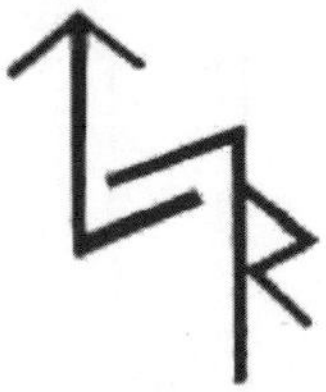

Figura 21.20. Runa combinada para a justiça. A análise numérica revela duplicação da força da runa T.

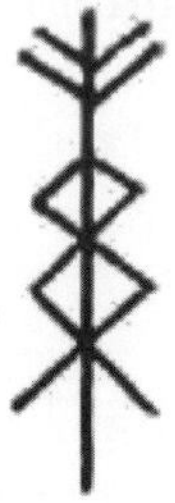

Figura 21.21. Runa combinada para a prosperidade e o bem-estar.

Para obter justiça, seja de um tribunal de justiça ou de um "tribunal da vida", use uma combinação das runas :ᛏᚱᛟ: na forma mostrada na Figura 21.20.

Uma das preocupações cósmicas e mágicas mais óbvias do sistema rúnico é com a prosperidade e o bem-estar. Ambos são promovidos por um poderoso *galdrastafr* composto de duas runas F, quatro runas TH e as runas NG e O na configuração simétrica mostrada na Figura 21.21. Uma rápida análise feita pelo runomante revela as múltiplas fontes de poder contidas nessa runa combinada.

Uma vez mais, talvez seja interessante assinalar que, no entalhe e no carregamento dessas runas combinadas, *cada* runa pretendida precisa ser entalhada de forma individual ou reforçada na configuração coletiva, e cada uma precisa, decididamente, ser carregada uma a uma. A ordem de entalhamento para a runa talismânica combinada retratada anteriormente é mostrada na Figura 21.22. Depois do quinto estágio, as quatro runas TH dissimuladas na figura devem ser aprofundadas com o número adequado de repetições do *galdr*.

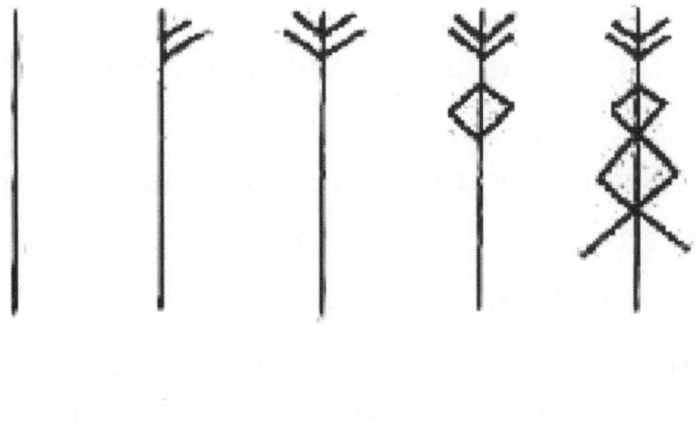

Figura 21.22. Padrão para entalhar uma runa combinada.

A morte dos *tines* rúnicos

Na maior parte dos *formálar* rúnicos, não só deve ser declarado o propósito exato do ser talismânico como também o intervalo de tempo que a criatura deverá viver, ou seja, ser vivificada com a força mágica. Uma fórmula conveniente para isso é "até que teu trabalho esteja realizado". Como a criatura do *tine* é um ser vivo, sua morte deve ser acompanhada de um ritual adequado. Isso se destina a garantir que a força mágica armazenada na forma será redirecionada à origem (o *vitki*) ou como um modo de sacrifício.

Esse importante ato ritual pode ser realizado por meio de dois métodos principais. O primeiro enfatiza a natureza *animada* da criatura do *tine* e tem como modelo os ritos funerários. Existem dois tipos de ritos funerários para a reabsorção de energia: a cremação e o sepultamento. O primeiro é mais eficaz para devolver o poder à esfera pessoal do *vitki* através das correntes celestes, enquanto o último é uma maneira poderosa de dirigir o poder através das correntes ctônicas. O segundo método, que enfatiza a natureza *dinamística* da runa, prescreve a remoção ritual das runas do *tine* usando-se uma faca. As raspas são, então, queimadas no braseiro. (Este também é um método de expulsar a magia rúnica de outro runomante.) Em todos os casos, isso deve ser feito com dignidade simples, acompanhada do *formálar* adequado, composto do próprio *vitki*. Deve ser prestado respeito apropriado à criatura, ao poder das runas e àquele que deu forma ao *tine* – o *vitki*. Essa "ecologia de poder" é bastante semelhante à antiga tradição nórdica do renascimento, que postula que o poder inato dos ancestrais é continuamente aprimorado nos descendentes.

Magia rúnica das palavras e das runas combinadas

Encontramos palavras-fórmulas como *alu* e *laukaz* em outras partes deste livro. Essas fórmulas são palavras protogermânicas, escritas em runas que transmitem a essência do significado de uma forma mágica ou operativa. O *vitki* de hoje também é livre para descobrir outras palavras arcaicas e poderosas de nosso passado ancestral que podem expressar esse mesmo tipo de poder. As palavras em protogermânico refletem a forma original de muitas palavras que ainda usamos hoje. Nesse caso, no entanto, elas estão nas formas mais originais e, portanto, são mais poderosas e essenciais. Essas palavras são natural e autenticamente expressas nas runas do Futhark Antigo e, assim, com um pouco de esforço, podem ser redescobertas e usadas hoje, para efeitos mágicos. Essa autenticidade aumenta a eficácia mágica do trabalho porque as formas ressoam mais perfeitamente com as formas originais da antiga língua.

O tópico das runas combinadas já foi abordado em várias seções deste livro. Eu seria negligente, no entanto, se não fornecesse mais informações operacionais sobre como usá-las de maneira prática, por direito próprio. Como passamos a entender e, espero, a internalizar os significados das runas como *signos* individuais únicos, "memes" no jargão atual da época, a fim de efetuar significados precisos e com muitas nuances em nossos trabalhos, agora temos que aprender a unir as runas individuais em mensagens mágicas coerentes que entrarão no horizonte causal dos eventos e trarão o que desejamos para nossa vida.

Em tempos antigos, isso era feito de várias maneiras: com palavras-fórmulas (por exemplo, *alu*), bem como com obras poéticas, em que a mensagem rúnica era incorporada diretamente à linguagem natural do *vitki-skald*. Os poetas podem causar efeitos diretos com suas palavras *conscientemente entendidas de forma rúnica*. Outra forma de fazer isso, e para isso temos uma evidência direta na tradição mágica islandesa, é pegar palavras ou nomes magicamente poderosos (nomes do deus Odin, por exemplo) e transformá-los em runas combinadas. O mesmo pode ser feito com palavras que consideramos particularmente úteis para um trabalho mágico específico.

É possível encontrar léxicos de palavras protogermânicas em muitas fontes na internet ou em bibliotecas. Uma recente e em inglês (a maioria tende a ser em alemão) é o livro *A Handbook of Germanic Etymology*, de Vladimir Orell (Brill, 2003). Outra fonte é o apêndice etimológico do *American Heritage Dictionary*. A título de exemplo, aqui estão dez palavras protogermânicas, transcritas em runas, que podem ser usadas desse modo.

rikjadomaz: ᚱᛁᚲᛃᚨᛞᛟᛗᚨᛉ domínio, riqueza

lubo: ᛚᚢᛒᛟ amor

frithuz: ᚠᚱᛁᚦᚢᛉ paz

mahtiz: ᛗᚨᚺᛏᛁᛉ poder

meduz: ᛗᛖᛞᚢᛉ hidromel (inspiração)

segaz: ᛋᛖᚷᚨᛉ vitória (sucesso)

wurdhawîsaz: ᚹᚢᚱᛞᚨᚹᛁᛊᚨᛉ sábio em palavras

afalan: ᚨᚠᚨᛚᚨᚾ força

hailaz: ᚺᚨᛁᛚᚨᛉ presságio de boa sorte

santhaz: ᛊᚨᚾᚦᚨᛉ verdade, justiça

A mesma técnica pode ser usada para descobrir outras palavras de poder e simplesmente escrevê-las na forma das runas do Futhark Antigo para criar suas próprias palavras-fórmulas mágicas. A chave para o uso preciso é não tentar fazer modificações gramaticais nas palavras básicas, além de usar suas formas simples, conforme inseridas nos léxicos. Num jargão técnico, isso seria dizer para você usar as formas singulares das palavras. Se alguém tentasse fazer sentenças com elas, isso exigiria que se assumissem diferentes desinências gramaticais, e assim por diante. As antigas palavras-fórmulas tendiam a ter essa forma. A língua protogermânica era altamente flexionada, com muitas alterações e terminações gramaticais. Se formos além das formas básicas, isso pode resultar em mensagens confusas, que não ressoam, ao longo do tempo e do espaço, em mudanças mágicas.

Para criar runas combinadas com elas, é preciso uni-las como uma espécie de monograma, tendo em mente que runas repetidas não precisam ser contabilizadas, e que a combinação e a orientação normais das runas podem ser alteradas por razões estéticas. Para criar um *taufr* dessa maneira, siga o ritual descrito anteriormente, projete sua fórmula em runas e, se desejar, como runa combinada. Escreva-o com tinta vermelha em papel pergaminho ou o esculpa e tinja de vermelho num pedaço fino de madeira. Assim que tiver concluído, esconda-o ou coloque-o numa bolsa ou um saquinho, para carregá-lo consigo, mas não olhe para ele novamente. Deixe que o poder das runas trabalhe por você "nos bastidores", em nível inconsciente.

Aqui está um exemplo de como usar a fórmula *meduz* para ter mais inspiração. As runas aparecem como: ᛗᛖᛞᚢᛉ, que podem ser formadas com uma runa combinada que pode parecer algo como a runa combinada mostrada na Figura 21.23. Observe também que a palavra pode ser escrita como uma runa combinada da maneira mostrada na Figura 21.24.

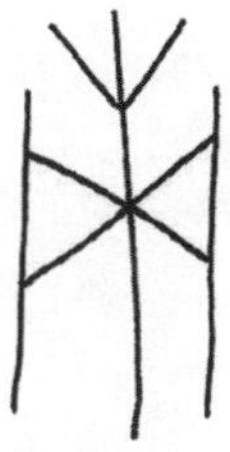

Figura 21.23. Runa combinada para *meduz*.

Figura 21.24. Runa combinada alternativa para *meduz.*

A escrita dos sons em runas abre os sons para um modo de solidificação no universo dos eventos e da experiência humana. A combinação dessas duas formas numa única torna muito mais fácil sua entrada no inconsciente e no reino causal terreno. Faça esse *taufr* e use-o, deixando que funcione; assim você estará aberto aos reinos mais elevados do hidromel dos deuses.

Figura 21.25. Runa combinada para formar o nome de Odin, que significa "amado".

Muitos leitores provavelmente se lembram das técnicas pioneiras do mágico e artista inglês Austin Osman Spare. Provas de que suas técnicas particulares já haviam sido exploradas por mágicos islandeses várias centenas de anos atrás são mostradas pelo exemplo a seguir.

Encontramos o nome de uma varinha mágica num livro de magia islandês chamado *thekkur*. Esse é um nome de Odin com o significado de "amado". Seria, portanto, eficaz em trabalhos mágicos com o objetivo de conseguir uma boa esposa. O sinal é construído a partir de uma runa de ligação composta das runas (mais jovens): ᚦᛁᚴ ᛦ, reunidas para formar a runa combinada mostrada na Figura 21.25.

Isso é, então, estilizado no espírito da estética do século XV para formar o sinal denominado *thekkur* e que aparece nos manuscritos, como mostrado na Figura 21.26.

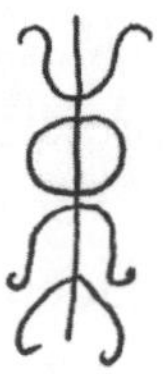

Figura 21.26. *Thekkur.*

Esse processo reflete claramente o de Spare em muitas de suas particularidades. Sua "redescoberta" dessa técnica poderia, suponho, pertencer à categoria de "atavismo", sobre o qual ele gostava de escrever.

Stadhagaldr

Esta disciplina tem um grande débito com o trabalho dos magos rúnicos da Alemanha do século XX que desenvolveram um sistema chamado *Runenyoga*. Os textos de Siegfried Adolf Kummer, Friedrich Bernhard Marby e Karl Spiesberger contêm muitas informações sobre *Runen-Asana, Runen-mudra,* e assim por diante. Marby chamou seu sistema de *Runengymnastik*. Na realidade, eles parecem depender um pouco demais da disciplina indiana afim. Não obstante, suas experiências práticas, suas dicas inestimáveis e suas fórmulas rituais são a base do trabalho que se segue.

Teoria e uso

Em comparação com o que o *yoga* se tornou nos séculos posteriores, o *stadhagaldr* é um sistema ativo de magia que consiste em posturas ou gestos rúnicos para efeito mágico, tanto dentro do *vitki* quanto no ambiente. Ambos os sistemas provavelmente derivaram da mesma tradição indo-europeia básica de gestos mágicos e simbólicos.

Os gestos e as posturas formam parte de quase todas as escolas metafísicas ou mágicas. Podem envolver desde o simples entrelaçamento das mãos na prece até o complexo sistema de *asanas* da escola indiana *hatha yoga. Stadhagaldr* é equilibrado nesse aspecto. O número e a complexidade das posturas são variados o bastante para expressar a grande diversidade de forças presentes, mas nenhuma requer extenso treinamento ou esforço físico. A grande vantagem de *stadhagaldr* no sistema rúnico é a possibilidade de personificação da forma efetiva da runa no equipamento do *vitki*. Isso pode resultar na manifestação de todo o mistério rúnico na pele do *vitki*, transformando, desse modo, o corpo num incrível instrumento mágico! As metas gerais de *stadhagaldr* são:

1) Controle do corpo por meio da postura (*stadha*).
2) Controle do pensamento por meio do canto (*galdr*).
3) Controle da respiração.
4) Controle das emoções.
5) Conscientização das esferas rúnicas do eu e do(s) mundo(s).
6) Controle e direcionamento da vontade.

O *vitki* deve se empenhar em alcançar cada um desses objetivos, sucessivamente, até que todos os seis tenham sido dominados.

É preciso enfatizar com vigor que o corpo não deve ser encarado como algo ruim ou um inimigo a ser derrotado ou submetido à obediência, mas sim como fonte de grande energia sagrada, não alcançável por nenhum outro meio, bastando que seja dirigida em harmonia com o *hugr.* O corpo é a parte pessoal de Midgard do *vitki*, o centro equilibrado do multiverso que contém o potencial de todos os mundos.

Stadhagaldr é usado como forma de integração psicológica e transmutação pessoal, além de empregado em *todos* os outros tipos de efeitos mágicos. O *vitki* pode, por exemplo, construir, literalmente, um talismã vivo, numinoso, dentro do corpo, por meio de *stadhagaldr*, para *se tornar um* tine *rúnico ambulante!* Os princípios da combinação e da mistura rúnicas funcionam com *stadhagaldr* exatamente da mesma maneira como funcionam com a magia do *tine* ou dos sinais mágicos. As *stödhur* são apenas um modo de expressão alternativo para o poder rúnico.

Absorção das correntes do mundo e da terra

A prática dessa forma de magia está estreitamente relacionada com os mistérios das correntes rúnicas. As posturas rúnicas atuam como antenas de força por meio das quais o *vitki* pode atrair, modular e voltar a projetar o poder rúnico para propósitos mágicos. Como o *vitki* sabe, há três tipos de correntes rúnicas: as celestes, as terrestres e as subterrâneas ou ctônicas. As correntes celestes *e* as ctônicas são correntes do mundo ou cósmicas e não são peculiares a este planeta, como as correntes terrestres, que circulam logo abaixo e acima da superfície da Terra. O eu individual contém equivalentes de cada uma dessas correntes, que atuam como matriz por meio da qual as correntes rúnicas nos afetam e influenciam. Essas correntes são percebidas de muitas maneiras diferentes: algumas são vibrações, outras são ondas, fluxos, raios e até contrações. A indução dessas forças é a base de *stadhagaldr.*

Na realidade, o poder é atraído através das mãos e/ou dos pés e da cabeça, diretamente para o eixo central do *vitki.* Lá, ele é absorvido e modulado e depois reemitido para fins específicos ou assimilado para alterar o eu do *vitki*. Cada postura rúnica recebe e/ou transmite a força num padrão particular, e a partir de vários universos, de acordo com sua forma. Esse poder é conectado diretamente ao mundo físico, tendo como veículo o sistema nervoso humano. Ao executar as várias *stödhur* rúnicas, o *vitki* deve visualizar e *sentir* os fluxos de força que estão sendo reunidos ou projetados num padrão particular através do corpo, o qual está na forma da runa. Você terá a impressão de que uma corrente elétrica está passando pelo seu corpo, a qual aparecerá como raios de luz avançando em padrões angulares. Cada *vitki* deve deixar que a experiência pessoal tenha precedência sobre qualquer coisa que ele possa ter lido neste ou em qualquer outro livro. Os sentimentos e as reações pessoais, e não os processos de pensamento "lógicos", são diretrizes mais eficazes no âmbito da magia prática. Isso é especialmente verdadeiro no caso de *stadhagaldr.*

A Tabela 21.4 mostra quatro exemplos de formas rúnicas, seus padrões de poder e os reinos de existência que abrangem. Também pode oferecer algumas dicas práticas para um desenvolvimento mais produtivo. As setas indicam as direções na qual a força flui.

Tabela 21.4. Alguns padrões de correntes de força.

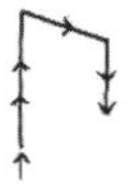	Correntes subterrâneas são atraídas até o *vitki* e circulam de volta à fonte.
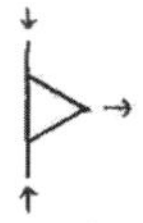	Forças celestes e subterrâneas fluem para o *vitki*. Nele, essas forças são sintetizadas e enviadas para a esfera terrestre como ação manifestada.
	Uma contracorrente de força terrestre direcionada flui através do eixo vertical das correntes do mundo, resultando numa intensificação concentrada de poder no ponto de confluência.
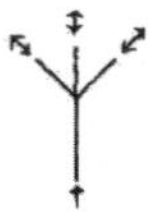	Correntes celestes e subterrâneas são recebidas, assimiladas e redirecionadas à esfera celeste.

Os padrões apresentados baseiam-se na prática e na observação pessoal e não devem ser considerados dogmas. Observe que as diagonais dão a impressão de ser, às vezes, ligações terrestres e, outras vezes, ligações com as esferas celestes ou subterrâneas. Isso ocorre até com a mesma runa em ocasiões diferentes, porque a runa dificilmente é estática! Um bom *vitki* rúnico tentará experimentar, de modo empírico, todas essas forças e, com crescente habilidade, começará a dividir e a classificar as forças brutas nas características rúnicas mais refinadas. Com a prática adequada e persistente, surgirão os resultados empíricos.

Os antigos *vitkar* conheciam bem o poder das correntes terrestres porque elas formavam um de seus mais poderosos mistérios. O melhor local de trabalho para o *stadhagaldr* é um conhecido "ponto de poder", onde as correntes terrestres e as do mundo (as horizontais e as verticais) circulam juntas. Elas são conhecidas por todas as culturas do mundo. O *vitki* deve procurá-las para os ritos importantes de *stadhagaldr.*

O ser humano é constantemente bombardeado pelo poder que flui de cima, de baixo e de todos os cantos da Terra; a tarefa é controlar esse influxo e direcioná-lo. Recebemos o poder da luminosidade da vasta extensão do espaço e acionamos a força constritiva da escuridão que se agita no centro da Terra. É muito importante que compreendamos *os dois* extremos e que conscientemente os encontremos, desenvolvendo-os até os limites máximos e centrando-os na nossa consciência.

Antes de tentar qualquer trabalho mágico prático nesse sistema, as *stödhur* de todas as runas a serem usadas na operação devem ser dominadas por meio de intenso programa de exercícios de meditação com as posturas rúnicas em questão. Esse tipo de força que circula dentro e em volta da Terra é explicado com mais detalhes em *Rune Might* (Inner Traditions, 2018).

Fórmula de abertura no *stadhagaldr*

O trabalho de *stadhagaldr* pode começar com o rito geral de abertura apresentado na seção sobre magia talismânica ou o *vitki* pode usar um *stadhasetning* especial (rito postural) para ativar as forças rúnicas. Esse é um poderoso rito com o qual podemos praticar *stadhagaldr*, de modo que essas três *stödhur* talvez devam ser dominadas primeiro. Aqui, assim como nos ritos seguintes, uma runa apresentada ao lado de um *galdr/formáli* indica que o *vitki* deve assumir a *stadha* da runa e entoar seu *galdr* antes elaborado e/ou o *formáli* que carrega as ações rituais com intenções mais refinadas (veja a Tabela 21.5).

Tabela 21.5. *Stödhur* para ativar as forças rúnicas.

ᛁ	*Conhecendo a mim mesmo, sou um mastro* *para raios e ondas de poder rúnico.*
ᚢ	*Conhecendo a mim mesmo, moldo* *o poder das profundezas* *a partir dos reinos da Terra* *do útero de Hel (ou Mãe Terra)*

ᛉ *Conhecendo a mim mesmo, moldo o poder*
das mais elevadas alturas
a partir do mundo amplo,
a partir do reino de Heimdallr.

Ritos simples

A execução da *stadha* de qualquer runa pode, é claro, ser considerada um rito. Isso é particularmente verdadeiro se o *vitki* compuser um *formáli* que será recitado depois que o encantamento (*galdr*) for entoado. Esse *formáli* conferirá uma forma e um propósito específicos à força rúnica produzida pela operação. As possibilidades para trabalhos poderosos de beleza simples são quase ilimitadas. Os ritos a seguir de forças rúnicas combinadas são compostos basicamente de vários desses ritos mais simples mesclados para formar um efeito mágico mais complexo. Eles descrevem fluxos ou processos de poder que visam a uma meta específica, como o "Aumento do poder mágico" (página 374), "Sucesso e vitória" (página 375), "Aumento da força criativa" (página 376) e o "Rito da necessidade" (página 377). A vantagem do trabalho ritual da *stadha* é que ele fornece chaves para várias esferas de consciência e inspira o *vitki* a alcançar o poder máximo, se for executado em todos os níveis de existência. Nosso objetivo nos ritos de *stadhagaldr* é a combinação de várias forças rúnicas numa única corrente de poder concentrada e direcionada com uma meta ou um objetivo definido. Isso deve ser alcançado por meio da combinação das formas e dos sons de várias runas reunidas num só campo de força de ação. O símbolo da operação pode ser uma série de runas ou uma runa combinada traçada no chão, no solo ou numa tábua deitada no altar ou pendurada na parede, na altura dos olhos, diante do *vitki*. Essa forma deve ser o ponto focal de concentração durante todo o ritual.

Essas fórmulas rituais também podem ser adaptadas como ritos mágicos talismânicos ou de sinais. Além disso, são fórmulas poderosas para a criação de envios de runas combinadas durante a meditação.

Aumento do poder mágico

- ᛗ — *Mannaz,* libera o fluxo do poder divino em mim.
- ᚢ — O poder rúnico é moldado por *uruz.*
- ᚠ — O poder flamejante de *fehu* flui para mim.
- ᚨ — O poder de Odin corre para mim.
- ᚷ — A dádiva dos Deuses cresce em mim.
- ᚦ — Correntes rúnicas se encontram em mim e irradiam para onde eu as envio – com pleno conhecimento.
- ᛁ — Com autoconhecimento, conduzo a mim mesmo e as correntes.
- ᛉ — O poder rúnico corre entre mim e os Mundos ao longo do arco-íris de luz.
- ᚺ — O poder rúnico atua *em* mim.
- ᛇ — O poder rúnico atua *através* de mim.

Sucesso e vitória

ᚾ Runa Norne repele os grilhões de *wyrd* e reverte a necessidade.

ᚠ Cresce e prospera por meio de *fehu*.

ᛋ A velocidade vence em mim!
Poder diretor de *sowilo* (o Sol),
Conduze-me de sucesso em sucesso.

ᛏ Tyr-Tyr
Fruto da luta – vitória!

ᚦ Minhas façanhas me fazem crescer,
para sempre com grande poder.

ᛗ *Mannaz!* Palavra de plenitude,
seja a realizadora dos meus desejos.

ᛚ Faça com que todo o bem se torne maior.

ᛃ Que a chuva e a plenitude
atuem o ano inteiro!

ᚹ O bem-estar aumenta;
a felicidade cresce em si mesma.

ᚦ Nossas ações nos fazem crescer,
para sempre em um grande poder.

ᚾ Runa Norne, repele os grilhões e reverte a necessidade!

ᛉ Poder protetor do Mundo, corre para mim.
Poder protetor do Mundo, atua em mim.
Poder protetor do Mundo, atua através de mim.

Aumento da força criativa

ᚠ O poder flamejante de *fehu* flui para mim.

ᚢ *Uruz* molda o poder das runas.

ᚦ Correntes rúnicas se encontram em mim
e irradiam para onde eu as envio.

ᚨ O poder da minha palavra aumenta.

ᚱ O caminho certo eu trilho.

ᚲ A destreza vem até mim
pelo poder de *kenaz;*
o conhecimento e a sabedoria do Mundo
aumentam em mim por meio de *kenaz.*

ᛋ A velocidade de *sowilo* (o Sol) me dirige.

ᛏ Tyr-Tyr
A vontade da rápida formação
corre com sucesso através de mim.

ᛃ Chuva e plenitude –
Dádivas do bom ano!

Rito da necessidade

ᚾ A runa Norne repele os grilhões de
wyrd, reverte a necessidade.
Tu és minha necessidade –
por teu intermédio supero a necessidade.

ᚺ Criatura do Mundo – madeira
concede boa velocidade e ajuda!
Abraço as runas,
abraço minha necessidade!

ᚾ O "Fogo do socorro" arde em mim!

ᛗ *Mannaz!* Palavra de plenitude,
seja a realizadora das minhas necessidades
e liberta o fluxo do poder das runas.

ᛉ O poder das runas corre entre mim
e os mundos
ao longo do arco-íris de luz.

ᚾ "Fogo do socorro" arde em mim!

ᛋ O poder diretor do sol
leva-me para a frente.

ᚾ O "Fogo do socorro" arde em mim!

(*Repita isso até que o fogo se acenda em seu peito.*)

Talismã ritual

Quer o *vitki* esteja executando ou não um ritual de carregamento talismânico, um símbolo que descreva a operação rúnica particular pode ser formado para funcionar como símbolo externo duradouro do processo sagrado interior que acontece no rito. Trata-se, normalmente, de uma runa combinada ou uma sequência rúnica entalhada ou pintada numa tábua de madeira ou num papel. Ela deve ficar exposta em algum lugar onde o *vitki* irá vê-la com regularidade e assim reafirmar constantemente seu vínculo com a força mágica. O entalhe ou a pintura também podem ser feitos em um pequeno objeto que o *vitki* carrega consigo.

Essa técnica só deve ser usada em casos nos quais o *vitki* queira provocar uma mudança interna de consciência. Para operações cuja intenção é afetar o ambiente externo, o *vitki* deve despender toda energia possível durante o ritual e depois promover uma ruptura completa com força, liberando-a, assim, para fazer seu trabalho. Nesse último caso, um lembrete constante só retardaria a realização bem-sucedida da vontade do *vitki*.

Magia dos sinais

A prática da magia dos sinais envolve a combinação das técnicas de sinalização e envio com as do *galdr* (encantamento). Essa forma de magia é a mais difícil porque exige intensa concentração e visualização para alcançar a máxima eficácia. Porém, depois que as técnicas foram dominadas, ela promete ser a forma mais direta e eficaz de *galdr* à disposição do *vitki*. As técnicas de sinalização e envio já foram explicadas, de modo que, a essa altura, o *vitki* está bastante familiarizado com vários aspectos da magia. Vamos aprofundar aqui esse conhecimento e direcioná-lo em canais técnicos mais específicos para a formulação da base da *signingagaldr* (a magia dos sinais). A principal diferença entre a sinalização encontrada nesta seção e a usada no carregamento dos *tines* é que os sinais são direcionados para sistemas já vivos e combinados com estes, sejam eles criaturas ou campos dinamísticos de força rúnica.

A ideia por trás da magia dos sinais é que o *vitki* possa entalhar runas com eficácia na estrutura viva do multiverso, combinando esse poder rúnico com um "alvo" simbólico que tenha sido formulado pelo *hugr* do *vitki,* por meio da visualização concentrada, o que ocasiona mudança nesse alvo. Essa é apenas uma das maneiras de usar as técnicas da magia dos sinais. Esse processo pode ser executado no *hugauga* (totalmente por meio da visualização meditativa) ou por intermédio de um trabalho ritual externo. Em ambos os casos, as técnicas são as mesmas; no entanto, o *vitki* pode começar com o método da visualização e pouco a pouco se dispor a fazer uma performance cerimonial mais complexa.

Os três passos necessários para a *signingagaldr* são: (1) formular um alvo e/ou se concentrar nele, (2) formular e projetar o poder rúnico determinado e (3) combinar os dois passos anteriores num único campo de força, para que o segundo influencie o primeiro da maneira desejada.

Para formular um alvo para a força mágica projetada, o *vitki* vai precisar delinear a "área do alvo". Essa é a estrutura dentro da qual o alvo visualizado é mantido, para que o poder da runa possa ser direcionado para ele. Essa área pode ter forma retangular ou triangular. Se um triângulo for usado, a forma ▷ é preferível. Num trabalho ritual completo, uma estrutura em madeira pode ser construída e pintada do modo mais adequado ou decorada de outra maneira. A estrutura pode conter uma forma simbólica do alvo (uma imagem, por exemplo), mas, na maioria das vezes, o *vitki* construirá, com magia, a forma da imagem do alvo dentro da estrutura, por meio de seus poderes de concentração e visualização.

Depois que o alvo foi firmemente estabelecido e preso na estrutura, o *vitki* começa a formular o poder rúnico selecionado no centro do seu corpo. Esse poder é projetado na área do alvo e sinalizado da maneira descrita na seção sobre envio e sinalização. O *galdr* e/ou o *formáli* que é entoado ou falado deve conferir intenção e forma refinada ao poder rúnico. O runomante deve sinalizar a runa como se a força do sinal estivesse efetivamente sendo inculcada na estrutura viva do alvo. Depois que a combinação de forças estiver completa, o *vitki* verá imediatamente a mudança do alvo.

Embora a prática de envio e sinalização já seja bem conhecida a essa altura, o uso do *galdr* talvez precise ser mais desenvolvido no contexto da magia dos sinais. Ao longo deste livro, vimos tanto as formas sonoro-formulistas quanto as poéticas dos *galdrar.* Na magia dos sinais, ambas podem ser usadas, mas o *vitki* deve sempre visar a forma poética mais complexa, devido ao grau de flexibilidade e exatidão que ela oferece. Essas "canções mágicas" são encontradas em todas as antigas literaturas germânicas, e, na verdade, no caso dos antigos teutões (bem como de todos os outros povos indo-europeus), a arte da poesia teve origem no poder da magia.

O *galdr* serve para ajudar na invocação/evocação do poder rúnico e na sua formação dentro do *vitki*, mas também auxilia na proteção e na ligação dessa força com o alvo por meio de sua principal qualidade – a vibração.

As técnicas a seguir devem ser empregadas durante toda a prática de envio e sinalização, já que todos os elementos mencionados nesta seção precisam ser compreendidos como a expressão múltipla de uma única força – a vontade do runomante. A respiração deve ser o ponto focal de concentração ao longo de todo o *galdr*. Durante as inalações, o *vitki* se concentra no fluxo do poder rúnico dentro do centro pessoal. Ali, prende momentaneamente o ar para a formulação exata e depois, na expiração, concentra-se com intensidade na parte do *galdr* que deve ser projetada. Em geral, o *vitki* precisa respirar várias vezes para executar por completo os vários tipos de *galdrar*.

Uma linha do encantamento pode ser executada a cada respiração. No caso dos *galdrar* poéticos, o *vitki* deve se concentrar "runicamente" no som de cada letra de cada palavra do encantamento – *sentindo* a força desses sons. Ele não precisa, em absoluto, *pensar* no significado deles; se o *galdr* for bem composto, parecerá funcionar por si só.

O que importa aqui é o fluxo de força, sua formulação e sua projeção num padrão suave e concentrado, que se torna quase inconsciente para o *vitki* capacitado. Uma unidade se forma entre o poder rúnico, o *vitki* e o alvo, de maneira que faz com que a natureza especial dessa forma de magia logo se torne visível.

A principal unidade mágica na qual o runomante precisa se concentrar conscientemente é a do *som* (do encantamento) e a da *forma* (da runa e do feixe de luz através do qual ela é projetada), todos dentro da "vibração rúnica" comum. Os exercícios de meditação serão de grande ajuda nesse processo. Os encantamentos podem ser entoados em voz alta ou dentro do *hugr*. Além disso, quando são proferidos em voz alta, os *galdrar* podem ser cantados de maneira sonora e estrondosa ou sussurrados de modo suave. O primeiro caso parece mais eficaz quando o *vitki* está executando um rito sozinho ou na companhia de colegas *vitkar*, ao passo que o último é, com frequência, mais poderoso quando pessoas não *vitkar* estão presentes.

Como essa forma de *galdr* se aproxima muito de uma abordagem inconsciente e meditativa, é extremamente importante que todos os aspectos do rito sejam *memorizados* antes que ele seja executado. De modo geral, essa é uma boa sugestão para todos os ritos, mas é especialmente necessária nesse caso. Uma tentativa bem-sucedida de *signingagaldr* depende de uma curiosa e magnífica combinação de todos os segmentos do complexo psicossomático do runomante. Os "benefícios adicionais" dessas operações são, com frequência, espantosos.

Talvez um comentário adicional deva ser acrescentado a respeito dos *galdrar* poéticos. Eles, sem dúvida, podem ser compostos em línguas modernas. (Veja o Apêndice III para sugestões técnicas sobre essa questão.) Durante a composição deles, é preciso refletir bastante sobre sua forma e seu conteúdo. O *vitki* dedicado se aplicará ao estudo do nórdico antigo e/ou de outros dialetos germânicos (por exemplo, inglês antigo, gótico e alto-alemão antigo), porque essas linguagens vibram com qualidades mágico-míticas difíceis de evocar em inglês moderno. No entanto, o mais importante é que o *vitki* encontre uma linguagem e uma forma poética poderosas, do ponto de vista mágico, que falem com a voz das esferas inconscientes dele.

CONCLUSÃO

Quando encontrei as runas pela primeira vez, de forma mágica, em 1974, pouco ou nada se sabia sobre elas nos círculos esotéricos de língua inglesa mundo afora. O conhecimento delas percorreu longo caminho desde então. Muito mais se sabe sobre elas, embora continuem tão misteriosas como sempre. Essa é a natureza e o caráter das próprias runas. Elas eram assim no início da descoberta e foram usadas pela primeira vez há cerca de dois mil anos, e continuarão assim para sempre. Essa é a prova de seu conteúdo genuíno.

Este livro representa uma introdução abrangente ao uso prático das runas. Grande parte dele foi dedicada à história e ao uso das runas em tempos históricos porque o desenvolvimento de um contexto profundo para a sabedoria mágica é essencial. Esse contexto é o solo no qual as sementes da sabedoria podem crescer e, por fim, dar frutos. Quanto mais contexto a pessoa desenvolver e adquirir, mais profundo será seu trabalho. Um bom recurso para continuar seus estudos em runologia operativa é meu livro *Alu: An Advanced Guide a Operant Runology* e talvez até *The Nine Doors of Midgard*, que fornece um estudo detalhado apenas para o aluno mais disposto a se aprofundar. A entrada formal na Rune-Gild pode estar em seu futuro, e, se assim for, você poderá entrar em contato com a organização em www.rune-gild.org. À medida que avançarmos nos estudos rúnicos e nos aprofundarmos em seus significados, descobriremos que eles começarão a ensinar diretamente, por meio da agência do deus das runas, Odin.

A esta conclusão incluí um poema que escrevi quando terminei o primeiro manuscrito de *Futhark, O Oráculo Sagrado das Runas*. Foi, na época, planejado para agir como uma espécie de feitiço rúnico para lançar as runas enquanto realmente estão no mundo. Aqueles familiarizados com a história do renascimento rúnico saberão que isso, como a maioria dos feitiços mágicos lançados por um *vitki*, funcionou poderosamente, mas nem sempre como esperado ou desejado. De certo modo, este e todos os meus outros livros sobre runas foram uma tentativa de ajustar esse feitiço.

Galdr para o renascimento rúnico

Bem aberta está a porta
para os ventos dos mundos rúnicos;
alto é o som das suas canções
através da noite do norte:
os sábios seguem seu caminho
em direção ao grande poder,
para, uma vez mais, aprender a sagrada tradição.

As irmãs e os irmãos
nascidos do Sol chamam
luminosos na sua noite de necessidade:
símbolos fortes e sagrados
postados no poder rúnico
inflamam a habilidade
e os meios astuciosos
de obter bem-estar e sabedoria.

Numa planície brilhante os
runomantes exercem sua habilidade
num Jardim dos Deuses
na luz do norte –
as runas florescem,
ressoando suas canções,
através de uma casa toda perfeita,
novamente como *aye anon*.

Edred Thorsson
Meio do Verão, 1979

APÊNDICE I. TABELAS RÚNICAS

Tabela 1. Futhark Antigo

Nº	Forma	Variações	Valor(es) fonético(s)	Nome	Tradução do nome	Interpretação esotérica
1	ᚠ	ᚠ	f	*fehu*	gado, animais de fazenda, dinheiro (ouro)	poder dinâmico
2	ᚢ	ᚢ ᚢ ᚢ	u	*uruz*	auroques	essência primordial, formadora e fertilizadora
3	ᚦ	ᚦ ᚦ	th	*thurisaz*	*thurs* (os fortes)	aquele que rompe a resistência (Thor)
4	ᚨ	ᚨ ᚨ	a	*ansuz*	Ase, deus ancestral, sobrerano	força ancestral soberana (Odin)
5	ᚱ	ᚱ ᚱ ᚱ	r	*raidho*	carruagem, carroça	veículo do caminho do poder cósmico
6	ᚲ	ᛦ ᛉ ᛦ ᛉ	k	*kenaz/ kaunaz*	tocha/ferimento	energia controlada
7	ᚷ		g	*gebo*	dádiva, doação	força permutada
8	ᚹ	ᚹ	w	*wunjo*	alegria, prazer	harmonia de forças afins

Nº	Forma	Variações	Valor(es) fonético(s)	Nome	Tradução do nome	Interpretação esotérica
9	ᚺ	ᚺ ᚻ	h	*hagalaz*	granizo (pedra)	forma seminal e união primordial
10	ᚾ	ᚿ ᚦ	n	*naudhiz*	necessidade	"fogo do socorro" (resistência/alívio)
11	ᛁ		i	*isa*	gelo	contração (matéria/ antimatéria)
12	ᛃ	ᛃ ᛄ ~ ᛡ ᚴ	j	*jera*	ano (boa colheita)	órbita (ciclo vital)
13	ᛇ	ᛇ	i/ei	*i(h)waz*	teixo	eixo (árvore da vida/ morte)
14	ᛈ	M W	p	*perthro*	copo da sorte	força evolucionária
15	ᛉ	Ψ ᛡ ᛦ	-z--R	*elhaz/ algiz*	alce/proteção	númen protetor e tutelar
16	ᛊ	ᛋ ᛊ ᛊ	s	*sowilo*	sol	roda solar (luz cristalizada)
17	ᛏ	ᛏ	t	*tiwaz*	Tyr, deus celeste	ordem soberana (Tyr)
18	ᛒ	ᛒ ᛒ	b	*berkano*	vidoeiro (deusa do)	númen do vidoeiro (retentor/liberador)
19	ᛖ	Π	e	*ehwaz/ ehwo*	cavalo/dois cavalos	deuses gêmeos no aspecto equino (confiança)
20	ᛗ		m	*mannaz*	homem (ser humano)	ordem humana de acenstralidade divina
21	ᛚ	ᛚ	l	*laguz/ laukaz*	água/alho-poró	energia vital e crescimento orgânico
22	ᛜ	○ □ φ	-ng	*ingwaz*	Ing, deus da terra	gestação-receptáculo (Yngvi)
23	ᛞ	ᛞ	d/dh	*dagaz*	dia	crepúsculo/amanhecer (paradoxo)
24	ᛟ		o	*othala*	propriedade ancestral	poder hereditário autocontido

Tabela 2. Futhorc anglofrísio

Nº	Forma	*Scramsax* do Tâmisa	Principais variantes	Frísias	Valores fonéticos	Nome em inglês antigo	Tradução do nome
1	ᚠ	ᚠ	ᚠ	ᚠ ᛉ	f	*feoh*	gado, riqueza
2	ᚢ	ᚢ	∧	ᚢ	u	*ūr*	boi selvagem
3	ᚦ	ᚦ	ᚦ	ᚦ	th/dg	*thorn*	espinho
4	ᚩ	ᚩ	ᚩ	ᚩ	o	*ōs*	deus (ou boca)
5	ᚱ	ᚱ	ᚱ	ᚱ ᚢ	r	*rād*	(uma) cavalgada
6	ᚳ	ᚳ	ᚲ	ᚳ	c/ch	*cēn*	tocha
7	ᚷ	ᚷ		ᚷ	G[j/zh]	*gyfu*	dádiva
8	ᚹ	ᚹ	ᚹ	ᚹ	w	*wynn*	alegria
9	ᚻ	ᚻ	ᚺ ᚼ N	ᚻ	h	*haegl*	granizo
10	ᚾ	ᚾ	ᚴ ᚾ	ᚾ	n	*nȳd*	necessidade, aflição
11	ᛁ	ᛁ		ᛁ ᚴ	i	*īs*	gelo
12	ᛄ	ᛂ	ᛂ ᛄ	ᛄ	y	*gēr*	ano
13	ᛇ	ᛇ	Z	ᛁ	eo	*ēoh*	teixo
14	ᛈ	ᛈ	ᚳ	ᛈ	p	*peordh*	caixa de dados
15	ᛉ	ᛉ	ᛘ	ᛉ	x	*eolhx*	alces/junco
16	ᛋ	ᚴ	ᛋ ᛋ ᛋ	ᛋ	s	*sigel*	sol
17	ᛏ	ᛏ		ᛏ	t	*tīr*	Tiw/sinal ou glória
18	ᛒ	ᛒ	B	ᛒ	b	*beorc*	vidoeiro/choupo
19	ᛖ	ᛖ		ᛖ ᛞ	e	*eh*	cavalo
20	ᛗ	ᛗ	ᛞ	ᛗ ᛞ	m	*monn*	Homem (ser humano)
21	ᛚ	ᛚ		ᛚ ᛚ	l	*lagu*	mar
22	ᛝ	ᛝ	ᛝ	ᛝ	ng	*ing*	o deus Ing
23	ᛞ	ᛗ	ᛞ	ᛞ	d	*dæg*	dia
24	ᛟ	ᛟ	ᛟ	ᛟ	e [ay] oe	*ēthel*	propriedade ancestral
25	ᚪ	ᚪ			a	*āc*	carvalho

Nº	Forma	*Scramsax* do Tâmisa	Principais variantes	Frísias	Valores fonéticos	Nome em inglês antigo	Tradução do nome
26	ᚫ	ᚫ			ae	*æsc*	freixo
27	ᚣ	ᚣ	ᚤ ᛦ	ᚩ ᚨ	y	*ȳr*	ornamento/arco dourado
28	ᛠ	ᛠ	ᛠ	ᛚ	ea	*ēar*	terra-sepultura
29	ᛡ		ᛡ	ᛦ	eo/io	*ior*	redemoinho de fogo
30	ᛢ		ᛢ	ᛢ	q	*cweordh*	serpente
31	ᛣ		ᛣ ᛣ ᛣ		k	*calc*	giz/taça
32	ᛥ				st	*stān*	pedra
33	ᛤ				g	*gār*	lança

Tabela 3. Futhark Novo

Nº	Forma	*Gørlev*	Principais variantes	Valor fonético	Nome em inglês antigo	Tradução do nome	Interpretação esotérica do nome
1	ᚠ	ᚠ	ᚠ	f	fé	gado, dinheiro, ouro	poder dinâmico
2	ᚢ	ᚢ		u/o/ö/v	*úr(r)*	chuva de granizo/ escória/auroques	essência fertilizadora
3	ᚦ	ᚦ	ᚦ	th/dh	*thurs*	*thurs* ("gigante")	que rompe a resistência
4	ᚬ	ᚬ	ᚭ ᚮ	a	*áss*	(o) deus (= Odin)	poder da palavra, força soberana
5	ᚱ	ᚱ	ᚱ ᚱ	r	*reidh*	uma cavalgada, cavalgar, veículo, trovão	caminho ou jornada espiritual
6	ᚴ	ᚴ	ᛦ ᛍ ᛍ	k/g/ng	kaun	um ferimento	fogo interno, mágico ou projeção
7	ᚼ	ᚼ	ᚽ ᚽ	h	*hagall*	granizo (nome de uma runa especial)	forma seminal do gelo
8	ᚾ	ᚾ	ᚿ	n	*naudh(r)*	necessidade, limite, penas	fogo do socorro, escravidão/ liberdade

Nº	Forma	*Gørlev*	Principais variantes	Valor fonético	Nome em inglês antigo	Tradução do nome	Interpretação esotérica do nome
9	ᛁ	ᛁ		i/e	*íss*	gelo	contração de *prima materia*
10	ᛅ	ᛆ	ᚴ ᛡ	a	*ár*	(bom) ano, colheita (boa)	manifestação
11	ᛋ	ᛌ	ᛋ ᛌ	s	*sól*	sol	roda solar/ luz cristalizada
12	ᛏ	ᛏ	ᛐ	t/d/nd	*Týr*	o deus Tyr	ordem celeste soberana
13	ᛒ	B	ᛔ ᛒ	b/p/mb	*bjarkan*	vidoeiro (deusa do) (nome de uma runa especial)	gestação/nascimento, instrumento do númen do vidoeiro
14	ᛘ		ᛘ ᛘ ᛙ ᛙ	*m*	*madhr*	homem, humano	ordem humana da ancestralidade divina, poder para conectar reinos
15	ᛚ	ᛚ		l	*lögr*	mar, cachoeira (líquido)	energia vital e crescimento orgânico
16	ᛦ	ᛦ	ᛧ	-R	*ýr*	teixo, arco de madeira de teixo	poder telúrico

Tabela 4. Futhork armanen

Nº	Forma	Nome	Significado
1	ᚠ	*fa*	fogo primordial, mudança, reformulação, banimento da aflição, envio do princípio generativo, espírito primal
2	ᚢ	*ur*	eternidade, constância, runa dos médicos, sorte, magnetismo telúrico, alma primal
3	ᚦ	*thorn*	ação, vontade de agir, poder evolucionário, estabelecer metas, runa da transferência "od-magnética".
4	ᚬ	*os*	respiração, bem-estar espiritual, palavra, irradiação de poder "od-magnético".
5	ᚱ	*rit*	lei primordial, retidão, conselho, resgate, ritmo

Nº	Forma	Nome	Significado
6	ᚴ	*ka*	geração, poder, arte, capacidade, propagação
7	ᛡ	*hagal*	cerco total, liderança espiritual, protetividade, harmonia
8	ᚾ	*not*	o "karma" inevitável. Compulsão do destino.
9	ᛁ	*is*	ego, vontade, atividade, banimento do poder pessoal, consciência do poder espiritual, controle do eu e dos outros
10	ᛅ	*ar*	sol, sabedoria, beleza, virtude, fama, bem-estar, proteção de espectros, liderança
11	ᛋ	*sig*	poder solar, vitória, sucesso, conhecimento, realização, poder de realização
12	ᛏ	*tyr*	poder, sucesso, sabedoria, geração, despertar, renascimento espiritual
13	ᛒ	*bar*	vir a ser, nascimento, encobrimento, canção
14	ᛚ	*laf*	lei primordial, vida, experiência de vida, amor, água primordial, runa da água e do oceano
15	ᛘ	*man*	runa do homem, aumento, plenitude, saúde, magia, espírito, homem divino, o princípio masculino no cosmos, consciência do dia
16	ᛦ	*yr*	runa da mulher, instinto, ganância, paixão, matéria, engano, confusão, morte, destruição, o feminino negativo
17	ᛂ	*eh*	casamento, amor duradouro, lei, justiça, esperança, duração, runa da confiança e das almas duais (gêmeas)
18	ᛄ	*gibor*	runa divina, totalidade divina, consciência cósmica, consórcio de poderes, o generativo e o receptivo, casamento sagrado, o doar e a doação, plenitude

APÊNDICE II: PRONÚNCIA DO NÓRDICO ANTIGO

Os valores fonéticos apresentados a seguir são do nórdico antigo reconstruído (assim como era falado na Era Viking).

As consoantes *b, d, f, l, m, t* e *v* são exatamente como as do inglês moderno.

a como em *artistic* em inglês

á como em *father* em inglês

e como em *men* em inglês

é como em *ay* em *bay* em inglês

i como em *it* em inglês

í como *ee* em *feet* em inglês

o como em *omit* em inglês

ó como em *ore* em inglês

ö como em *not* em inglês

ø pronouncia-se exatamente como ö

u como em *put*, em inglês

ú	como em *rule*, em inglês
æ	como *ai* em *hair,* em inglês
oe	como *u* em *slur,* em inglês
y	como *u* em *Hütte*, em alemão (*i* arredondando os lábios)
ý	como *u* em *Tür,* em alemão (*ee* arredondando os lábios)
au	como *ou* em *house* em inglês
ei	como *ay* em *may ou* como *i* em *mine* em inglês
ey	pronuncia-se como *ei*
g	sempre duro como em *go* em inglês
ng	como em *long* em inglês
h	como no inglês, exceto antes de consoantes, quando se pronuncia como *wh* em *where* em inglês
j	sempre como o *y* em *year* em inglês
p	como no inglês, exceto antes de *t*, quando a sequência de consoantes *pt* pronuncia-se como *ft*
r	tremulado
s	sempre surdo, como em *sing* em inglês
th	surdo como *th* em *thin* em inglês
dh	sonoro como o *th* em *the* em inglês
rl	pronouncia-se *dl*
rn	pronouncia-se *dn*
nn	pronouncia-se *dn* depois de vogais longas e dos ditongos

APÊNDICE III: CORRESPONDÊNCIAS RÚNICAS

As tabelas a seguir destinam-se a servir de guias para promover o conhecimento rúnico, bem como a estimular todos os *vitkar* a intensificar a investigação rúnica. Essas correspondências não são absolutas ou dogmáticas – como sempre, a intuição do *vitki* é o guia mais confiável! Muitas das correspondências serão proveitosas na criação de rituais, talismãs, e assim por diante. Usada em conjunto com o Apêndice I: Tabelas Rúnicas, esta tabela fornece ampla gama de correspondências, em parte tradicionais e em parte baseadas em pesquisas do século XX.

Nº	Forma	Árvore	Erva	Deus/deusa/ser	Cor	Astrologia
1	ᚠ	sabugueiro	urtiga	Aesir	vermelho-claro	♈
2	ᚢ	vidoeiro/bétula	turfeira	Vanir	verde-escuro	♉
3	ᚦ	carvalho	musgo	Thor	vermelho-vivo	♂
4	ᚨ	freixo	*Amanita muscaria*	Odin	azul-escuro	☿

Nº	Forma	Árvore	Erva	Deus/deusa/ser	Cor	Astrologia
5	ᚱ	carvalho	artemísia	Forseti	vermelho-claro	♐
6	ᚲ	pinheiro	prímula-silvestre	Freyja/anões	vermelho-claro	♀
7	ᚷ	freixo/olmo	amor-perfeito silvestre	Odin/Freyja	azul intenso	♓
8	ᚹ	freixo	linhaça	Freyr. elfos	amarelo	☊
9	ᚺ	teixo ou freixo	lírio-do-vale	Ymir	azul-claro	♒
10	ᚾ	faia	bistorta	Nornes, etins	preto	♑
11	ᛁ	amieiro	meimendro	Gigantes do gelo	preto	☽
12	ᛃ	carvalho	alecrim	Freyr	azul-claro	⊕
13	ᛇ	teixo	mandrágora	Odin/Ullr	azul-escuro	♏
14	ᛈ	faia	acônito	Nornes	preto	♄
15	ᛉ	teixo	angélica	Valkyrjur (Valquírias)	dourado	♋
16	ᛋ	junípero	visco-branco	Sol	branco/prata	☉
17	ᛏ	carvalho	sálvia	Tyr, Máni	vermelho- vivo	♎
18	ᛒ	bétula	alquemila	Frigg; Nethus; Hel	verde-escuro	♍
19	ᛖ	carvalho, freixo	erva-de-santiago	Freyja/Freyr; Alcis	branco	♊
20	ᛗ	azevinho	garança	Heimdall/Odin	vermelho intenso	♃
21	ᛚ	salgueiro	alho-poró	Njördhr, Baldr	verde intenso	☽
22	ᛜ	macieira	prunela	Ing, Freyr	amarelo	●
23	ᛞ	abeto	esclareia	Odin/Ostara	azul-claro	◑◐
24	ᛟ	pilriteiro	*Coptis trifolia*	Odin: Thor	amarelo intenso	○

APÊNDICE IV: TRANSLITERAÇÃO DO INGLÊS MODERNO PARA RUNAS

Este tópico apresenta alguns problemas, principalmente quando se trata de colocar nomes próprios na forma rúnica. As correspondências apresentadas a seguir proporcionarão amplas diretrizes, mas o *vitki* deve deixar que a intuição e os critérios mágicos sejam o árbitro final. Em alguns casos, ele poderá constatar que é melhor usar o *som* efetivo em inglês que as correspondências literais.

Ao compor poesia em runas, é bem mais conveniente se ater aos radicais anglo-saxões. Há menos questões de "correção" na transliteração quando são usadas palavras germânicas.

A	ᚨ	O	ᛟ
B	ᛒ	P	ᛈ
C	ᚲ	Q	ᚲ
D	ᛞ	R	ᚱ (ᛉ na última posição)
E	ᛖ	S	ᛊ
F	ᚠ	T	ᛏ

G	ᚷ
H	ᚺ
I	ᛁ or ᛇ
J	ᛁ or ᛃ
K	ᚲ
L	ᛚ
M	ᛗ
N	ᚾ

U	ᚢ
V	ᚢ or ᚠ
W	ᚹ
X	ᚲᛊ (k + s)
Y	ᛃ
Z	ᛊ or ᛉ
TH	ᚦ / ᛞ (surdo/sonoro)
NG	ᛜ

GLOSSÁRIO

Aesir: sing. Áss, genitivo pl. Ása (como prefixo, indica que o deus ou a deusa pertence aos Aesir). NA. Raça de deuses associada à magia, às leis e à guerra.

aett: pl. *aettir* NA. Família ou gênero usado igualmente para designar as divisões tríplices do Futhark e as oito regiões do céu. Significa também grupo dividido em oito partes.

Airt: palavra de dialeto escocês. Veja *aett*.

Asgard ou Asgardhr: NA. Reino dos Aesir que está no ápice da ordem cósmica.

atheling: Do inglês antigo, termo que designa indivíduo da nobreza, príncipe.

Audhumla: NA. Vaca cósmica que alimenta com seu leite as criações originais de Ymir.

Edda: NA. Palavra de origem incerta utilizada como título de antigos manuscritos sobre mitologia. A *Edda Antiga* ou *Poética* é uma coleção de poemas compostos entre 800 e 1270 EC, enquanto a *Edda Nova* ou *em Prosa* foi escrita por Snorri Sturluson em 1222 como codificação da mitologia de ásatrú para *skalds* (poetas).

erilaz: pl. *eriloz*. Veja eruliano.

eruliano: Membro de uma antiga guilda de mestres rúnico, que formavam uma rede intertribal de iniciados nos mistérios germâmicos.

esposa *etin*: *Etin* do sexo feminino, desposada num matrimônio mágico.

esposa *fetch*: *Fetch* na forma feminina. Veja também *valkyrja*.

etin: Versão anglicizada a partir do termo NA *jötunn*. Gigante ou protodivindade do universo natural, conhecida pela sua força.

fetch: Veja *fylgja*.

formáli: pl., *formálar*. NA. Discursos formulistas usados para carregar a ação com intenção mágica.

Futhark: Nome convencional dos "alfabetos" compostos das runas antigas ou novas e baseados nos valores sonoros das seis primeiras runas desses sistemas.

Futhorc: Nome convencional do alfabeto composto de runas anglo-saxãs baseado nos valores sonoros das seis primeiras runas desse sitema.

fylgja: pl. *fylgjur*. NA. Ser numinoso ligado a cada indivíduo, que é o repositório de todas as ações passadas, e, portanto, afeta a vida da pessoa. Visualizado como entidade do sexo oposto ao dessa pessoa, um animal ou uma forma abstrata.

galdr pl., *galdrar*. NA. Originalmente, "invocação" (O verbo *gala* também significa "cantar" [do galo].); posteriormente, passou a significar "magia", sobretudo magia com palavras.

galdrastafr: pl. *galdrastafir*. NA. Literalmente, "símbolo de encantamentos". Símbolo mágico de vários tipos formado por runas combinadas e/ou pictogramas e/ou ideogramas.

germânico: (1) Protolinguagem falada pelos povos germânicos antes que os vários dialetos (por exemplo, inglês, alemão, gótico, escandinavo) se desenvolvessem; é também um termo coletivo para todos os povos pertencentes ao grupo. (2) Termo coletivo para todos os povos descendentes do grupo falante do idioma germânico (por exemplo, os ingleses, os alemães, os escandinavos). O nórdico é um subconjunto do germânico e se refere apenas à ramificação escandinava da tradição germânica.

gótico: Designação de uma língua germânica do leste, hoje extinta, e do povo que a falava. Os últimos falantes conhecidos viviam na Crimeia no século XVIII.

hamingja: pl. *hamingjur*. NA. Força mágica móvel, semelhante à *mana* e *manitu* de outras tradições. Definida com frequência como "sorte", "força metamórfica" e "espírito guardião".

hamr: NA. Substância moldável formadora de imagens que circunda cada indivíduo, compondo a forma física. Pode ser recolhida e reformulada pelo poder mágico (*hamingja*), de acordo com a vontade (*hugr*).

Huginn (e Muninn): Os corvos de Odin, cujos nomes significam "mente" e "memória", respectivamente.

hugr: NA. Parte do complexo psicossomático que corresponde à mente consciente e à faculdade da cognição.

inglês antigo: Língua falada pelas tribos anglo-saxãs no sul da Britânia, por volta de 450-1100 EC. Também conhecido como anglo-saxão.

Jotunheim ou Jötunheimr: NA. O reino dos *jötnar*, os gigantes, que às vezes são inimigos e às vezes são amigos dos deuses. Pertencem à ordem natural do universo.

magia rúnica: O uso do conhecimento esotérico das runas para causar mudanças no ambiente objetivo.

metagenética: conceito sobre características estruturais herdadas ao longo das linhagens genéticas e que podem, inicialmente, parecer "espirituais". Termo usado pela primeira vez, na atualidade, por Stephen A. McNallen.

Midgard ou Midhgardhr: NA. O "recinto intermediário" do universo. O mundo material e a morada dos seres humanos.

minni: NA. Faculdade da "memória"; as imagens armazenadas na mente profunda desde eras passadas.

multiverso: Termo que descreve os muitos estados de existência (mundos) que constituem o "universo".

mundo: (1) Todo o cosmos ou universo. (2) Um dos nove níveis ou planos de existência que compõem o cosmos ordenado.

Muspelheim ou Muspellsheimr: NA. Reino no extremo sul do universo, ponto de origem da força ígnia.

niding: Desenvolvida a partir das palavras NA *nídh* (insulto) e *nídhingr* (canalha desprezível). Usada no contexto da maldição por meio da poesia satírica ou insultuosa.

Niflheim ou Niflheimr: NA. Reino que fica no extremo norte do universo, ponto de origem da força da água, que se torna gelo à medida que se aproxima do centro.

nórdico antigo: Língua falada pelos escandinavos ocidentais (na Noruega, na Islândia e em partes da Britânia) na Era Viking (por volta de 800-1100 CE). Também a língua das *Eddas* e da poesia dos *skalds*.

Norn: pl. Nornir [Nornes]. NA. Um dos três complexos seres cósmicos em forma feminina que personificam os processos de causa e efeito e servem como matriz para a força evolucionária.

númen: adj. numinoso. Aspectos vivos, não físicos ou mágicos na ordem cósmica, não necessariamente indicados no sentido animístico; aquilo que compartilha esse poder espiritual.

odiano: Termo técnico que designa a "teologia" do eruliano. Distingui-se do odinista pelo fato de não cultuar Odin, mas procurar emular seu padrão de autotransformação.

ørlög: NA. Em geral traduzido como "destino", é, na verdade, o resultado de ações passadas do indivíduo, que se estendem até vidas passadas. Literalmente, significa "camadas ou leis primordiais".

peça rúnica: Forma física de um caractere rúnico.

ristir: Ferramenta usada para entalhar runas, derivado do verbo *rist*, em inglês, que significa entalhar ou gravar runas.

runa combinada: Duas ou mais runas sobrepostas, às vezes usadas para formar os *galdrastafir.*

runomante: Pessoa que busca conhecer os mistérios das runas e trabalha com elas por meio da magia.

sabedoria rúnica: Capacidade de aplicar o conhecimento esotérico das runas para ter visões profundas do mundo e dos seus mecanismos; filosofia rúnica.

skald [escaldo]: Termo em NA para o poeta que compõe versos altamente formais, originalmente mágicos.

skaldcraft: Poder mágico da poesia; magia com palavras (*galdr*). Além disso, "ciência" da etimologia popular, em que associações mágicas e suprarracionais são feitas entre palavras com base nos sons.

thurs: Do NA, *thurs*. Gigante caracterizado por grande força e idade; por exemplo, os gigantes do gelo.

trabalho rúnico: Uso da habilidade rúnica para provocar mudanças ou desenvolvimento no universo subjetivo; trabalho de autodesenvolvimento.

tradição da contagem: Estudo esotérico do simbolismo numérico das runas; numerologia rúnica.

tradição rúnica: Termo genérico que designa os ensinamentos esotéricos relativos às runas.

Utgard ou Útgardhr: NA. Literalmente "recinto externo". Reino externo do universo, espécie de deserto cósmico.

valkyrja [valquíria]: pl., *valkyrjur*. NA. "Aquela que escolhe os caídos" (ou seja, os mortos). Termo que também designa as qualidades numinosas protetoras, semelhantes às *valkyrjur*, que se ligam a certas pessoas que as atraem; força de ligação entre homens e deuses (especialmente Odin).

Vanaheim ou Vanaheimr: NA. "Mundo dos Vanir". Os Vanir são os deuses e deusas da produção e da reprodução.

Vanir, sing., Van: NA. A raça de deuses associada à fertilidade, à prosperidade e ao erotismo.

vikti, pl. *vitkar*: NA. Palavra usada popularmente para designar um "mago, sábio" ou, literalmente, "aquele que sabe".

*wyrd**: palavra do inglês antigo que também se escreve *weird*. Conceitualmente, corresponde a NA *ørlög* e, fonologicamente, a NA *urdhr.* Significa, literalmente, "aquilo que se tornou" e forma a base invisível da realidade empírica.

Yggdrasill: NA. Árvore cósmica dos nove mundos ou planos do multiverso.

Ymir: Gigante andrógino que evoluiu no início da evolução natural do universo. Foi sacrificado por Odin para que fosse possível construir um universo racional e belo a partir da substância do gigante.

* Como substantivo, pouco usada, significa destino; como adjetivo, significa estranho, esquisito, misterioso. (N.T.)

NOTAS

Parte Um

Capítulo 1

1. Para o texto original, veja Frederick Tupper (org.) *The Riddles of the Exeter Book* (Boston: Ginn, 1910): 14-15. A tradução para o inglês é minha. Veja também Paul F. Baum (trad., org.), *Anglo-Saxon Riddles of the Exeter Book* (Durham, NC: Duke University Press, 1963).

Capítulo 4

1. Franz Hartmann, "Review: Guido von List. Die Bilderschrift der Ario-Germanen: Ario-Germanische Hieroglyphik." *Neuen Lotusblüten* (1910): 370.

Capítulo 5

1. Karl Spiesberger, Runenmagie (Berlin: R. Schikowski, 1955).
2. Trevor Ravenscroft, *The Spear of Destiny* (York Beach, ME: Samuel Weiser, 1973.)
3. Edred Thorsson, *Futhark: A Handbook of Rune Magic* (York Beach, ME: Samuel Weiser, 1984). [*Futhark: O Oráculo Sagrado das Runas*. São Paulo: Pensamento, 2019.]

Capítulo 6

1. Edred Thorsson, *Futhark: A Handbook of Rune Magic* (York Beach, ME: Samuel Weiser, 1984): 121-122. [*Futhark: O Oráculo Sagrado das Runas.*]
2. Thorsson, *Futhark: A Handbook of Rune Magic*, 111. [*Futhark: O Oráculo Sagrado das Runas.*]
3. Para o texto original, veja Rudolf Much, *Die Germania des Tacitus*, 3ª ed. (Heidelberg: Carl Winter, 1967): 189. A tradução para o inglês é minha. Leitores interessados também podem consultar a tradução para o inglês publicada por H. Mattingly: Cornélio Tácito, *The Agricola and the Germania* (Middlesex, Reino Unido: Penguin, 1970.)
4. Julius Caesar, *The Conquest of Gaul* (trad. para o inglês por S. A. Handford) (Harmondsworth, Reino Unido: Penguin, 1951): Livro I, 53.

Capítulo 8

* Originalmente, talvez *Hroptr* (o Oculto [= Odin]). A combinação *hr-* foi pronunciada "Kr-"em NA; assim, a aliteração é preservada.

Parte Dois

Capítulo 9

1. Edred Thorsson, *Futhark: A Handbook of Rune Magic* (York Beach, ME: Samuel Weiser, 1984): 76. [*Futhark: O Oráculo Sagrado das Runas.*]
2. Thorsson, Futhark: *A Handbook of Rune Magic*, capítulo 2. [*Futhark: O Oráculo Sagrado das Runas.*]
3. Para o significado cosmológico adicional dessas ordenações, consulte o Capítulo 10 deste volume; veja também Edred Thorsson, *Futhark: A Handbook of Rune Magic* (York Beach. ME: Samuel Weiser, 1984): Capítulo 3. [*Futhark: O Oráculo Sagrado das Runas.*]

Capítulo 11

1. Veja o Capítulo 9 deste volume; veja também Edred Thorsson, *Futhark: A Handbook of Rune Magic* (York Beach. ME: Samuel Weiser, 1984): capítulo 2. [*Futhark: O Oráculo Sagrado das Runas.*]

Capítulo 12

1. Veja C. G. Jung, "Wotan," em *Collected Works*, vol. 10 (trad. para o inglês de R.F.C. Hull), (Princeton, NJ: Princeton University Press): 179-193.

Capítulo 13

1. Veja Edred Thorsson, *Futhark: A Handbook of Rune Magic* (York Beach, ME: Samuel Weiser, 1984): 79. [*Futhark: O Oráculo Sagrado das Runas.*]
2. Veja Edred Thorsson, *Futhark: A Handbook of Rune Magic* (York Beach, ME: Samuel Weiser, 1984): 79-80 [*Futhark: O Oráculo Sagrado das Runas*], e Georges Dumézil, *Gods of the Ancient Northmen* (org. por E. Haugen) (Berkeley: University of California Press, 1973): 1-48.

Parte Três

Capítulo 14

1. Marijane Osborn e Stella Longland, *Rune Games* (Londres: Routledge and Kegan Paul, 1982).
2. E. Tristan Kurtzahn, *Die Runen als Heilszeichen und Schicksalslose* (Bad Oldesloe: Uranus, 1924).
3. Karl Spiesberger, *Runenmagie* (Berlim: Schikowski, 1955).
4. Roland Dionys Jossé, *Die Tala der Raunen* (Freiburg/Breisgau: Bauer, 1955).
5. Werner Kosbab, *Das Runen-Orakel* (Freiburg/Breisgau: Bauer, 1982).
6. Ralph Blum, *The Book of Runes* (Nova York: St. Martin's Press, 1982). O jogo de runas de Blum abriu o reino das runas para muitos novatos; no entanto, aqueles que se tornam estudantes sérios de runologia acabam descobrindo que o jogo das runas desconsidera o cerne de todo sistema *Futhark*. Independentemente de qualquer descoberta pessoal que Blum tenha oferecido sobre as runas, todo seu sistema deve ser considerado artificial.

Capítulo 15

1. Edred Thorsson, *Runelore: A Handbook of Esoteric Runology* (York Beach, ME: Samuel Weiser, 1987): 170.
2. Carl G. Jung, *Synchronicity* (Princeton: Princeton University Press, 1973). Veja também Marie-Louise von Franz, *On Divination and Synchronicity* (Toronto: Inner City Books, 1980).

Capítulo 16

1. Isso provavelmente era *Hroptr* antes de ser alterado por um copista cristão.

Capítulo 18

1. O termo Páscoa [*Easter*, em inglês], ou *Eostre*, foi adotado pelos cristãos a partir do nome já existente da deusa germânica. O festival da primavera do povo germânico celebrava a ressurreição de White Krist.
2. Os antigos povos germânicos contavam noites, não dias.

Parte Quatro

Capítulo 21

1. Uma tradução literal dessa frase seria "Martelo no Norte, santifique este recinto sagrado e fique de olho (nisso)!".
2. A versão em inglês é poeticamente mais eficaz e, portanto, melhor para quem deseja usar o inglês em seus ritos.
3. "O Deus Incrível" (Odin).
4. "O Pai do Encantamento (da Magia)" (Odin).
5. "O Deus dos Enforcados" (Odin).
6. "O Deus das Coisas Ocultas" ou "O Deus Oculto" (Odin).
7. Thor foi quem matou o gigante Hrungnir.
8. "O Altíssimo" (Odin).
9. Adaptado livremente das estrofes finais do "Hávamál".
10. O sangue de Kvasir é o hidromel poético da inspiração, usado aqui para invocar o poder mágico vivificante dessa substância no pigmento.
11. Baseado na antiga fórmula pré-cristã *vatni ausa*.
12. A forma possessiva de Aesir.
13. Entoe os nomes e faça os sinais.
14. O *kenning* (nome poético) usado no original é *brynthings apaldr*, literalmente "macieira da corte de byrnies".
15. *Galdr* no original.

BIBLIOGRAFIA

Arntz, Helmut. *Handbuch der Runenkunde*. Halle/Saale: Niemeyer, 1935, 1944.

Baum, Paul F., trad., org. *Anglo-Saxon Riddles of the Exeter Book*. Durham, NC: Duke University Press, 1963.

Balzli, Johannes. *Guido von List: Der Wiederentdecker uralter arischer Weischeit*. Viena: Guido-von-List-Gesellschaft 1917.

Bates, Brian. *The Way of Wyrd*. San Francisco: Harper and Row, 1983.

Blachetta, Walther. *Das Buch der deutschen Sinnzeichen*. Berlim: Lichterfelde: Widukind/ Boss, 1941.

Blum, Ralph. *The Book of Runes*. Nova York: St. Martin's Press, 1982.

Bugge, Sophus. *Norges Indskrifter med de ældre Runer*. Christiana: Brogger, 1905-1913.

Tchau, Jesse. Trad. *The Saga of the Volsungs*. Los Angeles: University of California Press, 1990.

Caesar, Julius. *The Conquest of Gaul*. Traduzido para o inglês por S. A. Handford. Harmondsworth, Reino Unido: Penguin, 1951.

Derolez, René. *Runica Manuscripta*. Brugge: Rijks-Universiteit te Ghent, 1954.

Dickens, Bruce. *Runic and Heroic Poems of the Old Teutonic Peoples*. Cambridge: Cambridge University Press, 1915.

Dumézil, Georges. *Gods of the Ancient Northmen*. Organizado por E. Haugen. Berkeley, CA: University of California Press, 1973.

Düwel, Klaus. *Runenkunde. Sammlung Metzler 72*. Stuttgart: J. B. Metzler, 1968, 1983.

Eckhardt, Karl August. *Irdische Unsterblichkeit: Germanischer Glaube an die Wiederverkörperung in der Sippe*. Weimar: Bohlau, 1937.

Eliade, Mircea. *The Myth of the Eternal Return or, Cosmos and History*. Traduzido para o inglês por W. R. Trask. Bollingen Series 46. Princeton, NJ: Princeton University Press, 1971.

_____. *Shamanism: Archaic Techniques of Ecstasy*. Traduzido para o inglês por W. R. Trask. Bollingen Series 76. Princeton, NJ: Princeton University Press, 1971.

Ellis, Hilda R. *The Road to Hel*. Cambridge: Cambridge University Press, 1943.

Ellis Davidson, Hilda R. *Gods and Myths of Northern Europe*. Harmondsworth, Reino Unido: Penguin, 1964.

________. "The Germanic World". In: Michael Loewe e Carmen Blacker, orgs. *Oracles and Divination*. Boston, MA: Shambhala, 1981.

Elliott, Ralph. *Runes, an Introduction*. Manchester: Manchester University Press, 1989, 2ª ed.

Flores, Stephen E. *Runes and Magic: Magical Formulaic Elements in the Older Runic Tradition*. Bastrop: Lodestar, [2011].

________. trad., org. *The Galdrabók: An Icelandic Book of Magic*. Smithville: Rûna-Raven, 2005.

________. The Rune-Poems. Bastrop: Lodestar, 2018.

________. *Icelandic Magic*. Rochester: Inner Traditions, 2016.

________. *The Northern Dawn: A History of the Reawakening of the Germanic Spirit. From the Twilight of the Gods to the Sun at Midnight*. North Augusta: Arcana Europa, 2018, vol. I.

Flowers, Stephen E. e James A. Chisholm, orgs., trads. *A Source-Book of Seid*. Bastrop: Lodestar, 2015.

Flowers, Stephen E. e Michael Moynihan, orgs., trads. *The Secret King: The Myth and Reality of Nazi Occultism*. Los Angeles: Feral House, 2007.

Fox, Denton e Hermann Pálsson, trads. *Grettir's Saga*. Toronto: University of Toronto Press, 1974.

Franz, Marie-Louise von. *On Divination and Synchronicity: The Psychology of Meaningful Chance.* Toronto: Inner City Books, 1980.

Goodrick-Clarke, Nicholas. *The Occult Roots of Nazism*. Wellingborough, Reino Unido: Aquarian, 1985.

Gorsleben, Rudolf John. *Die Hoch-Zeit der Menschheit*. Leipzig: Koehler & Amelang, 1930.

Grimm, Jacob. *Teutonic Mythology*. Traduzido por S. Stallybrass. 4 vols. Nova York: Dover, 1966.

Grönbech, Vilhelm. *The Culture of the Teutons*. Londres: Oxford University Press, 1931.

Hartmann, Franz. "Review: Guido von List. Die Bilderschrift der ArioGermanen: Ario Germanische Hieroglyphik". *Neue Lotusblüten Jahrgang* 1910, pp. 370-71. Hauck, Karl. Goldbrakteaten aus Sievern. Munique: Fink, 1970.

Heinz, Ulrich Jürgen. *Die Runen*. Freiburg/Breisgau: Bauer, 1987.

Hollander, Lee M. *The Poetic Edda*. Austin,: University of Texas Press, 1962, 2ª ed.

Howard, Michael. *The Runes and Other Magical Alphabets*. York Beach, ME: Samuel Weiser, 1978.

_______. *The Magic of the Runes*. Wellingborough, Reino Unido: Aquarian Press, 1980.

Hunger, Ulrich. *Die Runenkunde im Dritten Reich*. Berne: Lang, 1984.

Jones, Gwyn, trad. *The Vatndalers' Saga*. Princeton, NJ: Princeton University Press, 1944.

Jossé, Roland Dionys. *Die Tala der Raunen (Runo-astrologische Kabbalistik) Handbuch der Deutung des Wesens und Weges eines Menschen auf Grund der in seinem Namen verborgenen Sckicksalsraunen*. Freiburg: Bauer, 1955.

Jung, C. G. "Wotan" em *Collected Works*, vol. 10. Traduzido por R. F. C. Hull. Princeton, NJ: Princeton University Press, pp. 179-93.

______. *Synchronicity: An Acausal Connecting Principle*. Princeton: Princeton University Press, 1973.

Kershaw, Nora, org., trad. *Stories and Ballads of the Far Past*. Cambridge: Cambridge University Press, 1921. (Sörlatháttr, pp. 43-57.)

Kosbab, Werner. *Das Runen-Orakel*. Freiburg: Bauer, 1982.

Krause, Wolfgang. *Was man in Runen ritzte*. Halle/Salle: Niemeyer, 1935.

______. *Die Runeninscriften im älteren Futhark*. 2 vols. Göttingen: Vandehoeck & Ruprecht, 1966.

Kummer, Siegfried Adolf. *Heilige Runenmacht*. Hamburg: Uranus Verlag, 1932.

______. *Runen-Magie*. Dresden: Gartmann, 1933/34.

______. *Rune-Magic*. Bastrop: Lodestar, 2017.

Kurtzahn, E. Tristan. *Die Runen als Heilszeichen und Schicksalslose*. Bad Oldesloe: Uranus, 1924.

Line, David e Julia. *Fortune-Telling by Runes*. Wellingborough, Reino Unido: Aquarian Press, 1984.

List, Guido von. *Das Geheimnis der Runen* (= Guido-von-List Bücherei 1) Gross-Lichterfelde: P. Zillmann, 1908.

______. *Die Bilderschrift der Ario-Germanen*. (= Guido-von-List-Bücherei 5) Viena: Guido-von-List-Gesellschaft, 1910.

______. *Die Religion der Ario-Germanen in ihrer Esoterik und Exoterik*. Berlin-Lichterfelde: Guido-von-List Verlag, 1910.

______. *Die Ursprache der Ario-Germanen und ihre Mysteriensprache*. (= Guido-von--List-Bücherei 6) Viena: Guido-von-List-Gesellschaft, 1914.

______. *The Secret of the Runes*. Traduzido para o inglês por Stephen E. Flowers. Rochester: Destiny, 1988.

______. *The Religion of the Aryo-Germanic Folk*. Traduzido para o inglês por Stephen E. Flowers. Bastrop: Lodestar, 2018.

Marby, Friedrich Bernhard. *Marby-Runen-Bücherei.* 4 vols. Stuttgart: Marby-Verlag, 1931-1935.

Marstrander, C.J.S. "Om runene og runenavenes oprindelse". *Nordisk Tidskrift for Sprogvidenskab, 1* (1928), pp. 1-67.

Mayer, R. M. "Runenstudien". *Beiträge zur Geschichte der deutschen Sprache und Literatur, 21* (1896), pp. 162-84.

Mercer, Beryl e Tricia Bramwell. *The Anglo-Saxon Runes.* Amber, Reino Unido: Phoenix Runes, 1983.

Moltke, Erik. Runas e sua origem. Copenhague: Museu Nacional da Dinamarca, 1985.

Much, Rudolf. *Die Germania des Tacitus.* Heidelberg: Carl Winter, 1967, 2ª ed.

Neckel, Gustav e Hans Kuhn. *Edda. Die Lieder des Codex Regius nebst verwandten Denkmälern.* Heidelberg: Carl Winter, 1962, 3ª ed.

Orell, Vladimir. *A Handbook of Germanic Etymology.* Leiden: Brill, 2003.

Osborn, Marijane e Stella Longland. *Rune Games.* Londres: Routledge e Kegan Paul, 1982.

Pálsson, Hermann e Paul Edwards, trads. *Egil's Saga.* Middlesex, Reino Unido: Penguin, 1976.

Page, R. I. *An Introduction to English Runes.* Woodbridge: Boydell, 1999.

Pushong, Carlyle A. *Rune Magic.* Londres: Regency, 1978.

Saxo Grammaticus. *The History of the Danes*, vol. 1, traduzido e organizado por Peter Fisher e H. R. Ellis Davidson. Suffolk, UK: Boydell & Brewer, 1979.

Schneider, Karl. *Die germanischen Runennamen.* Meisenheim: Anton Hain, 1956.

Shou, Peryt [= Albert C. G. Schultz]. *Die "Edda" als Schlüssel des kommenden Weltalters* (*Esoterik der Edda* vol 1) Berlin-Pankow: Linser Verlag, [1920].

______. *The Edda as the Key to the Coming Age.* Traduzido por Stephen E. Flowers. Bastrop: Lodestar, 2017.

Snorri Sturluson. *The Prose Edda.* Traduzido por A. G. Brodeur. Nova York: American Scandinavian Foundation, 1929.

______. *Heimskringla*. Traduzido por Lee M. Hollander. Austin: Universidade do Texas Press, 1962.

Spiesberger, Karl. *Runenmagie*. Berlin: Schikowski, 1955.

______. *Runenexerzietienfür Jedermann*. Freiburg: Bauer, 1976.

Tácito, Cornélio. *The Agricola and the Germania*. Harmondsworth, Reino Unido: Penguin, 1948.

Thorsson, Edred. *Alu: An Advanced Guide to Operative Runology*. São Francisco: Weiser, 2012.

______. *Futhark: A Handbook of Rune Magic*. York Beach: Weiser, 1984.

______. *Green Rúna: The Runemaster's Notebook: Shorter Works of Edred Thorsson*. Volume 1 (1978-1985). Smithville: Rûna-Raven, 1996.

______. *The Mysteries of the Goths*. Smithville: Rûna-Raven, 2007.

______. *The Nine Doors of Midgard*. South Burlington: The Rune-Gild, 2016, 5ª ed.

______. *Northern Magic*. St. Paul: Llewellyn, 1992.

______. *Runecaster's Handbook: The Well of Wyrd*. York Beach: Weiser, [1988].

______. *Runelore: A Handbook of Esoteric Runology*. York Beach: Weiser, 1987.

______. *Rune Might*. Rochester: Tradições Internas, 2018.

______. *Rune-Song*. Smithville: Rûna-Raven, 1993.

______. *The Runic Magic of the Armanen*. [MS não publicado, 1975].

Tolkien, Christopher, trad., org. *The Saga of King Heidrek the Wise*. Londres: Thomas Nelson & Sons, 1960.

Tupper, Frederick (org.). *The Riddles of the Exeter Book*. Boston: Ginn, 1910.

Turville-Petre, E. O. G. *Myth and Religion of the North*. Nova York: Holt, Rinehart e Winston, 1964.

Vries, Jan de. *Altgermanishe Religionsgeschichte*. 2 vols. Berlim: de. Gruyter, 1956-1957.

Willis, Tony. *Runic Workbook*. Wellingborough, Reino Unido: Aquarian Press, 1986.

Wimmer, L.F.A. *Die Runenschrift*. Berlim: Weidemann, 1887.